谨以此书献给伊夫·韦斯,并纪念罗伯托

目　录

第二部分　1464～1492

第三部分　1492～1537

第四部分　1537～1743

作者自序

　　尽管描写美第奇家族及其所处时代的作品很多，但直到1909年 G. F. 杨上校的两卷本著作出版，我们才有了第一部全面描写整个美第奇家族的英文著作。该书从十四世纪美第奇银行在乔瓦尼·迪·比奇·德·美第奇的领导下崛起写起，直到1737年美第奇家族的最后一位托斯卡纳大公吉安·加斯托内去世为止。基于当代研究的成果，本书意在对这一课题做出进一步研究并为杨上校的著作——被费迪南德·谢维尔评价为"一个多愁善感的作者凌驾于历史上的主观离题"——提供一个可靠的补充。

　　本书涉及的范围极广，我不敢在这些领域中妄称专家，但是我参考了许多作家和学者的著作，他们的研究成果对我的写作帮助极大。在此我想特别感谢哈罗德·阿克顿爵士、伊夫·博苏克女士、埃里克·科克伦教授、文森特·克罗宁先生、J. R. 黑尔教授、乔治·霍姆斯博士、劳罗·马丁内斯教授、艾里斯·奥里戈侯爵夫人、里多尔菲侯爵、雷蒙德·德鲁弗教授、尼古拉·鲁宾斯坦教授和费迪南德·谢维尔先生。我尤其感激利兹大学意大利语系的布赖恩·莫洛尼博士和牛津大学圣凯瑟琳学院的乔治·霍姆斯博士为本书进行审校并提出不少宝贵的改进意见。法比奥·纳尔迪先生就本书中关于托斯卡纳地区地形及建筑方面内容提供的参考也给我带来了很大帮助。我在佛罗伦萨工作期间，法比奥·纳尔迪先生和帕特里齐娅·纳尔迪夫人以及国立中央图书馆和佛罗伦萨历史博物馆的工作人员都为我提供了很多便利。

在此我还要感谢罗伯托·布鲁尼博士、毛瑞斯·希尔夫人、杰拉尔丁·诺曼夫人、弗朗切斯科·帕帕法瓦伯爵、约翰雷夫人、琼·圣乔治·桑德斯夫人、米博·斯塔尼兰先生，以及不列颠博物馆、伦敦图书馆和牛津博德利图书馆的工作人员。

最后我想要再一次感谢我的朋友哈米什·弗朗西斯和乔治·沃克审校此书。感谢我的妻子编制本书索引。

瑞士

匈牙利王国

奥斯曼帝国

贝林佐纳

奥斯塔
科莫
巴萨诺
的里雅斯特

都灵
米兰
帕多瓦
威尼斯

阿斯蒂
波河
曼图亚
波河

萨瓦公国
热那亚共和国
摩德纳
费拉拉公国
拉韦纳

蒙费拉托公国
博洛尼亚
扎拉

摩纳哥
菲维扎诺
艾米利亚
弗利
斯普利特

尼斯
比萨
佛罗伦萨
里米尼
圣马里诺共和国
达尔马提亚

利古里亚海
佛罗伦萨共和国
乌尔比诺
安科纳
拉古萨

威
尼
斯
共
和
国

锡耶纳
佩鲁贾
马尔凯地区
卡塔罗

厄尔巴岛
锡耶纳
共和国
翁布里亚

科西嘉岛
奇维塔韦基亚
台伯河
佩斯卡拉

罗马
阿布鲁奇

奥斯蒂亚
教皇国
莫利塞

亚
得
里
亚
海

第
勒
尼
安
海

福贾

卡普亚
坎帕尼亚
普利亚
巴里

撒丁岛
那不勒斯
萨莱诺
巴西利卡塔
布林迪西

教皇国
塔兰托

奥特朗托

卡
拉
布
里
亚

堡垒

利帕里群岛
两西西里王国

巴勒莫
墨西拿
雷焦

西西里岛
卡塔尼亚

锡拉库萨

约1490年时的意大利地图

D-公国   M-侯国   R-共和国

0   25   50   75   100   125   150   英里

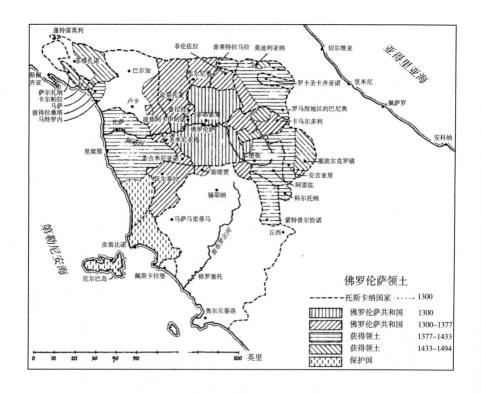

托斯卡纳国家 1300

蓬特雷莫利

菲维扎诺

斯佩
齐亚
萨尔扎纳
卡尔帕拉
马萨
彼得拉桑塔
马特罗内

巴尔加

卢卡

比萨

里窝那

菲伦佐拉

普莱特拉马拉

莫迪利亚纳

切尔维亚

卡尔尼奥

皮斯托亚

普拉托

波焦阿卡伊阿诺

圣米尼亚托

圣吉米尼亚诺

沃尔泰拉

斯塔贾

锡耶纳

马萨马里蒂马

皮翁比诺

佩斯卡拉堡

厄尔巴岛

格罗塞托

奥尔贝泰洛

阿诺河

蒙特普尔恰诺

丘西

奥姆布罗内河

科尔托纳

阿雷佐

安吉亚里

塞波尔克罗镇

堡垒

卡马尔多利

罗马涅地区的巴尼奥

罗卡圣卡齐亚诺

里米尼

佩萨罗

安科纳

亚得里亚海

第勒尼安海

佛罗伦萨

菲耶索莱

佛罗伦萨领土

佛罗伦萨共和国 1300

佛罗伦萨共和国 1300-1377

获得领土 1377-1433

获得领土 1433-1494

保护国

0 10 20 30 40 50 100 英里

第一部分

1400

第一章　佛罗伦萨和佛罗伦萨人

"不经商的佛罗伦萨人……无论如何也抬不起头"

1433 年 9 月的一个清晨，一个长着鹰钩鼻、面色灰白的清瘦男人走上了通往佛罗伦萨市政厅（Palazzo della Signoria）的台阶。① 这个人就是科西莫·德·美第奇（Cosimo de'Medici），据说是世上最富有的人之一。科西莫走进大门，一个官员让他在院子里等候，说会议室里的会议一结束就带他进去。几分钟后，侍卫队长让科西莫跟随自己上楼，但他们走的楼梯并不通向会议室，而是通向钟楼上一间狭小的牢房。科西莫就这样被关进了这间被戏称为"小旅馆"（Alberghettino）的牢房里。据科西莫后来回忆，他就是透过牢房里仅有的一个窄小的窗户缝隙俯瞰整个城市的。

当时的佛罗伦萨城里有广场和高塔；有曲折、狭窄的繁忙街道；有用巨石垒墙、阳台突出的碉堡模样的宫殿；有古旧的教堂，外墙上画着黑色、白色、绿色和粉色的几何图形；还有修道院、女修道院、医院和拥挤的住宅区。城市的四周有用砖

---

① 佛罗伦萨市政厅，亦译为领主宫、旧宫、维奇奥宫，是佛罗伦萨政府所在地。该建筑始建于 1299 年，后经多次扩建与改造，直至十六世纪末。米开罗佐·米凯洛齐于十五世纪四十年代对其庭院进行了重建。萨沃纳罗拉时期为容纳大议会而修建了大会议厅（Sala del Maggior Consiglio）。科西莫一世公爵于 1540 年从美第奇宫搬来了这里，并由乔焦·瓦萨里对此处重新进行修缮和装饰。后来科西莫公爵入住皮蒂宫，并将市政厅赐给了自己的儿子弗朗切斯科。为了致敬弗朗切斯科的妻子——奥地利女大公约安娜，整个庭院又被修饰一新。

块和石头建造的带雉堞的高耸城墙，城墙之外围绕着村庄，村庄之外则是有绿树覆盖的山峦。佛罗伦萨城墙之内的人口超过 5 万，虽不及巴黎、那不勒斯、威尼斯和米兰，但是足以超越包括伦敦在内的其他欧洲城市。况且这里的人口统计也没那么精确，甚至是非常随意的，记录新生儿数量的方法是往罐子里放豆子，一个男孩儿出生就放一粒黑豆，一个女孩儿出生就放一粒白豆。

出于行政管理的目的，整个城市被分为 4 个大区（quartieri），每个大区又被分为 4 个小区，每个小区依其纹饰徽章命名。4 个大区各具特色，取决于该区主要进行的商业活动和居住在该区的富人家的宫殿。富人家的孩子，还有他们的仆人、家臣和侍卫经常在这些有柱廊的室外敞廊（loggie）中说笑嬉闹，甚至谈论生意。

城里最繁忙的区域包括维奇奥桥（Ponte Vecchio，又译作旧桥）及其周边地区，这是一座横跨阿诺河（Arno）最窄一段的石桥，两岸有许多屠夫的肉店；① 奥尔圣米凯莱教堂（Orsanmichele）附近和公共粮仓一带也很热闹，到了夏天，银行家们会在这里支起铺着绿色桌布的桌子，丝绸商人则在这里搭建帐房；② 还有就是老市场（Mercato Vecchio）所在的大广

---

① 维奇奥桥所在的位置从罗马时代起就建造过桥梁。现存的维奇奥桥修建于 1345 年，取代的是于十二世纪建造、但是在 1333 年被洪水冲毁的那座桥梁。当时维奇奥桥两侧的店铺以皮革店和皮包店为多，后来变成了屠夫的肉店。到十六世纪末，依照大公费尔迪南多一世的指令，又换成了金店和珠宝店。

② 奥尔圣米凯莱教堂的名字是从古老的圣米凯莱教堂衍生而来的。圣米凯莱教堂建在奥托（Orto），它的位置被奥尔圣米凯莱教堂取代。现存的教堂是 1336 年修建的，本来是打算作为公共粮仓和小教堂。建筑外墙壁龛里的雕塑是由城市中的行业协会订制的。多纳泰罗创作的圣乔治大理石雕是由甲胄师行会订制的，被放置在教堂北墙最西侧的壁龛里的是一个仿品，真品被移到了巴杰罗国家博物馆。

场，那里曾经是古罗马广场。① 此时的老市场上有服装商人和倒卖二手衣服的店铺，有鱼贩的货摊，有面包师傅和果蔬商贩，有卖皮革制品和文具的商店，还有制作蜡烛的作坊，里面因为点着遮盖蜡味的熏香而总是雾气缭绕，妓女们就在这里为客人提供服务。市场里开放的摊位都加了顶棚来遮蔽烈日的炙烤，成捆的丝绸、整桶的谷子和玉米，还有各种皮革制品就摆在这里供买主挑选。空地上还有理发师给顾客剃须剪发；裁缝在门廊的阴凉里给客人缝制衣物；仆人和家庭主妇们则聚在卖熟食的货摊前采购；面包师傅把一盘盘的面团推进公共烤箱；做家具的木匠和做首饰的金匠也都把自己的商品展示出来；街头公告员来往于广场之上，一边发布当天的新闻，一边替人做做广告；衣衫褴褛的乞丐举着木碗乞讨。夏天，孩子们在石板上掷骰子玩；到了冬天，他们则会用雪堆出狮子的形状，因为狮子就是佛罗伦萨的纹饰象征。城市里还有各种动物随意穿行：戴着银项圈的狗，在门廊和过道上吃食的猪和鹅，甚至连山上的野鹿或羚羊也会跑进城市，带着清脆的蹄声一路穿过广场。

21

在前几年，虽然但丁谴责了佛罗伦萨人奢侈浪费的作风，但实际上他们自己也会对各种炫富行为嗤之以鼻。佛罗伦萨人的衣着都很简朴，除工匠阶层以外的男性都穿着长及脚踝的长袍，正面一排扣子从上到下，有点儿像教士穿的教士袍（cassock）。佛罗伦萨人的房子也装饰得很低调。哪怕是那些富有的家族，用的也是最简单的木桌子和一点儿都不舒服的

————————

① 老市场在十九世纪末被拆毁了，是为了给当时要建造的共和国广场（Piazza della Repubblica）腾出地方。

床。家里的墙壁也是一白到底，挂毯都被收进柜子，只在特殊的日子里才展示出来；地板就是光秃秃的石面，除了芦苇编成的草垫子外什么也不铺；窗户也大多是用油纸糊的。玻璃和陶制装饰品很是少见，就算有也要被小心翼翼地保管起来；银器要么放在餐具柜里，要么锁在主人房间的橱柜里，只有最尊贵的客人才有资格使用；而且那时也没几个家庭买得起叉子。可是近些年来，虽然佛罗伦萨人还会被称赞简朴，但是他们已经明显不再那么节省和克制了。富裕人家的石头房屋，从街面上看还是一副严苛冷峻的样子，可是楼上房间的窗户都镶了玻璃或挂着帘子，房间内部更是另一番风景。大多数房间里铺满了地毯，墙上装饰着壁画、挂毯和宗教图片，偶尔也挂凹面镜，用来把光线反射到桌子和写字台上。壁炉就更是常见了，在寒冷的冬夜里，人们不再像从前一样需要靠平底暖床炭锅和装着热炭的陶土手炉（scaldini）来取暖了。大部分家具表面都以镶嵌工艺装饰。床也被摆放在架高的平台上，还加了顶棚，四周有踏足板。这些床都相当大，通常能达到 12 英尺宽，至少可以容纳 4 个或者更多人并排睡在上面。人们睡觉时不穿衣服，喜欢让皮肤直接接触亚麻质地的床单和被套。他们还喜欢在床顶上吊挂一些放熏香或草药的镂空香炉，呼吸着从中缓慢释出的甜香空气入睡。

22   在宽松马裤和夹克上衣之外，男人们还要套上一种长及脚踝的猩红色长袍（lucco），这种长袍袖子宽大，领子上连有兜帽；年轻一些的男士们会偏爱活泼的颜色，比如绸缎上衣外面配一件粉色斗篷，穿一双有银色蕾丝花边的白色短袜，戴边沿上插一根羽毛的天鹅绒帽子或有香味的手套，还可以佩戴金戒指、金项链和镶着珠宝的匕首和长剑。尽管佛罗伦萨和当时欧洲其他城市一样有禁奢法令，但是没有人真正遵守，女人们更是对此不屑一顾。下面是一个负责监督女人们遵守禁奢法令的官员提交的报告，里面提到的他在工作中遇到的困难就很典型：

依据您的指令，我到街上巡视了妇女佩戴违禁饰物的情况，但总会遭到抗议，因为每种情况都确实无章可循，难判对错。有一次我看到一个女人在头巾边缘镶了一圈蕾丝花边，于是我的助手问她："你叫什么名字？你的头巾上有花边。"结果这个女人立马摘下头巾，拆掉了用别针固定在上面的花边，还说那只是个花环。再往前走，我又碰到了一个女人，她穿的裙子前面缝了好多纽扣。我的助手对她说："女人的衣服上禁止有纽扣。"她却辩称："这些不是纽扣，是装饰扣，你看，我衣服上既没有扣环也没有扣眼。"最后，我的助手终于遇到了一个他认为确凿无疑的违禁者，于是掏出记录簿准备写下她的名字，他对这个女人说："你穿的是貂皮。"结果这个女人却抗议道："你不能记我的名字，这不是貂皮，是幼兽的皮毛。""那你说的幼兽指什么？""就是一种动物。"

让很多简朴的教士感到郁闷的是，佛罗伦萨商人妻子们的奢侈是出了名的，同样出名的还有她们的典雅高贵和白肤金发。深色头发的女人会给头发染色，或者戴白色、黄色丝绸做的假发；肤色红润的女人则会抹粉让自己变白。她们走在街上风情万种，服饰艳丽，还要佩戴珠宝首饰和银质纽扣。春夏的裙子都是丝质或者天鹅绒做的，冬天的衣物则换成织锦或皮

草。女人们骄傲地炫耀自己的衣物首饰，因为她们衣橱里的家
23 当往往比丈夫的房产还值钱得多。当然，未婚的年轻姑娘是没
有这种自由的，她们平时闭门不出，只有在去做弥撒的时候才
可以戴着厚厚的面纱出门。更有些大户人家的千金小姐则是完
全不曾出过家门，她们只能在自己的卧室里做弥撒，在父亲的
花园或是院内的敞廊里活动活动腿脚。到了适婚年龄，她们的
父母或监护人会全权替她们安排，当然她们的嫁妆也是极其丰
厚的。

很多新娘的嫁妆里都要包括几个外国奴隶。奴隶进口是在
1336 年正式被合法化的，原因是瘟疫暴发导致本地仆人数量
锐减。这些外国奴隶大多是希腊人、土耳其人或俄国人、切尔
克斯人或鞑靼人。一些家庭偏爱鞑靼人，因为干活最卖力；而
另一些家庭则更喜欢切尔克斯人，因为样貌俊秀、脾气温和。
所有奴隶都必须起早贪黑地工作，锡耶纳的云游传教士贝尔纳
迪诺 (Fra Bernardino) 叮嘱家庭主妇，为她们自己好就一定
要做到：

> 有房间要打扫？让你的奴隶去扫。有瓶瓶罐罐要刷？
> 让你的奴隶去刷。有蔬菜水果要削皮？让你的奴隶去削。
> 有衣服要洗？让奴隶去洗。让她帮你照看孩子，帮你打理
> 一切。要让她们习惯不停地工作，否则她们会变得又懒又
> 笨。不要给她们一点儿闲暇时间，只要你不停地指使她干
> 活，她就没空靠着窗子看热闹打发时间。

在威尼斯和热那亚的市场上买个奴隶很便宜。这些奴隶通
常都是年轻的女孩儿，被买去做奴隶就意味着一辈子都要受主

人的束缚。主人对奴隶享有绝对的权力，可以"拥有、保留、出卖、冷落、交换、玩弄、租借或退租、随意处置、判定过错及实施自己或自己的继承人想要采取的任何举措，直至永远，其他人无权干涉"。事实上，奴隶被归入主人的动产，在财产清单中和家禽家畜列为一类。很多女奴会怀上主人的孩子：不仅在当时人们的往来书信中经常见到此类麻烦引发的争执，连接收弃婴的医院也是人满为患，肤色黝黑或斯拉夫人样貌的弃婴源源不断地被送到这里。

　　奴隶的工作虽然很辛苦，但她们的伙食还算不错。尽管从法律意义上讲奴隶没有任何地位，也几乎不享有任何权利，但她们会被当作家人一样对待。赶上艰苦的年景，她们的生活反而比最贫穷的佛罗伦萨市民要好过一些。有时候，穷人一天的食物就只有一点儿无花果和栎树皮做的干面包。而一个小康之家的女奴却可以分享主人家的晚餐：蒜香意面、意式肉汤饺子、肝泥香肠或血肠、羊奶酪、水果和葡萄酒，到了周日还可能有鸽子肉或是羊羔肉。富商家里的餐食自然更有异国风情。虽然法令禁止过度奢侈，但是人们就如同在服饰上一样，在饮食上也公然抛弃了法律的约束，最大限度地利用所有可能的漏洞。比如法令规定主食不能有烤肉和馅饼之外的东西，那么人们就把能想到的所有美食全填进馅饼里，包括猪肉、火腿、鸡蛋，还有大枣和杏仁等。一个富有人家在款待尊贵的客人时，可能会先奉上一个甜瓜；接着是意式饺子（ravioloi）、意式馄饨（tortellini）或意式千层面（lasagne）；然后是一种用面粉、鸡蛋和糖做成的蛋糕（berlingozzo）；还要再来几片煮阉鸡、烤鸡或珍珠鸡肉；还有辣牛肉或猪肉冻、画眉肉、丁鲷、梭子鱼、鳗鱼、鳟鱼、鸽子、鹧鸪、斑鸠、孔雀和煮小山羊肉。至

24

于蔬菜，常见的选择有蚕豆、洋葱、菠菜、胡萝卜、韭葱、豌豆和甜菜根。最后还有配着糖或蜂蜜吃的杏仁奶蒸的米饭，或者是用藏红花色素调过色，被做成了动物或人形的松子布丁和松仁蛋糕（pinocchiato）。所有的食物都用料十足、味道浓郁。一碗鸡肉蔬菜浓汤（minestra）里要加姜汁、杏仁碎、肉桂、丁香，还要撒上奶酪或糖。鱼肉馅饼里则要加橄榄油、橙汁和柠檬汁、辣椒、盐、丁香、欧芹、肉豆蔻、藏红花、大枣、葡萄干、月桂叶粉末和马郁兰。有一种特别的红酱（savore sanguino），里面不仅有肉、葡萄酒、葡萄干、肉桂、檀香，甚至还有漆树这种现在只被用来制革的染料。夏天的时候，大多数富户一天最主要的正餐是在傍晚之前吃的。桌子和凳子都被摆在敞开的花园门口附近，只有客人能坐在直背椅子上，更多时候则是坐在板凳上或箱子盖上，房间远处的角落里还有乐手在吹奏舒缓的音乐。

那些统治整个佛罗伦萨的人就出身于这样的家庭。理论上说，城里几个行业协会的所有会员在政府中都有发言权，但实践中却并非如此。行业协会的总数是 21 个，包括 7 个大行会和 14 个小行会。7 个大行会中，又以律师业行会（*Arte dei Giudici e Notai*）地位为最高。位居其次的是羊毛业行会（*Arte della Lana*）、丝织业行会（*Arte di Por Santa Maria*）和毛织业行会（*Arte di Calimala*），这些行会的名字来源于他们存放货物的仓库所在大街的街名。① 尽管银行家依然被教堂斥责为放高利贷的，以至于他们不得已用俗语或委婉语来掩饰自己真正

----

① 卡利马拉街（Calimala）字面上的意思是恶名之街，但其实可能是罗马将军卡利斯（Roman Callis Major）名字的讹用。

的生意，但是崛起的银行业行会（*Arte del Cambio*）已经成了在财力和重要性上都能够与前述大行会相匹敌的力量。医药香料业行会（*Arte dei Medici*，*Spezialie Merciai*）的会员包括医生、药剂师，以及香料、染料和药品等货物的经销商，同时也包括一些艺术家和手工艺者。举例来说，画家既是向经销商买染料的客人，也是隶属于这个行会的会员。最后一个大行会是皮革皮草业行会（*Arte dei Vaccai e Pellicciai*），它代表的是皮革、皮草商人和皮革手工匠的利益。

剩下那些小行业协会里的会员则是一些普通的生意人，包括屠夫、制革工人、皮匠、铁匠、厨师、石匠、木工、酒商、旅店老板、裁缝、甲胄师及面包师傅等。一个羊毛业行会的会员可以看不起铁匠行会（*Arte dei Fabbri*）里的铁匠们；但是铁匠也有觉得自己高人一等的时候，就是相比于成千上万的羊毛工人、布料工人、织工、纺纱工、染工、梳刷工和打浆工，以及车夫、船夫、苦力和小商贩这类没有固定营业场所的普通劳动者。尽管这些劳动者的数量占到了城市总人口的四分之三，他们却无权组建自己的行业协会。这样的不公在过去多次引发不满，有时候甚至会发生暴动。1378 年夏天，梳毛工们就发动了一次起义。这些工人被称作"琼皮"（*ciompi* 这一名称来源于他们在洗毛车间工作时所穿的木底鞋的名称），是羊毛工人群体中最卑贱的一类，他们的工资还不够让家人吃饱饭。于是梳毛工们大喊着"和让我们挨饿的叛徒同归于尽" 26 的口号，把那些被他们视为压迫者的商人的店铺洗劫一空。商人和他们选举出的头目吓得不得不逃跑保命。梳毛工们还提出要成立三个属于他们自己的行会。迫于这样的形势，所有要求都被满足了。只可惜好景不长，其他行业的工人们出于嫉妒，依靠他们雇主私下里的权钱支持，很快就联手摧毁了梳毛工们刚刚建立起来的行会。到 1382 年，原有的 21 个行会重新掌握了对城市无可争议的控制权。根据《1293 年正义法令》的规定，佛罗伦萨为独立的共和国，行会通过重新修订这一法令，实现了对政府的操纵。

当时政府官员的组成方式是这样的：21 个行业协会中年满 35 岁的会员都有资格参选政府官员，他们的名字会被写下来并分别放进 8 个皮质的袋子（borse）中。袋子被放置在圣十字教堂（Church of Santa Croce）的圣器收藏室里，[①] 每两个月拿出来一次，在简短的仪式后，从中随机抽取当选者。任何想要观看选举仪式的市民都会获得许可。有负债或已就任上一届政府官员的人，以及与已当选人有亲属关系的人不能够作为候选人。当选官员在接下来的两个月里将担任执政官（Priori），由这些执政官组成的政府被称为执政团（Signoria）[②]。执政团成员最多不超过 9 个人，其中 6 个人代表大行会、2 个人代表小行会，最后一人则作为首席执政官（Gonfaloniere），[③] 负责持有和保管城市的旗帜——白色底面上有一朵红色百合图案的佛罗伦萨旗。执政官一旦当选，就必须马上离开自己的家，统一住进市政厅，直到两月任期届满。执

---

① 圣十字广场上的圣十字教堂和圣十字修道院修建于 1228 ~ 1385 年。到 1863 年，又修建了独具特色的十七世纪风格的大理石教堂正面。米开朗琪罗以及科西莫·德·美第奇的好朋友莱昂纳多·布鲁尼、卡洛·马尔苏皮尼和韦斯帕夏诺·达·比斯蒂奇的墓都设在这里。当时佛罗伦萨几个重要家族的家族教堂也都建在这里，其中就包括与科西莫联姻的巴尔迪家族的家族教堂。由米开罗佐为科西莫建造的见习教士堂建于 1445 年左右。

② 又译为长老会议，是佛罗伦萨共和国时期最高行政机构。——编者注

③ 又译为正义旗手。——编者注

政官们的工资不高，但是可以享受的待遇不低。市政厅里面不但有大批身着绿色制服的仆人为他们服务，在他们享用丰盛晚餐的时候，还有小丑（Buffone）在旁给他们讲笑话、唱歌助兴。所有执政官都穿着深红色的长袍，领口和袖口镶着貂皮边。为了显示区别，只有首席执政官的长袍上绣着金星。

如果执政团想要颁行法律或制定外交政策，他们必须征求另外两个也是经选举建立的委员会（Collegi）的意见，分别是十二贤人团（Dodici Buonomini）和十六旗手团（Sedici Gonfalonieri）。除此之外，还有十人战争委员会、八人安全委员会和六人商贸委员会，不过这些委员会都是依共和国形势需要临时通过选举组建的。也有一些职务是永久性的，比如总理大臣通常是由优秀的学者来担任；[①] 执政团公证员（Notaio delle Riformagioni）主要负责宣布执政团的法案；最高行政长官（Podesta）是个类似于首席大法官的职务，往往由出身高贵的外国人担任，他居住的宫殿既是法院又是监狱，后来被更名为巴杰罗宫。[②]

一旦危难来临，执政官们会敲响市政厅钟楼里的大钟。因为钟声低沉，像牛叫的哞哞声，大钟因此得名牛钟（Vacca）。

---

① 总理大臣（Chancellor of Florence）是佛罗伦萨共和国时期最重要的官僚政府职位。虽然总理大臣既不是经正式选举产生，如九人执政团成员或首席执政官，也不等同于现今一些国家政府首脑，但他可以施加更大的政治影响力。担任这一职位的人大多是文艺复兴时期一些著名的学者、政治思想家和人文主义者。——编者注

② 巴杰罗宫在十五世纪被称为波德斯塔宫（Palazo del Podesta），始建于1254年至1255年，最初是作为市政大厅。庭院中的楼梯是在十四世纪中期重建时增加的。到1574年这里成为警察总长的官邸。现在这里成了国家博物馆（Museo Nazionale），收藏了众多美第奇家族人员的雕像和半身像以及他们订制的其他艺术作品。

当钟声响彻整个佛罗伦萨的时候，所有年满 14 岁的男性市民都要集中到自己所属的小区，然后跟随在代表小区的旗帜后面统一行进到市政厅前，组成市民议会（*Parlamento*）。一般在这种情况下，执政团要先确认到场人数已超过市民总数的三分之二，然后才能请求他们批准组建最高司法委员会（*Balia*）的提议，最高司法委员会成立后将代表人民全权处理城市面临的危机。

佛罗伦萨人对自己的政治制度感到无比骄傲，并标榜它为实现他们所吹嘘的自由的保障。佛罗伦萨人坚信其他意大利邦国的政府都比不上他们的。威尼斯虽然也是公认的共和国，但是正如批评者指出的那样：威尼斯所谓的共和是由各个贵族家族在政府中就职；而按照佛罗伦萨的法律，这样的特权是不被许可的。佛罗伦萨的另一个主要竞争对手——米兰——还处于专制公爵菲利波·玛丽亚·维斯孔蒂（Filippo Maria Visconti）的完全掌控之下。至于从罗马到亚得里亚海沿途分布的各个独裁者统治的小教皇国，都还是近乎无政府的状态。那不勒斯王国和西西里王国则因安茹（Anjou）和阿拉贡（Aragon）两大家族的争斗而长期分崩离析。

与这些国家相比，佛罗伦萨能有如此稳定、民主、受拥护的政府确实是一大幸事。不过事实上，政府的实际运作也难称民主。在组建政府的过程中，社会下层民众（*Minuto Popolo*）被成功拒于门外，贵族（*Grandi*）也很难进入各种共和国委员会。整个选举过程实际上被少数几个最富有的商人家族控制着，他们的目的是确保只有可信的家族支持者的名字被放入存放候选人名条的皮袋里。如果这其中出现任何差池，他们就可以召集市民议会，通过组建最高司法委员会来"变更"皮袋里的候选人，这样就可以防止不受自己信赖的执政官被选入执政团。所以实际上，政府几乎就是富人完全依据自己的利益而组建的。

对于佛罗伦萨的商人们来说，钱的意义非同一般。有钱就是有地位，没钱就是没尊严。作为典型的文艺复兴时期的哲学家、诗人、运动健将、画家、音乐家和建筑家，出身佛罗伦萨历史最悠久的古老商人家族之一的莱昂·巴蒂斯塔·阿尔贝蒂（Leon Battista Alberti）① 就曾说过：穷人很难"靠美德获得尊重和名誉"，贫穷"会让美德蒙上阴影"，并"让美德沦为隐蔽而晦涩的哀愁"。另一位同样出身商人世家的佛罗伦萨哲学家马泰奥·帕尔米耶里（Matteo Palmieri）也同意这种观点。他认为只有做大买卖的商人才值得受人瞩目和尊重，社会下层民众只要吃饱饭就不应该再奢望什么。还有一位名叫格雷戈里奥·达蒂（Gregorio Dati）的佛罗伦萨丝绸商人的观点更绝对，他说："不经商的佛罗伦萨人，没有周游过世界、见识过他国风土人情，然后衣锦还乡的佛罗伦萨人，无论如何也抬不起头。"

人们普遍认定，商人的财富应当是通过"体面而重要的"交易获得的。一夜暴富会受到严重质疑，而通过"丑恶的交易"、"下流的手艺"或"挣薪水的下等职业"赚钱也同样不被看好。规模庞大、货物高档的交易不但能让经营它们的商人受人信赖，也会使从中受益的共和国信誉提升。 29

挣了大钱的商人自然也不能吝啬小气，他们必须拥有气派

---

① 阿尔贝蒂宫位于本奇街 6 号，这里现在变成了霍恩博物馆（Museo Horne）。阿尔贝蒂家族曾经负责打理圣十字教堂的高坛。

的宫殿和宽阔的家庭敞廊，还要有美丽的乡村别墅和私人小教堂。他们还必须给自己的家人购置得体的衣物，就算不雍容华贵，也起码要价格不菲。商人们还得给女儿准备好丰厚的嫁妆。为建造教堂和修道院捐款时必须慷慨大方，这不仅仅是为了上帝的荣耀，更是给自己的后代和佛罗伦萨增光。如果某个商人足够富有，他还可以借钱给共和国政府，这样就可以获得更多的威望。乔瓦尼·鲁切拉伊（Giovanni Rucellai）靠经营一种著名的佛罗伦萨红色染料——苔红素（oricello）——而积累了巨额财富，甚至连他的家族姓氏都是从这种染料的名字衍生而来的。他曾宣称"把钱花好比挣到大钱本身带来的荣耀还要多"；花钱还能让他得到更多的满足感，他斥巨资建造的宏伟的鲁切拉伊宫就是由阿尔贝蒂设计的。①

不过，对于一个富有而慷慨的商人来说，想要在佛罗伦萨的社会上获得名望，光靠经营体面的生意是不够的。缔结好的姻亲关系是非常理想的方式；而在共和国政府就职、服务大众的家族传统则是另一个重要的方式。事实上，没有哪个不曾在政府就职的商人可以自称拥有多高的社会地位。这种观念深深地影响着富商们的下一代。他们年纪尚轻就已经懂得：如果自1282年起的执政官名录上没有自己家族的姓氏，那么就根本算不上什么名门望族。尼科洛·达·乌扎诺（Niccolo da Uzzano）是一位德高望重、富可敌国的显贵。他家墙上就挂

---

① 鲁切拉伊宫于十五世纪五十年代建造完成，现在的地址是德拉维尼亚诺瓦街18号。它由莱昂·巴蒂斯塔·阿尔贝蒂设计，由贝尔纳多·罗塞利诺（Bernardo Rossellino）主持建造。阿尔贝蒂还为乔瓦尼·鲁切拉伊设计了多明我会的圣玛丽亚诺韦拉教堂的正面，该教堂里有鲁切拉伊家族的家族教堂。从火车站和普拉托门之间可以看到一部分修复后的鲁切拉伊宫的花园，即奥里切拉里园（Ortioricellari）。

了这样一份执政官名录，一旦出现了某个他闻所未闻的候选人，他就可以立刻查出此人是出身于古老家族，还是新近的暴发户。①

美第奇家族自然不算暴发户，不过和它的竞争者相比，他们也称不上历史悠久。在随后的许多年中，所有形式的传奇都成了赚取钱财的资本。

---

① 尼科洛·达·乌扎诺在巴尔迪街上的宫殿现在改名为卡波尼宫（36 号）。

第二章 美第奇家族的兴起

"时刻远离公众的视线"

30 　　据说美第奇家族的祖先叫阿伟拉多（Averardo），是一名英勇的骑士，曾效忠于查理曼大帝（Charlemagne）。有一次，阿伟拉多在去罗马的途中经过托斯卡纳地区，在佛罗伦萨以北的一个叫穆杰洛（Mugello）的地方遇到了一个野蛮的巨人，当地的贫苦农民深受其害。阿伟拉多与巨人交战并最终将其杀死，但是他的盾牌上留下了多处巨人挥舞狼牙棒猛击的凹痕。查理曼大帝为了奖励阿伟拉多的英勇行为，许可他将盾徽制成金底饰以红色小球的样式，象征着盾牌上的凹痕，以此纪念他伟大的胜利。从那以后，这也成了美第奇家族的标志。① 另外一种不那么戏剧化、可信度更高的说法则是红色小球象征着药丸或拔火罐。正如他们的名字所示，美第奇家族很可能是医生或药剂师，祖上则有可能是从穆杰洛迁到佛罗伦萨来的烧炭人。不过还有一种说法认为，红色小球代表钱币，是当铺的传统标志。

――――――――――

① 美第奇家族标志上的小球从来没有确定的数量。最初是 12 个；到科西莫·德·美第奇时代则以 7 个为常见，比如美第奇宫东南角的盾牌上就是 7 个，可是在圣洛伦佐教堂高坛一角的韦罗基奥制作的圆盘上却是 6 个。圣洛伦佐教堂老圣器收藏室的天花板上是 8 个，公爵科西莫在王室祭堂（Capella dei Principi）的坟墓上是 5 个，大公费尔迪南德的观景城堡入口的盾徽上是 6 个。

　　起码可以确定的是，在后来这些年里，美第奇家族在佛罗伦萨一直是受人敬仰的家族。他们随着这个城市的繁荣而发展壮大，而且偶有家族成员在政府里担任官职。第一个成为首席执政官的美第奇家族成员是阿尔迪戈·德·美第奇（Ardingo de'Medici），他在1296年当选这一要职。而他的兄弟古乔（Guccio）不但在三年后也当选为首席执政官，还获得了死后入殓四世纪石棺并被安葬在圣乔瓦尼巴蒂斯塔黑白八角教堂（San Giovanni Battista）外的殊荣，这个教堂也被称作洗礼堂（Baptistery）。另一位美第奇家族成员阿伟拉多，也就是科西莫的曾曾祖父于1314年当选首席执政官。然而自那以后，美第奇家族似乎经历了一段衰落期。阿伟拉多的一个孙子菲利诺·迪·孔特·德·美第奇（Filigno di Conte de'Medici）在一本写给子孙的短小回忆录中就哀伤地提到了这段时期。他庆幸他的家族在佛罗伦萨还有几处不大的房产及两座宫殿、一个旅馆，以及在穆杰洛的卡法焦洛（Cafaggiolo）地区有"周围围绕着房屋的半个宫殿"。他们依然生活富足，但是和以前相比就相差甚远了；至于社会地位，则是"依然重要，但本可以更高"。曾经，人们会说"你看起来像个美第奇"，并且人人敬畏他们，然而这样的日子已经一去不返了。

　　萨尔韦斯特罗·德·美第奇（Salvestro de'Medici）是菲利诺的一个堂兄弟，他在1370年和1378年先后两次当选首席执政官，重新恢复了家族的荣耀。梳毛工起义那一年，萨尔韦斯特罗对起义团体的同情是众所周知的，所以在起义成功的那段时间里，他的声誉也获得了大幅提升。不过最终起义失败，萨尔韦斯特罗和美第奇家族也受到重创。从那时起，美第奇的名字就和遭主宰这座城市的领袖家族忌讳的起义分子们联系在一

31

起了。

科西莫的父亲，乔瓦尼·迪·比奇·德·美第奇（Giovanni di Bicci de'Medici）一直想要打消对他家族的质疑。他可不是含着金汤匙出生的阔少爷：他父亲留下的那点儿可怜的遗产要分给一个遗孀和五个儿子。所以，乔瓦尼自己挣到钱之后就发誓绝不让这份财富再受到任何威胁。乔瓦尼像他的父亲一样对社会下层民众充满同情，所以也受到下层民众的爱戴。但乔瓦尼本身是个极其谨慎的人，他十分清楚佛罗伦萨人对野心过度的市民是出了名的不信任。所以，他一直尽可能地远离公众视线的焦点，靠自己迅速发展起来的银行生意积累财富。

乔瓦尼被视为一个善良、诚信、通情达理且有人情味的人，他本人也乐于接受这种名声。不过，人们也不会忽视他那总是微眯着的双眼中透出的精明世故，以及那宽阔的下巴显示出的坚毅决绝。乔瓦尼从来不会滔滔不绝、口若悬河，他言语中偶尔闪烁的智慧火花也往往被其苍白脸上天生的哀怨表情所掩盖，从而让人对他放松警惕。乔瓦尼本就富有，他的妻子皮卡尔达·布埃利（Piccarda Bueri）更是带来了丰厚的嫁妆，但是起初乔瓦尼夫妇和他们的两个儿子——科西莫和洛伦佐（Lorenzo）——一直住在拉尔加街（Via Larga）上一栋不大起眼的房子里，后来才搬到了主教堂广场（Piazza del Duomo）一所略大一些但依然简朴的房子，这里靠近当时尚未完工的圣母百花大教堂（Santa Maria del Fiore）。① 不少低级别的商人会

① 圣母百花大教堂，也被称为杜奥莫教堂，其修建工程始于十三世纪末，由阿诺尔福·迪·坎比奥（Arnolfo di Cambio）设计。布鲁内莱斯基的圆顶直到 1436 年才完工，而外部的装饰在十年之后他去世时都没有完成。新哥特式正面是十九世纪末建造的。

故作姿态地远离公共生活，如果可以的话乔瓦尼倒真愿意完全避开公众的视线，待在佛罗伦萨的房子和他的乡村别墅中，待在主教堂广场的办公室和红门街（Via Porta Rossa）① 上离现在的诺沃市场（Mercato Nuovo）② 不远的银行里。但是在佛罗伦萨，如他的孙子日后所说的那样：不在政府里就职的富商是不能获得成功的。

　　尽管不情愿，乔瓦尼还是在 1402 年接受了执政官一职，并在任职的两个月中被选为首席执政官。后来他又两次当选，分别是在 1411 年和 1421 年。除了这几次经历之外，乔瓦尼很乐意躲在账房里，为公共基金和私人慈善事业慷慨解囊或者投资附近乡村的土地。他乐意给不再享有政治权利的失势贵族们代理财产业务，却委婉地反对他们要求重获公民权利的政治诉求，而这也是他唯一明确持有的政治立场，除此之外就任由富有的阿尔比奇（Albizzi）家族通过他们的朋友和执政官候选人来掌控政府。

　　不得不说，即便是阿尔比奇家族的敌人们也没有在这一家族的统治时期有什么不满，这段时期恰好也是佛罗伦萨相对繁荣发展的好时期。阿尔比奇家族的统治非常严苛：反对者一律要被逮捕、流放、没收财产，甚至处决。佛罗伦萨的边界不间断地向外扩张。到阿尔比奇家族当政时，他们掌管的地域早就超越了城墙围起的这个城市。此时的佛罗伦萨包含了皮斯托亚（Pistoia）和沃尔泰拉（Volterra），以及 1351

---

① 红门街当时属于达万扎蒂宫（Palazzo Davanzati）（9 号），属于达维奇家族，是他们在 1330 年前后建造的，现在这里变成了博物馆。

② 诺沃市场现在被称为稻草市场，是乔瓦尼·巴蒂斯塔·德尔·塔索（Giovanni Battista del Tasso）在 1547 年至 1559 年间建造的。

33　年从那不勒斯女王手里购得的普拉托（Prato）等乡镇。鉴于阿尔比奇家族成功地控制了政府，他们不仅占据了阿雷佐（Arezzo），还在 1406 年通过占领比萨（Pisa）及比萨港（Porto Pisano），开通了一条能让佛罗伦萨直接通向大海的通道。后来，阿尔比奇又于 1421 年从热那亚人手中买来了里窝那（Leghorn）。

　　佛罗伦萨的第一艘武装战船就是在比萨港举行的下水仪式。购买港口这一做法大大增加了共和国的财富，也给长期以来作为支柱产业的羊毛和布料交易增添了助力。世世代代以来，大批的羊毛都是从英格兰、低地国家及托斯卡纳的山丘和山谷地区运到佛罗伦萨进行加工和染色，然后再出口。在黑死病降临之前，这一行业养活了近三万人口。这也解释了为什么羊毛和布料商人的行会有如此重要的地位——他们长久以来都在佛罗伦萨的政府里占据着举足轻重的位置，城市里一些最豪华的建筑也是在他们的授意之下建造起来的。圣母百花大教堂就是委托羊毛业行会的官员管理的，该协会的象征——羔羊图案——也醒目地出现在了教堂的墙上。

　　乔瓦尼拥有两家羊毛工厂，所以他是羊毛业行会的会员。但是，由于他最主要的生意是银行，所以他也是银行业行会的会员。银行业行会的声誉从 1252 年开始有所提高。当时城市里的银行家们发行了一种美丽的小金币。金币背面是佛罗伦萨的拉丁文名称（Florentia），正面则选用了百合花的图案，百合正是这座城市的象征。① 这种货币就是著名的弗罗林金币

---

①　佛罗伦萨建筑物上的佛罗伦萨百合标志没有美第奇的小球多，在佣兵敞廊（Loggia dei Lanzi）后面老造币厂（old Mint）的十五世纪门廊上可以看到佛罗伦萨百合标志。

（*fiorino d'oro*），它在世界上更为人熟知的名字是花朵币（the flower），也叫佛罗伦萨币（florence）或弗罗林币（florin）。一枚弗罗林币里含有 54 格令①的纯金，在十五世纪三十年代的购买力大约相当于今天的 20 英镑。一个年收入 150 弗罗林币的人可以生活得很宽裕。当时城里一栋带花园的小房子一年的租金大概是 35 弗罗林币；一栋豪华宫殿大概能卖到 1000 弗罗林币；一个女仆一年的薪水超不过 10 弗罗林币，购买一个奴隶也不过 50 弗罗林币。很快，弗罗林币就受到了广泛认可并在全欧洲流通起来，这完全是出于对发行它的城市和在那里营业的银行的信任。到 1422 年，流通中的弗罗林金币的数量达到了两百万枚；仅在老市场广场周围，就有 72 家银行和证券交易行，其中最兴旺、发展最迅速的，无疑就是美第奇的银行。

34

　　乔瓦尼的一个远房堂兄，维耶里·迪·坎比奥·德·美第奇（Vieri di Cambio de'Medici）于 14 世纪就在罗马开设了分行。威尼斯和热那亚、那不勒斯和加埃塔（Gaeta）也都有美第奇的分行。乔瓦尼·德·美第奇起初就是在他堂兄维耶里的分行里做学徒，后来在日内瓦开了自己的第一家分行，接着又在罗马开了第二家。后来随着比萨港口的业务激增，他又在布吕赫（Bruges）和伦敦分别设立了代理行。不过与其把乔瓦尼业务的蒸蒸日上归因于佛罗伦萨羊毛交易的繁荣，倒不如说是他与教皇的密切关系。

　　对于乔瓦尼这样一个保守、谨慎的银行家来说，1410 年当选教皇的巴尔达萨雷·科萨（Baldassare Cossa）绝对不是一

————————

　　①　英美最小的重量单位，1 格令约等于 0.0648 克。——译者注

个典型的可结交之人，他们之间建立友谊似乎是不可能发生的
事情。科萨是一个感观至上、热爱冒险、无所顾忌而且极度迷
信的人。他出身于一个古老的那不勒斯家族，曾经当过海盗。
当他决定投身圣职的时候，那些真正了解他的人都坚信，他这
么做绝不是为了服侍上帝，而是为了寻找新的冒险，而他的人
生也的确称得上一次大冒险了。

当时，教会正因为阿维尼翁（Avignon）的教皇与罗马的教
皇分庭抗礼而陷入困境。为了终结这场将整个欧洲分化为几个
阵营的"教会大分裂"，各方于 1409 年在比萨召开会议，会议
达成的决议是罢黜阿维尼翁教皇本尼狄克十三世（Benedict XIII）
和意大利教皇格列高利十二世（Gregory XII），同时选举了新的
教皇亚历山大五世（Alexander V）。结果亚历山大五世刚刚当
选就宣布会议终止，而被罢黜的两个教皇也都拒不承认会议的
决定。这样一来，不但情况没有好转，竞争的教皇反而从两个
变成了三个。亚历山大五世去世后由科萨继位，他选择的称号
是约翰二十三世（John XXIII）。为了化解这一僵局，德国君主
西吉蒙德（Sigismund）尝试在康斯坦茨（Constance）召开新
35 会议。到 1414 年年底教皇约翰前往康斯坦茨时，就有美第奇
银行的代表随行，他们俨然已经成了教皇的金融顾问。

至此为止，美第奇家族已经确立了自己作为教皇御用银行
家的地位。以阿尔比奇、里齐（Ricci）和斯皮尼（Spini）家
族为主的其他佛罗伦萨银行在过去也曾作为教廷的财务代理机
构；相对于他们来说，即便是乔瓦尼在 1386～1397 年大幅提
高了银行业务量之后，美第奇家族在罗马的业务依然算少的。
然而，教皇约翰二十三世在位期间，美第奇家族却成了最主要
的教廷业务代理者。据说美第奇银行是为教皇筹集了一万达科

特金币（ducats）的买官钱才获得了教廷代理的美差。不过，1403～1410 年间，科萨还在博洛尼亚（Bologna）任教皇使节一职时，他就已经与乔瓦尼保持通信并有大量业务往来，他还称乔瓦尼为"非常亲近的朋友"。

科萨当选教皇后，美第奇家族就开始利用与教皇办公室之间有利可图的关系，因为教廷的收入和开支都是由这个办公室负责的。同时美第奇银行还是教皇约翰二十三世在与那不勒斯国王拉迪斯劳斯（Ladislaus）交战时最主要的支持者。那不勒斯国王支持的是教皇格列高利十二世，也就是教皇约翰的两个竞争者之一。最终教皇约翰与那不勒斯国王于 1413 年握手言和，依照停战条约的规定，教皇须向那不勒斯国王支付 95000 弗罗林币，这笔款项自然也是由美第奇家族主要负责筹集的。作为抵押，教皇向美第奇银行旗下的一家罗马分行交付了两顶宝贵的主教法冠和大量的主教板。这样的交易其实并不符合乔瓦尼的品位，但是成为教廷财务代理便可以获得巨额利润，这一点小小的代价总是要付的。至于与教廷财务相关的业务到底有多大的利润，从一点就足以见得，那就是当时美第奇银行全部利润的一半都是由罗马的两家分行贡献的。

不过在召开康斯坦茨会议时，美第奇家族的地位有所动摇。教皇约翰于 1414 年 10 月底抵达康斯坦茨，迎接他的是一连串指控，包括传播异端邪说、买卖圣职、专制暴政、毒杀前教皇亚历山大五世，以及引诱至少两百名博洛尼亚女子。教皇约翰不得不装扮成一个背着弓箭的平民才得以逃出康斯坦茨，可是他很快就被出卖并带回康斯坦茨听候处置。最后教皇约翰二十三世和本尼狄克十三世都被罢黜。会议还接受了教皇格列高利十二世的辞职，并选举了新的教皇马丁五世（Martin V）。

36

　　此时的教皇约翰已是贫病交加，他在海德堡城堡里被关押了三年，直到美第奇家族再次对他伸出援手。通过他们在威尼斯的分行，美第奇家族筹集了38500莱茵盾的赎金来换取约翰的自由。被罢黜的教皇在获得释放之后，由巴尔托洛梅奥·德·巴尔迪（Bartolomeo de'Bardi）（很快他就将成为美第奇罗马分行的经理）陪同来到佛罗伦萨，并受到了乔瓦尼·德·美第奇的欢迎。在他仅剩的几个月的生命里，美第奇不但为他提供了住所，还出面向马丁五世求情，最终为他谋得了图斯库鲁姆（Tusculum）枢机主教的职位。

　　当时马丁五世也住在佛罗伦萨，他在圣玛丽亚诺韦拉修道院（Santa Maria Novella）住了两年。① 马丁五世是一个温柔单纯的人，但是他与美第奇家族的关系并没有乔瓦尼所盼望的那么亲近和友好。他们曾经因为一个珍珠镶嵌的主教法冠而发生过矛盾。这个法冠是教皇约翰逃出康斯坦茨时抵押给美第奇的，后来马丁五世威胁将美第奇家族逐出教会，才最终迫使他们将法冠交还给教堂总管。在执行教皇约翰的遗嘱时，双方又出现了分歧，因为约翰在遗嘱中规定要将自己保有的施洗者圣约翰的一根手指留给美第奇家族。教皇约翰对圣物的信仰是无限的，所以一直把它带在身上。随后，他们还为洗礼堂外教皇约翰坟墓上的刻字而争执不下，因为墓碑基座上刻着"教皇

① 圣玛丽亚诺韦拉的多明我会教堂和修道院是从十三世纪中期开始修建的，到十六世纪完工。从为教皇马丁五世修建的房间可以俯瞰整个大庭院。十六世纪六十年代瓦萨里对教堂内部进行了重新装修。鲁切拉伊、巴尔迪和斯特罗齐家族都在这里修建了家族教堂。大庭院里的一个小教堂于1515年由雅各布·卡鲁齐·蓬托尔莫（Jacopo Carrucci Pontormo）和里多尔福·吉兰达约（Ridolfo Ghirlandaio）进行重新装修，为的是迎接教皇莱奥十世乔瓦尼·迪·洛伦佐·德·美第奇的来访。

约翰二十三世"（Ioannes Quondam Papa XXⅢ），而这样的碑文让现任教皇马丁五世认为受到了冒犯。

1420 年 9 月 9 日，教皇马丁离开佛罗伦萨，启程前往罗马，随行的还有 12 名枢机主教。佛罗伦萨的官员、各个行会和院校的代表，还有统一着装的旗手组成的长龙，护送教皇到达圣皮耶尔·加托里尼门（Porta di San Pier Gattolini），在那里教皇向众人赐予祝福。此后教皇途经圣加焦（San Gaggio）的女修道院——依据当时一位编年史记录者的记录——"他下了马，要求女修道院里所有的修女都到他面前来，他逐个祝福她们，并隔着面纱亲吻了她们的额头"。

乔瓦尼·德·美第奇也在送行的队伍之中，他被选为有权使用金色马刺的四骑士（Cavalieri）之一。看着教皇离去，乔瓦尼心中只有担忧，因为他的家族银行与教会的关系已经如履薄冰。虽然美第奇家族没有被完全排除在教廷业务之外，但是他们已经不再享受任何在教皇约翰二十三世时期曾拥有的特权。此时最受教廷偏爱的变成了美第奇家族的老对手——斯皮尼家族。① 然而到了 1420 年年底，斯皮尼公司突然宣告破产。在此之后不久，美第奇在罗马的经理就接了斯皮尼的生意，他的分行也很快恢复了曾经的显赫地位。没过几年，美第奇家族的银行不仅成了意大利最成功的商业公司，更是一举成为全欧洲最能赚钱的家族事业。对于这样的成果，乔瓦尼作

37

————————

① 斯皮尼家族十三世纪晚期冷峻风格的宫殿，现在被称作斯皮尼费罗尼宫，位于托尔纳博尼街和天主圣三桥边的阿恰尤奥利河滨大道的交会处。向下游方向的下一个宫殿就是十四世纪的吉安菲廖齐宫。再向下游走隔几个门是十七世纪的科尔西尼宫（科尔西尼河滨大道，10 号），这里的画廊偶尔会向公众开放。

为父亲当然功不可没，而他的长子也同样做出了不容忽视的贡献。

　　科西莫出生于 1389 年 9 月 27 日，他的生日正好也是基督教殉道者科斯马斯（Cosmas）和达米安（Damian）的纪念日。这两个人被认为是医师的守护神，在科西莫订制或是为向他致敬而创作的油画作品中就经常出现这两个人的身影。科西莫年幼时在卡马尔多利会（Camaldolese）的安杰利圣母修道院（Santa Maria degli Angeli）① 接受教育，在那里他学会了德语、法语、拉丁语，同时对希伯来语、希腊语和阿拉伯语也有涉猎。后来，和佛罗伦萨其他富商家的少爷们一样，他也开始聆听罗伯托·德·罗西（Roberto de'Rossi）的讲座或课程。罗西本人也出身于一个古老富有的佛罗伦萨家族，他是那个时代最重要的学者之一。在罗伯托·德·罗西极具启发性的教导下，以及和安杰利圣母修道院同学们的交谈中，科西莫获得并发展出了一份对古典知识和古典理念的尊敬和对人们现世生活的兴趣。他参与讨论的习惯一直延续到中年，而对人类的兴趣则一生未变。科西莫绝对称得上一位真正的人文主义者。

　　和这个圈子里其他人文主义者相比，科西莫算不上最博学的，但是就连教皇庇护二世（Pius Ⅱ）都对他称赞有加。佛罗伦萨人在这位教皇眼里都是"利欲熏心的奸商，听不进一点儿高尚的东西"，只有科西莫是个有文化、有智慧、有见识

38

---

①　安杰利圣母修道院现在成了圣玛丽亚诺瓦医院的一部分。其中人们所知的阿尔法尼街（Via degli Alfani）上的安杰利圣母八角形小教堂（Rotonda di Santa Maria Angeli）是 1434 年起按照布鲁内莱斯基的设计建造的。

的人，"比一般商人更有修养"。确实没有几个人文主义者对古典手稿的了解能超过科西莫，因为他年纪尚轻时就已经开始收藏了；更没有什么人像他一样在公共生活中坚持人文主义理想的重要性。虽然他一直没有学会演讲和雄辩等人文主义者们必备的技能，但他从不质疑那些靠这些技能在佛罗伦萨社会担当重任的人文主义者。大多数人文主义者其实都有着和科西莫类似的家庭背景，但科西莫和他们的最重要区别在于：如他的父亲一直教导的那样，科西莫迫切地想要远离公众视线。

科西莫很少出现在大庭广众之下，就算有必要，他也从不会带一名以上的随从。他的穿着总是很低调，小心地把靠墙的路让给老年人走，并"最大限度地遵守治安法官的要求"。科西莫还总是把扮演英雄、出风头的机会留给其他大家族的后裔们，比如 1428 年在圣十字广场上举办的大型比赛中，[①] 伟大的帕拉·斯特罗齐（Palla Strozzi）[②] 的儿子洛伦佐赢得了胜者的桂冠，而科西莫以及美第奇家族其他成员的出席都未被提及。若是有人就生意上的问题向科西莫寻求帮助或征求他的建议，科西莫会认真聆听来访者的问题，然后简短直率地给出见解，让人觉得他好像吝于结交朋友似的。不过，老百姓们依然爱戴他、信任他。在他年老之后，本就灰黄的脸色加上岁月的

---

① 圣十字广场会举行传统的锦标赛，包括战车赛和足球比赛。一块写着 1565 年 2 月 10 日字样的牌匾标记了足球场地的中心。

② 帕拉·斯特罗齐雇佣真蒂莱·达·法布里亚诺来创作自己父亲的家族教堂的祭坛装饰品《贤士来朝》。这个奥诺弗里奥·斯特罗齐的家族教堂就在圣三一教堂里。这幅祭坛装饰画里描绘了多位斯特罗齐家族成员，现在收藏于乌菲齐美术馆。多明我会的圣玛丽亚诺韦拉教堂中的斯特罗齐堂里有一幅安德烈亚·奥尔卡尼亚（Andrea Orcagna）创作的祭坛装饰画以及纳尔多·迪·乔内（Nardo di Cione）创作的壁画。斯特罗齐家族的波焦阿卡伊阿诺别墅后来归属了伟大的洛伦佐。

痕迹，让他看起来总是带着一副讽刺的神情，他那总是简短模糊的评论又加重了话语中嘲笑的意味。但即便如此，他的言行举止依然让人觉得可亲而非可惧。

科西莫与乔瓦尼·德·巴尔迪（Giovanni de'Bardi）的长女孔泰西纳·德·巴尔迪（Contessina de'Bardi）结婚时只有二十几岁。巴尔迪是他父亲在罗马分行的合伙人之一。巴尔迪家族曾经也是佛罗伦萨最富有的家族之一，但是和佩鲁齐（Peruzzi）、阿恰尤奥利（Acciaiuoli）家族一样，他们借给包括英国国王爱德华三世（Edward Ⅲ）和那不勒斯的安茹国王罗伯特（Robert，the Angevin King）在内的各个君主的贷款比收回的还款多太多，以至于他们的生意经常难以为继。孔泰西纳结婚时给丈夫带来的嫁妆算不上多，尽管其中包括坐落在巴尔迪街（Via de'Bardi）上的巴尔迪宫（Palazzo Bardi），这条街上所有的房产原本都是属于巴尔迪家族的。① 科西莫夫妇随后搬进了巴尔迪宫，所有房间也随之低调地换上了美第奇家族的纹饰。他们的第一个孩子皮耶罗（Piero）就是在这里出生的，正如给科西莫的祝福中所写的那样："上帝保佑你，让你与高贵、杰出的新婚妻子在新婚之夜就能孕育出一个男孩儿。"

孔泰西纳是一个缺乏想象力、挑剔且爱管闲事的女人，热爱美食，身材肥胖，但是也很能干，天性乐观、一心顾家、不善交际。她的受教育程度远不及其孙女们将来所能接受的那样，所以和其他佛罗伦萨人的妻子们一样，她是不被许可进入丈夫的书房的。科西莫很喜欢妻子，但也谈不上如胶似漆，那

① 巴尔迪街几乎全是由巴尔迪家族重建起来的。在他们修建巴尔迪宫（现已不存在）之前，这里就是一片叫作蚕窝（Borgo Pigiglioso）的贫民窟。圣十字教堂里的十四世纪巴尔迪家族教堂里有乔托及其助手创作的壁画。

39

些因公事与妻子分开的日子并不难熬，他也极少写信给她。

他们第一次分开是在 1414 年。据他的朋友——书商韦斯帕夏诺·达·比斯蒂奇（Vespasiano da Bisticci）说，时年 25 岁的科西莫和教皇约翰二十三世一起去参加康斯坦茨会议，一走就是两年。教皇被废黜之后，科西莫从阿尔卑斯山脉向北游历了很多城市，也访问了美第奇家族在德国、法国和佛兰德斯地区的分行。教皇约翰去世后，科西莫回到了佛罗伦萨，但是没过多久他又作为罗马分行的经理动身前往罗马了，而他的妻子则留在巴尔迪宫照顾大儿子皮耶罗和小儿子乔瓦尼。

科西莫在担任罗马分行经理的三年多时间里，只偶尔回佛罗伦萨探望家人，其他大部分时间都住在位于蒂沃利（Tivoli）的房子中，由一名叫马达莱娜（Maddalena）的女奴照看。这名女奴是科西莫的一个代理从威尼斯替他买来的，并且确认她是"一个健康的处女，大约 21 岁，没有任何疾病"。科西莫很迷恋她，与她同床共枕。马达莱娜为科西莫生了一个儿子，取名为卡洛（Carlo）。这种事在当时也是司空见惯，卡洛和孔泰西纳生的儿子们一起生活，同样接受正规、全面的古典教育。卡洛的外貌有明显的切尔克斯人特征，他长大后进入了教会，并且借助他父亲的影响当上了普拉托教区牧师（Rector of Prato）和教廷最高书记（Protonotary Apostolic）。①

科西莫在罗马成功避免了引起佛罗伦萨敌人的嫉妒，可是回到佛罗伦萨没多久，他出众的才能及所谓支持社会下层民众（*Popolo Minuto*）、反对大领主（*Magnati*）的观点就重新引起

---

① 卡洛·迪·科西莫·德·美第奇也是一位谨慎的收藏家。罗杰·范·德·韦登（Roger van der Weyden）的《埋葬》（*Entombment*）就是他的收藏品之一，现在收藏于乌菲齐美术馆。

了阿尔比奇家族的怀疑。

科西莫的父亲一生谨慎小心，给世人留下了一个谦逊温和的印象。当阿尔比奇家族试图拉拢他参与加紧对共和国政府的控制、稳固寡头政治的计划时，他拒绝了；阿尔比奇家族的对头们听闻此事，立刻跑来拉拢乔瓦尼加入更激进的抵制寡头政治的活动，乔瓦尼给出的答复是他没有任何想要改变政府现状的意愿，不论发生什么，他都只想专注于自己的生意，对政治活动分身乏术。与之类似，当阿尔比奇家族提议通过设立一种新的收入和财产税（catasto）来改革佛罗伦萨不公平的税制时，乔瓦尼也是在极其慎重地考虑了整个提议之后才表示支持，但是仍附加了各种各样的保留条件，以至于谁也琢磨不透他的真实态度。

乔瓦尼一生克己，从不给人嫉妒的理由，总是避免做出承诺，临死前还在病榻上叮嘱两个儿子要效仿他的做法：对富人和权贵不冒犯，对穷人和弱者要永远慷慨。

> 不要表现得像是在给出建议，而是要在对话中谨慎地提出自己的看法。除非是受到召唤，否则不要前往市政厅；即使被召唤前往，也只要完成被安排的任务就好；得到了认可也不要表现出骄傲……避免法律诉讼和政治争议，时刻避免进入公众的视线……

41

后来科西莫也给自己的儿子们留下了类似的忠告，但是抛开谦逊的外表和沉默寡言的举止不谈，科西莫其实远比他父亲更有野心，他立志要让自己的财富发挥不同的作用，而阿尔比奇家族也对科西莫的每一步举动都充满疑虑和关切。

第三章 阿尔比奇家族的敌人

"连修道士的厕所里都装饰着他的纹饰"

阿尔比奇家族的领头人里纳尔多·迪·梅塞尔·马索42
（Rinaldo di Messer Maso）曾经是一名军人，也做过外交官。
他是一个自大、骄傲、容易冲动的人，而且故步自封、反对改
革。① 他对内坚定地维护寡头政治，如果有必要，甚至不惜将
次要行会的数量减半；对外则主张通过武力在战场上打败佛罗
伦萨的敌人们。那时他已经迫使执政团陷入了与米兰毫无结果
的征战；在 1429 年他又极力鼓动向与米兰联手的卢卡
（Lucca）宣战。佛罗伦萨和卢卡的恩怨由来已久，他们是彼
此在丝绸贸易上最主要的竞争对手。击败卢卡的想法在佛罗伦
萨城内受到欢迎，连科西莫本人后来也哀叹卢卡凭其从山脉地
区延伸至海边的广阔疆域，战胜了各种征服它的尝试，屹立不
倒。不过科西莫并不认为此时是加入战争的好时机，而且尽管
他同意在紧急成立的十人战争委员会中担任职务，却仍带有明
显的不情愿，并且暗示在阿尔比奇家族的领导之下佛罗伦萨军
队不可能取胜。他的担忧是有道理的。卢卡人向米兰寻求援
助，应他们的要求，公爵菲利波·玛丽亚·维斯孔蒂向卢卡派

---

① 阿尔比奇家族的中世纪塔楼位于阿尔比奇镇。里纳尔多·德利·阿尔比奇
建造的宫殿已经不复存在。现在这个位置是 88 号阿尔托维蒂宫（Plazzo
Altoviti）。

出了伟大的雇佣军（*condottiere*）指挥官弗朗切斯科·斯福尔扎（Francesco Sforza）。佛罗伦萨的雇佣军根本无法和斯福尔扎的队伍抗衡，于是佛罗伦萨的执政团花了五万弗罗林币将其收买；然而米兰公爵又为卢卡找到了一个有才能的将领尼科洛·皮奇尼诺（Niccolo Piccinino）。十人战争委员会随即又想出了更复杂的退敌之计，他们想引塞尔基奥河（Serchio）的河水冲垮卢卡搭建的防御壁垒。不过，这个计策也如反对者们所预计的那样失败了：卢卡驻军趁夜色冲出卢卡，推倒了佛罗伦萨人的水坝，河水倾泻而下，反而灌入了佛罗伦萨人的营地。到 1430 年秋天，科西莫认定再与这个损失惨重、耗资巨大的战争有任何瓜葛都是不明智的，于是就以希望别人也有机会为战争委员会出谋划策为由，退出了委员会，离开佛罗伦萨前往维罗纳（Verona）。

在科西莫缺席的情况下，他的敌人开始散布谣言，称科西莫妄图利用自己的巨额财富收买雇佣军首领入侵佛罗伦萨共和国并推翻政府。有些人相信了这样的谣言；有些人虽然不信，却也乐于利用这样的谣言来解决掉一个强大的竞争对手。一伙儿心存不满的贵族和大领主们一起去拜访了长者尼科洛·达·乌扎诺（Niccolò da Uzzano），他是佛罗伦萨最受敬重的政治家。这伙人的目的不仅是探询尼科洛如何看待他们攻击科西莫的提议，更是想获得他的支持。尼科洛在自己位于巴尔迪街的家中接待了这些人，虽然礼貌地倾听了他们的提议，但态度却是谨慎且不支持的：就算真的有可能除掉美第奇家族，让阿尔比奇家族势力更加壮大也未必就是好事，他们很可能会变成像米兰的维斯孔蒂一样的专制暴君。再说，最后的结果更有可能是，谁也无法彻底除掉美第奇家族。如果对两大家族的支持者做一番比较的话，阿尔比奇一方不见得能占到多少优势。而且念及以往美第奇家族的恩惠，社会下层民众肯定是站在他这一边的。此外，美第奇的支持者还包括城中几个最显赫的家族，如托尔纳博尼家族（Tornabuoni）和波尔蒂纳里家族（Portinari）都与美第奇家族有各种密切的生意往来；其他家族也从美第奇那里贷了款或收了礼物；还有一些则是通过联姻与美第奇家族联系在一起的，比如科西莫的妻子孔泰西纳所属的巴尔迪家族，以及科西莫的弟弟洛伦佐的妻子吉内夫拉·卡瓦尔坎蒂（Genevra Cavalcanti）背后的卡瓦尔坎蒂家族①和马莱斯皮尼家族（Malespini）。除此之外，在关系密切的人文主义者圈子内部，科西莫也有数不清的好朋友；相反，公然指责新古典知识与基督教信仰相对立的里纳尔多·德利·阿尔比奇则在这个圈子中树敌无数。

　　尼科洛·尼科利（Niccolo Niccoli）、卡洛·马尔苏皮尼（Carlo Marsuppini）、波焦·布拉乔利尼（Poggio Bracciolini）、莱昂纳多·布鲁尼（Leonardo Bruni）和安布罗焦·特拉韦尔萨里（Ambrogio Traversari）都是科西莫的密友，而这几位杰出的人物在佛罗伦萨的社会里都已经有相当的影响力。风流倜傥的尼科洛·尼科利是一个富有的佛罗伦萨羊毛商人的儿子，此时他已经六十六岁了，是这几个人中年纪最长的。他总是衣冠楚楚，是一个相当挑剔、吹毛求疵的业余艺术家。他从不关

①　卡瓦尔坎蒂家族小教堂里由多梅尼科·韦内齐亚诺（Domenico Veneziano）创作的《圣人弗朗西斯和施洗者圣约翰》（*Saints Francis and John the Baptist*）现在收藏于圣克罗切歌剧院博物馆（Museo dell'Opera di Santa Croce）。卡瓦尔坎蒂家族的由多纳泰罗创作的《圣母领报》（*Annunciation*）则被收藏在圣十字教堂。

心家族生意，而是把继承来的财富都用在了他美丽的豪宅和了不起的收藏上。他的收藏品包括图书、手稿、勋章、钱币、凹雕玉石、浮雕和花瓶，"没有哪个到佛罗伦萨来的尊贵客人会错过参观他的藏品的机会"。科西莫比尼科洛小二十五岁，尼科洛开始收藏的时候他还是个孩子，随着年龄的增长，科西莫深受尼科洛的影响，也开始进行类似的收藏。两人曾经计划一起去圣地（Holy Land）寻找古希腊手稿，但是这一行动并没有得到科西莫的父亲乔瓦尼·德·美第奇的支持。他可不想让儿子跟尼科洛一样"不务正业"，在科西莫被尼科洛其他奇思妙想引诱之前，乔瓦尼就把他安排到家族银行里工作了。尼科洛收藏的书籍超过八百本，这一数字直到他去世时还在不断增加，算得上当时最大的藏书规模了。他对收藏古董的痴迷程度至死不减，为此不惜卖房卖地，甚至向科西莫借钱。他本人从未创作过一本著作，因为他写的每段话都不能满足自己严苛的要求；不过他倒是创造了一种手写体，能够让抄写员更快、更整齐、更美观地抄写手稿，这种字体后来成了早期意大利印刷界使用的斜体字的基础。尼科洛甚至成为来佛罗伦萨的游客们好奇的对象，他们在街上追寻他经过时优雅高贵的身影，但是又被提醒他其实脾气不好，有时甚至会唐突无礼。唯一能让尼科洛感到惧怕的人是他那泼辣的情妇，这个女人曾经还是他另外五个兄弟之一的旧情人。这件事让他的家人都很反感，直到有一天他的两个兄弟实在忍受不了她的傲慢无礼，直接把她捆起来鞭打了一顿。对噪音敏感到连"被困住的老鼠发出的吱吱声"都听不得的尼科洛在听到情妇的尖叫时，竟然被吓哭了。

尼科洛的大部分手稿都是由他的朋友波焦·布拉乔利尼搜

45

集来的。波焦·布拉乔利尼被认为是一位学者、演说家、散文家、历史学家和艺术家，他还写过一个名为《波焦·布拉乔利尼笑话集》的系列作品，内容都是些诙谐低俗的小故事。波焦1380 年出生在佛罗伦萨附近一个小乡村里，父亲是个贫穷的药剂师。波焦年纪轻轻就赤手空拳地来到佛罗伦萨闯荡，他想尽办法获得了一个进入菲奥伦蒂诺学院（Studio Fiorentino）① 学习的机会。这所大学是 1321 年教皇被逐出博洛尼亚后创办的。作为该校的董事之一，科西莫极力推动这里的学科扩建，除了已有的语法、法学、逻辑学、占星学、外科学和医学等学科外，又聘请了伦理学、修辞学和诗歌学方面的教授。波焦学习的是法学，后来加入了律师业行会，并进入教廷负责撰写宗座牧函。波焦也陪同教皇约翰二十三世参加了康斯坦茨会议，几年之后他又和科西莫一起前往奥斯蒂亚（Ostia）度假，并在那一地区进行了一些考古研究。波焦足智多谋、有魅力、乐观、好享乐、幽默、智商极高，而且为达目的不惜使用贿赂修道士之类的手段。他作为尼科洛·尼科利的代理到德国、法国和瑞士寻找失传的手稿最终获得了巨大成功，不但找到了各式各样隐藏的珍宝，更发现了一些失传已久、据说只有部分残存于世的手稿的完整版本。有一次，他到瑞士的一个修道院，那里的藏书室就设在塔楼底部昏暗、肮脏的地牢里。波焦在那里发现了卢克莱修（Lucretius）的《物性论》（*De rerum natura*）和阿比修斯（Apicius）的烹饪书，以及昆体良（Quintilian）的

---

① 菲奥伦蒂诺学院后来升级为大学。现在位于圣马可广场附近的建筑是由托斯卡纳大公的马厩改造而来。北侧的植物园名叫草药园（Giardino dei Semplici），面向拉马尔莫拉街（Via Lamarmora），是在十六世纪中期根据科西莫一世的指示建造的。

一本罗马教育方面的重要书籍。

至于那些不能够用钱买下的文本，波焦就亲自用一种优美、易识、间隔适度的手写体抄写下来。他参考的样式是十一世纪的卡洛林手写体，而非后来取代它的令人疲倦又粗笨的哥特式。科西莫看过波焦的抄本后，决定把自己所有的藏书都按类似的字体重新抄写。这种字体也同样受到早期意大利印刷界的青睐，并将其作为罗马字体的基础，就如他们将尼科洛·尼科利的手写体作为斜体字的基础一样。波焦的手抄本实际上成了现代手写体和印刷体的起源。

然而，波焦并不像有些人文主义者那样因醉心于学术而失去了对生活的热情。他纵情于声色犬马，连工作的时候也喜欢有漂亮的姑娘陪伴左右。他给尼科洛·尼科利讲述了这样一个故事：有一天他正在拓写碑文，却被两个观看他工作的姑娘吸引住了，结果把正事抛到了一边。尼科洛听了感到非常惊讶，可是波焦却回答说：工作的时候，他更愿意有窈窕可人的姑娘，而不是"长着长角的水牛"陪伴左右。波焦有好几个情妇，仅他承认的私生子就有十四个之多，但是他完全有能力供养他们。凭借他的经济头脑和在教廷里的人脉，波焦挣了很多钱。他直到五十五岁才决定结婚，对方毫不意外又是个只有十八岁的美人，还带着丰厚的嫁妆。波焦用这笔钱买了一栋大宅，和妻子又生了六个孩子。

和波焦一样，科西莫的另一个人文主义者朋友——莱昂纳多·布鲁尼——刚到佛罗伦萨时也是个穷小子。他也在菲奥伦蒂诺学习法律，在教廷任职并且积累了不少的财富；但是比起波焦，莱昂纳多绝对是个严肃认真的人。他长着一个尖鼻子，给人感觉很机警，有些傲慢，其他人文主义者认为他有"绝顶的口才"。莱昂纳多强烈反对尼科洛·尼科利包养情妇的事，而波焦在他看来根本就是堕落腐化的典型。莱昂纳多为了和一位受人尊敬、极度富有的年轻姑娘结婚而放弃了在教会里继续发展的念头。婚后，他全身心地投入到写作与翻译中，并且在政府里为佛罗伦萨的公共事业鞠躬尽瘁。他极力宣扬佛罗伦萨是古代共和国体制的继承者，并最终成为佛罗伦萨的总理大臣并长期任职。他的美名传扬甚广，甚至连西班牙国王的使节都曾拜倒在他高贵的红袍之下。

科西莫的另一位挚友，安布罗焦·特拉韦尔萨里同布鲁 47
尼一样受人尊敬，但是他比后者更加谦虚圣洁，是个连肉都没吃过的苦行僧。特拉韦尔萨里从罗马涅地区（Romagna）来到佛罗伦萨。他的家族在罗马涅地区拥有大片的地产，他也刚刚当上苦行的卡马尔多利会（Camaldolite Order）的代理主教（Vicar-General）。特拉韦尔萨里还是一位令人敬仰的学者，他自学了希伯来语，精通希腊语和拉丁语。事实上，他可以随口把希腊语翻译成通畅、优美的拉丁语，其速度之快，连尼科洛·尼科利这位佛罗伦萨城里写字最快的人都跟不上他口述的速度。特拉韦尔萨里比科西莫小三岁，他为科西莫翻译了第欧根尼·拉尔修（Diogenes Laertius）的所有著作，包括那些他诚实的精神所无法苟同的不洁段落。科西莫经常出入特拉韦尔萨里在安杰利圣母修道院的房间，而面对即将发生的美第奇家族与阿尔比奇家族的冲突，他更是对特拉韦尔萨里感激不尽。

另一个经常出入修道院的是卡洛·马尔苏皮尼。他来自阿雷佐的一个贵族家庭，也是一名学者，并被任命为大学的修辞学和诗歌学讲师。他当时只有三十二岁，是科西莫的人文主义者圈子里最年轻的朋友，但是他的学识已经名声在外。在其最著名的一堂课上，他引用了所有已知的希腊和拉丁学者的论述。马尔苏皮尼在著书立说方面不如布鲁尼多产，但也不像尼科洛·尼科利那么苛刻挑剔。他把一两本希腊著作翻译成了拉丁文，还写了一些诗歌警句，并为科西莫母亲的葬礼创作了一篇演讲词。

　　马尔苏皮尼在大学中的死对头是一个和他年纪相仿的年轻人，名叫弗朗切斯科·费勒夫（Francesco Filelfo）。费勒夫的父母都是佛罗伦萨人，但他却是在安科纳（Ancona）附近的托伦蒂诺（Tolentino）出生的，当时他的父母就居住在那里。费勒夫不到二十岁就已经是一位著名的古典主义学者了，并且被威尼斯委以驻君士坦丁堡大使的重任。在那里，他娶了自己希腊语老师约翰·克里索卢拉斯（John Chrysoloras）漂亮的女儿。而克里索卢拉斯的兄弟伊曼纽尔·克里索卢拉斯（Emmanuel Chrysoloras）之前是佛罗伦萨大学的希腊语教授。后来费勒夫受尼科洛·尼科利的邀请来大学授课。起初，尼科洛很满意费勒夫的才华和活力。费勒夫的课一堂接一堂，从早讲到晚，对什么内容他都能侃侃而谈，他讲西塞罗（Cicero）和泰伦斯（Terence），荷马（Homer）和李维（Livy），修昔底德（Thucydides）和色诺芬（Xenophon）；此外，他还教授伦理学课程，每周要到教堂做一次关于但丁的公开讲座；所有这些活动之外，他还能挤出时间创作无数的警句、颂歌、演说词和历史故事，甚至还会翻译，只要有钱可赚。过了一段时间，尼科洛·尼科利就后悔邀请这个留着拜占庭式络腮胡的浮躁年轻人来佛罗伦萨了。事实证明，费勒夫是一个虚荣、粗暴、无礼、贪财、挥霍无度且爱记仇的人。科西莫的朋友们都避免与他接触，当他与马尔苏皮尼争论时，他们都选择支持后者。于是费勒夫转而投靠了阿尔比奇家族，替他们做舆论攻击的差事。费勒夫刚来佛罗伦萨时，科西莫不但热情款待了他，还替他付了房租；而现在，费勒夫反过头来对科西莫加以最无情的攻击。

只要佛罗伦萨的这些人文主义者还是科西莫的朋友，更重要的是，只要尼科洛·达·乌扎诺还活着，科西莫就不用担心阿尔比奇家族有足够的力量来毁灭美第奇家族。尽管尼科洛·达·乌扎诺总体上认同阿尔比奇家族的政治观点，但是他也一直很尊重美第奇家族，甚至在科西莫父亲的葬礼上还伤心落泪。可是到1432年，尼科洛·达·乌扎诺也去世了，里纳尔多·德利·阿尔比奇反对美第奇家族的阴谋迅速成熟起来。城里到处流传着关于美第奇家族的恶毒谣言，毋庸置疑大部分是由费勒夫传播的。这些谣言说道：科西莫穿着简朴是为了避免引起民众对他通过不法途径聚敛的财富的注意；他所谓的对下层民众的同情心不过是追求私利者挂在口头的掩饰之词；不是有人听到他亲口说"除非是有利可图或是出于恐惧之心，否则没有人会做诚信之事"？他向慈善事业和建筑项目的捐款更是伪善，不过是一个放高利贷的人花钱买良心上的安慰而已，更何况哪一笔善款不是大肆宣传，哪一座由他出资的建筑上没有把美第奇的纹饰放在醒目的位置？"连修道士的厕所里都装饰着他的纹饰！"就是在这种舆论的作用下，1433年年初的一个夜晚，有人往科西莫家的大门上泼洒了鲜血。

像1430年退出战争委员会前往维罗纳一样，此时的科西莫选择再次离开佛罗伦萨，这次他到自己在穆杰洛的特雷比奥 49

(il Trebbio) 的房产里待了几个月。① 与此同时，他将自己在佛罗伦萨银行里的巨额财产悄悄转移到了罗马和那不勒斯的分行里，还将成袋的钱币寄存在圣米尼亚托主教堂（San Miniato al Monte）的本笃会隐士和圣马可（San Marco）的多明我会修道士那里，这样如果阿尔比奇家族开始行动，这些财产就可以免于被没收。

科西莫不在城里的这段时间，里纳尔多·德利·阿尔比奇控制了执政团在九月的选举。他的操控非常隐蔽，结果九名当选的执政官中，七名都是明确支持他的。另外两名据称有可能是美第奇家族的支持者，他们分别是巴尔托洛梅奥·斯皮尼（Bartolommeo Spini）和雅各布·贝林吉耶里（Jacopo Berlinghieri）。当选首席执政官的是贝尔纳多·瓜达尼（Bernardo Guadagni），为了确保他的参选资格，阿尔比奇家族不得不先免去了他所有的债务。②

九月的第一周，科西莫还在穆杰洛。在这里他收到瓜达尼的紧急召唤，要求他马上回到佛罗伦萨，并被告知"有重大事项需要做出决定"。科西莫决定直面自己的命运。

---

① 美第奇家族世代拥有卡法焦洛这片土地，特雷比奥就在离卡法焦洛大约一英里外的一座山顶上。据瓦萨里称，原本的中世纪堡垒经米开罗佐为科西莫进行了改造，重修了庭院，加入了敌廊，还把堡垒和塔楼四周的防御壁垒改建成了带顶棚的通道，整座建筑不再那么荒凉冷峻。1644年这里被出售给朱利亚诺·塞拉利（Giuliano Serragli）。1864年又被卖给王子马尔坎托尼奥·博尔盖赛（Prince Marcantonio Borghese）。后来又被恩里科·斯卡雷蒂（Dott. Enrico Scaretti）买走并于二十世纪三十年代重新修复。他的遗孀，也是格拉德温勋爵（Lord Gladwyn）的妹妹一直居住在这里，至此书创作之时依然如此。

② 瓜达尼宫位于圣神教堂广场（7~9号），是在十六世纪初期为代家族（Dei）建造的。1684年被多纳托·瓜达尼（Donato Guadagni）买下。

1433 年 9 月 4 日，科西莫回到了佛罗伦萨。当天下午他就到市政厅拜见了首席执政官贝尔纳多·瓜达尼。但是贝尔纳多·瓜达尼言辞闪烁，不谈正题，只是说这个需要科西莫从穆杰洛回到佛罗伦萨的"重大决定"，要到三天后执政团正式召开会议时才能被正式讨论，同时对于城中过去几天要出大事的传言他也无可奉告。

离开市政厅后，科西莫去拜访了他认为还是朋友的在任执政官之一，但是得到的回答同样是一些模棱两可的安慰之词。随后他又去了自家的银行，毫无疑问是去转移更多的财产。在此之后，他再无他法可想，只能坐等即将召开的执政团会议。

7 日上午，科西莫到达市政厅的时候，执政团会议已经开始了。在侍卫队长的押送下，科西莫登上楼梯，经过紧闭的会议室大门，被关进了牢房。很快便有人通知他说"有充分的理由对其进行关押，会尽快向其说明"。

两天后，也就是 9 月 9 日，科西莫所在牢房顶上的钟楼里，巨大的牛钟发出隆隆的响声，召唤所有佛罗伦萨人到市政厅前的广场上参加市民议会。低沉的牛叫一般的钟声响彻整个城市，市民们纷纷响应前往。但是广场入口有武装的阿尔比奇家族支持者把守，所有明确或有可能支持美第奇家族的市民都被拦在了广场之外。科西莫后来回忆说，他当时从牢房的窗口向下望，广场上被允许进入的市民最多不超过 23 人，他们就站在执政官们所在的位于宫殿一层的围栏（*ringhiera*）前。执政团秘书代表执政团询问到场的公民是否同意设立一个由 200人组成的最高司法委员会来"代表人民的利益进行改革"。在场公民们恭顺地给出了许可，于是这个最高司法委员会得以顺

50

利组建。

　　尽管里纳尔多·德利·阿尔比奇看似掌控了政府并强烈建议判处科西莫死刑，但是最高司法委员会的成员们却没有痛快地接受他的提议。委员会里的讨论十分激烈，迟迟无法达成共识。一些成员同意判处科西莫死刑，另一些则坚持流放就足够了，甚至有一两个委员提议应当将科西莫无罪释放。很多委员不愿意顺从阿尔比奇对科西莫处以极刑的原因显而易见：对成千上万支持他的市民来说，科西莫依然是他们心中的英雄，虽然这些人暂时被威慑和压制，但是委员们害怕死刑判决会引发强烈的反对；除此之外更令他们担忧的是，科西莫的被捕已经引发了外国势力的激烈抗议。费拉拉（Ferrara）侯爵是美第奇银行的客户，他已经代表科西莫的利益提出干涉。威尼斯共和国在财政方面也受科西莫关照颇多，此时派出了三位大使前往佛罗伦萨全力确保科西莫被释放；如科西莫本人所说，就算大使们与里纳尔多谈不拢，他们的到来也足以"给那些本来支持判处死刑的人施加巨大的影响"。科西莫的老朋友，同时也是卡马尔多利会代理主教的安布罗焦·特拉韦尔萨里此时也拜访了里纳尔多；甚至据说还有一位更有影响力的美第奇银行客户——欧金尼乌斯四世（Eugenius Ⅳ）——也向他打了招呼。欧金尼乌斯四世是一个威尼斯商人的儿子，他于两年前继任马丁五世成为教皇。此时里纳尔多已经严刑拷打了科西莫的两名支持者，成功给科西莫扣上了叛国的罪名。其中一个支持者尼科洛·蒂努奇（Niccolo Tinucci）是一位有名的公证人，也是一位业余诗人。他被刑讯官严刑逼供，最终屈打成招，指认科西莫有意召集外国势力在佛罗伦萨进行革命。无论是特拉韦尔萨里还是威尼斯大使都不相信这份供述，佛罗伦萨的大多数市民也不相信。渐渐地，里纳尔多也被迫接受了这样的现实：判处流放要比他的亲信弗朗切斯科·费勒夫坚持要求的死刑更明智。

科西莫在关押他的市政厅钟楼牢房里获许会见了特拉韦尔萨里及少数几个经过挑选的访客。因为怕被下毒，科西莫还被批准食用巴尔迪宫送来的饭菜。但是看守采取了严格的限制措施，避免科西莫与外界交换任何消息，更不允许他和银行之间有任何通信。给科西莫的食物从制作到送达全程都有官员监督，他与访客谈话时也必须有守卫在场监听。不过，这个叫费代里戈·马拉沃尔蒂（Federigo Malavolti）的守卫对科西莫怀有同情之心，再加上一点贿赂，科西莫的信息还是被顺利传出了牢房。连穷困的首席执政官贝尔纳多·瓜达尼本人都欣然接受了 1000 弗罗林币的贿赂，如果他狮子大张口，美第奇家族无疑会全力满足，科西莫事后嘲讽地评价他是个软弱无能的人。不过，贝尔纳多·瓜达尼在收受"价格合理"的贿赂之后，就宣布因为健康原因不能再参与委员会的审议工作，并将自己的投票权委托给另一位执政官马里奥托·巴尔多维内蒂 52（Mariotto Baldovinetti）。而这位与贝尔纳多·瓜达尼一样穷困的执政官自然也是美第奇金库早就打点好的。

原本的支持者都被对方收买并倒戈，美第奇银行强大的外国客户团也不断地施加压力；再加上美第奇家族忠诚的朋友们日益直白的表态，就连帕拉·斯特罗齐这样有影响力的温和派也逐渐脱离自己的阵营；除此之外，阿尔比奇家族甚至还面临着出现武装起义的危险。科西莫的弟弟洛伦佐一听到哥哥被捕，就马上和美第奇家族的其他一些成员赶往穆杰洛集结军队准备救人；与此同时，卡法焦洛的小部分美第奇家族支持者也

集结了队伍；据说连雇佣军指挥官尼科洛·达托伦蒂诺
（Niccolo da Tolentino）也被科西莫的朋友内里·卡波尼（Neri
Capponi）收买，已经带着一队雇佣兵从比萨前往拉斯特拉
（Lastra）准备参战。尼科洛·达托伦蒂诺的队伍在拉斯特拉
按兵不动，因为他们担心进一步逼近会引发佛罗伦萨城内的骚
乱，难保科西莫不会在混乱中被暗杀。即便没有交战，还是不
得不承认，尼科洛·达托伦蒂诺的存在是促使阿尔比奇最终放
弃将这个令他头疼的囚犯处死的重要原因之一。

9 月 28 日，科西莫被判流放帕多瓦（Padua）10 年，而他
诡计多端的堂兄弟阿伟拉多（Averardo）也被判流放那不勒斯
10 年。至于他那不怎么抛头露面、也不那么有威胁的弟弟洛
伦佐则被判流放威尼斯 5 年。整个美第奇家族，除了维耶里一
支外，全被划定为贵族阶级，永远不得在政府中就职。他们在
佛罗伦萨的组织领导者普乔·普奇（Puccio Pucci）和乔瓦
尼·普奇（Giovanni Pucci）也被判流放到阿奎拉（Aquila）10
年。① 执政团里两名没有追随阿尔比奇家族的执政官没有受到
其他执政官所得的利益和嘉奖。

科西莫拥有诸多美德，但刚勇血性似乎是他一直缺少的。
所以当被召唤到市政厅面前听取审判结果时，他表现得有些可

---

① 十六世纪的普奇宫位于普齐街（2 ~ 4 号）。赛尔维街拐角处的盾徽是乔
瓦尼·迪·洛伦佐·德·美第奇，即教皇莱奥十世的。普奇家族支付了
圣母领报大殿敞廊的修建费用，该敞廊是由卡奇尼设计并于 1601 年修建
完工。普奇家族的家族教堂在圣母领报大殿内的许愿小院（Chiostrino
dei Voti）东墙侧面。韦罗基奥创作的伟大的洛伦佐的雕像在洛伦佐逃脱
帕奇家族的暗杀后就在这里展示，但现已丢失。据瓦萨里称，波提切利
的圆形浮雕《贤士来朝》就是由普奇家族订制的，现在陈列在伦敦的国
家美术馆。

怜巴巴。他辩解说除非受到召唤，他本人从来没有主动和执政团接触过，也"一直不愿担任官员职务"，而且不但没有煽动托斯卡纳地区的任何城市反抗政府，还曾经帮助政府筹集资金组建军队打击地方势力。尽管如此，科西莫还是在执政官面前郑重声明：

53

> 　　既然判决我流放帕多瓦，我在此声明我会遵从判决前往，并且按照你们的命令待在那里。别说是到特雷维佐地区（trevisian state），就是判我流放到阿拉伯或者其他任何完全陌生的国度，我也会心甘情愿地接受。你们的命令对我而言是灾难，但我依然心存感激，宁愿把这看作恩赐而非祸患……只要知道我的敌人能为这座城市带来和平与幸福，我受什么苦难都是值得的……我只恳求你们一件事，长官大人们，既然你们免我不死，就请你们保障我的性命不会丧于邪恶的市民之手，否则那将是你们的耻辱……请确保那些手握尖刀、等在广场之外迫切想伤我性命的人不会得逞。我死事小，只怕你们会背上永久的恶名。

　　其实执政团像科西莫担忧自己的性命一样惧怕无法控制的暴乱，因此他们下令犯人应当乔装打扮，连夜穿过圣迦尔门（Porta San Gallo）离开佛罗伦萨。全副武装的侍卫一直护送他至边境，然后才由科西莫自行取道费拉拉，最终到达帕多瓦。

第四章　被流放者与国家的主人

"他就是无冕之王"

　　在去流放地的路上，科西莫受到的多是赞誉而非斥责。费拉拉侯爵热烈欢迎并盛情款待了他；到了帕多瓦，科西莫也被当成尊贵的客人，受到当地官方的接待，一位身份如此显赫又腰缠万贯的人物被流放到本地显然使他们感到无比喜悦。可以确定的是，科西莫依然富有，在他被关押期间，阿尔比奇一切想要让他破产的尝试都失败了。里纳尔多沮丧地告诉自己的朋友："如果没有万无一失的把握，就不要挑战强大的敌人。"他现在才被迫认清了这一点，虽然暂时把美第奇家族赶出了佛罗伦萨，但是他自己在城里的位子并没有坐稳。

　　在帕多瓦待了两个月之后，科西莫获许离开这里到威尼斯和弟弟团聚。威尼斯的圣乔治马焦雷修道院（San Giorgio Maggiore）给他提供了住处。他在这里把一切安排妥当，并且宣布出资为修道院修建一所急需的藏书室。① 当然这主要是因为他得知教皇欧金尼乌斯四世曾在这里做过修道士，对这座修道院颇有感情。他委托了年轻的佛罗伦萨建筑师米开罗佐·米凯洛奇（Michelozzo Michelozzi）来设计藏书室。米开罗佐是陪同科西莫一起来威尼斯的，因为他在佛罗伦萨为科西莫设计建

---

　　① 威尼斯的圣乔治马焦雷修道院的藏书室已经被毁了，但是修道院的宿舍也能体现出米开罗佐的设计风格，很可能也是由他最初设计修建的。

造的房子现在暂时停工了。

虽然身在威尼斯，科西莫对佛罗伦萨的时局变迁依然了如指掌，因为他的支持者们无时无刻不在策划推翻阿尔比奇家族的大业。1434 年 2 月初，口才出众、学识过人的阿尼奥洛·阿恰尤奥利（Agnolo Acciaiuoli）① 因为指责阿尔比奇家族的独裁统治而遭逮捕，并被判处流放科森扎（Cosenza）10 年。短短几周之后，科西莫的一个远房亲戚马里奥·巴尔托罗梅奥·德·美第奇（Mario Bartolommeo de'Medici）也因涉嫌破坏阿尔比奇家族的外交政策而被逮捕并判处流放 10 年。

科西莫小心避免了被扣上与他们同谋的罪名。他知道阿尔比奇在佛罗伦萨的地位每况愈下，而威尼斯和罗马都支持美第奇家族的回归。更让他感到欣慰的是，自从美第奇家族离开以后，其他银行"连一个开心果"都不能提供给政府。1434 年夏天在伊莫拉（Imola），佛罗伦萨军队在一场决定性战斗中输给了米兰雇佣兵，对政府的不满情绪也随之达到了高潮。重新选举的结果是一批众所周知的美第奇家族支持者当选执政官，他们中的尼科洛·迪·科科（Niccolo di Cocco）还被选为首席执政官。

如果不是因为帕拉·斯特罗齐的反对，里纳尔多可能会直接用暴力来阻挠这次选举。自从尼科洛·达·乌扎诺去世后，富可敌国的帕拉·斯特罗齐就成了佛罗伦萨寡头政治体系中最受尊敬也最有影响力的温和派。在他的劝说下，里纳尔多同意当选的执政官们就职，但前提是谁要提议把美第奇家族请回佛

---

　① 阿恰尤奥利在圣使徒镇（Borgo Santi Apostoli）有多处房产，包括阿恰尤奥利宫（3～10 号）。他们在阿诺河畔的宫殿毁于 1944 年，当时撤退的德国人为阻止追兵炸毁了附近的桥梁，同时也毁坏了这栋建筑。

55

罗伦萨，谁就会被强行驱逐出市政厅。可惜，执政团已经决心不再受他的恐吓，他们抓住九月里纳尔多暂时不在佛罗伦萨的机会，发出了这份令他恐惧的邀请。里纳尔多一回到佛罗伦萨就被执政团召唤前往市政厅，但是因为担心自己会像科西莫一样被逮捕并关进"小旅馆"，并以为拥有帕拉·斯特罗齐、乔瓦尼·圭恰迪尼（Givoanni Guicciardini）①、里多尔福·佩鲁齐（Ridolfo Peruzzi）② 和尼科洛·巴尔巴多里（Niccolo Barbadori）③ 的支持，里纳尔多决定无视执政团的召唤，而是直奔宫室，召集自己的支持者武装起来，下令让五百人组成的侍卫队去占领市政厅对面的圣彼尔谢拉吉奥教堂（San Pier Scheraggio）④，并时刻准备攻占市政厅。宫殿门口的守卫已经被重金收买，就算执政团下令锁紧大门，他也会让里纳尔多的军队自由进入。

56

9 月 25 日早上，里纳尔多的军队开始部署位置，但是执政团对此并非毫无准备。他们也把自己的军队部署到了广场之上，还安排士兵在街上来回巡视。为了应对可能出现的围困，他们已经向宫殿里运送了必需品。然后他们就关闭了宫殿的大门并设置了壁垒，同时继续从周边区域调集力量作为支援。为了给集结增援力量争取时间，执政团派出两名执政官前去与阿

---

① 圭恰迪尼宫就在圭恰迪尼街上。弗朗切斯科·圭恰迪尼就是在蒙蒂奇的圣玛格丽塔街（Via di Santa Margherita a Montici）（75 号）的拉维亚别墅中写出了《意大利史》（History of Italy）。

② 佩鲁齐家族的房屋和宫殿都建在佩鲁齐广场上，有几处建筑上有他们家族的标志——梨。他们在圣十字教堂里的家族教堂里有乔托及其助手创作的壁画。

③ 在圣费利奇塔教堂（Santa Felicita）里的卡波尼堂是为巴尔巴多里家族修建的，他们在 1525 年把对该小教堂的权利移交给了卡波尼家族。

④ 为了建造乌菲齐，圣彼尔谢拉吉奥教堂被拆掉了。

尔比奇谈判，而他们请来的另一位更有影响力的中间人——教皇欧金尼乌斯四世——此时也已经到达了佛罗伦萨。

欧金尼乌斯四世的前任马丁五世来自极有权势的科隆纳（Colonna）家族。但是欧金尼乌斯四世刚刚和这个家族发生了争执，并被一群张狂的暴徒赶出了罗马逃往佛罗伦萨，圣玛丽亚诺韦拉修道院为他提供了庇护之所。这里的人都知道欧金尼乌斯四世曾经表达过他对美第奇家族的同情，并且希望在美第奇家庭财力的支持下，一个强大的佛罗伦萨政府能够和威尼斯联手，帮助他重回罗马。9 月 26 日下午，教皇的代表——枢机主教维泰斯基（Vitelleschi）——离开圣玛丽亚诺韦拉修道院去找里纳尔多，为的是说服他到修道院与教皇面谈。

至此时，里纳尔多正变得孤注一掷。他成功占领了圣阿波利纳雷广场（Piazza Sant'Apollinare）并且关闭了所有出口，下一步就要围困巴杰罗宫，攻打市政厅，烧毁所有美第奇家族和他们主要支持者的房屋。不过，虽然他从佛罗伦萨以外召集了无数的雇佣兵，但都只是承诺他们可以掠夺战利品而非向他们支付确定的报酬，更何况这些军队至今迟迟无法赶到佛罗伦萨；而城内的军队渐渐开始背弃他。最糟糕的是，里纳尔多要想取胜，几大家族的支持是不可或缺的，但此时的情况是：乔瓦尼·圭恰迪尼宣称他能做的只有保证不让自己支持美第奇家族的兄弟皮耶罗（Piero）向执政团提供支援；之前暗示可以提供 500 人武装队伍供里纳尔多差遣的帕拉·斯特罗齐现在也改变了注意，只带了两个随从来到圣阿波利纳雷广场，和里纳尔多简单交谈了两句就匆匆离开了；里纳尔多最主要的支持者里多尔福·佩鲁齐也开始动摇，并且接受了执政团的召唤，但是这次会面并没有取得任何成果，于是里多尔福·佩鲁齐转而

57

敦促里纳尔多接受枢机主教维泰斯基的邀请去圣玛丽亚诺韦拉修道院和教皇面谈。

在佩鲁齐和巴尔巴多里的陪同和一个临时组建的支持者武装队伍的护送下，里纳尔多在当晚六点多出发前往修道院。途中他们经过马特利（Martelli）家族的住处，而这一家族中的长者一直都是美第奇的好朋友，有时还会有生意上的合作，所以他们试图阻拦里纳尔多前进。双方爆发了打斗，好几个人受了重伤。马特利家族的侍卫终于被逼回房子里后，里纳尔多又费了好大劲才阻止了护卫们冲进马特利宫洗劫财物并说服他们继续跟随他向圣玛丽亚诺韦拉修道院前进。① 一行人马怨声载道地抵达了修道院，并在前面的广场上休息，不过显然已经没有人愿意长时间留在外面等待。

里纳尔多从修道院出来的时候，夜已经深了，确实没有多少护卫留下等他。他只找到一小拨儿还坐在广场上的人。他的精神显然已经崩溃了。在刚刚的谈话中，教皇的神情举止是那么高高在上，说话又那么富有技巧。里纳尔多被告知教廷的意愿与执政团的意愿是一致的，继续抵抗也只是徒劳。虽然教皇表示会尽己所能保护阿尔比奇家族不受敌人的报复，但是这并没有给里纳尔多带来多少安慰，他只能就这么回去了。

两天之后，钟楼上的牛钟被敲了整整一个小时来召唤市民参加议会。市民们集中到广场上之后，军队从外面将他们围了起来。枢机主教维泰斯基及教皇的另外两位代表最先出现在围栏之内，伴随着响亮的号角声，全体执政官和共和国的官员们

---

① 马特利家族教堂在圣洛伦佐教堂大殿，其中有一件祭坛装饰品出自菲利波·利比之手。

很快也都到齐了。执政团秘书依照传统向市民们大声提问："佛罗伦萨的市民们，你们是否许可成立最高司法委员会来代表人民的利益进行改革？"人群顺从地表示同意，一个由350名市民组成的最高司法委员会随即被选举出来。对于美第奇家族的流放判决立刻被撤销了，他们还因为流放期间的良好表现而受到了赞扬，并被正式邀请回到佛罗伦萨。

1434年9月28日，也是科西莫被流放整整一年之际，他在300名威尼斯士兵的护送下离开威尼斯返回佛罗伦萨。几天后，他在晚餐时间到达了位于卡雷吉（Careggi）的乡村别墅。[①] 一路上经过的村庄，到处都是向他欢呼致敬的农民。通往佛罗伦萨的道路上也满是欢迎的民众，连佛罗伦萨城内的街道上也聚满了翘首以盼的市民，等着目睹美第奇家族荣耀的回归。为了避免发生骚乱，执政团紧急通知科西莫等天黑再进城。日落之后，科西莫在弟弟洛伦佐的陪同下，带着一个仆人，跟随一个城里派来的执仗官，从巴杰罗宫附近的一个小通道重新进入了佛罗伦萨。他在市政厅一个特意为他准备的房间里过了一晚，第二天一早就先去拜见了教皇并感谢他为自己所做的一切，然后才回到巴尔迪宫。迎接他的群众聚集在街上喧闹地欢呼，仿佛他是"取得大胜凯旋"的英雄。

---

① 卡雷吉的乡村别墅是科西莫·德·美第奇的弟弟洛伦佐在1417年购买的，并由米开罗佐为科西莫进行扩建。后来朱利亚诺·达·圣加洛又为伟大的洛伦佐修建了南边的敞廊。洛伦佐的儿子皮耶罗从佛罗伦萨逃走后，这里遭到了洗劫，还被大火烧毁了。韦罗基奥的《大卫》和陶土作品《复活》（Resurrection）（现在均陈列于巴杰罗国家博物馆），还有小男孩手捧喷水的鱼的喷泉作品（现在陈列于市政厅）都是为美第奇的这座别墅而制作的。大公科西莫一世修复了这些作品，但是随后又失修破损并被美第奇家族的后人卖给了伯爵温琴佐·奥尔西（Vincenzo Orsi）。现在这里是卡雷吉医院（Ospedale di Careggi）的员工招待所。

此时对他敌人的判决已经被公布出来。里纳尔多·德利·阿尔比奇和他的儿子，甚至后代都不得进入佛罗伦萨，其他几个家族也受到了同样的判决，有的甚至是整个家族都被流放，因为依照佛罗伦萨的习惯，有时犯罪被认定为既是个人罪行也是集体同谋。在被流放人员名单中还包括佩鲁齐、瓜斯科尼（Guasconi）、瓜达尼和圭恰迪尼家族的成员，以及尼科洛·巴尔巴多里和马泰奥·斯特罗齐（Matteo Strozzi）。事实上，被流放的总人数超过了 70 人，其中很多是众所周知的大家族。所以，也有人抱怨科西莫把佛罗伦萨的大家族都赶走了，而科西莫则以他一贯的嘲讽口吻反击道："在佛罗伦萨，扯七八码红布就可以造就一个新市民。"

59

科西莫回归之后，弗朗切斯科·费勒夫并没有留在这里接受和阿尔比奇一样的判决，而是早早逃到了锡耶纳（Siena）去效忠维斯孔蒂家族。费勒夫写了一系列诽谤美第奇的文章来煽动佛罗伦萨人起义，甚至可能还协助雇用了一个希腊杀手刺杀科西莫。没什么人为这个令人厌烦、脾气乖戾又爱慕虚荣的学者离开佛罗伦萨感到可惜，倒是有很多人为值得尊敬、诚实守信的帕拉·斯特罗齐被流放帕多瓦而难过。然而科西莫已经清楚地意识到，富可敌国又容易受人影响的帕拉·斯特罗齐必须离开佛罗伦萨，这样才能保证他自己在佛罗伦萨的位置更稳固。当被请求看在旧时情分上帮助美言几句的时候，科西莫还是摆出了他标志性的模糊态度，对最终判定的流放并没有表示任何异议。他显然有理由安慰自己说，政治从来不是帕拉·斯特罗齐的强项，在帕多瓦那个没有政坛纷争侵扰的地方，他的生活反而会更幸福。事实也证明，帕拉·斯特罗齐在帕多瓦安顿下来，过上了平静祥和的日子，终日忙于研究、讨论和收集藏书。

在接下来的几年中，科西莫不止一次希望自己能过上那种简单的生活。在其他一些意大利邦国里，死刑是比流放更常用的刑罚，统治者背后也都有强大的军队在支持和保护。但死刑和军事独裁都不是佛罗伦萨的传统，而佛罗伦萨的传统是不容被质疑的。科西莫想成功地统治佛罗伦萨，就必须做得像他根本没有在统治佛罗伦萨一样；如果想要改变现有的政治结构，就必须精心计算，把可能产生的对传统的冒犯降低到最小。如果不依靠政治影响力就能控制并扩大自己的银行事业，那么科西莫一定愿意隐于幕后，远离这些纷争。银行事业才是他最大的成就感来源，就算有一根点石成金的魔杖在手，科西莫也会选择继续做一个银行家。然而，像他父亲被迫认清的现实一样，佛罗伦萨的富商想避免参与政治，绝对是不明智的。即便如此，科西莫还是成功扮演了一个单纯的、成功的银行家角色。表面上他乐善好施、平易近人，时刻准备好接受共和国委派给他的任何政治或外交任务，并且协助制定财政政策，而实际上他才是佛罗伦萨最有权势的人。他以极其精妙的技巧维持着自己的权势地位，他的朋友书商韦斯帕夏诺·达·比斯蒂奇写道："为了尽可能地避免嫉妒，科西莫想要达到什么目的时，会想方设法让这个提议看起来是由别人而非他提出的。"至于多得无法掩饰的巨额财富，科西莫会按照比别人高很多的标准缴税。不过同任何精明算计的富人一样，科西莫也会做假账，通过夸大坏账的数额来降低需纳税部分的数额，使实际缴纳的税款远低于其真正收入应缴纳的数额。没有人真正清楚科西莫到底有多富有。他一生中被选举为首席执政官的次数不超过三次，也从不考虑担任什么永久性的政府职务，更不会冒佛

60

罗伦萨人之大不韪去建议从本质上改动现行的并不完善的宪法。他唯一的提议是建立一个"大委员会"（Consiglio Maggiore），全权负责国家安全和税务，这个机构是后来的"百人团"（Cento）的前身。科西莫小心翼翼地避免任何形式的炫富，他选择骑骡子而不是高头大马。待时机成熟后，他甚至故意让众人以为那个虚荣、健谈、奢侈且充满野心的卢卡·皮蒂（Luca Pitti）才是佛罗伦萨最有权势的人。

当然，任何事情都不是它表面呈现出来的样子。尽管宪政机构和部门都像原来一样存在，但是在遇到政治压力或军事威胁的时候，美第奇家族总可以委托精心挑选的选举官
61 （Accoppiatori）来操控候选人名单，防止美第奇家族的敌人当选执政官。大部分选举官都与美第奇一派有各种各样的联系，比如同样是从被流放地召唤回来的显赫市民阿尼奥洛·阿恰沃利就支持美第奇一派；精明、能言善辩的组织家普乔·普奇，不仅是科西莫从工匠阶层中提拔起来的人才，也是公认的美第奇一派的经理人。美第奇一派的根基无时无刻不在扩大。在普奇的建议下，贵族被重新定性为平民（Popolani），这样他们理论上就拥有了竞选政府职务的资格。这一举措也赢得了下层民众的欢迎，他们选择将其理解为一个值得赞扬的民主决定。那些出身卑微但有真才实学的人在佛罗伦萨历史上第一次被视为有能力担任政府职务的人，这更让民众感到无比满足和自豪。然而事实上，当权者早就想好了措施以避免这一政策偏离他们的意愿。古老的贵族家庭依然是被排除在实权之外的，而超过四分之三人口的劳动者依然没有任何政治权利。以圣玛丽亚诺韦拉区域为例，该区新获批准的 159 个有资格作为候选人的市民中，超过 145 人是依据 1449 年规定本来就有竞选资格

的人的儿子、孙子或兄弟。

短短几年间，表面上松散的美第奇一派，其势力根基已经相当稳固，而且他们被坚定地视为代表佛罗伦萨整体的利益，所以科西莫不再需要费心去压制什么反对声音。他的老朋友内里·卡波尼（Neri Capponi）是个传统的共和派，他偶尔会表达一些对科西莫暗中发展势力的担忧；另一位有同样担忧的是詹诺佐·马内蒂（Giannozzo Manetti），他是一位富有而博学的商人，时常会被委以外交任务。不过这两个人都没有什么强大的背景，而且很快就从政治舞台上消失了：卡波尼在 1455 年就去世了，而马内蒂则抗议说佛罗伦萨野蛮的重税几乎让他破产，最终选择离开这里去了那不勒斯。

尽管实际情况可能不如科西莫的批评者们后来所说的那么严重，但是科西莫一派以操控佛罗伦萨的税收体系为手段来打压敌人是绝对存在的。以普乔·普奇为代表的税务官员们在计算批评者的应缴税款时可没什么公平公正的念头。普乔·普奇 62 作为美第奇一派的经理人，免不了要替科西莫干一些不怎么光彩的勾当。这其中就包括低价购买被流放人员的地产或通过买卖政府债券来聚敛个人财富等。

就是因为这些，尽管少有公开的指责，但美第奇一派绝不是广受爱戴的，甚至有些时候，他们的地位岌岌可危。事实上，在 1458 年，美第奇一派几乎濒临瓦解的边缘。当年 1 月，在经历经济长期停滞之后，佛罗伦萨的商人和地产拥有者们惊闻又要加征新税。到初夏的时候，就出现了要修改宪法的声音，随后又有传言说反对修宪的人已经被逮捕，严刑拷问之后交代了同谋。佛罗伦萨城里的不满情绪此刻已经十分高涨，科西莫不得不通过他在米兰的银行租下帕维亚（Pavia）的一套房子，一旦佛罗伦萨的情况进一步恶化，他就打算和妻子一起搬到那里去。他的儿媳已经带着孙子们躲到了卡法焦洛的别墅里，科西莫已在别墅四周修建了围墙和高塔，为的就是应对危急情况。

到 8 月 10 日这一天，首席执政官卢卡·皮蒂认为有必要召开一个平和的市民议会。开会时，市政厅前的广场上已经谨慎地部署好雇佣兵军队和武装支持者。执政官们身着深红色长袍和镶皮边的斗篷出现在围栏之内。执政团秘书大声宣读了决定建立新的最高司法委员会的法律条文，之后又按照传统询问广场上的市民们是否认可这一提议。他"反复问了三遍，但是由于声音太小，只有几个人听懂了他的话，而且也没有什么人回答同意"。尽管如此，仅有的几个同意声就足够走完形式，最高司法委员会被批准建立，然后"执政官们回到了宫殿，市民回到作坊，雇佣兵则回到兵营"。

新建立的最高司法委员会马上通过了美第奇一派提议的各种措施。选举官的权力也被确认延长十年，所以抽签选举依然只是形式而已。首席执政官的权力也大大增加了。卢卡·皮蒂的任期即将结束，于是他和科西莫的大儿子皮耶罗·德·美第奇（Piero de'Medici）以及另外八人一起被选为选举官。美第奇家族的支持者又一次在街上摇旗呐喊，科西莫的家人也全都回到了佛罗伦萨。美第奇一派至高无上的地位被重新树立起来，而科西莫本人也成了无可争议的佛罗伦萨元老，他就是"国家的主人"，1458 年当选教皇庇护二世的艾伊尼阿斯·西尔维乌·德·比科罗米尼（Aeneas Silvius de'Piccolomini）说："政治问题在他的家中解决，他选定的人在政府任职……他决定战争还是和平，连法律也在他的控制之中……除了缺一个名号，他就是真正的帝王。"如果外国使臣有什么重要的事情，他们会被建议直接找科西莫本人面谈，因为找其他任何人都不过是浪费时间而已。佛罗伦萨史学者弗朗切斯科·圭恰迪尼（Francesco Guicciardini）对此评论说："从罗马灭亡至今时今日，再没有普通市民能拥有科西莫所享有的声望了。"

第五章　大主教们与建筑师们

"为上帝奉献多少都不能让我变成他的债主"

　　科西莫掌权的最初几年，让他赚足美名的事莫过于说服他的朋友教皇欧金尼乌斯四世于 1439 年将希腊东正教和罗马天主教大会（General Concil）改在佛罗伦萨召开。

　　由于教义上的明显分歧，基督教两大派别已经对立了六个世纪，而在过去的两个世纪中，特别是第四次十字军东征时，士兵在他们威尼斯雇主的煽动下洗劫了君士坦丁堡，自此两大教派之间的争论日益激烈，不过与此同时，奥斯曼土耳其帝国已经连续几代都在蚕食东罗马帝国的领土，此刻几乎已经逼近君士坦丁堡城门之外。教皇欧金尼乌斯四世认为这是与东正教和解的最佳时机。东罗马帝国的皇帝约翰·帕莱奥洛古斯（John Paleologus）已经以基督的名义向他请求帮助，甚至做好了只要西方基督教世界愿意派士兵和水手拯救东罗马帝国免于即将来临的灾难，他们就愿意从此服从罗马天主教领导的准备。于是教皇决定立即在意大利召开大会商讨此事，不能再有半分耽搁。

　　然而，教皇心中想的可不只是教派统一这一件事。当时在巴塞尔（Bâle）还有另一个会议正在进行。这一会议是由德国君主召集的，会上提出了一系列教皇尚不能接受的教会改革措施和教义学说。教皇想要解散这个会议，可是那些固执的参会

团体并不愿意就此作罢，反而宣称他们不但会对教廷财务进行　65
激进改革，还打算与东罗马帝国教会达成协议。教皇根本没有
耐心听取那些致力于减少他收入的改革计划，至于与东罗马帝
国的和解，他更不允许任何其他人插手。于是，为了防止东罗
马帝国与巴塞尔会议之间再有什么来往，教皇直接向东罗马帝
国皇帝发出邀请，让他到费拉拉来与自己会面。

　　1437年底，约翰·帕莱奥洛古斯乘船来到威尼斯，随行
的是一个700多人的庞大代表团，包括君士坦丁堡牧首和他的
随从主教们，还有神学家、学者、译员和官员等。1438年1
月8日，大会在费拉拉召开。当时天寒地冻，城里人满为患，
双方在争取优先地位和举行宗教仪式的问题上又存在诸多争
议。天主教的主教们还禁止东正教人员在天主教教堂里按照东
正教的方式做弥撒；东正教牧首则对这一禁令表达了强烈不
满。教皇此时也焦躁不安，有消息说他的敌人正在邻近的博洛
尼亚谋划推翻他。博洛尼亚本来是教廷国，后来宣告独立，现
在处于本蒂沃利奥（Bentivoglio）家族的统治之下。更令教皇
担心的是他此时囊中羞涩，不得不把自己在阿西西（Assisi）
的中世纪高塔古堡抵押出去以借到巨额款项。即便如此，他还
是被迫停止继续为他的大批希腊客人承担开销。

　　科西莫幸灾乐祸地观望着在费拉拉发生的这些麻烦事。本
来他就因为教皇选择费拉拉而不是佛罗伦萨作为会议举办地而
感到不快。如果一个城市能被选为这么重要的会议的举办地，
那么它无论在财政上、政治上还是文化上都必将受益匪浅。如
果两大教派真能达成共识，那么作为基督教重新统一见证地的
城市也必将获得无上的荣耀。更何况，能与东罗马帝国的统治
者加强联系，也会给佛罗伦萨的银行家、贸易者和商人带来更

66 多的商业机会，而与君主周围的希腊学者交流探讨也一定是一段轻松愉悦的经历。当年年底，费拉拉又暴发了疫情，科西莫的愿望终于有机会实现了。他派弟弟洛伦佐到费拉拉向教皇保证佛罗伦萨绝对是个健康的城市，而且愿意免费提供食宿，同时还许诺在会议期间每月提供1500弗罗林币的贷款供会议代表使用。教皇立刻接受了洛伦佐的提议并着手安排离开费拉拉。

遗憾的是，东罗马帝国皇帝和他庞大的代表团进入佛罗伦萨城的仪式并不如佛罗伦萨官员们期望的那样令人印象深刻。冬日的一场狂风暴雨把成千上万翘首以盼的市民逼回了家中，他们本应该聚集到大街上、房顶上观看壮观的行进队伍。窗台下悬挂的各种旗帜标语都被雨水打湿了；庆祝的喇叭声也被狂风淹没了。为了主持这次盛事而特意让自己当选为首席执政官的科西莫也承认，直到客人们全都安全到达住处之后，他才算松了一口气。

教皇和他的随从们被安排到圣玛丽亚诺韦拉修道院；牧首被安排到博尔戈·平蒂（Borgo Pinti）的费兰蒂宫（Palazzo Ferranti）；东罗马帝国皇帝和随从则被安排住到已被流放的佩鲁齐家族的宫殿和房屋中。这些住所还向客人提供葡萄酒、蜡烛、蜜饯、杏仁软糖和其他糖果。小型委员会议就在圣玛丽亚诺韦拉修道院里进行，而全体人员出席的大会则在圣十字教堂举行。

作为观察员旁听了这些会议的韦斯帕夏诺·达·比斯蒂奇对译员进行希腊语和拉丁语互译时博学的论述和娴熟的技巧印象深刻。然而日子一天天过去，明眼人都看得出来讨论没有带来任何成果，而且与会双方的耐心也都要被磨尽了。

争论焦点是三位一体中第三位格的根源和性质。希腊方面的观点遭到了教皇发言人兼首席顾问安布罗焦·特拉韦尔萨里的强烈质疑。古典经文被搬出来考证，希腊方面的辩词混乱不清，其中一个代表团成员突然发现经文中有一段对本方观点不利的论述，就决定把那段文字划掉，可是情急之下紧张过度反而划掉了另外一段。东罗马皇帝为了缓和因己方的欺诈行为而引发的骚乱，提议派人去君士坦丁堡取来更多其他的权威经文。不过他的提议遭到了罗马枢机主教盛气凌人地反驳："陛下，一个人去打仗的时候应当带好武器，而不是到了战场上再派人回去取。"

　　对于佛罗伦萨的市民来说，这场会议无疑是一次盛事。留着胡子的君士坦丁堡男人们衣着艳丽、头饰奇特，再加上跟随着他们的摩尔或蒙古仆人，更别说那些一同到来的奇怪动物，无不让佛罗伦萨人感到新奇有趣。这些场景更为佛罗伦萨的画家们提供了无穷无尽的创作素材，从真蒂莱·达·法布里亚诺（Gentile da Fabriano）到贝诺佐·戈佐利（Benozzo Gozzoli），许多人都受到了影响。

　　最终，在特拉韦尔萨里和耐心、智慧的尼西亚（Nicaea）大主教约翰内斯·贝萨里翁（Johannes Bessarion）单独商议之后，双方终于在圣灵这一敏感问题上妥协，也打开了解决其他问题的通路，诸如教皇对东罗马帝国教会的部分权威。涉及全基督教和解条款的关键文件最终于 1439 年 7 月 5 日庄严签署；次日在教堂举行的庆祝活动上，这个戏剧性的声明被正式公布："愿上天喜乐、众生欢欣，为这阻隔东西方教会的高墙已经倒塌，平静与和谐重降人间。"

　　枢机主教切萨里尼（Cesarini）先用拉丁文宣读了声明，

接着大主教贝萨里翁又用希腊文宣读，之后意大利枢机主教与希腊大主教拥抱庆贺，其余高阶神职人员及东罗马帝国皇帝也同他们二人一起在教皇面前下跪致敬。后来为庆祝理智的胜利，他们向整个基督教世界传达的信息还被刻在了支撑教堂穹顶的石柱上。

68　　然而，人们庆贺的和谐统一并没能维持多久。代表团一回到君士坦丁堡，佛罗伦萨就收到了协议因强烈抗议而不得不被废止的消息。东罗马帝国皇帝还发现，他在意大利获得的声援和协助抵抗土耳其人的承诺都不过是一纸空文。14 年之后，苏丹的禁卫军就翻过了君士坦丁堡硝烟弥漫的城墙，而东罗马帝国最后一位皇帝的人头则被征服者嘲讽地悬挂在斑岩石柱的顶端。

对佛罗伦萨而言，正如科西莫预见的那样，会议带来了更乐观的结果。它不但让城市贸易因此获利，更给此时人们已经开始谈论的文艺复兴（Rinascimento）带来了重要的影响。如此之多的希腊学者出现在佛罗伦萨，迅速激发了人们对古典文本、古典历史、古典艺术和哲学的兴趣，尤其促进了对柏拉图的研究。这位伟大的人文主义英雄，长期以来一直被他的学生亚里士多德的光辉掩盖。贝萨里翁的住处每天晚上都聚集着许多希腊和意大利学者，他本人也被说服留在意大利，并被封为枢机主教和西旁托（Siponto）的大主教。陪同贝萨里翁一起从君士坦丁堡来到意大利的格弥斯托士·卜列东（Gemistos Plethon）是研究柏拉图的权威，他也同意留在佛罗伦萨，直到生命的最后时刻才落叶归根回到祖国。

科西莫也对卜列东关于柏拉图的演讲十分感兴趣，从中受益匪浅，他甚至决定要在佛罗伦萨建立柏拉图研究院，并且把自己有限的私人时间都用来研究柏拉图。卜列东的回国和科西莫的事务缠身一度使这一计划被迫推迟，直到几年之后，科西莫领养了他的一个私人医生的儿子——名叫马尔西利奥·菲奇诺（Marsilio Ficino）的年轻医学院学生，这些计划才重被提起。菲奇诺对柏拉图的强烈兴趣不但促使科西莫资助他继续深造，后来还安排他在位于宁静乡村的蒙特维奇欧（Montevecchio）别墅里学习希腊语，并将柏拉图的全部著作翻译成拉丁文。[①] 菲奇诺热切地接受了这个工作，随着其年龄和学识的增长，科西莫还会邀请他到邻近的卡雷吉别墅里，要么两人，要么与其他朋友——包括听从科西莫的劝说，于 1456 年来到佛罗伦萨的希腊学者约翰·阿基罗保罗斯（John Argyropoulos）——畅谈哲学问题直至深夜。柏拉图研究院就在这些积淀上慢慢成长起来，并对以后欧洲思想的发展产生了极其深远的影响。

69

这次会议不仅点燃了科西莫心中建立柏拉图研究院的希望之火，还使得他有机会为自己的藏书室增添不少珍贵的作品。他的藏书室已经被视为当时世界上最宝贵的藏书室之一。在过去多年中，科西莫的代理人一直按照他的指示在欧洲各地乃至近东地区搜集一切能找到的珍稀手稿，特别是在德国的修道院——因为那儿的修道士们似乎对这些作品的价值一无所知。1437 年尼科洛·尼科利去世时，把自己的 800 多册藏书都送给了科西莫，作为对他长久情谊的回报。科西莫把宗教方面的书籍都送给了圣马可修道院，其余的自己留下。科西莫的藏书

①　菲奇诺所在的别墅就是现在人们所知的勒方坦那酒店（Le Fontanelle）。

室对于所有想要阅读的朋友都是开放的，这也是欧洲历史上第一个开放性藏书室，后来在罗马的梵蒂冈藏书室也承袭了这样的模式。在科西莫及其继承人的不断扩充下，藏书室最终收藏了超过一万册（codices）拉丁及希腊作者创作的书籍，还有数以千计的但丁和彼特拉克（Petrarch）时期的珍贵手稿及佛罗伦萨更早时期的作品。①

除了为藏书一掷千金外，科西莫和他的父亲一样，在装饰佛罗伦萨的建筑上也慷慨大方得很。乔瓦尼·迪·比奇从来不是什么爱书之人，事实上，从1418年的一次财产盘点来看，他总共只有三本书：一本拉丁语的《圣玛格丽特的一生》，一本教士乔瓦尼的拉丁语布道词和一本意大利语《福音书》。但是乔瓦尼·迪·比奇一直认定，一座城市的荣耀，以及城市中在乎荣耀的富有市民的个人声誉，都需要通过对公共建筑的资助和修缮来实现。

70　　乔瓦尼参与的第一个重要项目是为圣乔瓦尼巴蒂斯塔洗礼堂建造新大门。这个洗礼堂被但丁称为"我尊敬的乔瓦尼堂"（il mio bel Giovanni），在当时已有250多年的历史了。② 洗礼堂的南门装饰是1330年由安德烈亚·皮萨诺（Andrea Pisano）设计的，描绘该教堂所致敬的圣人乔瓦尼的生活景象。1402

---

① 科西莫的藏书室一开始设在卡雷吉，后来移到了美第奇宫。1494年藏书室被执政团没收的时候，不立即归还所借图书的人会被处以50弗罗林币的罚金。在萨沃纳罗拉的建议下，藏书都被转移到了圣马可修道院。到1508年，藏书室被教皇莱奥十世重新买回并带到了罗马。后来又由克莱门特七世带回佛罗伦萨，并于1532年安置在圣洛伦佐教堂修道院里的一栋建筑中，直至今日。

② 长久以来人们一直怀疑圣约翰洗礼堂曾经是一座罗马神殿，大概建于十二世纪。装有皮萨诺设计的南侧青铜大门是由洛伦佐·吉贝尔蒂的儿子维托里奥（Vittorio Ghiberti）建造的。

年瘟疫暴发，人们决定重修教堂北门作为对上帝的献祭，以祈求 1348 年那场从那不勒斯向北席卷整个欧洲、千万人丧生的可怕灾难不要再重降人间。新大门由青铜制成，并请技艺最精湛的工匠操刀，共有七名当时顶尖的艺术家被邀请提交设计方案参加竞选，乔瓦尼·迪·比奇·德·美第奇可能也是评委之一。

　　青铜板的设计主题是以撒的献祭。所有作品提交后，三位年轻艺术家的作品获得了评委们的青睐。这三个人当时都只有二十多岁，雅各布·德拉·奎尔查（Jacopo della Quercia）来自锡耶纳，洛伦佐·吉贝尔蒂（Lorenzo Ghiberti）和菲利波·布鲁内莱斯基（Filippo Brunelleschi）都来自佛罗伦萨。经过漫长的讨论后，吉贝尔蒂和布鲁内莱斯基最终胜出。但是当评委告诉两人希望他们合作完成这个项目的时候，脾气火爆的布鲁内莱斯基无法接受，一气之下离开佛罗伦萨去罗马学习建筑了。临走之前他把自己的青铜板留给了科西莫，后来科西莫把它摆到了圣洛伦佐教堂的圣器收藏室中，展示在圣坛之后。

　　最终建造大门的任务落在了吉贝尔蒂一个人身上。他多才多艺，这是文艺复兴时期一个真正的艺术家应具备的素质之一。他本来是学习做金匠的，但同时也是一名画家、建筑家和雕塑家。他设计过圣母百花大教堂的窗户以及马丁五世和欧金尼乌斯四世的三重冕。他为乔瓦尼·德·美第奇设计了一个红玛瑙镶金浮雕，描绘的是阿波罗（Apollo）和玛尔叙阿斯（Marsyas）；还为科西莫设计了一个圣物箱，用来存放三位已不为人知的殉道者的遗骨。接受建造洗礼堂大门的工作时，吉贝尔蒂只有 23 岁，待他完成所有工作时，已经快 73 岁了。作为一个完美主义者，他总是不断地修改重做，直到浮雕的成品达

71　到他能实现的最完美程度为止。他对"最大限度地还原自然本来样貌"的极致追求让助手感到疲惫不堪。大门经过了 22 年的打磨才终于完工。为了庆祝此等大事，执政官们列队从市政厅前往教堂，向艺术家和伟大的作品致敬。① 要知道，只有为了最庄严神圣的事件，执政团官员才会被允许集体离开市政厅。然而，庆祝仪式刚结束，吉贝尔蒂就马上回到布法利尼街（Via Bufalini）上与圣玛丽亚诺瓦医院（Santa Maria Nuova）② 相对的铸造厂，着手设计洗礼堂的东门了。抱着建造出无法超越的杰作的决心，又经过了 28 年的精心雕琢，已经垂垂老矣的吉贝尔蒂才不得不承认他不可能再对作品做出什么改进了。于是描述《旧约》中故事情节的镀金铜板最终于 1456 年被安装到了洗礼堂的东门上。后来，米开朗琪罗就是被这扇门上的雕刻深深打动，并惊叹它们"配得上作天堂之门"。③

　　乔瓦尼·德·美第奇在吉贝尔蒂的第一扇门完工之前就已经是一位老人了，那时他还和科西莫一同安排了洗礼堂中另一件建筑杰作的建造，也就是为他的朋友教皇约翰二十三世修建纪念碑。④ 乔瓦尼还非常关心育婴堂（Ospedale degli Innocenti）的筹款和修建。育婴堂是丝绸业行会为佛罗伦萨的弃婴们修建

---

① 洛伦佐·吉贝尔蒂设计的北侧青铜大门上刻画的是基督和四个福音传道者以及四个教堂神父在一起。

② 圣玛丽亚诺瓦医院是 1286 年由福尔科·波尔蒂纳里（Folco Portinari）建造的，他就是但丁笔下的贝亚特丽切（Beatrice）的父亲。

③ 洛伦佐·吉贝尔蒂的东侧镀金铜门上有艺术家自己的肖像。人们可以看到他光秃秃的脑袋从一个圆孔中探出。

④ 洗礼堂中教皇约翰二十三世之墓是由多纳泰罗设计的，但铜制雕像是米开罗佐的作品。

的医院。① 除此之外还有圣洛伦佐教堂的扩建，这个教堂是公元393年由圣安布罗斯（St Ambrose）为神建造的，如今几乎成了一片废墟。圣洛伦佐教区的8位代表人物都同意出资在此建造家族小教堂；乔瓦尼更是承诺不但要建造家族教堂，还会承担圣器收藏室的建造费用。圣洛伦佐教堂和育婴堂的工程都被委派给了从罗马学成归来的布鲁内莱斯基。他迫切地想要展示学到的新技法，以此向吉贝尔蒂证明艺术可不只是铸造铜雕版而已。布鲁内莱斯基建造的圣洛伦佐教堂也不愧为文艺复兴早期的杰出建筑作品之一，它后来成了美第奇家族的家族教堂，美第奇家族成员的墓也大都设在这里。②

72

　　然而，布鲁内莱斯基最杰出的作品还要数大教堂的巨型穹顶。当时人们几乎认定这是不可能完成的任务，因为穹顶跨域的直径达到了138英尺。布鲁内莱斯基通过对万神殿和罗马其他一些建筑的仔细研究，坚称自己可以建造出不需要任何支架支撑的完美结构。泥瓦匠行会指定的委员会认为他的说法不可信，而布鲁内莱斯基则还和以前一样暴躁易怒，不愿向委员会就他的建造计划做出任何说明。他强调整个项目必须由他全权

---

① 育婴堂正对着圣母领报大殿广场。布鲁内莱斯基在助手弗朗切斯科·德拉·卢纳（Francesco della Luna）的帮助下建造了中间的九个拱门，其他的是在十六、十七世纪修建的。襁褓中的婴儿的圆形浮雕是安德里亚·德拉·博比亚（Andrea della Bobbia）的作品。

② 圣洛伦佐的四世纪大殿在十一世纪重建。布鲁内莱斯基的文艺复兴早期代表作——圣洛伦佐教堂——1421年开始动工。其中安葬乔瓦尼·迪·比奇·德·美第奇的老圣器收藏室是在1429年建成的。布鲁内莱斯基于1446年去世时工程还没有彻底完成。他的死引发了佛罗洛萨多个工匠之间的激烈纷争，谁都想接手布鲁内莱斯基的设计思路。他们到科西莫面前表达各种冲突的诉求。依照科西莫的思路，最后由乔瓦尼·迪·多梅尼科（Givovanni di Domenico）和安东尼奥·马内蒂（Antonio Manetti）负责完成了这一工程。

决定，不允许任何没受过专业培训的官老爷干涉他的设计。甚至有一个故事是这么说的：布鲁内莱斯基带着一个鸡蛋去参加了委员们毫无建设意义的讨论会，他声称只有自己知道如何让鸡蛋立住。当所有委员都承认他们做不到之后，布鲁内莱斯基把鸡蛋的一头在桌上磕破，于是鸡蛋就立在了桌子上。委员们抗议说："早知道这样，我们也能让鸡蛋立住。"而布鲁内莱斯基则回答道："是的，就好比如果我告诉你们我将怎样建造教堂的穹顶，你们也会说出同样的话。"在随后的一次会议中，布鲁内莱斯基表现得更加嚣张狂傲，以至于委员们下令把他赶出会议现场。侍卫们把布鲁内莱斯基带出宫殿，直接扔到广场之上。布鲁内莱斯基仰面倒地。从那以后人们在街上看到他都会指指点点地大喊："疯子来了。"

后来，无数建筑家为穹顶的建造献计献策，比如用浮岩建造穹顶之类，但是都被否决了。直到 1420 年，委员会最终做出了让步，这项艰巨的任务还是落到了布鲁内莱斯基肩上。但让他非常恼怒的是，他还是被要求与吉贝尔蒂合作。事实上，吉贝尔蒂在穹顶建设初期给布鲁内莱斯基提供的帮助有多重要，可能是布鲁内莱斯基永远不愿承认，后世也永远无法估量的。

16 年后，穹顶建成了。它不仅仅是一个建筑杰作，也是工程学上的壮举。1436 年 3 月 25 日，在圣母领报日庆典当天——依据古怪的佛罗伦萨历法，这天也是新年的第一天——穹顶正式建成，盛大的敬神仪式持续了五个小时之久。[①] 人们

73

---

① 布鲁内莱斯基一直严密保守的秘密就是为圣母百花大教堂建造两个穹顶，也是全欧洲最大的穹顶，一个穹顶里面再建一个穹顶。每个穹顶都由一个鼓座支撑，同时又捆绑在一起。每块石头都以燕尾榫的方式小心地串联起来，所以整个屋顶几乎是自己支撑起来的。

特别修建了一条架高的木质通道，将教皇在圣玛丽亚诺韦拉修道院的房间和大教堂门口连接起来，通道上面不但挂满了旗帜和花环，还装上了深红色的顶棚。到了指定的时间，身着白衣的教皇戴着嵌有珠宝的三重冕走出住处，缓慢地走过铺着地毯的木质通道。他的后面跟着 7 位枢机主教、37 位主教和大主教，以及由首席执政官和执政官们带领的城市主要官员们。伴随着唱诗班吟唱的赞美诗，不少围观者都激动得热泪盈眶。

在父亲去世以后，科西莫继续为修建、改造和装饰佛罗伦萨及其周边乡村里的教堂、修道院和慈善机构而慷慨解囊，仿佛是要在整个托斯卡纳地区都留下自己的标记。"我知道这座城市可以有多讽刺"，他有一次对朋友韦斯帕夏诺·达·比斯蒂奇说，"也许过不了五十年，我的家族就会被驱逐，但是我修建的建筑却能屹立不倒。"作为银行业行会指定的四人委员会成员之一，科西莫也为雇佣吉贝尔蒂制作圣马太雕像出了资。圣马太被视为银行家的保护神，他的雕像要被供奉在奥尔圣米凯莱教堂墙外侧的壁龛里，这里全部 14 个壁龛已分别被各个行会认领。[1] 在出资比例上，科西莫比别人出得都多，以与自己的财富相称；但是只比别人略多一点，这是他惯有的谨慎态度，以免引起他人的不满。除了奥尔圣米凯莱教堂，还有圣十字教堂的见习教士宿舍和小教堂[2]，圣母领报大殿

---

① 吉贝尔蒂在奥尔圣米凯莱教堂的圣马太雕像是 1419～1422 年完成的，占据了西墙最北边的一个壁龛。铜制的施洗者圣约翰和圣史蒂芬也都是吉贝尔蒂的作品。

② 见习教士堂由米开罗佐于 1445 年左右建造。光滑的陶制祭坛装饰品出自安德烈亚·德拉博比亚的工作室。在大公费尔迪南多二世的安排下，1642 年伽利略被安葬于此。

(Santissima Annunziata) 的唱诗班席位①，现已被毁的圣巴尔托罗梅奥 (San Bartolommeo) 教堂的藏书室，位于菲耶索莱的被称作拉巴迪亚 (La Badia) 的圣多明我会修道院（科西莫在此还有一个专属房间）②，以及菲耶索莱的圣吉罗拉莫内蒙蒂教堂 (San Girolamo nei Monti) 都得到了科西莫的慷慨捐助。而且他丰富的建筑知识甚至让领头的工匠和设计者们都心服口服。此外，为在巴黎的佛罗伦萨学子重建学院、翻新耶路撒冷的圣神教堂 (Santo Spirito) 及扩建阿西西的方济会修道院，科西莫也都重任在肩。在大教堂穹顶建成一年之后，科西莫无疑又为米开罗佐重建圣马可修道院提供了资金。据韦斯帕夏诺·达·比斯蒂奇的说法，这项慈善事业是科西莫受教皇欧金尼乌斯四世劝诱而接手的。有一次在科西莫良心受到困扰的时候，他向教皇征求意见，最终决定花费四万达克特的巨资重建这座多明我会修道院。这座修道院的院长名叫安东尼奥·皮耶罗齐 (Antonio Pierozzi)，因为他实在太瘦小而被戏称为安东尼诺 (Antonino)。此人严苛、禁欲且令人生畏，后来在 1445 年成为佛罗伦萨的大主教，到 1523 年被追封为圣徒。安东尼诺是科西莫的密友，经常有人看到他俩单独或与别人一起在科西莫宽敞的专属房间内畅谈。每当科西莫感觉需要安静地反思时，他都会一个人来到这里寻找平静。据说他们总是在一起谈论高利贷以及时刻困扰着银行家的如何赎罪的问题。教会的说

---

① 圣母领报大殿的唱诗班席位，也被称为圆形大厅 (Rotonda)，是由米开罗佐在 1445 年开始修建的，直到十五世纪七十年代才由阿尔贝蒂建造完成。

② 直到 1018 年，菲耶索莱的巴迪亚修道院就是菲耶索莱的大教堂。1456 ~ 1469 年一直由美第奇家族出资重建。

法是放高利贷者要想获得宽恕，必须在有生之年或去世之时偿还所有经非正当渠道赚取的不义之财。忏悔的银行家去世时在遗嘱中做出让继承者惊恐不已的规定，即对他们资产收取的第一笔费用就是悉数归还全部财产，这种案例广为人知。按理说，仅为慈善事业捐款是不够的；但是现实的教会人士很快改口称，这也是非常有效的办法，科西莫无疑也更愿意相信这样的说法。他为慈善一掷千金，他的孙子后来发现科西莫在1434～1471年这三十八年间，"仅建筑、慈善和税款上的开销就达到了惊人的663755弗罗林币"。事实上，科西莫在修建圣马可修道院的时候太过慷慨，以至于修道士们"本着谦虚的心"不得不提出反对。但是科西莫完全没把他们的抱怨当回事，他曾说过："为上帝奉献多少都不能让我变成他的债主。"重建工程完工之后，科西莫又给修道院捐献了善款，给修道士们购买了法衣、圣杯和配有插图的弥撒书，还把尼科洛·尼科利的大部分藏书赠送给修道院，又雇用了无数的抄写员抄写更多副本以丰富修道院的藏书。①

待圣马可修道院完工之后，科西莫决定要为自己修建一座新宫殿。几年前他就已经从巴尔迪宫搬出，住进了他父亲在主教堂广场的房子。尽管他已经对这处家族老宅做了一些改进和扩建，能够满足一家人的生活需要，但是对于他的生意来说，这里显然已经太小了，他急需更多的储藏室和账房。于是，他选定在城里最宽阔的拉尔加街（Via Larga）和圣乔瓦尼诺德利斯科洛皮教堂（San Giovannino degli Scolopi）北墙外的戈里

75

---

① 米开罗佐于1437～1444年一直在圣马可为科西莫工作直到他的藏书室修建完成。藏书室走廊尽头的两个房间由科西莫使用，萨沃纳罗拉的房间在西边走廊尽头。

街（Via de Gori）交叉口，修建新房子。① 他选中的建筑师是才华横溢但脾气暴躁的菲利波·布鲁内莱斯基，此时他为附近的圣洛伦佐教堂修建中殿的工作已经接近尾声。可是当看到布鲁内莱斯基的修建计划和木质模型时，科西莫觉得他的设计太过奢华绚丽，于是委婉地否决了布鲁内莱斯基的设计方案。科西莫会像建筑师一样把订制的建筑视为自己的作品，而他订制的所有建筑一直以来都保持着低调、内敛、沉静而不刻意的风格，他当然希望自己的住处也能如此。将布鲁内莱斯基的设计搁置一旁，科西莫转而选中了年轻的建筑师米开罗佐·米凯洛齐。这个决定让布鲁内莱斯基怒不可遏，甚至将自己的模型"打了个粉碎"。

米开罗佐生于佛罗伦萨。他的父亲是个裁缝，老家在勃艮第（Burgundy）。米开罗佐在还是多纳泰罗（Donatello）的学生的时候，就因为优秀的雕塑天赋而小有名气，他最著名的作品是为教皇约翰二十三世在洗礼堂中建造的墓碑。米开罗佐的设计没有布鲁内莱斯基那样富丽堂皇，但他简约大方和用色内敛的风格更符合科西莫的品位。科西莫常说嫉妒就像野草，千万不能提供水分和养料供其生长，所以科西莫一直谨慎避免让修建美第奇宫这件事冒犯到批评者们。然而，这座宫殿既要给美第奇家族事业提供办公室和账房，又要满足私人生活之用，所以必定面积可观，科西莫的敌人自然要抓住机会大肆渲染科西莫修建豪宅的用意，谴责这座宫殿就是其贪欲的象征。"他要建造的这座宫殿要宏伟到让罗马圆形竞技场都黯然失色，"

76

---

① 拉尔加街现在被称为卡武尔街（Via Cavour）。圣乔瓦尼诺德利斯科洛皮教堂在十六、十七世纪分别由巴尔托洛梅奥·阿曼纳蒂及朱利奥·帕里吉、阿方索·帕里吉兄弟重建。

有人写道，"用别人的钱盖房，谁都会想盖多豪华就盖多豪华。"事实上，和之后二十年间建造的其他宫殿——比如鲁切拉伊宫和令人敬畏的皮蒂宫（Palazzo Pitti）——相比，美第奇宫绝对称不上富丽堂皇。这座宫殿在十五世纪中期的估价是五千弗罗林币。当然，随着时间的推移，无论是科西莫的后代还是最终购得这座宫殿的里卡尔迪家族（Riccardi）都对这里进行了改造和扩建，让它变得更加宏伟壮观；但是在它建成之初，这座宫殿最显著的特点是新颖独特，而绝非富丽堂皇。虽说把房子修建成碉堡一样四角带高塔、墙上开堞眼的时代已经过去了，但是直到米开罗佐开始修建美第奇宫殿为止，佛罗伦萨才算有了第一座融合了意大利早期哥特风格的精妙和古典品位的沉稳的精美建筑。①

宫殿一层外墙使用的是巨大的粗凿石料，为了获得一种粗放、简约（rustica）的效果。米开罗佐认为这种设计能"在意

---

① 美第奇宫是在 1444～1460 年建造的。德戈里街一面的跪窗后来被单调的方形栏杆取代，这是一种毫无装饰性的设计。窗子两边都可见的铁质横档是用来支撑旗杆、烛台或者拴马用的。窗户下面的石凳不仅供仆人和访客使用，任何路过的人只要愿意都可以小坐休息，算是美第奇家族的一份微薄的好客之礼。根据乔瓦尼·阿弗拉多（Giovanni Avogrado）不太可靠的证据，宫殿本来有一个艳丽的正面，包含红色、白色和绿色。1527 年罗马陷落，美第奇家族被迫逃出佛罗伦萨的时候，这座宫殿也差点被毁掉。狂热的共和主义者米开朗琪罗建议将宫殿夷为平地，在这里建一个广场并取名为骡子广场，竖立克莱门特七世的肖像，以此暗示教皇作为美第奇家族私生子的身份。宫殿最终得以保留下来，但是由政府托管，直到 1550 年美第奇家族重返佛罗伦萨时，这座宫殿才又回到美第奇的名下并一直传到大公费尔迪南多二世，他把宫殿出售给了马尔凯塞·加布里埃莱·里卡尔迪（Marchese Gabrielle Riccardi）。（里卡尔迪扩建了这个宫殿，上层在本来 10 个窗户的基础上又增加了 7 个。）1814 年宫殿由大公国政府买下，现在被称为美第奇－里卡尔迪宫，并成为一个辖区。

大利艳阳的照耀下获得光和影所带来的美感，表现出坚固和强悍"。起初，宫殿一层面向拉尔加街的一面是类似碉堡的完整墙体，没有窗户，只有一个巨大的拱形通道。但是在用于居住、位于通道之上的楼层，这种严肃的气氛因为加装了成排的拱窗而变得柔和不少，二层两侧还有多利克式圆柱（Doric），三层两侧则是科林斯式圆柱（Corinthian）。整座宫殿之上延伸出一圈常见于古典罗马建筑的飞檐，飞檐的高度达到了 8 英尺，线条简洁有力、高耸威严。而面向戈里街的一侧则是一条开放式的敞廊。敞廊的拱门上后来又加装了弯曲的有铁栅栏的窗子，这种窗子也是米开罗佐设计的，被称为"跪窗"（Kneeling Windows）。在敞廊的一角还有一盏美丽的铁质壁灯，是由尼科洛·格罗索（Niccolo Grosso）制作的，这位制作者有个外号叫"收押金的人"（il Caparra）。① 在壁灯之上，有石刻的美第奇家族盾徽，同时还有科西莫的私人纹饰——盾牌上伸出三根孔雀羽毛，分别代表着节制、审慎和坚韧这三种科西莫最看重的美德。

77　　在美第奇宫完全建成之前，米开罗佐就着手设计科西莫在穆杰洛的乡村别墅了。科西莫从来不会对田园生活感到厌倦。只要有机会，他就会离开佛罗伦萨到特雷比奥或他钟爱的卡雷吉别墅里，住上尽可能长的时间。在这里他可以安静地读书，甚至到花园里修剪一下葡萄藤，打理打理橄榄树，或是栽种桑树、杏树。哪怕只是和在田间劳作的村民闲聊几句，也能给他带来莫大的安慰。有时他还会从和村民的聊天中学到一些谚语

---

① 如果想在宫殿的墙壁上加装这些巨大的带尖的灯，必须得到政府的批准。尼科洛·格罗索的外号"收押金的人"得自他总是坚持要收预付款。

和寓言，回到城里之后再将它们用到自己跟别人的谈话中，给语言增加不少趣味。在卡雷吉，他可以尽情地和朋友畅谈而不必担心被打断；还可以召唤门徒马尔西利奥·菲奇诺来做伴。马尔西利奥·菲奇诺是个矮小、丑陋，但聪明绝顶的年轻人，就住在蒙特维奇欧的乡村别墅里。两人会一起吃饭、下棋。下棋也是科西莫唯一会参与的游戏。他在一封于 1462 年写给菲奇诺的书信中说：

> 我昨天来到了卡雷吉，主要是为了让自己放松一下。我想尽快见到你，马尔西利奥。来的时候带上我们最喜欢的柏拉图的作品，我相信你已经如你承诺的那样，将它翻译为拉丁文了。没有什么是比发现通往幸福的道路更让我投入的事业了。所以快点来吧，别忘了带着你的俄耳甫斯七弦琴。

科西莫当然没有废弃卡雷吉的意思，不过他还想再要一个位置更加偏远的乡村别墅。在遇到变故或瘟疫之类的情况时，那里就可以充当避难所，还可以拉近美第奇家庭与穆杰洛地区村民的关系，可谓一举多得。他最终选定了卡法焦洛的一片土地，这里世代都是他家族的财产。经米开罗佐设计，一栋新的乡村别墅在 1451 年就初具雏形了。①

---

① 卡法焦洛更像个堡垒而非别墅。瓦萨里称其"拥有成为一座出众的乡村豪宅的全部必要条件"。这里有漂亮的花园、果林和喷泉，也有高塔和城垛拱，四周还围绕着壕沟和吊桥。后来这里和特雷比奥一起被博尔盖赛王子买下。他推倒了中心的高塔，填平了四周的壕沟。现在这里呈现一幅萧条景象，连花园里也只剩下蒲公英和野鸡。

　　几年之后，米开罗佐又开始为美第奇建造另一座别墅。这次是在菲耶索莱，科西莫的儿子乔瓦尼想要重建一座像城堡一样的别墅，并称之为贝尔坎托（Belcanto）。① 别墅四周陡峭而多岩石，根本不可能进行耕种。尽管科西莫不赞成儿子的选

78　择，批评他花费巨资只为欣赏窗外的风景，但是乔瓦尼辩称这独特的景色就是菲耶索莱的精髓所在：在夏日的傍晚，可以与家人及朋友们坐在阴凉的阳台上俯瞰整个佛罗伦萨。

　　不过儿子描述的美景并不合科西莫的口味。如他告诉乔瓦尼的那样，他更偏爱从卡法焦洛的窗口向外望，满眼都是属于他的土地。再说，此时的科西莫年事已高，对新房子已经提不起兴趣。当 1463 年菲耶索莱的美第奇别墅建成时，科西莫已经 74 岁了。三十年来掌控整个共和国外交政策的巨大压力已经令他身心俱疲。

---

① 美第奇别墅，之前叫贝尔坎托，本来是属于巴尔迪家族的。为乔瓦尼·德·美第奇进行的重建是在 1461 年完工的。1671 年大公科西莫三世将其出售。到十八世纪七十年代霍勒斯·沃波尔（Horace Walpole）的嫂子奥福德伯爵夫人（Countess of Orford）进行了翻新。到十九世纪又被英国画家和收藏家威廉·布伦德尔·斯彭斯（William Blundell Spence）买走，并改名为斯彭斯别墅。现在它属于西比尔·卡廷夫人（Lady Sybil Cutting），她的女儿马尔凯萨·艾丽斯·奥里戈（Marchesa Iris Origo）就是在这里长大的。

第六章 战争与和平

"伦琴？伦琴？伦琴是什么地方？"

科西莫作为佛罗伦萨外交政策决策者的至高地位从未被质 疑过。尽管官方通信都是由执政团完成，但是没有哪个重要决定是未经美第奇首肯而做出的。人们时常可以见到各国大使穿过美第奇宫的拱门；而佛罗伦萨的大使们赴任前也必然要先去拜会科西莫。

多年来，米兰一直是科西莫外交政策的重中之重。他耐心而坚定，尽其所能地说服佛罗伦萨人相信，他们对于米兰公国一贯的敌对态度是错误的，如果佛罗伦萨能够与米兰结盟，对这个城市来讲绝对是一件利大于弊的事，哪怕为此得罪传统盟友威尼斯也是值得的。15 世纪初期，威尼斯打败了维罗纳、维琴察（Vicenza）、帕多瓦、贝卢诺（Belluno）和费尔特雷（Feltre），后来又击败了土耳其舰队，并把共和国的疆域扩大到达尔马提亚（Dalmatian）海岸。而米兰的公爵菲利波·玛丽亚·维斯孔蒂在阿尔比奇家族的怂恿下，与佛罗伦萨的关系不断恶化，那时的佛罗伦萨最该感谢的就是威尼斯这个强大而富有的同盟者。

很多人都相信维斯孔蒂是个精神错乱的疯子，他们听说他会在夏天脱光衣服，赤裸着肥硕肮脏的身体在花园里打滚。因为样貌太丑陋，所以他从不允许别人为他制作肖像；他的腿因

80 为畸形而瘫软无力，以至于没有侍者的搀扶就无法从椅子上站起来；他总是神经兮兮的，连看到出鞘的宝剑都会发出惊叫；他非常惧怕雷声，为此在自己的宫殿里设置了一间完全隔音的房间；他热衷于恶作剧，和毫无防备的臣子说话时会突然从袖子里拿出一条蛇。除此之外，他还是个狡猾、神秘、极端多疑的人。尽管如此，不可否认，他也是个足智多谋的政治家。在长达35年之久的统治中，他成功收复了伦巴第（Lombardy）地区——本来是他父亲征服的领地，但在维斯孔蒂年幼时失守。他还一心想要把公国疆域向南扩展到托斯卡纳地区，尽管阿尔比奇家族和其他被流放的佛罗伦萨人保证，他只需要派军队到那里摆摆样子，人民就会拿起武器反抗美第奇这个压迫者，但事实上维斯孔蒂的愿望并没有那么容易实现。1437年他的侵略军在巴尔加（Barga）战役中被击败，1438年又再一次被挫败，直到1440年，在阿诺河上的安吉亚里（Anghiari）附近一场残酷的战斗中，连维斯孔蒂手下最善战的雇佣军指挥官尼科洛·皮奇尼诺都被佛罗伦萨的雇佣军击溃。战败的皮奇尼诺带着残兵败将迅速撤出了托斯卡纳地区，跟在他们后面的阿尔比其家族也彻底打消了重归佛罗伦萨的美梦。里纳尔多·德利·阿尔比奇心灰意冷地骑马向着耶路撒冷的方向，开始了他的朝圣之旅，而佛罗伦萨人则趁机占领了切塞纳蒂诺山区（Cesentino）的大片领土，这里本来是一位落后的封建君主的领地，无奈他错误地选择了与米兰人结盟。

安吉亚里之战发生时，菲利波·玛丽亚·维斯孔蒂已经48岁。他结过两次婚，第一次是娶了他父亲的雇佣军指挥官的富有遗孀，这个指挥官因为犯通奸罪被处决了；第二次他娶了一位年轻的女士，但是因为有只狗在新婚之夜狂吠不止，维斯孔蒂就把新婚妻子关进了牢笼。这两任妻子都没有生下孩子，只有他的一个情妇生了个女儿，取名比安卡（Bianca）。比安卡有无数的追求者，其中最执着的莫过于弗朗切斯科·斯福尔扎（Francesco Sforza）。

弗朗切斯科·斯福尔扎本人也是私生子，他的父亲是个目不识丁的农民，来自罗马涅地区，名叫贾科莫·阿腾多洛（Giacomo Attendolo）。阿腾多洛被迫加入一群冒险者，原来的首领去世以后，他却成了这伙人的新头目，并把姓氏改为斯福尔扎。他领导自己的队伍为那不勒斯和教皇打过仗，后来因为救助一个落水的年轻侍者而不幸淹死在佩斯卡拉河（Pescara）。1424年，年仅22岁的弗朗切斯科继承了父亲的位置，开始领导这支当时意大利最训练有素的雇佣军队伍之一。他很快就显示出了卓越的军事才能，替维斯孔蒂、威尼斯和教皇打过仗，任何愿意满足他开出的高价的人都可以获得他的服务。弗朗切斯科身强体壮、和蔼可亲、脚踏实地、心直口快、待人真诚，习惯了风餐露宿的艰苦生活。教皇庇护二世后来这样描述他：

> 他很高大，而且极具威严。他的表情总是很严肃，说话的声音也不大，谈吐和蔼可亲，总体来说他就像个王子一样，是我们这个时代里最受命运眷顾的人。他天资聪慧，健壮威武。他的妻子不仅容貌美丽、身份高贵、品行优良，还给他生了8个优秀的孩子（他还有11个私生子）。他甚至都不怎么生病，生活中没有什么是他想要而得不到的。

时常令斯福尔扎的雇主——米兰公爵——感到担忧的是，

81

斯福尔扎在边界的马尔凯地区（Marches）已经建立了一个小王国，而且他的野心还远不止于此。如果能够娶到比安卡，那么一旦她的父亲去世，斯福尔扎就将继承米兰公国。

维斯孔蒂不怎么想让一个农民的私生子来当女婿，但此时的斯福尔扎不仅仅是意大利最好的军人，更代表了一支具有重要影响力的政治力量。于是，1441年维斯孔蒂许可了女儿的婚事，并把蓬特雷莫利（Pontremoli）和克雷莫纳（Cremona）作为嫁妆献给新郎，至于米兰爵位的继承问题，则只是做了一些模糊的许诺。

维斯孔蒂言而无信是众所周知的，所以六年后他去世时又指定那不勒斯的阿拉贡国王阿方索（Alfonso）为其继承人也并没让人感到震惊。此时整个意大利都卷入了这场喧嚣，奥尔良（Orleans）公爵宣称自己作为瓦伦蒂娜·维斯孔蒂（Valentina Visconti）的儿子对米兰公国可以提出利益诉求，德国皇帝也宣称自己对米兰自古就享有权利，连威尼斯也不容忍任何干涉其对伦巴第行使权利的行为。就在弗朗切斯科·斯福尔扎准备带兵进入米兰夺回他认为本就属于他的合法继承权时，米兰人则以自己的方式做出了他们最满意的决定——重建米兰共和国，让人民成为自己国家的主人。

在佛罗伦萨，科西莫机警而焦虑地关注着危机的发展。他几年前见过弗朗切斯科·斯福尔扎一面，对他的谈吐举止和人格魅力印象深刻。自那以后他们之间的友谊日益深厚，尤其是财力不济的斯福尔扎总是能在捉襟见肘之时接到美第奇银行慷慨的贷款，这更巩固了他们的关系。除了为斯福尔扎提供贷款并保证他可以收到佛罗伦萨纳税人的额外补贴之外，科西莫还用上了自己所有的政治和外交影响力来帮助斯福尔扎。事实上，正是依靠科西莫的全力以赴，斯福尔扎才能在三年的战争和外交谈判之后，最终以胜利者的姿态入主米兰，并于1450年成为米兰公爵。

科西莫对斯福尔扎不懈的支持为他在佛罗伦萨城内招来了不少指责，有两位地位显赫的市民——内里·卡波尼和詹诺佐·马内蒂——尤其不满。前者曾经在安吉亚里大败皮奇尼诺一战中做出过重要贡献，后者则是一位杰出的外交家。令那不勒斯和威尼斯极为不满的是，科西莫在其他国家都没有表态之时，率先承认斯福尔扎为米兰的合法领主，这让当时科西莫面对的反对之声更加响亮。反对美第奇统治的人说：科西莫的所作所为令人震惊。为了支持一个以前的雇佣兵头子、一个自封的公爵，不仅佛罗伦萨的市民要被征税，连传统的盟友都变成了敌人。而科西莫之所以支持斯福尔扎，难道不是因为害怕已经借给他的巨额贷款打了水漂？而且与一个专制统治下的米兰打交道不是显然比与一个共和国打交道更有利可图吗？

科西莫一直认定威尼斯已经不能再被视为一个可靠的盟友。一方面，在黎凡特（Levant），威尼斯的利益与佛罗伦萨的利益存在冲突；威尼斯在东地中海地区的领土扩张使它成了土耳其的敌人，但是佛罗伦萨与土耳其却有着互利的贸易关系；此外，威尼斯的商船队对于佛罗伦萨正在发展的舰队来说，也是个难缠的竞争对手。另一方面，让对佛罗伦萨感激涕零的斯福尔扎入主米兰，不仅有利于对抗不断入侵的威尼斯，也可以帮助佛罗伦萨实现图谋已久的占领卢卡的野心。最重要的是，只有佛罗伦萨与斯福尔扎结盟才能真正给意大利带来和平；没有和平，经贸就不可能繁荣发展。科西莫的理论得到了米兰驻佛罗伦萨大使尼科代莫·特兰凯迪尼·达·蓬特雷莫利（Nicodemo Tranchedini da

Pontremoli）强有力的支持；他受斯福尔扎派遣而来，非常聪明、善于说服别人，在佛罗伦萨一直待了17年。

然而，科西莫的争辩在很长时间里依然没有得到支持，直到威尼斯人为了反对科西莫的政策决定与那不勒斯国王结盟并威胁入侵托斯卡纳地区时，科西莫才看到了彻底打破佛罗伦萨人偏见的机会。科西莫极其少见地亲自来到市政厅，威尼斯的大使正在那里抗议与米兰结盟的提议并发出威胁，科西莫直接打断了威尼斯大使的发言并指责威尼斯政府才是侵略者。虽然科西莫不是天生的演说家，但是他的发言吐字清晰、掷地有声。到了八月，佛罗伦萨和米兰就正式签署了盟约。

盟约签署所带来的影响是广泛而迅速的。威尼斯敦促德国皇帝来破坏这对新的盟友，东罗马帝国皇帝被说服取消了佛罗伦萨商人的一切特权，他们随即被驱逐出那不勒斯和威尼斯。威尼斯人甚至花钱雇人在佛罗伦萨城内煽动反对美第奇家族的情绪。作为回应，科西莫关闭了他在威尼斯的分行，转而在米兰开了一家新分行。同时，他还通过那些负责东方贸易的经理人争取到了与土耳其的贸易特权，以弥补希腊人废除佛罗伦萨商人特权而带来的损失。科西莫还不忘主动拜访佛罗伦萨的老朋友法国，希望借此来抵消威尼斯和那不勒斯通过拉拢德国皇帝而获得的优势。

84

在法国宫廷谈判非常需要技巧，因为无论是科西莫还是斯福尔扎都不希望挑起法国干涉意大利事务的心思，他们认为一旦法国和英国的争端平息，法国的注意力不可避免地要转向意大利，所以他们宁愿到巴黎去迎合法国国王查理七世（Charles Ⅶ），模棱两可地承诺：一旦法国决定捍卫安茹家族对那不勒斯的权利主张，佛罗伦萨和米兰都会提供帮助。这次重要的微妙交涉最终是由科西莫的朋友——迷人又有才华的阿尼奥洛·阿恰尤奥利——完成的。凭借满口的甜言蜜语、阿谀奉承，以及夸大修辞却没有任何实质性承诺这一文艺复兴时期最为内行推崇的外交手腕，阿尼奥洛·阿恰尤奥利把这个自视甚高、野心勃勃、有点古怪的法国国王哄得喜笑颜开。1452年4月，各方签订了条约，内容包括：法国保证在佛罗伦萨和米兰受到攻击时出兵相助；法国承认斯福尔扎为米兰公爵；作为回报，佛罗伦萨和米兰向查理七世承诺，如果法国向那不勒斯宣战，佛罗伦萨和米兰均不会做出干涉。

这一条约的签署引发了威尼斯和那不勒斯的担忧，为了破坏这个新联盟，趁法国忙于和英格兰的战争，威尼斯和那不勒斯双双向佛罗伦萨与米兰宣战，并由阿方索国王的私生子堂·费兰特（Don Ferrant）带兵向托斯卡纳地区进军。佛罗伦萨市民听到军队逼近的消息，惊恐万分；大批市民冲到科西莫的宫殿要求他说明如何防止佛罗伦萨城遭受攻击；甚至有一个疯狂的商人冲进科西莫的房间大喊："伦琴陷落了！伦琴陷落了！"科西莫装作根本没听说过这个位于托斯卡纳地区边界小镇的样子，冷淡地回答说："伦琴？伦琴？伦琴是什么地方？"

科西莫尽力表现得冷静自信，但他心中难免充满担忧。城市中反对他的情绪越来越高涨，事实证明与米兰结盟是一个充满危险且代价高昂的实验。佛罗伦萨不但要为斯福尔扎提供资助，更要为自己本身的防御做准备，所以正如斯福尔扎驻佛罗伦萨的代表汇报的那样，沉重的赋税使得科西莫的敌人每天都在增加。阿尼奥洛·阿恰尤奥利被十万火急地派往法国向查理七世寻求帮助，但是因为忙于应付英国人在波尔多（Bordeux）

85

的暴乱，法国此刻根本无暇分神开辟另一个战场。

科西莫最终也病倒了，只能卧床休息。和平的呼声持续不断，连他的一些主要支持者也不得不采取一些预防措施，避免出入他的宫殿了。就在此时，从法国传来了让美第奇一派如释重负的好消息，阿尼奥洛·阿恰尤奥利成功说服了安茹家族的勒内（Rene of Anjou）派兵来解救盟友，以换取盟友支持他将阿方索的阿拉贡家族赶出那不勒斯。法国军队粗暴、劫掠式的干涉让他的盟友比敌人还心惊胆战。随后在 1453 年 5 月，土耳其人攻占了君士坦丁堡，为意大利最终实现和平带来了希望。1454 年 4 月在洛迪（Lodi），和平终于变成了现实。四个月后，鉴于土耳其的威胁愈发严重，佛罗伦萨、米兰、教皇和威尼斯联合在一起组成了"最神圣联盟"（a Most Holy League）：对内保证意大利维持现状，对外共同抵御侵略者。

和平对科西莫而言来得有点晚。"市民对新税收意见非常大，"威尼斯大使汇报道：

> 而且现在还可以听到以前从没出现过的辱骂科西莫的各种言辞……两百来个受尊敬的大家族本来可以靠他们拥有的财产所带来的收入生活，现在却因为难以承担财产税而不得不将其变卖。征收这项新财产税时，科西莫不得不宣布将由他先垫付这笔税款，在所有相关的人找到解决之道以前，也不会再要求任何人补缴。为了重获民心，他不得不每天分发很多蒲式耳①的谷物给穷人，因为他们都在抱怨粮食涨价买不起。

---

① 在英国 1 蒲式耳约等于 8 加仑，约 36 升。——译者注

　　然而，科西莫这一沉着、有远见的政策最终获得了成功。威尼斯因为受困于土耳其而忧心忡忡，根本无暇再对托斯卡纳地区施加任何威胁；斯福尔扎这个佛罗伦萨坚定的盟友已经被各国承认为米兰公爵。包括签约国那不勒斯在内的这份合约为意大利在此后五十年里实现大体上的和平，第一次真正带来了希望。　86

　　科西莫这样绝对的现实主义者当然不会天真地相信，依靠这样一个松散的合约，意大利邦国联盟就能够长久地维持下去。但是至少对佛罗伦萨来说，在科西莫的有生之年，再也没有发生任何损失惨重、无利可图的战争。

　　君士坦丁堡被攻占以后，佛罗伦萨人当然也听到了教皇狂热的鼓吹，要求他们参与讨伐土耳其的圣战。既是广受认可的意大利外交事务决策者，又是教廷银行家的科西莫自然是最先收到教皇呼吁的人之一。教皇要求佛罗伦萨为他提供两艘配有装备和人员的大船，用来向土耳其发起攻击。作为回报，佛罗伦萨人会拥有永恒的灵魂。科西莫巧妙而谨慎地回复了教皇的要求，他找的借口对他自己及其后代都极为有用：

　　　　当您庄严地谈及我们即将来临的永生之时，哪个人能不因为您的话语而获得提升？哪个人不是仿佛瞥见了自己获得永生时的光辉荣耀？……至于您提出的要求，我最可称颂的神父啊，……您给我写信的时候并没有把我看作一个满足于普通市民身份的普通人，而是把我看成统治佛罗伦萨的王子……您明明知道在一个政府广受拥护的共和国里，我作为一个普通市民的权力是多么有限。

其他意大利邦国给教皇的回复也同样含糊其词。只有威尼斯人挺身而出，相信圣战的胜利会给他们此生甚至死后带来福音。没有被困难阻挠的教皇毅然决然地扛起十字军的大旗出发了，可是战船还没下海，教皇自己就染上疟疾去世了。美第奇银行正式表达了哀悼，然后就把注意力转向了下一位继任者。

作为一个银行家，科西莫和他的父亲一样足智多谋。在他的领导之下，家族生意不断壮大。他以过人的组织才能和惊人的记忆力而闻名，为了这个让人费神的行业，他有时甚至工作到深夜。科西莫更为人所知的一个特质是他与分行经理们之间相互的绝对忠诚。每个分行经理都是精心挑选出来的，他们的工作都受到严格的监督，必须定期向佛罗伦萨提交长篇报告说明做了什么工作、见了什么人；而他们的报酬自然也是极为丰厚的。在发现父亲的助理巴尔迪工作方法古板、跟不上新变化之后，科西莫提拔了两名年轻的合伙人，分别是罗马分行的经理安东尼奥·迪·梅塞尔·弗朗切斯科（Antonio di Messer Francesco）和日内瓦分行的经理乔瓦尼·德·阿梅里戈·本奇（Giovanni d'Amerigo Benci）。在他们的帮助下，银行业务以前所未有的速度迅速增长，美第奇银行的标志"ɸ"、美第奇银行的座右铭"以上帝和好运的名义"（*Col Nome di Dio e di Bona Ventura*）以及美第奇银行的代表，遍布欧洲所有重要的首都和商业中心，包括伦敦、那不勒斯、科隆（Cologne）、日内瓦、里昂、巴塞尔、阿维尼翁、布吕赫、安特卫普、卢贝克（Lubeck）、安科纳、博洛尼亚、罗马、比萨和威尼斯。这些分行规模都很小，其他一些则更是临时性的机构，专为短时间的集市或会议上的交易提供服务。分行也都不会雇用很多人手。在 1470 年，平均一个分行的雇员人数也就是九名到十名。出纳员一年的工资大概是 40 弗罗林币，学徒则只有 20 弗罗林币。即便如此，很多分行在其所在的城市里也算得上最大的企业之一。而这些分行的经理不仅是精明的生意人，更是佛罗伦萨共和国的政治代理人。比如说，美第奇米兰分行就类似于一个金融管理部门，他们的办公地点在一座由米兰公爵弗朗切斯科·斯福尔扎提供的宫殿里。后来这里由米开罗佐设计、科西莫出资进行了大规模的扩建。再比如罗马分行，因为要经常跟随教廷一起出行，所以他们不但能享受相当的特权，而且获得的盈利也更多。就像他的父亲扶植巴尔达萨雷·科萨，也就是教皇约翰二十三世一样，科西莫选择扶植托马索·巴伦图切利（Tommaso Parentucelli）。巴伦图切利是一个托斯卡纳医生的儿子，后来当上了博洛尼亚的主教，最终成了教皇尼古拉五世（Nicholas V）。巴伦图切利年轻时因为贫穷被迫辍学，他离开大学后在佛罗伦萨给里纳尔多·德利·阿尔比奇和帕拉·斯特罗齐的孩子做家庭教师。他在佛罗伦萨委员会中表现突出，后来又在扩充美第奇藏书室上给科西莫提出了宝贵的建议。他是一个友善、风趣、学识渊博的人。他的朋友，同样是人文主义者的埃涅阿斯·西尔维乌斯·德·皮科洛米尼曾经说："连巴伦图切利都不知道的事情一定是人力可知范围之外的事情。"科西莫看出巴伦图切利是一个值得支持之人，看重他条理清晰的头脑，谨慎而有目的性的处事方式；每次巴伦图切利找科西莫贷款，科西莫都会毫不犹豫地满足主教的一切要求。主教继任教皇之后，他与美第奇银行的紧密联系便成为对双方都更加有利的互惠关系。尼古拉五世的朋友皮科洛米尼在 1458 年当选教皇并选择了庇护二世的称号，他也延续了教廷

88

与美第奇家族的传统友谊，继续将教廷的财务事宜委托给美第奇银行。1469 年庇护二世来到佛罗伦萨的时候，甚至理所当然地住进了美第奇宫，在这里他和科西莫变得非常亲近。当教皇离开时，科西莫

> 想要亲吻教皇的脚，但是由于痛风，他已经无法弯腰。于是他大笑起来并讲了个笑话："两个从乡下返城的佛罗伦萨人，一个叫帕帕，一个叫卢波，在广场上相遇，他们伸出手臂想跟对方握手，但是因为两个人都胖得出奇，以至于太多的肉体（恕我使用这个词）阻隔在二人中间，只能用自己的肚子碰到对方的肚子。肥胖让他们失去了握手的能力，就像我的痛风剥夺了我致敬的能力一样。"

除了各种传统的银行业务之外，美第奇银行还接受客户的各种代购委托，无论是织锦挂毯，还是神圣遗骸；无论是马匹和奴隶，还是安特卫普修道士画的版画；甚至帮助拉特兰的圣约翰教堂寻找来自杜埃（Douai）和康布雷（Cambrai）的唱诗班男孩儿；还有一次竟然是一只长颈鹿。美第奇银行还是各种香料、丝绸、羊毛和布料的进出口商。他们买卖辣椒和糖、橄榄油、柑橘类水果、杏仁、皮草、刺绣、染料、珠宝，然而最重要的商品其实是一种透明的矿物盐——矾。它是生产上色快、颜色艳丽的染料必不可少的原料，在玻璃和皮革的制造过程中也十分常见。到 1460 年，几乎整个欧洲使用的矾都是从小亚细亚（Asia Minor）进口的，士麦那（Smyrna）附近产量丰富的矿藏一直被热那亚人控制，1455 年以后又被土耳其人

接管。但是到了1460年，在奇维塔韦基亚（Civitavecchia）附近的托尔法（Tolfa）的教廷国境内发现了新的储量丰富的矿藏，成千上万吨的矾随着死火山中的蒸汽喷了出来。美第奇抓住了这个价值连城的发现，这是一个再正确不过的商业决策。到了1466年，银行与教皇签订了合约，许可美第奇和铝业协会的合作伙伴们一起开采这个利益丰厚的矿藏并把产品销往海外。

　　几年后，法国历史学家菲利普·德·康米尼（Philippe de Commines）称，美第奇银行不但是欧洲最能赚钱的组织，更是历史上绝无仅有的最伟大的商号。"光是美第奇的名字就可以让他们的仆人和代理人们享受无尽的优厚待遇，"康米尼如是写道，"我在佛兰德斯和英格兰见到的景象简直让人不敢相信。"

第七章　艺术家与哀悼者

"房子这么大，家人却一个个离我而去了"

　　美第奇宫的访客们只要穿过拉尔加街上的敞廊，就可以进入一个优雅别致的内院，院子（*cotile*）呈方形，四周是由柱子支撑的一圈拱廊，圆拱上方还有八个圆形大理石浮雕，其中几个是依照美第奇收藏的浮雕作品雕刻的，也有美第奇收集的勋章背面的图像。拱顶之下有古典的半身像、石像、圆柱、铭文和罗马石棺，其中就包括科西莫的曾曾曾曾祖父的堂兄弟、1299 年任首席执政官的古乔·德·美第奇使用的公元四世纪石棺。当时院子里已经有或者后来增添的雕像还包括多纳泰罗的《大卫》（*David*）① 和《朱蒂斯斩贺梦尼》（*Judith Slaying Holfernes*）②。

　　多纳泰罗 1386 年出生于意大利，他的父亲是尼科洛·

---

① 多纳泰罗的《大卫》（约 1430 年）现在陈列在巴杰罗国家博物馆。大议会在 1494 年将皮耶罗·德·美第奇驱逐出佛罗伦萨后没收了这座雕塑，并下令将其摆在市政厅花园的一根柱子上。

② 美第奇家族 1494 年逃出佛罗伦萨后，执政团下令将多纳泰罗的《朱蒂斯斩贺梦尼》（约 1460 年）从美第奇宫移至市政厅的栏杆前。它现在仍然矗立在宫殿之前，雕塑底座上的铭文是对所有暴君的警示："给出了一个社会安全很好的例证。1495 年。"（Exemplum. Sal［utis］Pub［licae］. Cives. Pos［uere］. MCCCCXCV）。原本的铭文大意是："王国毁于骄奢，城市兴于美德。那些骄傲的人看吧，你们的头颅将被谦逊之人砍下。皮耶罗·迪·科西莫·德·美第奇谨以此女子雕塑致敬赐给这座城市自由和坚韧的市民们无敌永恒的精神。"

迪·贝托·巴尔迪（Niccolo di Betto Bardi），一个因为支持阿尔比其家族而最终身败名裂的商人。像吉贝尔蒂一样，多纳泰罗原本是金匠学徒，而且还在吉贝尔蒂的工作室里工作过一段时间。不过他并没有留下来一起制作洗礼堂的大门，而是追随布鲁内莱斯基去了罗马。在那里，他一边在金店里打工，一边学习古典艺术。他回到佛罗伦萨之后，乐于尝试任何形式的作品：不论是制作壁炉架上的盾徽装饰，还是在铜版上雕刻浅浮雕，他都一样满怀热情。他还受雇为大教堂、乔托（Giotto）钟楼、奥尔圣米凯莱教堂和圣洛伦佐教堂制作艺术品，后来他还为圣洛伦佐教堂修建了铜质讲坛。尽管他的作品广受赞美——他为奥尔圣米凯莱教堂创作的大理石雕像《圣乔治》（St George）尤其被认为是一项杰作——但直到完成铜像《大卫》之后，人们才开始真正理解他的绝世才华和独特创意。他的其他雕塑作品，如同他所处时代里的其他雕塑一样，往往被放在建筑物里的指定位置来表现建筑主题或起装饰作用。但《大卫》不仅是精美至极、充满感情的艺术作品，更是令人震惊的创新设计，它是自古典时期以来，第一个无支撑物站立的人物铜像。 91

　　多纳泰罗同时期的一些人认为他惊世骇俗。多纳泰罗本人作为同性恋者就已经不被认可了，更让这些人气愤的是他喜欢把年轻男性的雕塑制作得细致入微、栩栩如生且充满肉欲。对科西莫来说，这样的反对意见完全没有道理，只能说是对激发了多纳泰罗创作灵感的古希腊理念的愚钝不解。出于对人文主义精神的钟爱，科西莫接受了安东尼奥·贝卡德里（Antonio Beccadelli）以《赫马佛洛狄忒斯》（Hermaphrodutus）向其致敬。这一作品以卡图卢斯（Catullus）的方式赞颂了同性之爱的愉悦。也正是出于这样的人文主义精神，科西莫尊重多纳泰罗的才华，也尊重激发了这样才华的古典艺术。

科西莫对多纳泰罗的感情日益加深，甚至形成了一种慈父般的责任心。他会确保多纳泰罗从不缺少订单，要么是他直接向多纳泰罗订制，要么是把多纳泰罗推荐给自己的朋友。作为美第奇家族的收藏品，多纳泰罗制作的各种铜像从来没让科西莫失望过，其中就包括孔泰西纳·德·美第奇的铜质头像。正如乔焦·瓦萨里（Giorgio Vasari）说的那样："多纳泰罗真心喜爱科西莫，对于他的喜好再了解不过，所以从来不会让他失望。"不过对于别的出资人来说，多纳泰罗就算不上幸运的选择了。曾经有一位热那亚商人在科西莫的推荐下，向多纳泰罗订制了一个铜制头像。但是作品完成之后，商人抱怨多纳泰罗要价太贵。于是，两人到科西莫面前让他评理。科西莫命仆人把铜像抬到美第奇宫的房顶上，放在碧蓝天空和充足阳光之下，然后他评定商人出的价钱低了。热那亚商人反驳说自己的出价已经相当慷慨了，鉴于多纳泰罗仅用一个月就完成了这个作品，他支付的工钱计算下来已达到一天半个多弗罗林币。这样的说法让多纳泰罗怒不可遏，他指责商人只会像买豆子一样讨价还价，根本不懂艺术。多纳泰罗甚至将铜像推出围栏，掉到街上"摔了个粉碎"。窘迫的商人提出支付双倍价钱请他重新制作一个铜像，可惜无论是商人的重金还是科西莫的恳求，都没能说服多纳泰罗答应这件事。

多纳泰罗其实是一个完全不看重金钱的人。他把挣来的钱都放在一个柳条篮子中，篮子就用一根绳子吊在他工作室的天花板上。无论是他的工匠、学徒还是朋友都可以随意取用而无须征求他的许可。多纳泰罗对穿着也不讲究。科西莫不忍看他穿着简朴甚至破旧的衣服走在街上，就在一次过节的时候送给他一身精神的套装、一件红斗篷和一顶帽子。不过多纳泰罗没穿两天就又换回了旧衣服。待他年事渐高无法继续工作之后，科西莫就把卡法焦洛附近、属于美第奇产业的一个小农场赠送给他。但是，多纳泰罗一点儿也不喜欢那里的生活。农场的账目让他头昏脑涨；佃农们的抱怨更是让他心烦意乱：今天这个说大风掀翻了他们家鸽舍的顶棚；明天那个说因为没有缴税，所以政府没收了自己的黄牛；后天又有一个说大雨毁了自己的果园和葡萄树。多纳泰罗恳求美第奇家族收回农场的所有权，科西莫不但照做了，而且依然把农场的收入记在多纳泰罗名下。"多纳泰罗对这样的安排再满意不过了，"瓦萨里说，"作为美第奇家族的家臣和朋友，多纳泰罗余生都过得衣食无忧、舒心惬意。"

在多纳泰罗为美第奇宫制作铜像和圆形浮雕的同时，菲利波·利比（Fra Filippo Lippi）也受雇为美第奇宫创作图画。菲利波比多纳泰罗小二十岁，就出生在佛罗伦萨。他的父亲是个屠夫，在菲利波还小的时候就去世了，后来他的妈妈也死了，所以年仅十六岁的菲利波被安置在了卡尔米内圣母大教堂（Santa Maria Del Carmine）① 的加尔默罗修会做一名修道士。可是菲利波对于修道院的生活完全不感兴趣，他在加尔默罗修

---

① 卡尔米内圣母教堂大部分已经毁于十八世纪朱塞佩·鲁杰里（Giuseppe Ruggieri）和朱利奥·曼纳约尼（Giulo Mannaioni）重建时发生的大火。但是布兰卡契堂幸免于火灾。马萨乔和马索利诺（Masolino）创作的环形壁画由菲利波·利比的儿子菲利皮诺·利比完成。

会期间唯一的收获就是有幸看到了伟大的马萨乔（Masaccio）在布兰卡契堂（Brancacci）创作壁画，并立志成为像他一样的艺术家。事实上，在其他修士眼中，菲利波对艺术的热衷恐

93 怕是他拥有的唯一美德了。他撒谎成性、嗜酒好色，根本不配做一名修道士，所以当他抛弃了入会誓言，决心离开修道院的时候，他的上级们都感觉如释重负。离开修道院的菲利波不幸在安科纳海岸附近被巴巴里海盗（Barbary）劫持，当时他正和几个朋友一起乘船出海。成功逃脱的菲利波辗转来到了那不勒斯，又从这里回到了佛罗伦萨。他为圣安布罗焦修道院（Sant'Ambrogio）修女们创作的精致的祭坛装饰画让科西莫·德·美第奇注意到了他杰出的才华。尽管菲利波在别人眼中是个嫖客和扒手，但科西莫还是请他来为自己工作。菲利波的一些早期杰作都是在美第奇宫创作的，包括《圣母加冕》（*Coronation of the Virgin*）①。后来科西莫又帮助菲利波获得了在普拉托工作的机会。在创作圣史蒂芬教堂（St Stephen）主祭坛壁画的过程中，菲利波还把教堂院长，也就是科西莫儿子卡洛的肖像画了进去。

就是在为普拉托的圣玛格丽塔修道院（Santa Margherita）的修女们创作祭坛装饰画的过程中，好色的菲利波盯上了一个新入会的年轻修女——佛罗伦萨人弗朗切斯科·布蒂（Francesco Buti）的女儿卢克雷齐娅（Lucrezia）。菲利波巧言引诱，说服小修女做他壁画中女神的模特。修女受到引诱并跟他私奔，还给他生了个儿子，取名菲利皮诺（Filippino）。科

---

① 菲利波·利比的《圣母加冕》现在收藏于里卡索利街（Via Ricasoli）52号的学院美术馆（Museo dell' Accademia）。

西莫觉得已经成为父亲的菲利波应该安定下来，于是通过巧妙地向教皇展示了几件菲利波的小作品，就成功帮他获得了教皇特许他结婚的恩赐。

菲利波的好色已经在佛罗伦萨给科西莫招来了好多麻烦。每当有不可抑制的欲念袭来时，菲利波就无法专心创作。他曾经无数次溜出在美第奇宫的工作室，急匆匆地穿过花园，消失在拉尔加街上，天知道去什么地方找女人了。最终，习惯于要求艺术家在规定时间以商定的价格完成作品的科西莫忍不住把菲利波锁在屋子里，并告诉他不完成画作就不许出来。菲利波于是找了把剪刀，把床单全剪成布条系成绳子，顺着它爬下楼逃走了。菲利波被找到后在科西莫的劝说下同意回来工作，这令科西莫感到十分欣慰，并"下定决心今后只靠感情和善意留住菲利波，许可他自由出入"。在那之后人们经常会听到科西莫说，对待艺术家应当充满尊重，而不应如那时期很多出资人一样视他们为雇佣工。

有一位艺术家是让人无法不敬重的，他就是常被称为安杰利科（Fra Angelico）的乔瓦尼·达·菲耶索莱（Giovanni da Fiesole）。这个矮小的修道士受雇于科西莫创作了圣马可教堂会规室、回廊和走廊墙壁上的壁画。安杰利科1387年出生在穆杰洛的维基奥（Vicchio），被取名为圭多（Guido）。后来他成为菲耶索莱的圣多梅尼科修道院（San Domenico）的教士时，改名为乔瓦尼。他在科尔托纳（Cortona）待过一段时间，并为那里的多明我会修道院创作了壁画。1418年他回到菲耶索莱，但直到1436年年近五十岁的时候，他才回到佛罗伦萨并接受科西莫的邀请重拾画笔。从此以后，科西莫对他的作品

94

大为关注，给了他"许多关于《耶稣受难像》（*The Crucifixion*）①
这幅画细节方面的帮助和建议"。这幅画是为会规室创作的，
美第奇专属房间的壁画主题则是《贤士来朝》（*Adoration of the
Magi*），描绘的是贤士将王冠置于伯利恒马槽的事迹，科西莫
喜欢"时刻看着这幅壁画，以贤士为榜样指导身为统治者的
自己"。②

　　每天清晨，在开始创作《耶稣受难像》以及后来其他宗
教主题的作品之前，安杰利科都会跪地祈祷。每当描绘耶稣基
督受难于十字架上的画面时，他都会特别激动，以至于泪水夺
眶而出，沿着面颊不断淌下。他是最淳朴、最诚实、最神圣的
人。其他修道士从未见过他发怒。科西莫曾经说："每个画家
都是在画自己。"看看安杰利科作品中那些人物的脸庞和神
情，你无法质疑这个说法的正确性。

95　　　安杰利科在 1455 年去世。他死后，科西莫的健康状况每
况愈下。严重的关节炎和痛风让他几乎丧失了行动能力，哪怕
是在家里转转也要靠仆人抬着才行。有时走到接近门廊的地方
他还会大声叫喊，好像忍受着极大的痛苦似的。一次，妻子问
他："你为什么要这样叫喊？"科西莫竟然答道："什么也不
为。要是真有事情发生了，叫也没有用。"

　　随着年龄增长，科西莫变得越来越喜欢讽刺，越来越惜字

---

① 安杰利科的《耶稣受难像》收藏在圣马可教堂的会规室里。回廊另一面
　的圣马可博物馆里面有圣马可的主祭坛，还有科西莫的守护神科斯马斯
　和达米安跪在地毯上。
② 圣马可所有的房间都是由安杰利科及其助手负责装饰的。安杰利科的
　《圣母领报》被放置在通向宿舍走廊的楼梯顶端。

如金，也越来越刻薄。据说有一次他的老朋友大主教向他请教采取什么措施才能把修道士赌博定为违法行为，科西莫不无讽刺地回答说："最好先禁止他们玩灌铅的骰子。"来佛罗伦萨的访客都会发现他形容枯槁、疾病缠身并闷闷不乐，因为在他身体状况衰退的晚年里，科西莫确实遇到了不少伤心事。他的大儿子皮耶罗此时已经四十岁了，一直体弱多病，人们甚至怀疑他活不过自己的父亲。正因如此，科西莫一直把所有的希望都寄托在他偏爱的二儿子乔瓦尼身上，也就是那个让米开罗佐在菲耶索莱的峭壁上修建美第奇别墅的人。

1458 年别墅开工时，乔瓦尼只有 37 岁，是个精明能干、开朗愉悦的人。他的样貌称得上丑陋，有一个美第奇家族典型的大鼻子，眉毛之间还有一个大肿块，皮肤上布满了湿疹。乔瓦尼沉迷于女色和美食，身材肥胖。他很懂绘画，也热爱音乐，尤其喜欢听一个叫布尔基耶洛（Burchiello）的佛罗伦萨理发师讲的下流笑话，哪怕是在布尔基耶洛将其讽刺矛头转向了美第奇家族之后，乔瓦尼还不忘在去彼得罗洛（Pietrolo）接受硫黄浴治疗时邀请他来为自己讲笑话。乔瓦尼心宽体胖、无忧无虑，但他一直都是一个尽职尽责的公民和精明能干的生意人。乔瓦尼是他父亲一手培养出来的，在银行总经理乔瓦尼·达·梅里戈·本奇去世之后，在银行生意问题上，他更是越来越受父亲的倚重。

乔瓦尼在费拉拉分行工作过一段时间，在 1454 年当选过执政官，后来又多年作为佛罗伦萨在教廷的大使，不过任大使时他似乎把大部分时间都用在和更世俗化的主教们一起吃吃喝喝上了。乔瓦尼也和他父亲一样从威尼斯买了一个切尔克斯女奴，她"容貌姣好，十七八岁……有一头乌黑的秀发和精致的五官，还聪明伶俐"。不过，乔瓦尼显然也很迷恋自己的妻

96

子吉内夫拉·德利·阿尔比奇（Ginevra degli Albizzi），并且十分喜爱他们唯一的儿子科西米诺（Cosimino）。科西莫也非常疼爱这个小男孩。同一时期生活在费拉拉的洛多维科·卡博内（Lodovico Carbone）讲过这样一件事：有一天，科西莫正在与卢卡大使代表团探讨国家大事，科西米诺拿着一把树枝走进来，打断了大人的谈话，让祖父给他做一个哨子。让代表团烦扰的是，科西莫真的马上中止了会议去帮小男孩儿做哨子，而且是直到把哨子做得完全符合他的心意才回来。代表团主席在被通知继续开会时认为有必要对科西莫提出抗议："先生，我不得不说，对于您的行为我们感到无比震惊，我们代表我们的民众来和您商讨国家大事，而您竟然抛下正事去陪一个孩子。"

"哦，大使阁下，"科西莫伸手搂住大使的肩膀，不带一丝窘意地回答道，"难道您本人不是一位父亲和祖父吗？我去做哨子您完全不应惊讶。幸好我孙子没让我给他吹上一段呢，因为如果他要求，我肯定也会照办的。"

但是，让这位祖父陷入无尽悲伤的是，他疼爱的小孙子在1461年过六岁生日之前不幸夭折了。仅仅两年之后，一直拒绝节食减肥的乔瓦尼也因突发心脏病去世。科西莫再也没能从这些打击中恢复过来。每当仆人抬着他经过美第奇宫宽敞的房间时——在他事业的顶峰时期，这里曾经住着五十多人——他们都会听到科西莫低声哀叹："房子这么大，家人却一个个离我而去了。"在卡雷吉的别墅里，科西莫会独自静坐数小时。妻子问他为什么要一个人待着，跟谁都不说话。"我们以前要出远门的时候，你总会提前两个星期就开始做准备，"科西莫回答道，"所以，现在我就要去另一个世界了，你难道不明白我有多少事情需要考虑吗?"还有一次,妻子问他为什么静坐的时候一直闭着眼睛,科西莫回答得更加简短和消极,他说:"是为了适应永远地闭上。"

1464 年初夏,弗朗切斯科·斯福尔扎在佛罗伦萨的使者尼科代莫·特兰凯迪尼前去拜访科西莫。尼科代莫·特兰凯迪尼过去常常来美第奇宫,有一次刚巧遇到科西莫和他的两个儿子同时卧病在床,都因痛风的困扰而变得脾气暴躁。而如今再看到科西莫的时候,他已经不再易怒,而是身心俱疲,甚至是彻底绝望了。除了痛风和关节炎之外,他还要忍受"因小便不畅而引起的持续发热"。科西莫对访客说:"我的尼科代莫啊,我再也忍受不了了。我能感觉到生命正在消逝,我已经准备好离开人世了。"两个月后的 8 月 1 日,科西莫去世了,享年 76 岁。在去世的前几天,他坚持要离开病床,穿上最正式的衣服,到圣洛伦佐教堂向院长忏悔。科西莫"还请院长做了弥撒",儿子皮耶罗告诉他的两个孙子说:

> 他表现得好像完全健康似的。让他阐明信仰时,他逐字逐句地念诵了教义并重复了自己的忏悔,最后接受了圣餐。在整个过程中他都全神贯注,最先祈求的就是所有他错待过的人的原谅。

科西莫知道,对待有些人他太过严苛了。但是他如果仁慈一些,宽容一些,就永远不会获得他所拥有的这些权力和财富。他从来不认为允许那些在 1434 年被执政团驱逐出境的对手们回到佛罗伦萨是什么明智之举;他在面对威胁自己家族的敌人时也从来不会手软;他还一直小心确保家族成员和朋友都被安排到报酬丰厚又风光荣耀的位置上，而敌人则不能有半点机会。但是，对于佛罗伦萨人来说，对于那些深受他的恩惠、感激他为这个城市所做的贡献的人来说，他是值得尊敬的，他的去世是沉痛的，他的慷慨、政治敏感和繁多而广泛的成就都是被人们称颂的。作为他的朋友，韦斯帕夏诺·达·比斯蒂奇这样描写科西莫：他的渊博知识、良好品位和多才多艺绝对是卓越非凡的。

> 当旁听了某个学者的讲座后，他会给他们写信探讨相关的问题；在和神学家相处时，他也能对神学问题品评一番；他在研究任何一个学科时都充满兴趣，对哲学也是如此。占星家发现他对占星学颇为了解，因为他对此坚信不疑，并运用占星学指导个人生活。音乐家同样能够感受到他对音乐的精通，音乐也总能给他带来巨大的乐趣。雕塑和绘画更是他最了解的两种艺术，他向来偏爱有才华的工匠。在建筑方面，他算得上一位完美的评判家，没有哪一处重要的公共建筑是不考虑他的意见和建议就开工或完成的。

98

几年前，还不是执政团成员的科西莫被执政团描述为"共和国领袖"（*Capo della Repubblica*）；此时执政团正式通过了授予他"国父"（*Pater Patriae*）称号的法令，并下令将这一称号刻在他的墓碑之上。另一个曾经获得这一称号的人是西塞罗。

人们本想为科西莫建造宏伟的墓葬，至少要像他的家族为教皇约翰二十三世在洗礼堂中建造的那样。但是，科西莫在临终之时要求他的葬礼不需要任何"浮华的仪式"。

科西莫的父亲临终时也做了类似要求，不过它们被忽略了。乔瓦尼·迪·比奇·德·美第奇的遗体被放在敞开的棺材里抬到圣洛伦佐大教堂，一路上他的儿子们和28名美第奇家族成员跟随着，还有大批的外国使臣和佛罗伦萨官员。遗体最终被葬在老圣器收藏室中心的墓室中，其豪华程度绝对超过了乔瓦尼本人的期望。① 科西莫的葬礼相对低调，但足够壮观。圣洛伦佐教堂的大殿里点燃了繁星般的蜡烛，烦琐而庄严的仪式之后，科西莫的遗体被埋在了圣坛尽头的大理石纪念碑下，纪念碑顶上有蛇纹石和斑岩装饰，还刻有美第奇家族的盾徽。由于圣洛伦佐教堂是圣安布罗斯的教堂，而且圣坛下供奉着很多殉道者的遗骨，所以教堂规定不得有遗体葬在纪念碑下方的中殿里。于是遗体被安葬在地下墓穴中，但是为了将墓穴和蛇纹石、斑岩纪念碑连接起来，二者中间又修建了一个8英尺见方的巨型石柱。柱子上刻着"皮耶罗谨以此柱纪念他的父亲"。②

---

① 乔瓦尼·迪·比奇·德·美第奇在圣洛伦佐教堂老圣器收藏室中的石棺是由安德烈亚·卡瓦尔坎蒂·布贾诺（Andrea Cavalcanti Buggiano）制作的。石棺上面的大理石上有代表美第奇家族的七颗红球。

② 在圣洛伦佐教堂的高坛上有科西莫的大理石纪念碑，也是那里唯一竖立的纪念碑。由韦罗基奥设计，上面的碑文如下：

> 这里安葬的是
> 科西莫·美第奇
> 依公共法令
> 尊称其为国父
> 享年
> 75岁3个月零20天

第二部分

1464 ～ 1492

第八章　痛风病人皮耶罗

"只要是为了购买珍贵或稀有的物件，

他从来不在乎价钱"

皮耶罗成为美第奇一家之长时已经 48 岁。成年初期就伴随 101
他的不健康状态让他有了"痛风病人"（*il Gottoso*）这个绰号。
这也是为什么他不能像一个美第奇财富继承人被期望的那样活
跃于家族生意或佛罗伦萨国事中。不过，皮耶罗在 1448 年当
选过执政官，也做过佛罗伦萨驻米兰、威尼斯和巴黎的大使。
到 1461 年，他还当选首席执政官，也是美第奇家族中最后一
个担任这一职位的成员。

皮耶罗的眼皮下垂，总是一副无精打采的样子，脖子上还
有腺体肿块。尽管如此，他还是比弟弟乔瓦尼好看一些。他有
一个坚毅的下巴和薄而紧绷的嘴唇，这显示出他长期忍受痛风
和关节痛折磨以及湿疹侵扰的坚毅性格。事实上，皮耶罗的本
性并不是他受慢性病折磨时所表现出来的暴躁易怒。他是个体
贴、有耐心、有礼貌的人。有的人认为他的举止过于冷淡，质
疑他拥有像他父亲一样统治佛罗伦萨的权威，但真正了解他的
人都觉得他是可敬可爱的。

在银行业务方面，他虽然没有父亲那样的天分，但是非
常严谨并讲究方法和系统。对于父亲葬礼的花销，皮耶罗秉
承了一贯的细致入微，比如选择哪一种弥撒，给家族里的女
眷们多少黑色布料做面纱和手帕，花多少钱给仆人和奴隶们 102

做服丧衣物以及买多少蜡烛等。这种对细节和质量的关注使他具备了成为一个优秀外交家的素质。事实上，他在法国的时候，法国国王路易十一（Louis XI）和他交情极深，以至于皮耶罗刚成为美第奇一家之长，路易十一就许可他用瓦卢瓦王朝（House of Valois）的三支百合标志装饰美第奇盾徽上的一个小球。

　　大部分佛罗伦萨人都已准备好给予皮耶罗像给予他父亲一样的权力和尊重，其中部分是缘于他的妻子及他们5个健康美丽的孩子。卢克雷齐娅·托尔纳博尼（Lucrezia Tornabuoni）是一位非凡的女性，她充满魅力、生气勃勃，有坚定的宗教信仰并且多才多艺。她原本的家族姓氏是托尔纳昆齐（Tornaquinci），是个贵族，但为了规避贵族出身所带来的限制，他们不仅把姓氏改了，把家族纹饰换了，连贵族的自负也抛弃了。唯一不变的是，他们依然富有。这个家族的宫殿气势恢宏，位于当时佛罗伦萨最主要的大街上。在圣玛丽亚诺韦拉修道院唱诗班席位上，由多梅尼科·比戈尔迪·基兰达约（Domenico Bigordi Ghirlandaio）创作的描绘施洗者圣约翰和圣母生活场景的美丽壁画就是由托尔纳博尼家资助的。①

　　卢克雷齐娅不仅是艺术的资助者，也是一位能力出众的诗人。她最大的兴趣是神学，所以其大多数诗文也都是赞美诗或是改编自圣经的韵文。她的作品表现出这类创作中少见的深沉情感和极高的文学性。不过，无论是经文改编还是文学兴趣都没有妨碍她成为一名广受爱戴的妻子和母亲。她的丈夫、孩子

---

　　① 在圣玛丽亚诺韦拉的马焦雷礼拜堂有基兰达约的壁画，资助者托尔纳博尼家族的女儿卢克雷齐娅·托尔纳博尼也被画进了《施洗者的诞生》（Birth of the Baptist）这幅画中，就是右数第三位女性人物。

们以及公公都非常爱她。

卢克雷齐娅有三个女儿，她们是玛丽亚、比安卡和通常被唤作南妮娜（Nannina）的卢克雷齐娅。她们后来都嫁入了门当户对的大家族。玛丽亚嫁给了莱奥佩托·罗西（Leopetto Rossi），比安卡嫁给了古列尔莫·德·帕奇（Guglielmo de'Pazzi），卢克雷齐娅嫁给了有学问的贝尔纳多·鲁切拉伊（Bernardo Rucellai）。卢克雷齐娅的两个儿子分别是哥哥洛伦佐和弟弟朱利亚诺（Giuliano）。在祖父去世时，他们分别是15岁和11岁，但是已经可以预见将来都会成为优秀杰出的男人。

洛伦佐很早就显示出了过人的天赋。虽然他没有父亲和弟弟那样在美第奇家族中少见的俊朗外表，但是他枯黄的脸色和不规则的五官充满力量、引人注目。虽然动作总是有些突兀和不雅，但是他高大强壮、身形矫健。洛伦佐从小接受了全面深入的教育。他的启蒙老师是拉丁语学者和外交家真蒂利·贝奇（Gentile Becchi），后来换成了亚里士多德著作的翻译者和但丁作品评论家克里斯托弗罗·兰迪诺（Cristoforo Landino），还有祖父科西莫的追随者和朋友马尔西利奥·菲奇诺，洛伦佐的父亲皮耶罗在科西莫去世后也一直向他支付津贴。洛伦佐15岁时已经被委任了各种会令其他同龄孩子感到恐惧的重任。他曾带着外交任务被派往比萨会见那不勒斯国王费兰特（Ferrante）的二儿子费代里戈（Federigo）；代表父亲前往米兰出席国王费兰特长子与弗朗切斯科·斯福尔扎的女儿伊波利塔（Ippolita Sforza）的婚礼；到博洛尼亚与市民领袖乔瓦尼·本蒂沃利奥（Giovanni Bentivoglio）会谈；到威尼斯接受总督的召见；到费拉拉与埃斯特（Este）家族相处；到那不勒斯拜见

103

国王费兰特。1466 年，洛伦佐去罗马参加新教皇保罗二世
（Paul Ⅱ）的就职典礼，并和他商讨了托尔法的矾矿合同问
题；同时为了弥补他所接受的人文主义教育在商业研究上的欠
缺，他还趁此机会同罗马分行经理乔瓦尼·托尔纳博尼
（Giovanni Tornabuoni），也就是他的舅舅，讨论了银行业务。
他在罗马期间收到了父亲的一封信，而信件内容完全像是写给
一位经验丰富的外交家的。

　　在佛罗伦萨的美第奇支持者看来，皮耶罗本人其实和洛伦
佐一样需要别人的帮助和建议。自科西莫去世后，野心勃勃、
善于逢迎、花言巧语的卢卡·皮蒂就一心想要在佛罗伦萨获得
与他的才华相称的权力和影响力。他认为皮耶罗完全不配成为
伟大的科西莫的接班人。持同样看法的还有杰出的外交家、科
西莫以前的朋友，驻法国大使阿尼奥洛·阿恰尤奥利。在科西
莫生命的最后几年中，阿尼奥洛·阿恰尤奥利不断批评美第奇
家族，认为高龄折损了科西莫的能力，就如疾病影响了他儿子
104 的能力一样，他们"胆小懦弱，哪怕能招来一丁点儿麻烦或
担忧的事也要尽力避免"。这两个人对美第奇家族的攻击越来
越公开化之后，佛罗伦萨大主教的兄弟迪奥蒂萨尔维·内罗尼
（Diotisalvi Neroni）也加入了他们的行列。迪奥蒂萨尔维·内
罗尼曾经是佛罗伦萨第一个常驻威尼斯的大使，后来还做过驻
米兰大使。这三个人组成了一个强大的反美第奇家族阵营，
而且随着时间的推移，佛罗伦萨渐渐被分化成两大阵营：高
山派和平原派。高山派是卢卡·皮蒂的支持者，因为他在维
奇奥桥另一侧的奥尔特拉诺（Oltrarno）高地上建造的宏伟宫
殿此时已经接近完工；平原派则是仍然忠诚于美第奇家族的
一派，因为美第奇家族是位于低地拉尔加街上美第奇宫的主

人。高山派后来又获得了商人阶层的大力支持，起因是皮耶罗为了了解"自己站在多深的水里"，下令彻查自己的银行业务，之后的报告让他十分担心，以至于错误地追缴了一些他父亲科西莫授意忽略的欠款，虽然他已经尽其所能地帮助了几个受冲击最大的人，但由此而来的一连串破产自然都被归罪到了皮耶罗头上。尽管如此，高山派此时还没有强大到把皮耶罗赶走，就像四十几年前把科西莫驱逐出佛罗伦萨一样。直到一个更有活力、更有决心的美第奇反对者加入之后，局势才发生了变化。

这个高山派最强有力的加盟者就是尼科洛·索代里尼（Niccolo Soderini），他是个演说家，出身于佛罗伦萨最古老、最荣耀的家族之一。索代里尼激烈地抨击选举官制度，因为美第奇家族就是通过这种办法让自己的朋友和支持者都成为执政官的。索代里尼积极鼓吹恢复共和国早期采用的抽签办法，他的理想主义和雄辩最终获得了胜利。选举官制度被废止了，紧接着在1465年11月的选举中，尼科洛·索代里尼被选为首席执政官。他在成群支持者的簇拥下入主市政厅，还有人将一个橄榄叶做成的花环戴在他的头上。

不过除了这次得意扬扬的入职典礼，索代里尼的首席执政官任期称得上虎头蛇尾，令他颜面扫地。他承诺并积极推动的改革引发了委员会的反感，他们对此全无兴趣并将其搁置一旁。到了1466年1月，这批执政官短暂的任期结束，沮丧地离开了市政厅，还有人嘲讽地在那里贴了张标语，上面写着"九个傻子滚出去"。索代里尼回到自己的住处，此时的他已经如皮蒂、阿恰尤奥利和内罗尼一样深刻地意识到，想要战胜美第奇家族，唯有武装起义这一条道路了。

几周过去了，美第奇的敌人们并没有采取什么行动。然而在3月8日这一天，美第奇伟大的盟友弗朗切斯科·斯福尔扎在米兰去世了。斯福尔扎有好几个儿子，其中年纪最大的加莱亚佐·玛丽亚（Galeazzo Maria）是一个喜怒无常、品位怪异并且举止反常的年轻人。不过皮耶罗仍然坚称，与米兰的盟友关系对佛罗伦萨未来的繁荣至关重要。相反，高山派则坚持认为佛罗伦萨应当重新与老朋友威尼斯结盟。正是在对这个问题的争论中，一场政变悄然酝酿起来。

皮蒂、索代里尼和他们的朋友们暗中与威尼斯人接洽，请求他们协助将美第奇赶出佛罗伦萨。他们还向费拉拉的大公、友善但好卖弄的博尔索·德·埃斯特（Borso d'Este）发出邀请，后者最近刚刚在费拉拉最主要的广场上竖立了一尊自己的雕像。博尔索·德·埃斯特同意提供帮助，他让自己的兄弟埃尔克莱（Ercole）带领军队穿过边界向佛罗伦萨进发。这支军队主要负责攻打佛罗伦萨，而其他力量则负责抓捕皮耶罗和他的两个儿子，然后随便给他们安个方便的罪名就马上处决。到了8月，实施这一计划的机会终于来了：皮耶罗因为生病，坐着轿子离开佛罗伦萨去卡雷吉的别墅休养了。

皮耶罗刚到卡雷吉，就有信使送信，说他的朋友、博洛尼亚的乔瓦尼·本蒂沃利奥警告他有危险迫近。皮耶罗马上命令仆人扶他下床并抬着他赶回佛罗伦萨，同时他还让洛伦佐先行一步为回归佛罗伦萨做好准备。洛伦佐一路策马飞奔，在回城的路上，发现有一些全副武装的叛乱者游荡在大主教的别墅附近。幸好没有被叛乱者认出，洛伦佐才得以通

过。刚走出那些人的视线范围，洛伦佐就立刻派人掉头回去 106
给父亲送信，让他选择另一条鲜有人经过的小路回佛罗
伦萨。

8月27日下午在佛罗伦萨，美第奇一家的突然出现让叛
乱的领导者惊慌失措，立刻就丧失了胆量。卢卡·皮蒂马上来
到美第奇宫乞求皮耶罗的原谅，并发誓以后要与美第奇家族
"同生共死"；另外几个集结了武装支持者的人，却不知道下
一步要怎么办。与他们形成鲜明对比的是，此时的皮耶罗看起
来胸有成竹，一切尽在掌控之中。他先是召集了自己的武装力
量，然后向米兰派出信使请求帮助，同时着手准备即将在9月
2日举行的新一届由美第奇家族坚定的支持者组成的执政团的
就职典礼。

这次的执政团是遵照美第奇的倡议，召集市民议会后选举
出来的。几百名对美第奇怀有好感的市民进入由三千名士兵列
队守卫的广场上，洛伦佐骑着马在中间往来巡视。议会同意组
建最高司法委员会，这场风波就这么结束了。共和行动失败
了，美第奇家族的权力却得到了巩固。

索代里尼、内罗尼和阿恰尤奥利都被驱逐出了佛罗伦萨。
年事已高、颜面扫地的卢卡·皮蒂因为投降而被免于处罚。考
虑到他曾是科西莫的朋友，美第奇希望他能够重新与自己结
盟，这一期望后来也的确实现了。卢卡·皮蒂的女儿嫁给了乔
瓦尼·托尔纳博尼，也就是皮耶罗的妻子卢克雷齐娅的一个近
亲。然而，即便是被流放到了威尼斯，卢卡·皮蒂的两个同谋
内罗尼和索代里尼仍然在策划着反对美第奇的阴谋。他们成功
说服了那里的总督和议会，让他们相信在佛罗伦萨城内，反对
美第奇家族的呼声高涨，只要威尼斯派军队攻打佛罗伦萨，城

里的反美第奇阵营就会揭竿而起、配合威尼斯军队。带着这样的认识，1467 年 5 月，著名的雇佣军指挥官巴尔托罗梅奥·科莱奥尼（Bartolommeo Colleoni）被任命为威尼斯共和国终身大将军，受雇带兵向托斯卡纳地区进发；然而这个巴尔托罗梅奥·科莱奥尼曾两次弃威尼斯于不顾，选择为米兰而战。皮耶罗这一次的反应依然很快，他召集了米兰和那不勒斯的援军，同时集结了佛罗伦萨的军队来阻截科莱奥尼的进发。佛罗伦萨的雇佣兵在伊莫拉这个小邦国的地域内与威尼斯军队相遇，果断地将他们打败了。皮耶罗对佛罗伦萨政府的控制自此彻底稳固了。

107

皮耶罗在保护自己家族不受佛罗伦萨城内敌人的危害和保护自己的城市不受外来入侵的同时，还延续了美第奇家族慷慨大方的传统。他出资打造了圣米尼亚托教堂里为摆放十字架受难像的精致神龛。① 他为圣母领报大教堂制作的神龛更加华丽，底座上甚至刻有虚荣的铭文："光这块大理石就花了四千弗罗林币。"② 与此同时，他还为父亲的古币收藏增添了无数的新藏品，为美第奇藏书室购买了大量稀有手稿，并且将许多手稿重新抄写并配上精美的插图。有人对安东尼奥·阿韦利

---

① 圣米尼亚托主教堂的十字架神龛是为圣乔瓦尼·瓜尔贝托（San Giovanni Gualberto）的十字架制作的。他在圣三一教堂的小教堂是由卡奇尼设计的。毛织业行会负责圣米尼亚托主教堂的维护和装饰，并同意在这里修建神龛，前提是只有毛织业行会的标识可以被刻在上面。但是皮耶罗·德·美第奇坚持要把他的盾徽——一只鹰隼抓着刻有美第奇右铭"永恒"的钻戒及三支羽毛——也刻在上面，最终两个盾徽都刻在了上面。

② 圣母领报大教堂的十字架神龛大约在 1450 年制作。就像圣米尼亚托主教堂的神龛一样，也是为皮耶罗设计的，设计者很可能是米开罗佐。

诺·菲拉雷特（Antonio Averlino Filarete）说，皮耶罗会花几个小时来看这些书，翻书页时都十分小心，"好像那是一摞黄金"：

> 第一天，皮耶罗觉得看看这些书就会让他愉悦，目光扫过一个个书卷，任时间流逝，对眼睛而言都是一种享受。第二天，他想看看自己收藏的那些古代君王和杰出人物的雕像，有的雕像是用金子制成的，有的是用银子，有的是用铜，还有的是用宝石、大理石或者其他任何值得赏玩的珍贵材质……第三天，他又会想要看看数量巨大、价值连城的珠宝和宝石，有些刻了图案，有些没有。他特别喜欢一边赏玩宝贝，一边谈论它们各自的精彩之处。再过一天，他可能又会去欣赏金质、银质或其他什么宝贵材料制成的花瓶，并且赞赏它们极高的价值和制作者精良的工艺。总而言之，只要是购买珍贵或稀有的物件，他从来不在乎价钱。

和他的父亲一样，皮耶罗希望艺术家们把他看作出资人和朋友。安东尼奥·阿韦利诺·菲拉雷特还写道：科西莫在多纳泰罗的创作活跃期"授予了他许多荣耀和无穷的酬劳"，皮耶罗在这位雕塑家年老之后以及去世之时，依然供养他的生活并尊重他的遗愿。多纳泰罗的最后一个愿望就是被安葬在圣洛伦佐教堂里靠近科西莫的地方。皮耶罗答应会完成他的心愿，并且承担了葬礼及将他葬在科西莫旁边墓穴的全部费用。多纳泰罗的棺材被抬到教堂下葬时，美第奇家族和成千上万悲恸的佛罗伦萨市民都来送他最后一程。

108

　　在长长的送葬队伍里，还包括很多为皮耶罗工作的或即将为他工作的艺术家。其中卢卡·德拉·罗比亚（Luca della Robbia）很快将被选为雕塑家行会的主席。卢卡出生于 1400 年，1428 年为大教堂完成的优美的唱诗班唱台（singing-gallery）已经为他赢得了持久的赞誉。① 随后他又受执政团的雇佣来完成由乔托和安德烈亚·皮萨诺开启的钟楼北面的浮雕系列。② 皮耶罗还让他为自己制作了一些椭圆形的陶土浮雕，悬挂在美第奇宫书房的墙面上，此外还有一些铺地的地砖。这些物件都"新颖独特并且很适合夏天"。③

　　去圣洛伦佐教堂的送葬队伍中还有一位老艺术家，他就是当时已经 69 岁的保罗·迪·多尼（Paolo di Doni）。他也是佛罗伦萨人，害羞内向、沉默寡言，但是一位对动物，特别是鸟类，充满热情的艺术家。他房间里到处都是鸟类的图画，所以他也得了个绰号"乌切洛"（Uccello，在意大利语中是"鸟"的意思）。他有几幅用蛋彩画颜料创作的鸟类和其他动物的图画就被美第奇买走，挂在了美第奇宫的墙上。在多纳泰罗去世前几年，皮耶罗还曾邀请乌切洛创作以圣罗马诺（San Romano）溃败为主题的三版画，来纪念 1432 年阿尔比奇家族

---

① 卢卡·德拉·罗比亚的《唱诗班唱台》现在被陈列在大教堂歌剧博物馆（Museo dell'Opera del Duomo）（主教堂广场 9 号）。多纳泰罗的作品也在这里展出。它们都是在 1688 年被从大教堂里移出来的，目的是大公王子费尔迪南多和公主维奥兰特·贝亚特丽切在此举行婚礼时能有空间容纳下更多的歌手。

② 钟楼是从十四世纪三十年代开始修建，当时乔托是大教堂建造工程的总指挥（Capomaestro）。卢卡·德拉·罗比亚的浅浮雕是在十五世纪三十年代完成的。

③ 卢卡·德拉·罗比亚的釉面陶砖是为装饰皮耶罗·德·美第奇的书房而设计的，其中一部分现在陈列于伦敦的维多利亚和阿尔伯特博物馆。

统治时期佛罗伦萨打败锡耶纳的历史。在这幅画中，马似乎主导了作战行动。后来这幅画被挂在了洛伦佐的卧室中。紧挨着它的是乌切洛的另外两幅作品，一幅描绘了巴黎传奇中的场景，另一幅画的是狮子与龙在争斗。①

《罗马诺之战》完成后不久，皮耶罗就又为美第奇宫向另一位佛罗伦萨艺术家订制了三幅大型画作。这位艺术家就是安东尼奥·迪·雅各博·本奇（Antonio di Jacobo Benci），因为他的父亲是个鸟贩子，所以他也被称为波拉尤奥洛（Pollaiuolo，在意大利语中有"鸡舍"的意思）。波拉尤奥洛既是雕塑家、雕刻家、珠宝和珐琅商人，也是一位画家。他向皮耶罗毛遂自荐，展示了自己精湛的人体画技艺。这种技艺是他长时间解剖观察尸体获得的。皮耶罗向他订购了《赫拉克勒斯的苦差》（*Labours of Hercules*）中的两幅，分别是斩杀尼密阿巨狮和摧毁勒拿九头蛇，此外还有一幅描写后来赫拉克勒斯击败利比亚巨人安泰俄斯的作品。② 赫拉克勒斯正是执政团印章上的图案，他象征着勇气。这些图画中的赫拉克勒斯被描绘得"英勇无畏"，与其说是希腊神话中的天神，倒不如说是一名穿着闪光铠甲的古代战士。

109

如何用古典神话故事来赞颂佛罗伦萨及其统治者的美德与

---

① 乌切洛的三幅铜版画《圣罗马诺的溃败》散落到了各处。一幅在乌菲齐美术馆，一幅在罗浮宫，第三幅在伦敦的国家美术馆。伦敦的这幅画描绘的佛罗伦萨指挥官就是尼科洛·达·托伦蒂诺。他在主教堂广场的衣冠冢由安德烈亚·德尔·卡斯塔尼奥（Andrea del Castagno）设计建造。在它旁边的另一个衣冠冢是纪念英国雇佣军首领约翰·霍克伍德（John Hawkwood）的，由乌切洛设计建造。

② 波拉尤奥洛的《赫拉克勒斯的苦差》现展于乌菲齐美术馆。他的《赫拉克勒斯和安泰俄斯》（*Hercules and Antaeus*）展于巴杰罗国家博物馆。

成就？在这一问题上没有哪个艺术家比亚历山德罗·迪·马里亚诺·菲利佩皮（Alessandro di Mariano Filipepi），也被称为波提切利（Botticelli），更契合皮耶罗的想法了。多纳泰罗去世时，波提切利只有 22 岁。他父亲是佛罗伦萨的一位皮革商人，在新镇的圣人街上（Via Nuova Borg'Ognissanti）经营着一家生意清淡的小店。他的哥哥以加工画框上的金箔（batiloro）为生，并且替代父亲承担了抚养波提切利的责任。波提切利从小体弱多病，波提切利这一昵称（意思是小木桶）可能来源于他的哥哥。波提切利离开学校后，做过菲利波·利比的学徒，但是没多久他就应邀住进美第奇宫了。在那里，皮耶罗和卢克雷齐娅像家人一样对待他。多纳泰罗去世后不久，波提切利完成了《圣母颂》（Madonna of the Magnificat）这幅画。画中他把美第奇家的两个儿子都描画成了跪在圣母面前的天使。朱利亚诺有天使一般的面容和浓密卷曲的迷人秀发，还有一缕正好垂下来挡住了他的眉毛；洛伦佐则略显黝黑，他只比画家小 5 岁，侧面、阴影的描绘手法让他的形象更加理想化。①

《三贤士朝圣》（Adoration of the Magi）是波提切利为美第奇家创作的另一幅家庭群像，同样采取了文艺复兴时期艺术家所推崇的以宗教主题表现世俗人物的方法。这幅画中的洛伦佐——如果我们接受传统鉴定的话——被安排在明亮的光线下，而不再遮遮掩掩。这幅画是皮耶罗的朋友瓜斯帕尔·迪·扎诺比·德尔·拉马（Guaspare di Zanobi del Lama）为圣玛丽亚诺韦拉教堂绘制的，可能也是为感恩美第奇家族躲过 1466

① 波提切利的《圣母颂》现展于乌菲齐美术馆。

年阴谋、避免暗杀或流放之灾。① 虽然家族中的其他成员似乎占据了更重要的位置，但是这幅画看起来显然是在向洛伦佐致敬。就如波提切利后来为商业行会委员会（Arte *della* *Mercanzia*）创作的《坚韧》（*Fortitude*）一样，那幅画其实也更像是致敬皮耶罗的。

　　《坚韧》是商业行会为他们的大厅订制的六幅版画之一，代表慈善、公正、信仰、节制和坚韧的美德。起初打算请安东尼奥·波拉尤奥洛的弟弟皮耶罗来画，但是皮耶罗·德·美第奇怂恿托马索·索代里尼（Tommaso Soderini）说服了委员会里的同事们至少让波提切利完成其中一幅。波提切利于是创作了这幅被认为暗喻了他的朋友和资助者坚毅的性格的画作。②

　　波提切利完成作品后不久，另一位艺术家又开始在美第奇宫一层的小教堂设计壁画。这位艺术家名叫贝诺佐·戈佐利，也是佛罗伦萨人，曾经在吉贝尔蒂的领导下协助建造洗礼堂的铜制大门，后来又做了安杰利科的助手。贝诺佐·戈佐利在美第奇教堂里没日没夜地工作了数月，渐渐完成了高坛周围墙壁上的壁画。在美第奇的标志图案钻戒和"永恒"（semper）箴言之上有装饰的花边，再上面是两幅巨大的描绘天使庆贺基督诞生的图画，天使们正好可以俯视下方摆在圣坛

110

---

　　① 波提切利的《三贤士朝圣》是为圣玛丽亚诺韦拉创作的圣坛装饰物，现展于乌菲齐美术馆。根据乔焦·瓦萨里的观点，画中将手伸向圣子的脚的国王就是科西莫；穿着白袍跪在旁边的是洛伦佐的弟弟朱利亚诺；在他后面，对"圣子表现出无限喜爱之情"的是科西莫的二儿子乔瓦尼。在画正中前景最显著位置跪着的就是皮耶罗·德·美第奇。而在画面最右侧、穿着橘色袍子的人则是波提切利本人。穿着黑色长袍、肩部有一条红色带子的人物可能是一个理想化的伟大的洛伦佐的画像。
　　② 波提切利的《坚韧》现展于乌菲齐美术馆。

之上的菲利波·利比创作的《圣母与圣子》(*The Virgin Adoring the Child*)。①

教堂主体的墙壁上，戈佐利画了纪念美第奇家族历史的内容，不过是用传说的三贤士去伯利恒的故事表现的，其中一些人物以真蒂莱·达·法布里亚诺为圣三一教堂（Santa Trinita）的奥诺弗里奥·斯特罗齐（Onofrio Strozzi）家族小教堂创作的圣坛装饰物《贤士来朝》(*Adoration of the Magi*) 为原型。②

人们曾经坚定地认为艺术家是为了纪念 1439 年那次让佛罗伦萨成为欧洲文化中心而召开的天主教大会而创作此画，所以将画中三位贤士的原型分别定为：东罗马帝国皇帝约翰·帕莱奥洛古斯——从他特别的长袍、长满络腮胡子的忧郁面容和独一无二的头巾式王冠可以辨别；君士坦丁堡大牧首——神态庄严的白胡子老人，也戴着与众不同的头饰，骑在一匹骡子上；年仅

111　10 岁的美第奇家族继承人洛伦佐·德·美第奇。他穿着盛装，骑在装饰华丽的马背上，马饰上也装点着美第奇家族七个红色小球的纹饰。正是他的祖父让这些伟大的人物从东方来到了佛罗伦萨。然而还有另外一种更有可能的解释是，对皮耶罗而言，这幅画描绘的其实是每年主显节当天在佛罗伦萨的三国王大游行。美第奇家族一直会参加这一活动，1446 年科西莫本人就现身由米开罗佐帮助设计的贤士游行纪念活动。显然很多参加这次盛大游行的人都被戈佐利画到了作品中，他们大多数人戴着当时学者喜欢的平顶圆帽；在国父科西莫的肖像里，他

---

① 菲利波·利比的《圣母与圣子》于 1814 年被移出美第奇家族教堂，现在这幅画在柏林。现在美第奇堂里展示的是内里·迪比奇（Neri di Bicci）临摹的仿品。

② 真蒂莱·达·法布里亚诺的《贤士来朝》现展于乌菲齐美术馆。

也戴着这样的帽子。还有一些留着胡须的来自君士坦丁堡的希腊学者，比如阿尔吉罗波洛斯和查尔康迪拉斯（Chalcondylas），则都受到了美第奇家族的游说并接受了他们的资助而留在佛罗伦萨。在这两人中间，戈佐利画了他自己，这一点毋庸置疑，因为他在画中人物的帽子上大胆写上了自己的名字。在他前面是美第奇家族的其他成员：皮耶罗的小儿子朱利亚诺，有一个黑人举着弓箭走在他前面；国父科西莫，他骑的马上装饰着美第奇家族的纹饰以及他本人三根孔雀羽毛的徽标；科西莫的弟弟洛伦佐，戴着一顶锥形的帽子骑在骡子上；当然还有画家的资助者皮耶罗，就像他在其他画像中表现的那样，依然没有戴帽子。除此之外，画中还有三个漂亮的姑娘坐在马背上，穿着类似的衣服，帽子上插着羽毛，这显然代表着皮耶罗的三个女儿。①

同他预订的其他画作一样，皮耶罗对这幅图画的创作也表现出了浓厚的兴趣。他指示戈佐利把服装画得越艳丽越好。戈佐利同意了他的提议，并提出因需要大量的金色和天青色染料，皮耶罗能否预支工钱。当图画快要完成时，皮耶罗说画中的天使似乎过于突出，但是戈佐利并不认同他的说法：

　　我总共画了两个六翼天使，其中一个遮掩在角落的云　112

---

① 在队列前方穿着蓝色衣服的年轻男子骑着神气的高头大马，马上还有一只豹子，这个人物通常被认为是朱利亚诺·德·美第奇。尽管有人说戈佐利可能是想以取笑的方式展现令人畏惧的、冷酷的卢卡领主卡斯特鲁乔·卡斯特拉卡尼·德利·安泰尔米内利（Castruccio Castracani degli Antelminelli），也是佛罗伦萨在十四世纪最强大的敌人。豹子就是卡斯特拉卡尼的象征。按照那一时代的习惯，戈佐利应描画人们一眼就能想到的象征，而不是直接刻画与真实人物相似的形象。

彩中，只能看到他的翅膀尖端，一点儿也不会喧宾夺主，只会增强图片的美感；而另一个天使则是在圣坛的远端，以同样的方式被云彩遮挡着。鲁贝托·马泰利（Ruberto Martegli）看到这个布局的时候也说完全不会觉得突出。不过，如果您要求修改，我还是会遵照您的意愿，再多画两朵云彩。

皮耶罗可能没有活到壁画完成的那一天。他从 1469 年年初就一直疾病缠身，而人生的最后几个月里也麻烦不断。一些市民冒充他的名义在街上日夜抢掠作恶，并对被他们认定为美第奇反对者的路人施暴并勒索金钱。有人自以为是地认为皮耶罗的病体摧毁了他的意志，也有人将皮耶罗对共和国宪法的尊重误解为软弱可欺。但是皮耶罗又一次展现出了令人意想不到的强大决心，他下令把罪魁祸首带到他的房间，在病榻上斥责了他们的恶行；他还警告他们，如果再出现这种情况，他会把已逐出佛罗伦萨的家族成员都召回来整治他们。这之后，城市里的暴行和掠夺马上就停止了，但是没到这一年年底，皮耶罗就去世了。圣洛伦佐教堂老圣器收藏室中，他被置于他弟弟乔瓦尼的旁边。在他及叔叔的遗体之上，皮耶罗的儿子们放置了斑岩石棺，还装饰了叶形图案，这些都是由多纳泰罗最杰出的学生安德烈亚·德尔·韦罗基奥（Andrea del Verrocchio）为美第奇家族设计的。①

———————————

① 韦罗基奥设计的圣洛伦佐教堂老圣器收藏室中的皮耶罗和乔瓦尼之墓是一座由蛇纹石、铜、斑岩和大理石建造的宏伟建筑，于 1473 年完工。

第九章　年轻的洛伦佐

"天生愉悦的性格"

洛伦佐此时年方二十，身强体壮、英气勃发、天资聪颖，好像有着永远使不完的精力，是美第奇家族杰出的领导者。这个家族从未有过一个像他这样的继承人。洛伦佐有一头顺直、浓密的中分黑发，长及肩膀；他的鼻子扁平，完全没有嗅觉，看起来像被打坏以后没有修复好一样；他宽大的下巴向前突出，使得下嘴唇几乎包住了上嘴唇；他的眉毛又粗又黑，眼球凸出，目光极具洞察力。洛伦佐实在是丑得吓人，连声音也是嘶哑的，带着鼻音，音调很高。不过一旦他开口说话，他的整个表情都鲜活了起来，举止让人着迷，细长的手指有丰富的表达动作，以至于让人忽略了他的缺陷。

他做每一件事都带着一种极具感染性的热情。如马尔西利奥·菲奇诺所言："他有一种天生愉悦的性格。"洛伦佐还对足球（*calcio*）和手球（*palloni*）充满兴趣。当时的足球与现在的足球运动类似，但是一方可以有 27 名队员；当时的手球则是一种在场地内戴着手套玩的球类游戏。洛伦佐还会出去打猎或带鹰行猎。虽然有些五音不全，他却很喜欢唱歌，无论是在饭桌边还是马鞍上都会高歌一曲；他的一个朋友说，有一次洛伦佐又说又唱地走了 30 英里，让所有随行的人都和他一样兴致高昂。洛伦佐唱的大部分歌曲都是他自己创作的，其中不乏一些不堪入耳的淫词浪调。他尤其喜欢听下流、低俗、有性暗示的笑话。他还和那个时代的其他人一样喜欢恶作剧，有些玩笑在后人看来可以说是无情甚至冷酷的。据说有一次，一个无趣又嗜酒的医生喝得烂醉如泥，于是洛伦佐让两个朋友把医生绑了并偷偷送到乡下，关在一个偏远的农舍里，然后散布谣言说这个人已经死了。人们很快便相信了谣言，所以当医生逃脱拘禁跑回家时，他的妻子还以为面前这个面色苍白、衣衫褴褛的人是鬼魂，说什么也不肯让他进门。

然而，洛伦佐的善良和体贴在他的朋友中也是出了名的。他是一个有求必应、重情重义、和蔼可亲（simpatico）的人，善于结交朋友。洛伦佐特别喜欢动物，尤其是马。他的马名叫莫雷洛（Morello），一般由他亲自喂养。每次看到他，莫雷洛都会高兴地嘶叫、跺脚，欢迎主人；要是洛伦佐不能来，莫雷洛会焦躁、忧郁，甚至生病。洛伦佐乐于在乡下骑马打猎，在卡雷吉料理花园，在穆杰洛打理农场；或是养牛放牛，培育参加赛马节（palio）的赛马；抑或在卡雷吉养卡拉布里亚（Calabrian）猪，在波焦阿卡伊阿诺（Poggio a Caiano）养西西里雉鸡、兔子，甚至尝试自制奶酪。但是，洛伦佐同样喜爱他在佛罗伦萨的生活，读书、写作、讨论、研究柏拉图、弹奏七弦竖琴、设计建筑图纸，还会纵情于声色。他是个令人惊讶的全才，而且希望让别人都认识到这一点。不得不承认的是，洛伦佐非常虚荣，争强好胜，要是在竞技或智力项目里输给别人，他会特别生气。

洛伦佐 19 岁的时候，家里人决定给他选定一门亲事。新娘是蒙特罗顿多（Monterotondo）的雅各布·奥尔西尼（Jacopo Orsini）16 岁的女儿，罗马女继承人克拉丽切·奥尔西尼（Clarice Orsini）。洛伦佐的母亲以探望她的两位负责管理美第奇罗马分行的兄弟——乔瓦尼·托尔纳博尼和弗朗切斯科·托尔纳博尼为由，前往罗马了解女方的情况。卢克雷齐娅第一次看到克拉丽切时，她和母亲正走在去圣彼得大教堂的路上。当时克拉丽切披着罗马风格的罩衣（lenzuolo），所以卢克雷齐娅没有看清她的情况，不过觉得"她好像很漂亮、白皙，而且个子很高"。卢克雷齐娅第二次见到克拉丽切时，依然没能如愿看清楚她的身材，"因为罗马女人总是把自己遮掩得很严实"；但是通过对方穿的紧身上衣，她判断她的胸部发育良好，而且有一双"修长而精致"的手。她 115 的脸庞"有点圆，但也不乏吸引力，她的脖颈非常优雅，但是有点太细了"。她的"皮肤很好"。卢克雷齐娅这一次还注意到，她的头发不是金色，而是红色的，毕竟罗马女人很少能够有幸天生金发。

"她不像我们佛罗伦萨的姑娘一样昂着头，而是略微向前伸，"卢克雷齐娅观察后得出了结论，"我想她应该有点害羞……不过总体上我觉得她是大大胜过普通人的。"当然，她还不忘强调说克拉丽切比不上她自己的三个女儿，因为她们不仅比她漂亮，还接受过任何罗马女孩儿不敢想的良好教育。不过卢克雷齐娅认为克拉丽切生性质朴、举止得当，希望她很快就可以适应佛罗伦萨的习俗。

佛罗伦萨人并不都认可这门亲事。一直以来，哪怕是城市里最有钱的商人家族也不会与托斯卡纳地区以外的家族联姻；而美第奇家族此前也一直选择与自己类似的家族结盟。洛伦佐就是这种安排的受益者。他的姐妹们全都嫁给了有钱有势的佛罗伦萨人；后来他自己的女儿们也效仿此道，一个嫁入了里多

尔菲家族（Ridolfi）①，另一个嫁入了萨尔维亚蒂家族
（Salviati）②。洛伦佐的第三个女儿路易贾（Luigia）从小就被
许配给了她叔父皮耶尔弗兰切斯科（Pierfrancesco）的小儿子
乔瓦尼。本来洛伦佐和父亲还曾因为分配科西莫的遗产而与皮
耶尔弗兰切斯科一系产生过分歧，虽然所有的争议在定下这门
亲事时已经解决了，但洛伦佐还是决心通过联姻的方式加强家
族内部的联系。尽管这门亲事并没能结成，因为路易贾不到
12 岁就去世了，但是家族两大分支间的稳固关系在洛伦佐有
生之年再未被破坏过。

　　尽管洛伦佐明白与佛罗伦萨家族联姻结盟的重要性，他也
同样意识到突破常规与奥尔西尼家族联姻的好处。这不仅可以
避免引起佛罗伦萨城内被他拒绝的各个有适婚女儿家族的嫉
妒，还可以让他与一个拥有更大影响力的家族结盟。奥尔西尼
116　家族世代都是军人或神职人员，在那不勒斯王国和罗马北部有
大片的地产；他们不但能筹钱，还能征兵。此外，通过克拉丽
切的舅舅——枢机主教拉蒂诺（Latino），奥尔西尼家族在教
廷也可以发挥稳固的影响力。洛伦佐本来想娶个更漂亮、更有
文化、不是出身于这种封建封闭家庭的新娘，但是在一次弥撒
上看到克拉丽切之后，他认为这门亲事是可以接受的；谈妥六
千弗罗林币的嫁妆之后，洛伦佐就由他的远房堂兄比萨大主教
菲利波·德·美第奇（Filippo de'Medici）代理在罗马与克拉

_____

① 里多尔菲家族不久之后在马焦街（现在的马焦雷街）和马泽塔街（Via
　　Mazzetta）的交叉路口修建了宫殿。现在宫殿被称为圭迪故居（Casa
　　Guidi）。1861 年伊丽莎白·巴雷特·勃朗宁（Elizabeth Barrett Browning）
　　就是在这里去世的。

② 十四世纪的萨尔维亚蒂宫建在德拉维尼亚韦基亚街（Via della Vigna
　　Vecchia）和帕尔米耶雷街（Via Palmiere）的交叉口。

丽切结婚了。

　　为了让佛罗伦萨人更好地接受这门不受欢迎的亲事，美第奇家族在 1469 年 2 月 7 日举办了一场盛大的锦标赛。这场锦标赛预计耗资一万达科特，并且将会成为佛罗伦萨人见过的最壮观的盛景之一。十五世纪诗人路易吉·浦尔契（Luigi Pulci）还为此写下了《洛伦佐·德·美第奇赛马节》（*La Giostra di Lorenzo de'Medici*）这一迷人的意大利语诗篇。

　　比赛场地设在圣十字广场，在二月暖阳的照耀下，观众纷纷聚集到屋顶和阳台上，从窗户和栏杆的缝隙向下张望。他们可以看到美丽的卢克雷齐娅·多纳蒂（Lucrezia Donati）被护送到专为"锦标赛女王"准备的华丽宝座上；还能看到 18 名来自佛罗伦萨上流社会的金甲青年（*jeunesse doree*），他们将作为骑士参赛。在传令官、旗手、吹笛人、鼓手依次进场之后，骑士们在男仆和重骑兵的陪同下游行穿过广场，接受成千上万名支持者热情的欢呼。每个骑士都穿着华丽的服饰，连铠甲和头盔也是为了比赛精心制作的。对于意大利人来说，虽然曾发生过费代里戈·达·蒙泰费尔特罗（Federigo da Montefeltro）在比赛中弄瞎一只眼的意外，但是他们的锦标赛可没有德国人所喜欢的那种野蛮血腥的场面；在佛罗伦萨，展现美好比炫耀鲁莽的勇气和力量更受推崇。

　　没有哪个骑士能比洛伦佐更加光彩照人。他披着一件镶着红边的白色丝绸斗篷，斗篷下面是一件天鹅绒外衣，还戴着一条绣着玫瑰图案的丝巾，玫瑰栩栩如生，有的凋谢了，有的正盛开着，旁边还用珍珠绣上了励志箴言：LE TEMPS REVIENT（时光倒转）。他的黑色天鹅绒帽子上也装饰着珍珠和红宝石，还有一颗用金线缠绕的大钻石。他骑的白色战马是那不勒斯国

117

王送的礼物，马身上也披着镶满珍珠的红白相间天鹅绒；另一匹他准备在长枪对决时骑的战马是费拉拉的博尔索·德·埃斯特赠送给他的；而他穿的铠甲则是米兰公爵的贺礼。他的盾牌正中也镶着一颗巨大的钻石；头盔顶上插着三根长长的蓝色羽毛；旗帜上画着一棵月桂树，树的一侧已经枯萎，另一侧则绿意盎然，旁边也用珍珠绣着和丝巾上一样的箴言。最后，包括著名的雇佣军首领罗伯托·达·圣塞韦里诺（Roberto da Sanseverino）在内的评委们将第一名授予了洛伦佐，颁给他一个镶银、头顶上有战神造型装饰的头盔。当然这多少是出于对赛事组织者继承人的褒奖，而非真心承认他无人可及的英勇善战。

　　4 个月后，也就是 1469 年 6 月，这场精彩的锦标赛所致敬的克拉丽切·奥尔西尼来到了佛罗伦萨准备举行结婚庆典。美第奇宫至少要办 5 场盛大的宴席。过去几周中，鸡鸭鱼肉、葡萄酒和蜡、蛋糕和果冻、蜜饯、杏仁甜面包、糖衣杏仁就源源不断地从托斯卡纳的各个地方送往美第奇宫。宫外的敞廊和宫内的院子及花园里也摆上了一排排的桌子。庆典于周日早上开始。新娘由朱利亚诺从罗马护送来到佛罗伦萨，她要骑着那不勒斯国王赠送给新郎的白马从圣皮耶罗镇（Borgo San Piero）的亚历山德里宫（Palazzo Alessandri）出发前往美第奇宫。①新娘穿着白色和金色相间的刺绣礼服骑在马上，后面跟随着长长的伴娘和仆人队伍。在佛罗伦萨，有喜事的家庭都要在门口挂上橄榄枝，新娘伴着院子里乐队吹奏的喜庆音乐通过拱道时，橄榄枝会被降至她头顶的高度。依照佛罗伦萨的传统，参加婚礼的宾客要按照年龄和性别分配座位。从敞廊上可以看到

---

　　①　圣皮耶罗镇就是现在的阿尔比奇镇。

花园的是克拉丽切所在的桌子，这里坐的都是年轻的已婚女士；洛伦佐的桌子在大厅里，同桌的都是年轻的男士；敞廊上方的阳台上则是由卢克雷齐娅主持的、为年长女士们准备的宴席；而皮耶罗的同辈和长辈则在院子里另坐一桌。院子里还有一些巨大的铜质冷柜，里面装满了托斯卡纳葡萄酒。每上一道菜之前，都要先吹号示意，尽管"饭菜和酒水都是简单朴素的适合婚礼的种类"，但是宴席过后有统计称，到宴席结束，宾客们总共吃掉了 5000 多磅蜜饯，喝掉了超过 300 桶葡萄酒——主要是棠比内洛（*trebbiano*）和维奈西卡（*vernaccia*）。宴席结束后，宾客们还可以欣赏音乐和舞蹈，整个舞台都装饰着挂毯，四周还围着绣了美第奇家族和奥尔西尼家族纹饰的帘子。

118

宴会、歌舞、展览和戏剧表演整整持续了三天。到星期二早上，新娘前往圣洛伦佐的大殿听弥撒，手里还拿着"一本《圣母书》，这本书精美无比，每个字都是用金子在深蓝色纸张上写成，封面则用水晶和烫银装饰"。

洛伦佐在一首诗中这样写道：

> 年轻多么美好；
>
> 可惜她短暂易逝；
>
> 让我们抓住这大好时光，及时行乐；
>
> 因为明天充满了未知。

洛伦佐的同龄人们都迫不及待地采纳了他的建议。他们白天参加舞会，晚上去焰火派对。洛伦佐有时在拂晓时分就起床，骑着马，拎上弓，到森林里去打猎；天黑之后，他又会和朋友们一起伴着月光在街上漫步，对着宫殿窗口的姑娘吟唱诗歌和小夜曲。还有一次，在一个寒冷冬夜［洛伦佐这次并没有在场，他当时去比萨访问了，是他的朋友菲利波·科尔西尼（Filippo Corsini）后来给他讲述的］，洛伦佐的一大堆朋友们冒着雪聚到了玛丽埃塔（Marietta）的宫殿外面，她是洛伦佐·迪·帕拉·斯特罗齐（Lorenzo di Palla Strozzi）的女儿，也是一个可爱、任性、父母双亡的姑娘。这一伙儿人在窗下举着明亮的火炬，吹着喇叭和笛子，又唱又叫，甚至还往她的窗户上扔雪球。玛丽埃塔打开窗子看；

119

> 结果一个小伙子的雪球砸到了玛丽埃塔雪一样白皙的脸上，围观者乐不可支……不过人们眼中的大美女玛丽埃塔对这样的情景已经见怪不怪，她优雅而巧妙地给自己解了围，不失一点颜面。

洛伦佐继承家族之初就成就显赫，那时佛罗伦萨举办了一系列娱乐活动：露天表演、锦标赛、化装舞会、展览和游行、音乐节、狂欢节，以及各种舞会和娱乐游戏。事实上，佛罗伦萨世代都因丰富的节庆活动而闻名欧洲，再没有哪个城市能拥有比这里更多更精彩的公众娱乐活动了。受惠于行会规章，这里的人每年的工作日不多于275天，所以他们有充足的时间来享受生活。在老市场举办嘉年华会、赛马节、足球赛和舞会；在圣十字广场模拟战斗；在阿诺河的各个桥下进行水上表演。有时候市政厅广场也会作为马戏团的表演场，甚至变成狩猎场。人们用长矛激怒到处乱跑的野猪；还把狮子从广场后面的笼子里放出来，想尽办法激起狮子的野性，尽管总是不太成功，但足以刺激它们去攻击猎狗。这种不顾后果的冒失行为不止一次地带来失控的局面，曾经一头狂暴的水牛夺去了三个人的性命。那之后，人们又把一匹母马和一群公马放到一起，有市民认为这个场景"是适合姑娘们的精彩娱乐"，然而另一位更受人尊重的日志作者则认为这个场景"令思想正派、行为得体的人感到不快"。

　　每年 5 月 1 日的五朔节（Calendimaggio）是最受欢迎的佛罗伦萨节日之一。每逢这一天，佛罗伦萨的年轻男子们都要起个大早，把由缎带和糖衣果仁装饰的开花灌木摆到他们心仪的姑娘家门口；而姑娘们则会穿上漂亮的长裙在圣三一教堂广场伴着鲁特琴的音乐翩翩起舞。除此之外，还有施洗者圣约翰日，纪念这座城市的守护神。每到这一天，所有商铺都会挂起彩带和横幅，还会举行无骑手的赛马比赛：参赛马匹在身体两侧驮着带穗子装饰的铁球，沿葡萄园街（Via della Vigna）的普拉托门（Porta al Prato），经老市场和科尔索街（the Corso），一路跑到克罗切门（Porta alla Croce）。大规模的游行队伍中有教士和唱诗班歌手，有装扮成天使和圣人的市民，还有装饰华丽的巨大战车穿行于街道，车上载着大教堂的圣物，包括神圣王冠上的一根荆棘、圣十字架上的一个钉子以及圣约翰的一根手指。主教堂广场上会支起巨大的有银色星星图案的蓝色顶棚，顶棚下面摆满了虔诚信徒们送来的彩绘蜡制供奉品，这些都要被送到洗礼堂去。在市政厅广场上，载有镀金城堡模型的马车要依次通过彩旗飘舞的市政厅阳台，每个精致的镀金城堡代表一个附属于佛罗伦萨的市镇。

　　四旬斋节（Lenten festivals）的庆祝仪式自然要严肃得多。在受难周的星期三，大教堂会举行黑暗晨祷。整个教堂不亮一盏灯,只在圣坛上点着一根蜡烛;黑暗之中,神职人员和集会教众仪式性地用柳树杖敲击地面。到了星期四,也就是濯足节,大主教会为穷人施洗足礼。星期五是耶稣受难日,在下午三点整,所有教堂和修道院的执事都要到街上去,用木质的响板召唤人们,无论身处何地,此刻都要停下手中事,跪下来虔心祈祷。随后还会重演基督的葬礼,整条街上都要挂起黑布以示哀悼。修道士组成的长队沿街行进,他们拿着谴责的标语、荆棘编成的王冠、长矛和海绵,以及《耶稣受难记》中提到的所有物品,从锤子、钉子到紫色长袍和骰子,应有尽有。他们后面是象征死去的基督的形象,还要为他支起黑色和金色相间的顶棚;再后面是一身黑衣的圣母玛丽亚,手里拿着一条白色的手帕。星期六是复活节前夕,所有的灯都会被重新点亮。大教堂里圣坛上的黑布也都换成了金色。大主教要唱起《荣归主颂》(*Gloria in Excelsis*);大教堂放飞的鸽子会一直飞过主教堂广场的屋顶,钟楼里的钟也会敲响令人振奋的钟声,响彻整个佛罗伦萨。

　　洛伦佐和朱利亚诺很享受这些节日,他们帮助设计舞台、布景和猎捕陷阱,还有雕塑和铠甲、表演者的戏服,以及精美的马具和用来掩盖动物气味的香薰。他们还乐于创作戏剧和露天表演,剧情里充满了当时人们最热衷的典故;他们也喜欢和学者、诗人一起讨论演讲、歌曲以及带着隐喻的假面剧本中夸张的台词。

　　任何来佛罗伦萨的尊贵客人都会受到盛情款待。因此,1473 年 6 月 22 日,一支护送那不勒斯国王的女儿埃莱奥诺拉(Eleonora)去与费拉拉的公爵埃尔克莱(Duke Ercole)完婚的庞大贵族队伍向北行至佛罗伦萨时,佛罗伦萨人就不失时机地按照风俗热情地迎接了他们。公主穿着黑色和金色相间、"镶着数不清的珍珠和宝石"的礼服，骑马经罗马娜门（Porta Romana），穿过维奇奥桥到市政厅，沿途都有市民向她欢呼鼓掌。她在市政厅接受了执政官们的致敬之后，继续前往美第奇宫同洛伦佐、朱利亚诺和其他无数客人共进晚餐。第二天还举办了假面舞会及焰火表演。6月24日，在普拉托延伸到阿诺河河岸的草地上还举行了一个花园派对（fête champêtre），客人们可以吃着草莓，沿着河岸在绿草地上散步，也可以像充满活力的佛罗伦萨人一样在阳光下尽情舞蹈，随意跳跃嬉戏。

　　这些节日盛大而激动人心，但也算不上多与众不同。不过所有人都承认，1475年佛罗伦萨举办的锦标赛堪称绝无仅有的一次盛事，其规模甚至超过了1469年的赛马节（giostra）。这次锦标赛是以朱利亚诺的名义举办的，他当时22岁，一头乌发，高大健壮，广受爱慕。朱利亚诺的赛马节也在圣十字广场举办，美丽的卢克雷齐娅·多纳蒂也如1469年一样又一次被奉为"锦标赛女王"，而另一位更加美丽的西莫内塔·卡塔内奥（Simonetta Cattaneo）则坐在了"美貌女王"的宝座上，她是马尔科·韦斯普奇（Marco Vespucci）的妻子，据说朱利亚诺深深地爱着这位因肺病而不久于人世的年轻女士。朱利亚诺来到她的面前，身上戴着她的信物。他穿着一套量身订制的礼服，据说这套衣服花费了至少八千弗罗林币。朱利亚诺的旗帜是由波提切利设计的，描绘的是智慧和战争女神帕拉斯（Pallas）穿着金色的长袍，手持长矛和盾牌，低头俯视着站在橄榄树旁边的丘比特，后者脚下还有弓和折断的箭。如他的兄长一样，朱利亚诺也获得了第一名，他戴着头盔接受了颁奖，这个头盔是韦罗基奥为预料之中的胜利而特意设计的。

122

　　这次著名的锦标赛还是安杰洛·安布罗吉尼（Angelo Ambrogini）早期文学作品的灵感来源。安杰洛·安布罗吉尼也被人们称作波利齐亚诺（Poliziano），这是他的出生地的名字。他的父亲是一位优秀的托斯卡纳律师，也是美第奇家族的支持者，后来被设计暗杀皮耶罗的阴谋者们杀害。父亲去世后不久，波利齐亚诺就被带到了佛罗伦萨，由美第奇家族承担他的教育费用：他曾先后跟随克里斯托法罗·兰迪诺学习拉丁文，跟随阿尔吉罗波洛斯和安德尼可士·卡里斯托斯（Andronicos Kallistos）学习希腊语，跟随马尔西利奥·菲奇诺学习哲学。美第奇家族让他想在这里住多久就住多久，后来还赠送了一套乡村别墅给他。他在 18 岁的时候就已经拥有了令人震惊的学识和与他年龄不符的文学素养。他创作的《朱利亚诺·美第奇赛马节的房间》（*Stanze della Giostra di Giuliano de'Medici*）树立了他继薄伽丘之后最杰出的意大利诗人的地位。

　　波利齐亚诺对朱利亚诺和洛伦佐的致敬可不是任何一个慷慨的资助者都理应享有的隐喻奉承而已，因为洛伦佐的确是"为托斯卡纳春天欢畅的鸟儿们提供栖息之地的月桂树枝"。洛伦佐经常邀请艺术家、作家和学者到他在菲耶索莱、卡法焦洛和卡雷吉的乡村别墅中一起畅谈、朗读、欣赏音乐或探讨古典文本与哲学谜题。有时他们也会在卡马尔多利修道院（Abbey of Camaldoli）① 见面，1468 年时，洛伦佐和朱利亚诺

---

　　① 卡马尔多利修道院，即卡马尔多利的仁爱修会是在十一世纪初由圣罗穆阿尔多（St Romualdo）创建的。它的名字来源于马尔多利园（Campus Maldoli），是一片面积达 3000 英亩的森林。一个叫马尔多卢斯（Maldolus）的阿雷佐富商向修会提供了这片地产。药房是十六世纪建造的，其他房屋大多是十七、十八世纪建造的。

曾经连续四天和柏拉图研究院的多位成员讨论人类最高的使命、至善（*summum bonum*）的本质，以及《埃涅阿斯纪》（*Aeneid*）中的哲学理念等，这些人包括马尔西利奥·菲奇诺、克里斯托法罗·兰迪诺、莱昂·巴蒂斯塔·阿尔贝蒂，以及三位学术修养颇高的商人：阿拉曼诺·里努奇尼（Alamanno Rinuccini）、多纳托·阿恰尤奥利（Donato Acciaiuoli）和皮耶罗·阿恰尤奥利（Piero Acciaiuoli）。

洛伦佐在回忆录中写道："我父亲去世的第二天，城市里 123
一些位高权重的大人物都来到我家悼念他，并且鼓励我像父亲和祖父一样挑起治理国家的重担。"来访人员中领头的托马索·索代里尼和阴谋策划推翻皮耶罗的尼科洛·索代里尼是亲兄弟，但他一直都反对家人的阴谋。此外，因为他娶了托尔纳博尼家的女儿，所以洛伦佐也算是他的外甥。和他一同前来的还有几名皮蒂家族的成员。他们在吊唁的前一天参加了一个在圣安东尼奥修道院（Sant'Antonio）举行的有七百多名现任政府支持者出席的集会。在这次集会上，皮蒂家族成员为卢卡·皮蒂在那次阴谋中的行为做出了补偿，他们坚定地支持索代里尼请求洛伦佐继任的提议。洛伦佐谦逊地听取了来访人员的陈述，但是"他们的提议有违我年轻人的天性，"他反驳说，

> 尤其是考虑到即将面临的巨大的重担和危险，我十分不情愿地同意了。我这么做是为了保护我们的朋友和财产；因为在佛罗伦萨，不在政府任职的富人往往会遇到磨难。

洛伦佐的不情愿是可以理解的。此时他还不满 21 岁，刚

结婚不到6个月，当然想将更多的时间用在那些他投入极大热情的享乐上，可是新责任却不允许他这样做。洛伦佐是一个谨慎而有野心的年轻人，他深知拒绝公共职责不仅是自私的而且是不明智的。即使没有母亲的建议，他也不会置家族的责任于不顾，更何况他那有责任心、理智且有才华的母亲深刻地影响着他。虽然谦称自己还没有父亲那样的权威，但是他已经写信给米兰公爵要求斯福尔扎家族将从祖父科西莫时期开始的对美第奇家族的支持延续下去。

公爵弗朗切斯科·斯福尔扎的继承者加莱亚佐·玛丽亚·斯福尔扎（Galeazzo Maria Sforza）此时在米兰已经地位稳固。他是一位有才能的统治者，但是他令人发指的邪恶和残忍行径也招来了越来越多的恶名。他的敌人声称他强奸过无数米兰贵族的妻子和女儿；他发明酷刑来惩罚冒犯了他的人并借此满足自己的虐待欲；他亲自监督犯人受刑，甚至亲手砍断他们的四肢；将死之人痛苦的呻吟和残破的尸体都能让他感到愉悦。支持与米兰结盟的一方驳斥说这些故事都是子虚乌有的恶意中伤，但他们不得不承认这位公爵是个极度奢侈与虚荣的人。1471年他访问佛罗伦萨时，带来了数量惊人的顾问、随从、仆人和士兵，其中包括500名步兵、100名骑士和50名穿着银色制服的马夫，每个马夫牵着一匹配了金色锦缎马鞍、金质马镫和丝绣缰绳的战马。公爵还带了他的号手和鼓手，以及猎人、养鹰人和猎犬。他的妻子、女儿及侍女进城时足足坐满了12顶用金色锦缎覆盖的轿子。

佛罗伦萨人承认排场盛大，但是没有过分地崇拜。只要愿意，他们完全能创造出比这更壮观的场面。连米兰公爵也不得不承认，尽管美第奇家族的生活方式简朴得多，尽管洛伦佐穿的都是低调、深颜色的衣服，但是米兰的财富和美第奇宫四墙之内聚集的财富相比根本不值一提。虽然自以为是、残暴成性，加莱亚佐·玛丽亚·斯福尔扎却是一个有学问、有品位的鉴赏家，他认为洛伦佐的艺术和学术声望名副其实，而且这位年轻的主人为资助艺术和文化所做的贡献也令他肃然起敬。

然而对于其他一些人来说，他们想要的则是分享属于美第奇家族的尊重和权势。皮耶罗刚去世，一个摧毁美第奇家族影响力的新阴谋就开始筹划了。1466 年因推翻皮耶罗的阴谋失败而被流放的那批人，想要利用美第奇家族新领袖的年轻和缺乏经验卷土重来。他们在迪奥蒂萨尔维·内罗尼的领导下集结军队，占领了普拉托。不过这是他们能取得的最大战果了。洛伦佐和坚定支持他的执政团像当年皮耶罗面对威胁时一样果断出击，立即派出一支雇佣兵队伍夺回了普拉托，密谋者们本来指望的来自佛罗伦萨内部同谋者和费拉拉的增援也随之失去了。阴谋最终未能得逞，美第奇家族的统治再一次获得巩固。

此时，洛伦佐的个人地位其实还没有获得公开的认可。举个例子来说，第二年教皇保罗二世（Paul Ⅱ）去世时，执政团派遣了一个代表团到罗马向继任者西克斯图斯四世（Sixtus Ⅳ）表示祝贺，洛伦佐也是这个代表团中的一员，但是他并没有享受到任何优待或比其他使节更高的地位：毕竟，佛罗伦萨在名义上依然是共和国；而佛罗伦萨的市民们也更希望维持现状。尽管如此，洛伦佐还是凭借出身而受到了一定的特殊对待。年轻的他本不能进入百人团，不过百人团的成员们通过了一项特殊法案许可他加入。他同时也被许可加入最高司法委员会，并且像经验丰富的政治家一样处理关乎国家的重要事务，他给各国使节和王储们写了不计其数的信函，还在各种委员会的议事进程中充当领导角色。

1472 年，沃尔泰拉地区出现了动乱，在应对动乱过程中，洛伦佐的个人影响力得到了淋漓尽致的体现。沃尔泰拉一直是托斯卡纳地区最不稳定的市县之一，因为尽管有自治政府，每年却还要向佛罗伦萨缴纳贡金。这次动乱的起因是沃尔泰拉附近一处矾矿的开采合同问题。依据合同，开采权由一个财团获得，这个财团包括三个佛罗伦萨人、三个锡耶纳人和两个沃尔泰拉人。但是沃尔泰拉地区的居民普遍认为这个财团是通过欺诈的手段获得了利益丰厚的合同，所以他们选举出地方法官来控制矾矿并且赶走了正在作业的工人。洛伦佐本来不是这个财团的成员，也不负责财团的事务，但是沃尔泰拉的工会要求他对争议进行仲裁。洛伦佐支持财团的意见并判定应当马上将矾矿的控制权交还给财团。受到这一判定的鼓励，财团中的两个沃尔泰拉人因吉拉米（Inghirami）和里科巴尔迪（Riccobaldi）立即带领一支武装护送队伍回到矾矿，以合法拥有者代表的地位自居并宣示所有权。这样的行为招致了武力冲突，场面十分血腥，多人丧生，因吉拉米的尸体被从窗口扔到了下面的广场上，佛罗伦萨派驻沃尔泰拉的地方长官（Capitano）庆幸自己没有和他一起被扔出去。

此时的洛伦佐认定必须武力镇压暴动。不过他的命令没有立即得到遵从。虽然他宣称支持者被无情杀害，而且沃尔泰拉暴乱者们与被驱逐出佛罗伦萨的流亡者们相互勾结准备攻击美第奇家族，但是大部分执政官认为以武力解决冲突反而会激化矛盾，而且也是没有必要的。沃尔泰拉的主教也持相同观点。不过，洛伦佐此时已经听不进任何劝告。沃尔泰拉人向来爱闹事，这次必须让他们受点教训；如果他们没有受到惩罚，其他

126

托斯卡纳市县也许就会效仿他们的做法。最终，洛伦佐的意见还是被采纳了。一支由乌尔比诺伯爵（Count of Urbino）费代里戈·达·蒙泰费尔特罗领导、由佛罗伦萨出钱的雇佣军队伍被派往沃尔泰拉。沃尔泰拉的市民疯狂地想要寻找同盟，他们甚至向那不勒斯国王提出，如果他派兵协助抵御佛罗伦萨的攻击，沃尔泰拉就将归顺于他。可是除了锡耶纳和皮翁比诺（Piombino）提供了一点点帮助之外，没有什么人愿意来拯救沃尔泰拉。经过了一个月的围城战，沃尔泰拉最终还是投降了。洛伦佐写信说这一事件的顺利解决令他感到欣慰，可惜这封信写得太早了。

这封信抵达沃尔泰拉时，整座城市已经被抢掠一空。谁也不知道投降条约为何会被公然践踏。有人说实际上沃尔泰拉人自己雇用的雇佣兵为乌尔比诺伯爵的军队打开了城门，为的是一起洗劫沃尔泰拉。不管伯爵的队伍怎样进城，反正他们很快便展开了掠夺，这些人闯进民宅和店铺，杀人强奸，无恶不作。有人甚至说伯爵本人不但没有阻止这些行为，还偷走了一本稀有的多语种《圣经》；也有人说伯爵虽然处罚并吊死了几名作恶的士兵，但完全没有起到警示作用。总之，暴乱持续了数小时，成百上千人或死或伤，每条街道上都是抢掠和破坏的痕迹。现场的惨状又因为随后大雨引发的塌方而更加令人心惊胆战。

得知这一切后，洛伦佐马上赶到了沃尔泰拉。他尽己所能地向沃尔泰拉人民表达了佛罗伦萨市民对暴行的无比遗憾。他显然是真诚的；但是人们无法忽视正是他鼓吹暴力镇压，正是他雇用了乌尔比诺伯爵，正是他把矾矿的所有权判给了最初的特许经营者（concessionarires），正是他强行收回了沃尔泰拉人的自治权。在沃尔泰拉，这些事情至今依然被人们铭记在心。

第十章　教皇与帕奇家族

"除了杀人，你想做什么都可以"

　　弗朗切斯科·德拉·罗韦雷（Francesco Della Rovere）1471 年当选教皇，称西克斯图斯四世，当时洛伦佐代表佛罗伦萨向他致以祝贺。西克斯图斯四世身材魁梧、性格粗暴。他的脑袋特别大，还有一个塌鼻子，牙齿也都掉光了，所以总是显得很吓人。他出生于萨沃纳（Savona）附近一个贫穷的渔民社区，很小就加入了方济会。凭借着卓越的讲道才能、好学、虔诚，还有一点点个人魅力和野心，他在不到 50 岁时就成为方济会的会长，三年之后又当上了枢机主教。自那以后，他就不停地为自己众多的亲戚谋求各种福利，包括恩惠、职位、金钱、土地和权力，其中尤以教皇的姐姐一家受惠最多。至于这些亲戚是否具备相匹配的才能则十分值得怀疑。教皇的外甥中有六个被封为枢机主教，至于那些没有投身教会的亲属，教皇也是想尽办法为他们在各个教廷国中谋求有利可图的官职和爵位。

　　皮耶罗·里亚里奥（Piero Riario）是教皇的外甥之一，他机智幽默、和蔼可亲，但喜欢浮夸炫耀。在教皇的帮助下，他当上了君士坦丁堡牧首，圣安布罗斯修道院院长，特雷维索（Treviso）、芒德（Mende）、斯帕拉托（Spalato）和塞尼加利亚（Senigallia）的主教以及佛罗伦萨的大主教。另外一个叫吉罗拉莫·里亚里奥（Girolamo Riario）的外甥更是贪得无厌，很多人相信他其实是教皇的私生子。这个肥胖、粗野、聒噪的年轻人看上了伊莫拉这片地区，认为以此为基础可以在罗马涅地区逐步获取更多的地产。伊莫拉这个位于博洛尼亚和弗利（Forli）之间的小镇最近被塔代奥·曼弗雷迪（Taddeo Manfredi）卖给了米兰公爵，而教皇恰好认为后者的亲生女儿卡泰丽娜·斯福尔扎（Caterina Sforza）是吉罗拉莫新娘的不二人选。于是双方随即展开了协商，而美第奇银行在罗马的分行也被下令负责筹集四万达科特的资金用来购买伊莫拉。

129

对于这个要求，洛伦佐感到非常不安。到目前为止，他和教皇的关系依然非常亲密，罗马对他的态度还是"十分尊敬"的，而且教皇也向他保证美第奇银行仍然是教廷的御用银行和托尔法矾矿的代理人。教皇还赠送给洛伦佐两个大理石头像雕塑，一个是奥古斯都（Augustus），另一个是阿格里帕（Agrippa）。除此之外，洛伦佐还获得了以最优惠的价格购买教皇保罗二世收藏品的机会，其中的珍宝种类繁多，包括凹雕、浮雕、花瓶和半宝石级的酒杯，等等。洛伦佐当然迫切地希望自己与新任教皇的友好关系不受破坏；另外，他也明白伊莫拉重要的战略意义。这个小镇是从里米尼（Rimini）到博洛尼亚最主要的通道，洛伦佐一直希望将其买下归佛罗伦萨所有，所以无论如何不能让它落到教皇手里。当贷款申请被交到自己面前时，洛伦佐找各种借口不批准这笔贷款。但是教皇仍不死心，又去找了美第奇银行在罗马最主要的竞争对手帕奇家族。后者欣然接受了这个为教皇服务的机会，并希望借此夺走垂涎已久的作为教廷银行的美差。

在帮助吉罗拉莫如愿购得伊莫拉之后，教皇又把注意力转向了侄子乔瓦尼·德拉·罗韦雷（Giovanni Della Rovere）。虽然他已经当上了罗马的地方行政长官，还是皮德蒙特（Piedmont）的蒙多维（Mondovi）的领主，但是他依然想像表亲一样在罗马涅地区立足获益。西克斯图斯于是热心地为乔瓦尼安排了与乌尔比诺公爵费代里戈（Duke Federigo of Urbino）长女的婚事。这样一来，不仅教皇的势力范围空前地向佛罗伦萨逼近，而且佛罗伦萨失去了一个原本听命于它的成功的雇佣军首领。

至此，洛伦佐与教廷的关系已经变得非常紧张；当教皇竭力要将尼科洛·维泰利（Niccolò Vitelli）赶出卡斯泰洛城（Città di Castello）时，佛罗伦萨和教会开战已经迫在眉睫。卡斯泰洛城是佛罗伦萨的前哨圣塞波尔克罗镇（Borgo San Sepolcro）附近的一个小镇，科西莫在世时，用从一个犹太当铺老板那里没收来的资金购买了这里的所有权。现在为了保卫教皇眼中最厚颜无耻的维泰利，洛伦佐集结了6000人的兵力。

130　即便如此，维泰利也没能躲过投降的结果，但是他逃亡到佛罗伦萨后受到了体面的接待，这不禁让西克斯图斯怒火中烧。

麻烦到此远未结束。1474 年皮耶罗·里亚里奥因为长期沉迷于他舅舅赐予的奢侈生活而耗尽了生命；于是佛罗伦萨大主教的职位空缺出来。洛伦佐成功帮助自己的姐夫里纳尔多·奥尔西尼（Rinaldo Orsini）成为里亚里奥的继任者；不过他也没能阻止教皇提名弗朗切斯科·萨尔维亚蒂（Francesco Salviati）成为比萨的大主教。教皇曾保证任命共和国内神职职位之前必须征得执政团的认可，现在教皇出尔反尔，洛伦佐自然也不会承认萨尔维亚蒂在托斯卡纳的地位。所以萨尔维亚蒂不得不在罗马苦等三年而无法上任，失意、苦闷的他愿意为一切旨在推翻美第奇统治的阴谋提供全力支持。

　　洛伦佐在罗马还有更加危险的敌人。为了确保意大利北部岌岌可危的和平，他曾提议佛罗伦萨、米兰和威尼斯三方建立同盟关系。但是，这一提议不但没有带来和平，还几乎挑起了另一场战争，因为教皇怒不可遏地谴责这一联盟是针对他的。而那不勒斯国王费兰特也因为没有被征求意见而对结盟产生了怀疑，并且担心自己在亚得里亚海（Adriatic）的利益会受到影响。那不勒斯国王对教会长久以来的敌对情绪本因他的一个私生女嫁给了莱昂纳多·德拉·罗韦雷（Leonardo della Rovere）——教皇数不胜数的侄子之一——而有所缓和，现在他们的关系因为对佛罗伦萨年轻领袖的不信任而变得更加紧密。

　　到了 1476 年，洛伦佐面临的困境又进一步恶化。他最坚定的盟友加莱亚佐·玛丽亚·斯福尔扎在圣史蒂芬日（St Stephen's Day）去做弥撒的路上被三个年轻的刺客暗杀了。加莱亚佐·玛丽亚的儿子此时只有 7 岁，所以孩子的母亲宣布自己为摄政王；但是一群叔叔们却不认可这个决定，为王位继承权争吵不休。王位之争一日不了结，洛伦佐就一日不能指望米　　131
兰来与他共同抵御正在聚集的谋求推翻他的叛乱者们。

　　1477 年年初的几周内，三个主要谋划者聚集到了罗马：第一个是吉罗拉莫·里亚里奥，他的野心可不是成为一个伊莫拉领主就能满足的；第二个是弗朗切斯科·萨尔维亚蒂，郁郁不得志的比萨准大主教盼着借此机会更上一层楼，拿下佛罗伦萨大主教一职；第三个则是弗朗切斯科·德·帕奇（Francesco de'Pazzi），是帕奇家族在罗马的银行经理，一个矮小、阴郁、"极端自负和高傲"的年轻人，他认为帕奇家族替代美第奇家族成为佛罗伦萨统治者的机会已经到来了。

帕奇家族是一个比美第奇家族历史更加久远的家族。① 他们的一位祖先曾经参加了第一次十字军东征，并从耶路撒冷的圣墓教堂（Holy Sepulchre）带了一些燧石回到佛罗伦萨。这些燧石后来被存放在圣使徒教堂（Sant'Apostoli）②。直到十三世纪初，这个家族还对商业贸易嗤之以鼻、不屑一顾；但是到了 1342 年，他们却宣布与历史悠久的家族血统决裂，以获取平民身份来参选政府官员。后来，他们在银行业赚了大钱。到了十五世纪早期，当时的家族领袖安德烈亚·德·帕奇（Andrea de'Pazzi）斥巨资雇用布鲁内莱斯基在圣十字教堂旁边建造了帕奇堂。③ 安德烈亚的儿子皮耶罗用在建精美藏书室上的钱远多于他父亲建帕奇堂的开销。后来接替他成为家族主人的弟弟雅各布（Jacopo）却更喜欢攒钱而不是花钱。

雅各布绝对是一位非常吝啬的老人，但是好赌成性。全佛罗伦萨的人都知道他一输钱就发脾气。他认为政变成功的概率极其渺茫，所以当年轻的亲戚弗朗切斯科来向他通报正在罗马

---

① 帕奇家族宫殿现在称为帕奇夸拉泰西宫（Palazzo Pazzi – Quaratesi），始建于十五世纪最后二十五年，可能是由朱利亚诺·达·圣加洛设计的，现在位于普罗孔索卢街（Via Proconsolo）10 号。在帕奇谋划叛乱后，该宫殿被美第奇接管，后来又转给了奇博和斯特罗齐家族。

② 圣使徒教堂和洗礼堂是同一个时代修建的。十六世纪的大门由贝尔代托·达·罗韦扎诺（Benedetto da Rovezzano）设计建造。木质彩绘房顶建于十四世纪早期。

③ 布鲁内莱斯基去世后，帕奇堂由朱利亚诺·达·马亚诺负责完成，教堂的木门也是他制作的。陶瓷装饰是卢卡·德拉·罗比亚设计的。圣安德鲁的彩绘玻璃是真品的仿制品，真品及其他许多珍宝现在被收藏在圣克罗切歌剧博物馆，本来都是属于修道院的。

筹划的阴谋之时，他的态度"比冰还冷"。另外，他十个侄子之一的古列尔莫是洛伦佐的姐夫，他本人和洛伦佐的关系一直不错，尽管洛伦佐的统治意味着帕奇家族永远不可能在佛罗伦萨拥有任何实权，但是他倒也没有什么非分之想。和其他家庭成员一样，他当然也为洛伦佐干涉乔瓦尼·博罗梅奥（Giovanni Borromeo）的财产一事感到不悦：帕奇家族的一员娶了乔瓦尼·博罗梅奥的女儿，并希望将来能够继承妻子家族的财产；但是当老博罗梅奥去世后，一项据称是美第奇家族推行的新法律刚好获得通过，于是本来应由帕奇夫妇继承的财产转而被乔瓦尼·博罗梅奥的侄子继承。众所周知，这个侄子是美第奇支持者，而帕奇夫妇则不是。尽管如此，雅各布·德·帕奇并不认为博罗梅奥事件足以严重到要策划一次政变。

132

　　弗朗切斯科以为如果能证明自己有强大的军事力量支持，也许老帕奇就会被说服。于是他又找上了吉安·巴蒂斯塔·达·蒙泰赛科（Gian Battista da Montesecco），后者是一个多次为教廷提供优良军事服务的雇佣军指挥官，也是一个不熟悉阴谋诡计的粗勇武夫。起初他并没有明确表态，只解释说自己是受雇于教皇和他的外甥伊莫拉领主吉罗拉莫·里亚里奥的，非经他们许可，不会采取任何行动。弗朗切斯科向他保证他所做的一切都是为了保护教皇的利益；至于吉罗拉莫·里亚里奥本人，更是此次行动的策划者之一，参与其中的还有比萨大主教弗朗切斯科·萨尔维亚蒂。此时的蒙泰赛科还是没有被说服，后来弗朗切斯科和萨尔维亚蒂一道再次向他施压时也依然不起作用。第二次两人来访时对蒙泰赛科说：洛伦佐对教皇大不敬；只要洛伦佐活着，吉罗拉莫·里亚里奥对伊莫拉的统治就"连个豆子都不值"；佛罗伦萨人都憎恨美第奇家族的统治，只要给一点儿鼓励，他们就会奋起反抗现在的统治者。

然而，蒙泰赛科充满疑虑地说："大人们，做事前请三思，佛罗伦萨可不是什么小事呀。"

"对佛罗伦萨的情况我们比你了解的多得多，"大主教显然已经对这个顽固的军人失去了耐心，他反驳道，"我们的计划必将成功，就像我们三个人坐在这里一样真切。第一件重要的事情就是争取雅各布·德·帕奇先生的支持……只要获得他的支持，事情就十拿九稳了。"

渐渐地，蒙泰赛科开始动摇，最终提出只要得到教皇的许可，他就加入叛乱者的阵营。因此，弗朗切斯科和萨尔维亚蒂答应带他去见教皇西克斯图斯。

在随后的接见中，教皇告知蒙泰赛科，立即解决"佛罗伦萨的问题"确实是他的意愿。

"但是，圣父啊，如果洛伦佐和朱利亚诺不死，这个问题恐怕没法解决。"

"杀人与教会的宗旨不符，我不希望也不同意任何人在这件事中丧命。尽管洛伦佐是个恶棍，并且对我不敬，但是我并不是要他死，而是希望更换政府中的执政者。"

"我们会尽一切可能保他不死，"吉罗拉莫说，"但是如果他必须死，教皇陛下能否赦免杀他之人的罪过？"

"你真是个傻子。我告诉你我不希望看到任何人伤及他的性命，只要实现政府更迭就好。而且我再对你说一遍，吉安·巴蒂斯塔，我非常希望更替政府，洛伦佐这个恶棍、这个卑鄙的无赖（*furfante*）从来不尊重我，只要把他赶出佛罗伦萨，我在共和国就可以为所欲为，那样我会非常满意。"

"教皇陛下说得极是。请放心，我们会尽一切可能实现您的愿望。"

"去吧，除了杀人，你想做什么都可以。"

"圣父，您是否满意由我们来负责执行此次计划？您是否相信我们会取得成功？"萨尔维亚蒂问教皇。

"我很满意。"

教皇于是起身，再一次向他们保证会提供"包括武装力量在内的任何可能需要的协助"，然后就让他们退下了。

三个人离开时仍然和来时一样确信：若要计划成功，就必须杀了洛伦佐和朱利亚诺；不论教皇怎么明令禁止，到非走这一步不可的时候，教皇也一定会赦免杀人者。

受到这次接见的鼓舞，蒙泰赛科开始招募所需的士兵并亲自前往罗马涅，与托伦蒂诺、伊莫拉和卡斯泰洛城的雇佣军首领们一起商讨战术。之后又骑马翻过亚平宁山脉直奔佛罗伦萨，向洛伦佐转达吉罗拉莫·里亚里奥的友好和善意。

当蒙泰赛科到达卡法焦洛时，洛伦佐正在为克拉丽切的一位亲属服丧；但他还是如以往一样亲切、健谈并且充满魅力。他提起里亚里奥时就像提到好朋友一样友善；蒙泰赛科完全为他的个人魅力所折服，开始后悔自己暗中执行的任务。在洛伦佐的陪同下，蒙泰赛科回到了佛罗伦萨，来到了他在坎帕尼亚（Campagna）的住处，雅各布·德·帕奇也如约前来，因为蒙泰赛科就是来给他递送里亚里奥和大主教的信件的。

雅各布像往常一样阴郁、易怒而且消极。"他们会为此折断脖子的，"他对蒙泰赛科说道，"我比他们更了解这里的情况。我不想听你说什么，我不想听任何关于你们阴谋的事。"

然而当雅各布听蒙泰赛科复述了被教皇接见的过程之后，他的态度便完全转变了，很快他就成了一位虽说不上狂热坚定，但也是全心全意的阴谋支持者，甚至准备随着事态发展而发挥更加积极的作用。他建议说，执行暗杀最好的办法是找一些理由让美第奇家的两兄弟分开，然后以最快的速度同时杀掉两人。为了达到这个目的，他决定邀请洛伦佐去罗马并在那里将其暗杀，朱利亚诺则在佛罗伦萨找机会解决掉。不过洛伦佐拒绝了前往罗马的邀请，所以阴谋计划者们不得不重新考虑如何在两兄弟的地盘上杀掉他们，最稳妥的办法自然是在他们参加娱乐活动、身边没有护卫的时候下手。

在娱乐活动中执行暗杀的机会果然出现了。教皇十七岁的甥孙拉法埃拉·里亚里奥（Raffaele Riario）原本就读于比萨大学，如今刚刚被封为枢机主教。他应邀来佛罗伦萨并暂住在位于蒙图盖（Montughi）的雅各布的乡村别墅里。拉法埃拉写信告知洛伦佐自己的到来。此时的洛伦佐和朱利亚诺一起住在菲耶索莱的美第奇别墅里。阴谋计划者们相信一定能找到用匕首或毒药暗杀两人的机会，不是在蒙图盖，就是在菲耶索莱。

135

洛伦佐收到年轻的枢机主教的信件之后，立刻邀请他来菲耶索莱。到了约定好的那天，洛伦佐带着儿子皮耶罗，与波利齐亚诺一起骑马到蒙图盖，准备亲自陪同枢机主教及其随从返回菲耶索莱参加宴会。洛伦佐先为自己的弟弟没能前来迎接枢机主教而致歉，因为他在一次意外中摔断了腿，现在只能卧床休养，很遗憾不能参加宴会。鉴于此，阴谋者们决定改变计划，等朱利亚诺伤好以后再想办法。

此时阴谋者们已经决定到佛罗伦萨去执行暗杀。因为枢机主教拉法埃拉·里亚里奥询问洛伦佐是否可以去参观慕名已久的美第奇宫的珍宝，并且提议下周日是个合适的日子，这样他就可以参加大教堂的大弥撒时顺路去参观美第奇宫。洛伦佐立刻表示同意并且开始为尊贵的客人安排宴席，还向佛罗伦萨的各界名流，以及米兰、威尼斯、那不勒斯和费拉拉的大使们发出了请帖。与此同时，他的敌人们也在为席间暗杀美第奇两兄弟做着准备。可是到了最后一刻，阴谋者们的计划似乎又要被迫改变，因为朱利亚诺的健康状况仍不允许他出席这次宴会，除了伤腿之外，"他的眼睛也发炎了"。

获悉暗杀计划的人太多了，帕奇家族觉得如果再一次推迟，难保消息不被泄露。更重要的是，蒙泰赛科的军队集结在各个战略要塞，黄昏时分就能抵达城墙下了。如果不能在宴会上同时杀了美第奇兄弟，他们就必须在大教堂弥撒期间除掉二人。暗杀者觉得这个计划也很理想。弗朗切斯科·德·帕奇可以在贝尔纳多·班尼迪·巴龙切利（Bernardo Bandini Baroncelli）的帮助下用刀刺杀朱利亚诺。巴龙切利是一个投机商人，他不但把家产挥霍一空，还欠了重要的生意伙伴帕奇家族一大笔钱，所以急于借此机会大赚一笔。在他们刺杀朱利亚诺的同时，蒙泰赛科可以去刺杀洛伦佐，但是后者非常反对这个安排。在见到洛伦佐之前，蒙泰赛科对自己说杀死他是在履行一个军人的职责；但是自从和洛伦佐交谈过，他就越来越厌恶自己接受的这个任务。此时他看到了逃避任务的机会，他的良心不允许自己"犯下谋杀这样亵渎神明的罪行"；他不能在"上帝可以看到自己的地方"冷血地夺取一个人的生命。让阴谋者们庆幸的是，有两个不怎么小心谨慎的教士自告奋勇地承担了暗杀任务。这两个身材瘦削、怒火中烧的教士分别叫安东尼奥·马费伊（Antonio Maffei）和斯特凡诺·达·巴尼奥内（Stefano da Bagnone）。安东尼奥是沃尔泰拉人，因为不久前在家乡发生的起义被洛伦佐镇压而一直怀恨在心；斯特凡诺

136

则是雅各布·德·帕奇一个私生女的家庭教师。作为教士，他们用刀的技术肯定不如蒙泰赛科那样让人放心，但毕竟是以二敌一，如果攻其不备，趁洛伦佐反抗之前给出致命一击，应该也不是完全没有胜算。

暗杀者们预计大钟会在弥撒主持者起立之时敲响，而教堂钟声响起之时就是同时袭击两兄弟的最好时机。这个时间点非常理想，因为暗杀者们既可以看到弥撒主持者的动作，也可以听到钟声，这些都能成为不会被错过的行动信号。此外，在那一刻，无论是暗杀目标还是其他会众都会垂下目光以示敬意，而暗杀者正好可以借此出击。一旦暗杀成功，大主教萨尔维亚蒂会和雅各布·迪·波焦·布拉乔利尼（Jacopo di Poggio Bracciolini）——一个充满野心、奢侈无度以至于穷困潦倒的男子，他的父亲还是科西莫的一个人文主义学者朋友——以及大批武装支持者一起冲进市政厅，杀死任何胆敢反抗他们的执政官。

1478 年 4 月 26 日星期日上午接近 11 点的时候，年轻的拉法埃拉·里亚里奥骑马从蒙图盖来到佛罗伦萨，他在美第奇宫的院子里（*cortile*）下马，然后被领到了二层一间专门为他准备的房间里，他在这里换上了枢机主教的法衣。准备妥当之后他走下楼去，在楼梯底端见到了洛伦佐，后者陪同他一起前往大教堂。路上他们还遇到了大主教萨尔维亚蒂，然而萨尔维亚蒂并没有和他们一起进入大教堂，理由是要去探望自己病重的母亲。洛伦佐带着枢机主教走到主祭坛之后就自行走到了站在回廊上的一群朋友中间。因为中殿里没有椅子，大批的会众可以随意走动。

朱利亚诺此时还没有出现，所以弗朗切斯科·德·帕奇和巴龙切利赶回美第奇宫接他，却发现他因为腿伤的困扰最终决定不去参加弥撒了；不过最后他们还是说服他改变了主意。朱利亚诺一瘸一拐地沿拉尔加街向大教堂走去，弗朗切斯科·德·帕奇亲热地用胳膊揽着他，说他自受伤以来好像胖了不少，边说边假意在朱利亚诺身上摸索，其实是为了察看他衬衣下面有没有穿铠甲。除了证实朱利亚诺没有穿铠甲之外，帕奇还高兴地发现他也没有带佩剑。

　　进入大教堂之后，弗朗切斯科·德·帕奇和巴龙切利径直走向了唱诗班的北侧。朱利亚诺礼貌地跟随在他们身后。一直走到朝向赛尔维街（Via de'Servi）的大门前二人才停下。而此时洛伦佐依然站在主祭坛一边的回廊上，在吉贝尔蒂用来分隔唱诗班与人群的木制屏风的另一侧。洛伦佐身边最近的是他的朋友波利齐亚诺，此外还有其他四个朋友，分别是菲利波·斯特罗齐（Filippo Strozzi）、安东尼奥·里多尔菲（Antonio Ridolfi）、洛伦佐·卡瓦尔坎蒂（Lorenzo Cavalcanti）以及美第奇银行里昂分行的前任经理弗朗切斯科·诺里（Francesco Nori）。而那两个准备暗杀他的教士安东尼奥·马费伊和斯特凡诺·达·巴尼奥内则紧挨着站到了他的身后。

　　钟声一响起，两名教士就拔出了藏在袍子下面的匕首。马费伊非常不专业地先用手扶住洛伦佐的肩膀，似乎是为了让自己稳住或是为了稳住目标。洛伦佐回头时已经感觉到匕首的尖端贴近了自己的脖子。马费伊用力刺出匕首，但只划破了绷紧的肌肉。洛伦佐一边跳开躲避，一边扯下斗篷迅速缠绕在手臂上作为简易的盾牌。另一只手则拔出佩剑，朝两个教士砍去。那两个教士见他反应如此迅速已经吓破了胆，洛伦佐毫不费力地就将他们击退了。随后他奋力一跃翻过圣坛围栏，埋头冲向　138

新圣器收藏室。

在圣坛另一侧，朱利亚诺残破的尸体已经倒在了地上。钟声敲响时他顺从地低下了头，巴龙切利一边大喊着"叛徒，受死吧！"一边用力将匕首垂直地插进了朱利亚诺的头顶，他用力如此之大以至于几乎将朱利亚诺的头劈成了两半。弗朗切斯科·德·帕奇随后还疯狂地将匕首反复刺入已经毫无反应的尸体，甚至连匕首尖端误扎进自己的大腿都没有知觉。朱利亚诺倒地之后，两个暗杀者竟然还对尸体施以暴行，最终在他身上留下了多达19处刀伤。

朱利亚诺倒在血泊中后，巴龙切利跨过他的尸体向新圣器收藏室冲去，途中不仅一刀要了弗朗切斯科·诺里的性命，还划伤了洛伦佐·卡瓦尔坎蒂的手臂。不过等他赶到收藏室厚重的铜质大门时，洛伦佐已经冲了进去，波利齐亚诺在其他几个朋友的帮助下将大门紧闭。洛伦佐不断地询问："朱利亚诺呢？他安全了吗？"但是没有人能回答他。安东尼奥·里多尔菲帮洛伦佐吸出了他脖子伤口处的血，以防刀上有毒；与此同时，另一个和他们一起躲进收藏室的朋友西吉斯蒙多·德拉·斯图法（Sigismondo della Stufa）则爬上了通往德拉·罗比亚（della Robbia）唱诗班阁楼的梯子，从那里俯瞰大教堂中的情景。

此时教堂中的会众已经乱作一团，有人大喊穹顶要塌了。洛伦佐的姐夫古列尔莫·德·帕奇大声呼喊着自己是无辜的。朱利亚诺的尸体还躺在原地。拉法埃拉·里亚里奥呆若木鸡地站在主祭坛旁边，已经完全吓傻了。那两个袭击洛伦佐的教士和朱利亚诺的暗杀者们显然都已经逃跑了。洛伦佐在朋友们的护送下急匆匆地回到了美第奇宫。

此时，大主教萨尔维亚蒂和其他密谋者已经按照计划带着武装支持者来到了市政厅，其中大部分是假扮主教随从但依然面露凶相的佩鲁贾雇佣兵。萨尔维亚蒂通知首席执政官切萨雷·彼得鲁齐（Cesare Petrucci）说，教皇有紧急谕令要传达给他，当时正在吃饭的彼得鲁齐因而下令允许萨尔维亚蒂及其随从进入宫殿。萨尔维亚蒂本人被领到了一间接待访客的房间里，那些佩鲁贾人被安排在附近的一间办公室里并关上了门，而包括雅各布·迪·波焦·布拉乔利尼在内的其他随从则被拦在了走廊外。

彼得鲁齐吃完饭后来会见萨尔维亚蒂，后者此时已经紧张得全身发抖。他向彼得鲁齐传达所谓的教皇口信，不但声音含混不清、断断续续，脸色也变来变去，还不时地瞥向门口的位置。彼得鲁齐只听了几句，就扬声召唤侍卫，萨尔维亚蒂见此立刻冲出房间，向自己的人大喊行动的时机到了。然而，回应他的只是一些听不清的叫嚷声和砸门声。原来彼得鲁齐当选首席执政官之后，马上对市政厅里的各个房间进行了改装，房间内的人无法从里面打开房门，所以那些佩鲁贾人实际上已经被有效地控制住了。

当里面的人开始砸门的时候，雅各布·迪·波焦·布拉乔利尼就冲向了首席执政官，不过后者却抓着他的头发把他掀翻在地。然后身强力壮的首席执政官随手抄起一个烤肉叉作为武器，一边大声召唤执政官跟随他去敲响牛钟，一边追上大主教及其同伙，毫不费力地把他们全打倒在地。此时钟声已经响彻整个城市，所有人都涌向广场。帕奇家族的成员和一小撮支持他们的人骑着马沿街大喊："自由！自由！人民的自由！打倒美第奇！打倒小红球！自由！自由！"尽管也有少数人应和他

139

们的叫喊，但是大部分人还是用坚定的声音回应他们："小红球万岁！小红球万岁！小红球！小红球！小红球！"

此时，一支由50名全副武装的美第奇支持者组成的队伍已经冲进市政厅，在宫殿守卫的配合下向佩鲁贾人发动了进攻，并将其全部剿灭，然后还把他们滴着血的头颅挂在长矛和宝剑顶端带回到广场。朱利亚诺遇害的消息已经传到了市政厅。雅各布·迪·波焦的脖子上拴着绳子，绳子的另一端绑在一条横木上，被直接抛出了市政厅的窗口。大主教萨尔维亚蒂也是这个下场。剩下的弗朗切斯科·德·帕奇被发现躲藏在帕奇宫里，大腿的伤口还在不停流血。人们扒光了他的衣服，把他拽到广场，按照和雅各布·迪·波焦一样的方式处置。大主教的另两个同谋被勒死后，尸体也被这样拴着抛出了窗外。五个人就这么被吊在半空，下面就是骚动的群众。宫殿北侧雉堞墙投下的阴影中，奄奄一息的身体还在挣扎扭动。此时已经来到广场上的波利齐亚诺记录下了这令人毛骨悚然的景象：在绳子末端不断挣扎的大主教，眼睛已经突出眼眶，狠狠地咬住了他旁边弗朗切斯科·德·帕奇赤裸的身体。

受市政厅处决的强力刺激下，成百上千的人们走上大街小巷，寻找其他同谋者或是任何可以借机扣上共犯罪名的不受欢迎的市民。这些人聚到美第奇宫的窗口下要求面见洛伦佐。洛伦佐于是出现在众人面前，他的脖子上缠着绷带，锦缎马甲上满是血污。他向大家说明自己只是受了一点轻伤，并且请求大家不要仅仅因为怀疑谁参与了谋杀就肆意报复。他还敦促人们暂时养精蓄锐，准备好应对策划了这起阴谋的共和国的敌人们，因为他们在阴谋被挫败之后必然还要向这座城市发动新的进攻。

人民也许为洛伦佐的话而欢呼，却完全没有按他说的去做。他们不但袭击阴谋策划者，也袭击那些他们想要扣上同谋者帽子的人。这些受害者中有些直接被杀死了，有些则受了重伤，人们甚至拖着他们的尸首沿街示众。这样的暴乱持续了好几天，连附近农村的人都蜂拥进城，期待着有什么热闹可看，或是有什么好处可捞。最终大约共有80人被无情地杀害了。

参加这次政变的人几乎都没能逃脱惩罚。年轻的枢机主教拉法埃拉·里亚里奥在暗杀发生时完全被吓傻了，站在大教堂的主祭坛上不知所措，直到有人把他带到了安全一些的老圣器收藏室里。后来还是洛伦佐派仆人护送他回到了美第奇宫。暴乱结束后，也是洛伦佐派人护送乔装打扮的枢机主教回到了罗马。据说，终其一生，枢机主教因为目睹这个可怕的事件而留下的惨白面色从未褪去。那个想要谋杀洛伦佐的教士的兄弟拉法埃拉·马费伊（Raffaele Maffei）以及大主教的亲戚阿韦拉尔多·萨尔维亚蒂（Averardo Salviati）也都是在洛伦佐的干涉下才没有受到暴民的伤害。除了无法证实一个叫纳波莱奥内·弗兰切西（Napoleone Francesi）的人是否参与了阴谋之外，所有已知的阴谋者中没有一个能逃脱公开的或是暗中的复仇。雅各布·德·帕奇因为阴谋失败而深受打击，愤怒绝望地满地打滚，甚至疯狂到割下了自己的耳朵装进盒子。他后来设法逃到了卡斯塔尼奥（Castagno）的村子里，但是村民认出了他并把他带回佛罗伦萨。在城里他不仅受到严刑拷打，后来还被扒光衣服，从窗口抛出去并吊在了大主教的尸体旁边。雅各布的尸体起初被埋在了圣十字教堂。但是不久后恰逢连日暴雨，人们认为这是他邪恶的灵魂招来的祸患，于是又把他的尸体挖出来扔到了一个苹果园的水沟里。不过这还不是他的归宿，后来又

141

有一个暴民拖着他的尸体沿街示众，还大喊着："快为伟大的骑士让路！"这个低俗到令人发指的恶作剧后来发展到更加不堪的地步：人们把他的遗骸支在帕奇宫门口，用已经腐烂的头颅拍着门喊道："开门来，你的主人要进去！"之后，已经腐烂的尸体被扔进了阿诺河，可是又被一群孩子捞了上来，挂在一棵柳树上鞭打，最后又重新扔回了河里。

至于那两个教士，安东尼奥·马费伊和斯特凡诺·达巴尼奥内都在躲藏的过程中被抓住了。他们先是受了阉割，然后被送上了绞刑架。雅各布的弟弟雷纳托·德·帕奇（Renato de'Pazzi）被发现躲在穆杰洛的一栋房子里，人们并没有证据证明他参加了密谋，却还是无情地把他吊死了。他死的时候穿着一身农民才穿的破烂工作服，"好像是去参加化装舞会一样"。他的家人虽然逃过了死刑，但被判处了监禁，被关押在沃尔泰拉的地牢里。洛伦佐的姐夫古列尔莫·德·帕奇似乎是无辜的，所以只被幽禁在他自己的乡村别墅里。

142   最后几个被抓到的主要密谋者中就有蒙泰赛科，他直到5月1日才被捉拿归案。在严刑拷打和秘密审判之下，他详细供述了整个阴谋的经过以及教皇在其中扮演的角色。在审判官问出了所有有用的信息之后，作为军人的蒙泰赛科被判处了砍头的刑罚，并于5月4日在巴杰罗宫的院子里被处决了。

协助杀害朱利亚诺的巴龙切利起初成功逃出了佛罗伦萨的领地并一直跑到了君士坦丁堡；不过在那里他还是被认了出来，洛伦佐向苏丹王提出了正式的请求，于是逃犯被一路押解回到了佛罗伦萨，最后也是在巴杰罗宫的院子里被处决了。

帕奇家族的耻辱并没有随着家族成员的处决而终结。执政官们颁布了一个法令，永远禁止任何人使用这个家族的姓氏及纹饰图案。他们的财产都要被没收，他们的家族宫殿也更换了新的名字，整个城市里任何以他们名字命名的地方也都要改名。象征他们家族的海豚图案不论出现在哪里，都要被剔除或磨平。娶了帕奇家族女儿的男人永远不能担任共和国政府官员，所有与这个古老家族相关的仪式都要被废除，其中就包括在复活节前夜将神圣的燧石抬到帕奇宫的仪式。① 按照佛罗伦萨的传统，帕奇家族叛徒及其同谋者的画像还要被画到巴杰罗宫的墙上。这些画像是由波提切利创作的，酬劳是一个人像40弗罗林币。每个人像的脖子上都缠着绳子，代表着他们被处决的方式，只有纳波莱奥内·弗兰切西是被绳子拴住脚踝吊起来的，暗示他还在逃。每个图像下面还刻有洛伦佐写的恰当评论。

乔焦·瓦萨里记录说，与这些侮辱性图案相对的是：

> 洛伦佐的朋友和亲属们为感谢上帝保他度过劫难，下令在城市各处竖立起他的雕塑。于是在韦罗基奥的帮助和建议下，（一个技艺高超的蜡像艺人）制作了三尊真人大小的蜡像。蜡像内部有木制框架作支撑，外面是腊制的服装，连衣服上的褶皱都描绘得真实鲜活。然后他又用更厚的蜡层，依照洛伦佐本人的样貌特征制作头和四肢，最后用油彩画上头发和饰物。完成后的蜡像是如此精致自然、

143

---

① 焰火节已经被复兴。以前是在复活节周日午夜弥撒时举行，现在改为在复活节当天中午举行。燧石都是从圣使徒教堂取来的，人们会在指定的时间，在大教堂的圣坛前用燧石打出的火花点燃鸽子型的火箭，诚挚地希望鸽子型火箭能沿着拴好的线射向外面广场上堆满烟花爆竹的货车，将其引燃之后再沿着线落回到大教堂。如果仪式顺利成功，就预示着这一年会有好收成。

栩栩如生，到今天看来也还是如此。三尊蜡像之一陈列在圣加洛街上的基亚里托修女堂（Chiarito），就摆在十字架受难像之前，这尊蜡像身上的衣服是完全按照洛伦佐脖子上扎着绷带、站在美第奇宫窗口向人民讲话时的穿着来制作的……第二尊蜡像穿着普通佛罗伦萨市民穿的长袍，被陈列在圣母领报教堂里，摆在卖蜡烛的桌子旁矮门的上方。第三尊蜡像被送到阿西西的圣母安杰利教堂，摆在了圣母像之前。

第十一章　佛罗伦萨的救世主

"那个邪恶之人的儿子和毁灭之人的养子"

1478 年的耶稣升天节（Ascension Day）这一天，朱利亚诺·德·美第奇被安葬在圣洛伦佐教堂老圣器收藏室的斑岩石棺中。这个石棺也是他和他的兄弟为纪念父亲和叔叔而建造的。朱利亚诺遇害时年仅 25 岁，还没有结婚，不过在这一年年初，他的一个情妇菲奥雷塔·戈里尼（Fioretta Gorini）为他生了一个儿子，取名朱利奥（Giulio）。[①] 没过多久，孩子的母亲也去世了，洛伦佐于是收养了他，并把他当作亲生骨肉一样看待。

至于他自己的三个儿子，洛伦佐是这样评论的：大儿子呆，二儿子灵，小儿子善。不过洛伦佐对所有孩子一视同仁，对女儿们也一样疼爱有加。他喜欢和他们一起做游戏，马基雅维利后来评论他的这一习惯时隐约带有一丝惊讶和不满。洛伦佐曾经为孩子们写了一个剧本，名字叫作《圣乔瓦尼和圣保罗》（*San Giovanni e San Paolo*）。剧本不仅给每个孩子都安排了一个角色，连他自己也有一个。洛伦佐让孩子们记住，无论

---

① 波提切利创作的这幅古板又没有什么魅力的《年轻女子肖像》（*Portrait of a Young Woman*）是挂在皮蒂宫里的。画中人物一度被认为是克拉丽切·奥尔西尼，被认为是西莫内塔·韦斯普奇的可能性更小。最有可能的身份应该就是菲奥雷塔·戈里尼。

他有多少国家大事要去处理，也无论他们有多少课程要去学习——孩子们的教育一直是他非常重视的一件事——他都会挤出时间和他们谈心。"如果连凶猛的野兽都关爱自己的幼仔，"洛伦佐写道，"那我们对孩子的宠爱岂不是应该多得多。"

洛伦佐与孩子们分离的时候总是会想念他们，而孩子们也会像他想念他们一样想念自己的父亲。"洛伦佐什么时候来？"孩子们总是这样问自己的老师或母亲。在帕奇家族阴谋之后那段不稳定的时期内，孩子们和他们的母亲一起被送到了皮斯托亚，暂住在他们的朋友潘恰蒂基（Panciaticchi）家中。同行的还有波利齐亚诺，他是年长的几个男孩儿的家庭教师。波利齐亚诺当然不愿意离开佛罗伦萨，不过他并没有在写给洛伦佐的信中抱怨什么。波利齐亚诺会向洛伦佐讲述孩子们的情况，说潘恰蒂基一家以"极大的善意"接待了他们，请他放心；还说克拉丽切一切安好只是心情不畅，除了从佛罗伦萨来的哪怕是只言片语的好消息外，什么也不能让她高兴起来。"她几乎连门都不出。我们什么也不缺，很多人送来礼物都被我们拒绝了，只留下了沙拉、无花果、几小瓶葡萄酒和一些烤鱼卷（beccafichi）。这里的人不会拒绝我们的任何要求……我们一直很警惕，还安排了侍卫把守大门。等你有时间了一定要来看看家人，他们一心盼着你来。"

1478 年的整个夏天，洛伦佐的家人都住在皮斯托亚。冬天临近的时候，他们搬到了卡法焦洛的更加安全的别墅里。寒冷的冬天让这里的生活变得更加单调，波利齐亚诺越来越难以忍受这样无聊的日子，但是他在写给洛伦佐的信中还是没有过多抱怨；不过在面对洛伦佐的母亲卢克雷齐娅的时候，波利齐亚诺可没有掩饰自己的不快。这里的天气冷得吓人，所以大部分时间里他都只能穿着拖鞋和大衣坐在火炉前；这里还总是下雨，孩子们根本没法到户外去，波利齐亚诺只好为他们设计一些可以在房间里玩的游戏。为了让游戏更有意思，输了的孩子会被罚吃饭时少吃一道菜，不过这似乎并不是一个好主意，因为自从有了这项措施之后，输了的孩子们往往会哭闹起来。更糟糕的是，波利齐亚诺和克拉丽切相处得并不愉快，这让本就艰苦的日子变得更加难熬。

依照克拉丽切缺乏想象力又古板的罗马思维，年幼的乔瓦尼学习拉丁文时诵读的竟然是古典文本而非祷告诗令她惊骇不已。而波利齐亚诺知道洛伦佐会认可他的教育方法，所以也不愿做出改变。由此引发的争吵被不断扩大，最后克拉丽切把波利齐亚诺赶出了别墅。虽然洛伦佐觉得可以原谅妻子解雇了他的朋友，并且重新指定了温和一些的马蒂诺·达·科梅迪亚（Martino da Comedia）作为孩子们的教师，但他还是要让妻子明白自己并不认可她的行为。克拉丽切反过来责备他不该许可 146 令人讨厌的波利齐亚诺使用菲耶索莱别墅里的私人房间，说他这样宽恕一个被自己扫地出门的人让她成了所有人的笑柄。洛伦佐忍无可忍地给克拉丽切写了一封措辞严厉的信来训斥她的行为。他还提醒说，她没有按照自己的要求把波利齐亚诺的书籍送还给他，并且要求她当天就把书送出。

尽管这次争吵很激烈，但这是洛伦佐和克拉丽切仅有的一次严重争吵。克拉丽切自然是远远配不上洛伦佐的。洛伦佐的母亲当年在这个年轻的罗马姑娘身上发现的害羞、诚实和讨人喜欢虽然还在，但克拉丽切实际上一直没能融入佛罗伦萨的生活。在内心深处，她还是个罗马人，过于自负和任性，为自己古老的血统而骄傲，为她丈夫和教皇之间的纠纷而担忧，丈夫和机智、诙谐、玩世不恭的朋友们之间她根本听不懂的谈话更是让她如坐针毡。

洛伦佐对自己的妻子肯定是不忠的，不过她对此似乎并不怎么介意，毕竟在那个时代没有几个丈夫会对妻子忠诚。而且洛伦佐在这个问题上也很谨慎。他对卢克雷齐娅·多纳蒂的迷恋仅仅停留在罗曼蒂克的层面，他们在她还是小姑娘的时候就认识了，虽然他在锦标赛上佩戴了她的信物，还写诗赞美她美丽的眼睛和双手，以及她精致脸庞上不断变化的表情，但是克拉丽切了解佛罗伦萨的风俗，也知道洛伦佐绝不会让卢克雷齐娅这样富有的多纳蒂家族的女儿做自己的情妇。况且，克拉丽切也很喜欢卢克雷齐娅，她们相识的时候，卢克雷齐娅已经结婚了。克拉丽切还非常高兴卢克雷齐娅能成为自己长子的教母。洛伦佐和其他女人的风流韵事也没有引起克拉丽切多少关注。弗朗切斯科·圭恰迪尼说，"风流多情"的洛伦佐在 40 岁的时候疯狂爱上了多纳托·本奇（Donato Benci）的妻子巴尔托洛梅亚·代·纳西（Bartolommea dei Nasi），并经常在她的别墅过夜，直到破晓前才回到佛罗伦萨。如果确有此事，那要么是他对克拉丽切隐瞒了实情，反正克拉丽切并不在乎这种事；要么是这件事发生在克拉丽切去世之后。洛伦佐与其他女人的关系从来没有影响过他与妻子之间的感情。虽然克拉丽切和洛伦佐没有什么共同的喜好，她既不懂艺术，也不懂文学，更不用说政治或哲学了，但毫无疑问他们是深爱着彼此的。每次给丈夫写信的时候，除了引用一两句布道时牧师讲到的劝诫或说说孩子们的健康状况之外，克拉丽切就写不出别的了。不过她会用自己的方式表达对丈夫的关爱，她的丈夫也同样如此。在他们之间的一封书信中，洛伦佐写道：

　　我已经平安到达了目的地，我想这是除了我的平安返回之外最能让你高兴的消息了。我也是这样思念着你和家。你要好好陪着皮耶罗，祖母孔泰西纳（洛伦佐年事已高的祖母，按照当时的习俗在 1473 年去世之前他们一直住在一起）和母亲卢克雷齐娅（也和洛伦佐一家住在一起直到 1482 年去世）。为我向上帝祈祷。如果有什么需要在我离开（米兰）之前带回去的就跟我说。你的洛伦佐。

　　克拉丽切全心全意地关爱着孩子们，尤其是女儿马达莱娜（Maddalena）。她总共生了 10 个孩子，其中 3 个没有活过婴儿期；而 11 岁路易贾的去世，更是加速了她生命的终结。当时克拉丽切已经患上肺结核有一段时间了，当病情有所好转之后，同样也生着病的洛伦佐决定去菲莱塔（Filetta）接受药浴治疗。然而他刚走 9 天，克拉丽切就离开了人世。这个消息让洛伦佐痛不欲生，他写道："没有任何事能让我从这沉重的苦痛中解脱，这已经超过了我能承受的范围。祈祷上帝赐予我平静，并祈求我主让我在有生之年内免于承受最近接连发生的考验。"

　　费拉拉驻佛罗伦萨大使三天后才写信向公爵通报克拉丽切·德·美第奇的死讯。他说之所以没有及时通报，是因为他觉得这事不怎么重要。

　　正如洛伦佐担心的那样，帕奇家族阴谋的失败，再加上佛罗伦萨人对参与阴谋之人严厉的报复行为引发了罗马的狂怒。吉罗拉莫·里亚里奥带着 300 名长戟兵冲进了佛罗伦萨驻罗马 148

大使多纳托·阿恰尤奥利的家并逮捕了他。要不是威尼斯和米兰大使强烈反对这种严重违反外交豁免权的行为，吉罗拉莫·里亚里奥就要将多纳托·阿恰尤奥利直接关进圣安杰洛城堡（Sant'Angelo）的地牢了。没能成功处置自己选定的替罪羊之后，吉罗拉莫·里亚里奥只得竭力鼓动舅舅用尽职权内的一切办法报复佛罗伦萨人，尤其是美第奇家族。教皇本人和外甥一样怒不可遏，根本不需要旁人煽风点火。他先是下令逮捕罗马境内所有主要的佛罗伦萨银行家和商人，不过想到枢机主教拉法埃拉·里亚里奥还被扣押在佛罗伦萨，又只好把这些人都放了。然后他又没收了所有他能掌握的美第奇银行的资产和美第奇家族的财物。他还免除了教廷金库对银行欠下的所有债务，并派一名罗马教廷大使去佛罗伦萨要求将洛伦佐交给教廷审判，并下达了一份冗长的针对"洛伦佐·德·美第奇——那个邪恶之人的儿子和毁灭者的养子——及其所有共犯和教唆犯"的驱逐令。所谓共犯包括了首席执政官和整个执政团，所有成员都被"认定为有罪、亵渎神明、受到诅咒、声名狼藉、不被信任、应被逐出教会并且无权立下遗嘱的人"。文件里还写道："他们所有的财产都应由教会没收；他们的房子应当被夷为平地；他们的住所应当被废弃，成为无法入住的荒地。让永恒的废墟来见证他们永恒的耻辱。"教皇威胁说如果这些判决没有在两个月内执行，就要切断佛罗伦萨和外界的全部联系。然而光凭这些还是不能让教皇解气，他又正式向佛罗伦萨宣战，并且毫不费力地说服那不勒斯的国王费兰特也向佛罗伦萨宣战。

那不勒斯本来就巴不得将阿拉贡家族的势力范围扩大到托斯卡纳地区，国王费兰特的儿子卡拉布里亚公爵（Duke of

Calabria）阿方索立即带着军队穿过了边境，占领了蒙特普尔恰诺（Montepulciano）周边的地区。然后他派信使到佛罗伦萨 149 冷酷地宣告了这座城市即将迎来的毁灭，同时还转达了教皇比之前驱逐令措辞更恶毒的口信。

对于这些以及后续的所有威胁恐吓，执政团给出了一份充满挑战的回复：

> 您说洛伦佐是暴君并要求我们将他驱逐，但是大多数佛罗伦萨人称他为人民的守护者……请记住您尊贵的职位是基督的代表，请记住交到您手中的圣彼得的钥匙不是为了让您能够如此滥用职权……佛罗伦萨会坚决地捍卫它的自由，我们相信基督知晓我们这一事业的正义，因此也必不会抛弃我们这些信主之人；我们还相信我们坚定的盟友会将我们的事业当作他们自己的事业；我们尤其相信最坚定的基督徒法国国王路易，他一直是佛罗伦萨的庇护者和保护人。

虽然佛罗伦萨人大谈对盟友的信任，不过他们实在没有什么理由去期待盟友的帮助。法国国王确实给洛伦佐写了一封充满友谊和同情的信，就教皇对洛伦佐的处理提出了抗议；除此之外还模糊地威胁要组建新的大议会，并重申安茹家族对那不勒斯的所有权。法国国王派遣菲利普·德·科米纳作为特使前往意大利，不过就如科米纳自己所言，他们能给佛罗伦萨人的只有同情而已："路易对佛罗伦萨人的偏爱也许在某些层面上是有影响力的，但实际上并不如我希望的那么多，除了随从，我没有军队可为佛罗伦萨人提供支持。"

　　要是早几年，佛罗伦萨人也许还可以期盼米兰提供军事协助，但是自从加莱亚佐·玛丽亚·斯福尔扎被谋杀之后，他的遗孀——也是他们年幼的儿子吉安·加莱亚佐（Gian Galeazzo）的监护人——与去世丈夫的弟弟们之间的王位之争一直没有停止，这使得米兰无法再成为意大利政治中一支有效的力量。最后由吉安·贾科莫·特里武尔奇奥（Gian Giacomo Trivulzio）领导的一支军队被派到了佛罗伦萨，可惜军队的人数太少，起不了什么作用。美第奇在罗马的亲戚奥尔西尼家族派来的雇佣军队伍人数也十分有限；同样人数有限的还有博洛尼亚的军队，是由乔瓦尼·本蒂沃利奥提供的。多年前洛伦佐曾经代表父亲拜访过乔瓦尼·本蒂沃利奥，并且从那以后双方一直维持着密切的友好关系。事实上，当所有东拼西凑的兵力集结到长官埃尔克莱·德·埃斯特（Ercole d'Este）手中时，包括这位高大英俊、精明谨慎的费拉拉公爵在内的大多数人都确信，佛罗伦萨这一次无论如何也抵挡不住已经抵达基亚纳河谷（Chiana valley）的那不勒斯军队即将要发起的猛攻了。

150

　　然而，卡拉布里亚公爵的军队还不是佛罗伦萨所面临的唯一威胁。此时，教皇又鼓动锡耶纳和卢卡加入了他的阵线，并把自己军队的控制权委托给了令人敬畏的军人——乌尔比诺公爵费代里戈·达·蒙泰费尔特罗。看看教皇阵营的军队实力，再对比一下佛罗伦萨的杂牌军，菲利普·德·科米纳不得不相信，佛罗伦萨的独立即将终结。

　　佛罗伦萨人比科米纳乐观得多，他们仍然拒绝遵从教皇提出的任何要求。托斯卡纳地区的主教们对教皇驱逐令的回应尤其大胆，他们在佛罗伦萨的大教堂里举行会议，并全体一致认定执政团截至目前所采取的一切行动完全正当。依据这一决定，他们还颁布了对教皇的驱逐令。前一年由贝尔纳多·琴尼尼（Bernardo Cennini）在佛罗伦萨建立起来的印刷厂印制了很多对教皇的驱逐令，并把它们散发到整个欧洲，每个标题都足够吸引眼球，比如《佛罗伦萨教士怒斥教皇西克斯图斯四世的檄文》（*Contrascommunica del clero Fiorentino fulminate contro il summon Pontifice Sisto Ⅳ*）。而这种态度也获得了其他神职人员、会众以及洛伦佐本人的完全支持。

　　至此，洛伦佐已经毫无争议地树立了他作为佛罗伦萨大业领导者的地位。他召集佛罗伦萨的重要人物举行了一次会议。会上，洛伦佐用带着鼻音的尖细声音向大家保证，如果他一个人，甚至是他一家人的流放或死亡能够换来佛罗伦萨的救赎，那么他甘愿牺牲。而雅各布·代·亚历山德里（Jacopo dei Alessandri）则代表大家向洛伦佐表示，他们一致决定坚决支持洛伦佐直到最后一刻。同时他们还指定了一个 12 人的侍卫队来保障洛伦佐的安全，并选举他加入紧急成立的十人战争委员会，专门处理佛罗伦萨的防务事宜。

151

　　这次战事之所以没有像科米纳预料的那样以佛罗伦萨的惨败终结，主要归功于运气和十五世纪意大利独特的战争传统，而非佛罗伦萨军队的战斗力或他们指挥官的卓越能力。费拉拉公爵似乎不愿意挑战卡拉布里亚公爵的军队实力，后者不但是一名训练有素的军人，还碰巧是他妻子的哥哥。费拉拉公爵的军队一直与敌军保持着两日行军距离，所以他的队伍用了三周才走完从比萨到萨尔扎纳（Sarzana）短短 50 英里的路程。佛罗伦萨人催促他快些行进时，他嘲笑说这些建议都是“完全不懂战争的学究们”提出来的。佛罗伦萨的一位药材商卢卡·兰杜奇（Luca Landucci）评论说：“意大利军人的体系是这样的，只要你方把注意力转向掠夺那里的财物，我方就去掠夺这里的财物。短兵相接才不是我们真正想做的。"所以直至1478年11月，双方还没有打过一场决定性的战役，就各自退回驻扎地过冬去了。

转到来年，形势对佛罗伦萨更加不利了。首先，年幼的公爵吉安·加莱亚佐·斯福尔扎在争夺王位的斗争中取胜，不甘失败的叔叔们逃到了那不勒斯，在国王费兰特的怂恿下，又带着军队回到米兰打算以武力夺取政权。敌人卷土重来逼近伦巴让公爵夫人极为不安，所以她调回了支援佛罗伦萨的队伍去保卫她在米兰的政府。

公爵夫人尤其忌惮洛多维科·斯福尔扎（Lodovico Sforza）的回归。后者有个外号叫"摩尔人"。（il Moro），一方面是因为他受洗时取的名字是毛罗（Mauro），另一方面则是因为他的肤色像摩尔人一样黝黑。其实洛多维科的样貌看上去有些脂粉气，嘴巴尤其小，头发也带着精致的卷曲。他是个虚荣自大、胆小懦弱，但也聪明绝顶的人。他在艺术和文学上有很高的造诣，但识人用人却很糟糕。他玩世不恭，没有是非观，但是彬彬有礼、体贴入微。他不仅有行政和外交的天赋，还有着非凡的记忆力。总之是一个不得不认真对待的敌手。

到了9月，洛多维科与公爵夫人达成协议，成了米兰的统治者。他认定米兰公国不宜再把处于覆灭边缘的佛罗伦萨共和国当作盟友。与此同时，卡拉布里亚公爵的军队一路冲杀，已经抵达埃尔萨谷地（Val d'Elsa），并攻下了波焦因佩里亚莱（Poggio Imperiale）的堡垒。要不是在佛罗伦萨以南30英里的小镇科莱（Colle）受到了持续两个月的殊死抵抗，公爵早就兵临佛罗伦萨城下了。11月4日，科莱最终还是失守了。卢卡·兰杜奇在日记中写道：公爵的大炮共朝科莱"发射了 1024 枚炮弹"。此时已经入冬，那不勒斯的军队无法在埃尔萨谷地继续前行，于是卡拉布里亚公爵只得再一次撤回锡耶纳过冬。尽管又得到了一个喘息的机会，但此时佛罗伦萨已然处在了前所未有的危急时刻。七拼八凑的雇佣军首领之间争吵不断；费拉拉公爵因为斯福尔扎的撤离而乱了阵脚；一群乌合之众组成所谓的突击队，实际上是去托斯卡纳地区的乡村里为非作歹；佛罗伦萨城里还暴发了瘟疫；战时委员会为了保证军需而加征各种重税，人民也开始怨声载道。除此之外，佛罗伦萨的经济开始衰退，部分是因为英国人开始自己制造布料，所以几乎停止了对意大利的羊毛出口。成百上千的工人被工厂拒之门外，因为商人已经没有订单可供他们生产。洛伦佐清楚地意识到佛罗伦萨不可能再撑过新一轮的进攻，也知道他的盟友们都支持总体的和平，于是他做出了一个让佛罗伦萨人认为意义非凡、勇气可嘉的决定：他要亲自前往那不勒斯，把自己送到敌人的宫廷之上。洛伦佐把管理城市的重任交给了刚当选的首席执政官托马索·索代里尼，然后就骑马向海岸进发。在去比萨的路上，他在圣米尼亚托泰代斯科镇（San Miniato Tedesco）给执政团写了一封信：

> 当我们的城市面临这样的危机，我们已经没有时间深 153
> 思熟虑了，必须马上行动……我已经决定，在诸位的许可
> 之下，马上起航前往那不勒斯。我知道敌人的行动主要针
> 对我一人，希望我此去将自己交由他们处置，就能让我的
> 市民们重获安宁……既然我享有比任何一个市民都多的荣
> 誉和责任，我也理应为我们的国家做出最多的贡献，哪怕

是为此献出生命。我将抱着这样的决心前行。也许一切都是上帝的意愿，这场由我弟弟和我的鲜血引发的战争，也必须由我来终结。我的心愿是，无论代价是我的生存或死亡、灾难或兴旺，我都能为这座城市带来福祉……我的心中满怀希望，我祈祷上帝的恩赐助我履行任何一个市民都应时刻准备好为他的国家而履行的义务。我任凭执政团阁下们的差遣。劳伦蒂乌斯·德·美第奇 (Laurentius de Medici)

根据菲利波·瓦洛里 (Filippo Valori) 的记录，当这封满怀感情的信在执政团里被当众宣读的时候，没有一个执政官不感动地潸然泪下。没有人相信国王费兰特的为人，据说他会把敌人的尸体进行防腐处理后展示在私人博物馆里，所以大家此时都以为他们可能再也见不到洛伦佐了。然而所有人也明白，除了他的牺牲，恐怕没有第二个办法能够挽救共和国了。因此执政团也只能任命他为驻那不勒斯大使，并祝福洛伦佐一切顺利。接到执政团回信的第二天，洛伦佐从瓦达 (Vada) 起航，并在 1479 年圣诞节前夕抵达了那不勒斯，当时他 29 岁。

站在码头上迎接他的是国王费兰特的二儿子费代里戈，洛伦佐还是个小男孩儿时就见过他，也很喜欢他。他们热情地相互问好。洛伦佐也受到了卡拉布里亚公爵的妻子、天资聪颖的伊波利塔·斯福尔扎的热情接待，他们也是多年的朋友了。同样欢迎他的还有国王费兰特的主要顾问之一迪奥梅德·卡拉法 (Diomede Carafa)，他是一位年事已高的作家、鉴赏家和收藏家。过去洛伦佐帮过他很多忙，每次他有朋友前往佛罗伦萨都会受到洛伦佐的接待和照顾，洛伦佐还送给他一个精致的铜马

头雕塑，那也是卡拉法收藏的最好的罗马古董之一。事实上，　154
洛伦佐的随从们很快就发现，此行远没有他们以为的那么有勇
无谋，更没有洛伦佐在给执政团的那封信中所描述的那么命悬
一线。

写那封信之前，洛伦佐就开始秘密与那不勒斯宫廷通信，
并确保他的前往不会受到冷遇。他搭乘的这艘船实际上也是那
不勒斯人派来接他的。他知道卡拉布里亚公爵的军队已经控制
了托斯卡纳南部大片的土地，并且反对任何不以承认他的胜利
为前提的和解方案；但是洛伦佐也知道国王费兰特对于法国国
王不断重申安茹家族对那不勒斯统治权的威胁非常担忧，更不
用说在南亚得里亚海沿着意大利海岸来来回回的土耳其舰队又
抱着多少危险的企图。

不过，国王费兰特也不是一个能够轻易达成协议的人。他
不但机敏狡猾、精于政治，更是个冷酷无情、报复心强、善于
掩饰真实想法的人。要想猜出这样一个面色阴沉、臃肿肥胖、
时不时就闹脾气一言不发的人到底喜欢什么，或者到底在想什
么几乎是不可能的。科米纳就评论说："没有人能知道他到底
是生气还是高兴。"不过他和洛伦佐一样的是，他们都喜欢乡
村生活、驯鹰术以及打猎。他们对诗歌的品位很相近，对新知
识和古典时期的看法也很相似。在他们漫长的对话中，洛伦佐
不是只谈眼下的战争和统一意大利的理想，而是多次转弯抹角
地提到古典时期那些通过实现和平而创立伟业的伟大统治者。
关于实际的协议，他强调尽管教皇近来扶植那不勒斯，尽管教
皇封费兰特的儿子乔瓦尼为枢机主教，尽管教皇的侄子为费兰
特的女儿办了一次举世无双的奢华婚宴，尽管教皇免除了那不
勒斯对教皇例行的年贡，但是教皇永远不可能像佛罗伦萨一样

成为真正对那不勒斯有利的朋友。西克斯图斯只是在利用那不勒斯来实现个人目的。

费兰特显然没有被说服，于是谈话不断延长，洛伦佐越来越灰心，他在卡拉布里亚公爵夫人的海边别墅花园中忧心忡忡地散着步，一名随行人员描述说"他仿佛是一个人在扮演两个角色，"

> 白天他表现得非常轻松、优雅、乐观和自信，但是到了晚上就会为自己和佛罗伦萨的悲惨处境而愁眉不展，反复强调他根本不在乎生死，但是无法挽救自己的国家于危难之中让他痛苦不堪。

在努力说服费兰特的同时，洛伦佐成功地用自己的慷慨给那不勒斯人留下了深刻的印象。为了这次行程，他通过抵押卡法焦洛和穆杰洛的土地筹来了六万弗罗林币。一到那不勒斯他就赎买了 100 名船上奴隶的自由，还给他们每人 10 弗罗林币和一套体面的衣服。然后他又为一些穷苦人家的女儿提供了丰厚的嫁妆，又向多个慈善事业捐赠了大笔善款。瓦洛里说他从保罗·安东尼奥·索代里尼（Paolo Antonio Soderini）那里听到洛伦佐出访那不勒斯总共的开销之后，吓得不敢把这个数字写下来。

即便如此，费兰特还是不愿谈协议。最终，洛伦佐在那不勒斯待了将近十周之后，不得不把问题摆上桌面，声称自己不能再继续等下去了，佛罗伦萨有紧急的事务待他回去处理。在匆匆告别之后，洛伦佐就骑马离开那不勒斯向北启程了。而国王费兰特只好急忙起草和平协议，派人追着给洛伦佐送去。

　　战争终于结束了。和平协议的条款对佛罗伦萨来说不算很有利。佛罗伦萨不但要向卡拉布里亚公爵支付赔偿款，还不得不在教皇的坚持下释放在押的帕奇家族人员；此外佛罗伦萨还必须同意托斯卡纳南部一些地区继续由外来势力控制；不过至少战争结束了，和平得到了保障，教皇的野心没能得逞，而佛罗伦萨和那不勒斯重新成了朋友和盟友。

第十二章　意大利指南针上的指针

*"如果佛罗伦萨注定要被暴君统治，那绝对找不到
比他更优秀、更令人愉快的人选了"*

　　　　1480 年 3 月洛伦佐回到佛罗伦萨时，受到了比他祖父
1434 年从流放地返回时更热烈的欢迎。战争期间，推翻他的
努力反复上演。里亚里奥家族不断筹划他的毁灭，吉罗拉莫·
里亚里奥更是两次试图找人暗杀洛伦佐。现在，尽管支付给卡
拉布里亚公爵的巨额赔偿款引发了一些抱怨，但洛伦佐在佛罗
伦萨的地位已经不可动摇了，而且他还会抓住一切机会让自己
的位置更加稳固。

　　直到此时为止，如米兰大使所说，洛伦佐已经"下定决
心以祖父为榜样，用尽一切宪法允许的手段"来维持自己的
统治地位。事实上，他还决心不做任何会刺激佛罗伦萨人敏感
神经的事。不过他在那不勒斯逗留了这么长的时间，已经让美
第奇家族在佛罗伦萨的统治面临危机，这让洛伦佐意识到只有
为自己的统治提供更稳固的基础，才能让它提升至新的层次。
洛伦佐从那不勒斯回来后不到一个月，应对战争带来的经济困
局便成了组建一个新的最高司法委员会的绝好理由。最高司法
委员会立即批准成立一个七十人委员会，当选委员任期 5 年。
新委员会接管了选举官选举执政团官员的权利，执政团将来则
不再享有提起重要法案的权利。委员会还可以从内部成员中选
举成立两个政府机构，一个是负责外交政策的八人外交军事事

务团（*Otto di Pratica*），另一个是负责内政和金融的十二行政长官团（*Dodici Procuratori*）。执政团和百人团的权力都被极大限制了，七十人委员会成为实质上的佛罗伦萨政府。

此时的洛伦佐并不能完全控制这个政府。波利齐亚诺称他是佛罗伦萨的领袖（*caput*）；其他人则用曾经授予其祖父的"国父"称号来敬称他。不过七十人委员会出于嫉妒往往会死守自己的政治独立，并不总是愿意顺着洛伦佐的心意。他不得不向那些搞不清楚状况的外国使节解释为什么他不能决定国家的某项政策，因为他"只是一个市民，而不是佛罗伦萨的执政团官员"。他承认自己享有比自己身份多得多的权力，但即使是他"也不得不耐心地尊重大多数人的意见"。让别人以为他的影响力并没有那么大是对他有好处的，这样既可以避免向朋友兑现昂贵的人情——就像他的祖父被教皇加里斯都三世（Calixtus Ⅲ）要求资助十字军东征一样，又可以反驳反对者阿拉曼诺·迪·菲利波·里努奇尼（Alamanno di Filippo Rinuccini）称他为独裁者的指责。事实上，洛伦佐的影响力是广泛、有说服力的，且通常是决定性的。当洛伦佐告诉某个委员或官员他想要如何处理某件事的时候，他的意见都会被遵照执行；当他提议某人应当被选入某个部门的时候，这个人通常也会按他的意思当选。他可能永远不会接受"共和国领袖"之类的正式头衔，但是在他去世后，一份官方文件中称他为"第一市民"（*vir primarius nostrae civitatis*），这一点是无人能否认的。他的敌人当然会毫不犹豫地给他贴上暴君的标签，但是如弗朗切斯科·圭恰迪尼承认的那样，"如果佛罗伦萨注定要被暴君统治，那绝对找不到比洛伦佐更优秀、更令人愉快的人选了"。这个观点在佛罗伦萨城里绝对不乏支持者，特别是那些相对贫困的人们。对他们而言，洛伦佐是不是专制者并不重要。在他的统治下，他们能吃饱饭，能有激动人心的公共节日，而且能享受到——或者说大部分人能享受到——公平正义。兰杜奇就在日记中记录了一个可怜人受到的不公待遇：

158

> 在 1480 年 10 月 15 日这一天，一名隐士（被指控曾试图刺杀洛伦佐）死在了圣玛丽亚诺瓦医院里，他已经被各种酷刑折磨得不成人形。他们说行刑者削掉他的脚底后将他的脚拿到火上烤，直到上面的脂肪都化去了，然后又让他站起来到结晶的粗盐上走，他就是这样被折磨致死的。然而，最终也没有关于他是否有罪的定论，有人说有，有人说没有。

虽然洛伦佐在佛罗伦萨的地位稳固了，但美第奇银行的财富却迅速缩水。洛伦佐并不像祖父那样善于经营；他给了分行经理们太多的权限，而且过分依赖于那位趋炎附势、阿谀逢迎的总经理弗朗切斯科·萨塞蒂（Francesco Sassetti）的不明智建议。当被人提醒要提防萨塞蒂的许多政策时，洛伦佐往往会承认自己"并不是很明白这些事情"，然后就把别人的建议抛到脑后了。因为管理失误和在玫瑰战争期间过度贷款给爱德华四世（King Edward IV），美第奇伦敦分行被迫关门，布吕赫分行随后也崩溃了；然后是米兰分行，当年由弗朗切斯科·斯福尔扎赠送给科西莫的营业场所也被卖给了"摩尔人"洛多维科。里昂、罗马和那不勒斯的分行在经营上也都遇到了困难，一方面是因为管理失误，另一方面也是因为整个佛罗伦萨银行业的崩坏，在随后的 12 年中，它将彻底走向没落。

　　帕奇家族阴谋不仅想要推翻美第奇家族的统治，还要摧毁美第奇银行。而整个美第奇银行体系在这次阴谋发生之前其实就已经濒临破产了。正是因为预料到美第奇银行很快会破产，而洛伦佐也会随之身败名裂，雷纳托·德·帕奇才不愿意参与那次阴谋。阴谋虽以失败告终，但是洛伦佐依然面临财务上的窘境。不过，洛伦佐从来不允许道德上的顾虑阻碍他的政治前途和个人野心，所以他毫不犹豫地打起了那些不属于他的基金的主意。他先是挪用了指定他为监护人并委托他代管的两个堂弟的基金，总数超过五万五千弗罗林币。到 1485 年这两个男孩儿成年向他索要欠款时，洛伦佐却无力偿还，只好把自己在卡法焦洛的别墅和穆杰洛的一些地产过户给他们作为补偿，但是堂弟们仍声称这并不足以完全弥补他们的损失。除此之外，洛伦佐还私自动用国库的钱财。在他去世后，他的继承人被判定要归还超过七万五千弗罗林币的债务，都是洛伦佐“未经任何法律和官方许可就私自支取而给公众造成的损失”。

　　除了财务上的困扰，洛伦佐回到佛罗伦萨后还要为共和国前线持续的不稳定而费神。在他离开的这段时间里，热那亚人夺下了萨尔扎纳的堡垒。此后，吉罗拉莫·里亚里奥也把自己在罗马涅的势力范围扩张至托斯卡纳地区边境；而卡拉布里亚公爵则利用锡耶纳发生暴乱之机建立了对该地区的统治权。最糟糕的是，因为洛伦佐和那不勒斯达成了和平条约，教皇的其他同盟者也就放弃了对教皇的继续支持，这又大大加深了教皇对他的厌恶感。教皇虽然无力自行组织对洛伦佐的宣战，但是他仍然拒绝撤销之前的禁令和驱逐令。

　　不过随后的局势又朝着对洛伦佐有利的方向发展了，时机之巧使得人们甚至怀疑是不是他本人安排了土耳其人发起攻击

159

的时间：1480 年 8 月，7000 人的土耳其军队在奥特朗托海峡（Otranto）登陆，在意大利的靴子形版图的"鞋跟"处建立起了稳固的桥头堡，并威胁要穿过那不勒斯，直逼罗马。长久以来的担心变成了迫在眉睫的危机，卡拉布里亚公爵不得不从锡耶纳火速赶回南方，国王费兰特也被迫将那不勒斯军队占领下的一些托斯卡纳地区市镇还给了佛罗伦萨。他们还说服教皇，在整个基督教世界都面临危机的时刻，意大利内部各国更不应该发生内讧。各方最终商定，佛罗伦萨派遣一个由佛罗伦萨主要家族成员组成的代表团到罗马，为自己城市的错误行为做出模糊的道歉，而教皇方面也答应赐予原谅和宽恕。于是代表团在 12 月 3 日这一天来到圣彼得大教堂。为了接见他们，中殿里特意摆放了带华盖的御座。教皇坐在御座上，代表团跪在教皇面前。路易吉·圭恰迪尼（Luigi Guicciardini）作为代表团团长，含含糊糊地说了一段道歉之词，声音甚至盖不过旁观者的议论。同样，教皇也嘟囔了几句听不清楚的斥责之词，并用忏悔杖轻敲了他们的肩膀，表示禁令被正式解除，随后教皇还给他们赐了福。代表团使节们也向教皇承诺提供 15 艘配有装备的舰船来协助抵抗土耳其军队，然后就回到了佛罗伦萨，并向洛伦佐汇报一切都顺利完成了。几个月后，土耳其苏丹"征服者"穆罕默德（Mahomet the Conqueror）在盖布泽（Gebze）突然去世。他在奥特朗托海峡的军队也被召回土耳其，意大利的和平似乎重新得到了保证。

160

在洛伦佐生命的最后十年里，他尽一切可能维护着意大利的和平，不仅要全力防止教皇为贪婪的家人谋利而使意大利陷入小规模的冲突，还要打造一个统一、强大的意大利，既能抵挡土耳其人的进攻，又能挫败法国、西班牙和神圣罗马帝国对它的各种图谋。这样的政策本来就需要巨大的耐心和最老到的外交手腕，而吉罗拉莫·里亚里奥把他在罗马涅的领地范围扩大到托斯卡纳地区的野心更是让洛伦佐的工作难上加难。这一地区曾两次爆发战争，都是依靠洛伦佐的亲自调停才重归和平。在第二次战争之后，也就是 1484 年 8 月，教皇的使节回到罗马向他汇报，说和平条约拒绝了他的外甥对切尔维亚（Cervia）和拉韦纳（Ravenna）各镇的领地要求。这次战争本就因为争夺对这些地方的权力而起，结果竟一无所获。因痛风的折磨而异常暴躁的教皇西克斯图斯在听到这一消息时，先是气得话都说不出来，然后又狂怒地大叫自己永远不会承认这种耻辱的条约。然而在第二天，教皇就一病不起，几个小时之内就断气了。

　　西克斯图斯的继任者英诺森八世（Innocent Ⅷ）是一个随和亲切的人。他骄傲地承认自己有孩子，会为他们谋利，却不像西克斯图斯四世那样把这作为自己政策的核心。洛伦佐的一个代理用"兔子"这个词来指代教皇。不可否认，他那略微斜视的忧郁眼神和谦逊的举止确实有几分像兔子。洛伦佐对他的选举过程一直保持高度关注，并且有理由相信自己在适当的时候一定可以对新教皇施加一些有利的影响。此时，英诺森的首席顾问还是西克斯图斯四世的侄子，粗野、好战的枢机主教朱利亚诺·德拉·罗韦雷（Giuliano della Rovere）。他在罗马教廷的影响力在很大程度上得益于教皇英诺森的当选。不过因为大力怂恿教皇国加入与那不勒斯的昂贵却徒劳的战争，枢机主教渐渐失宠了。后来一个叫博科利诺·古佐尼（Boccolino Guzzoni）的海盗自封为奥西莫（Osimo）——安科纳南部教廷国里的一个小镇——的领主。枢机主教作为罗马教皇的使节前

161

往那里，意欲将古佐尼驱逐出去，可是他没能完成任务。洛伦佐不失时机地利用了枢机主教的失败，只花了相当于这次失败征讨费用一小部分的钱就收买了古佐尼。

洛伦佐抓住一切机会让教皇对他日益敬重，并获得了教皇的友情，甚至是钟爱。洛伦佐还费尽心思地打探教皇的品位并投其所好。他会定期向教皇赠送蒿雀，还有一桶桶教皇最喜欢的葡萄酒和上好的佛罗伦萨布料。洛伦佐还会给教皇写一些礼貌又讨喜的书信，有的信上说如果教皇身体抱恙，他也会担心忧虑；还有的信上，他会鼓励说"教皇就应当是敢作敢为"，然后看似无意地加入自己对于恰当的教廷政策的看法。洛伦佐的关心让英诺森非常高兴，对于他的观点教皇也深信不疑，并且觉得他是个值得信赖的人。英诺森受洛伦佐的影响之深，用最为不满的费拉拉大使的话形容就是"教皇连睡觉都逃不过伟大的洛伦佐的眼睛"。而在那不勒斯的佛罗伦萨大使也确信如此，并向洛伦佐保证"整个意大利都知道，你对教皇的影响力之大，实际上是佛罗伦萨大使在'以某种方式'（quodammodo）掌控罗马的政策"。

到了 1488 年，这种影响力又进一步扩大了。洛伦佐的女儿马达莱娜嫁给了弗兰切斯凯托·奇博（Franceschetto Cibo），他是教皇加入教会之前生的儿子之一。新郎当时已经年近四十，身材魁梧、了无情趣、嗜酒如命，据说一辈子没表达过一个有意义的观点；马达莱娜当时是个天资平平、五官鲜明、肩膀圆润的 16 岁少女，她对这门亲事自然没多少期待，更不用说视女儿为掌上明珠的母亲了。洛伦佐曾形容马达莱娜是他母亲"头上的眼睛"（occhio del capo）。不过，马达莱娜是个顺从的孩子，她的母亲也是个顺从的妻子，于是这桩婚事就这么定下来了；再说，除了无趣、酗酒和好赌成性外，弗兰切斯凯托据说是个非常善良的人。而洛伦佐更是慷慨大方。虽然他当时正处于又一次财务危机中，不得不向佛罗伦萨驻罗马大使承认一时很难凑够四千达科特的嫁妆，因为还有很多其他"亏空要补"。不过最终他还是想办法凑够了这笔钱，并且将佛罗伦萨的帕奇宫和蒙图盖的帕奇别墅，还有阿雷佐附近斯帕达勒托（Spedaletto）的一片不错的地产都送给了弗兰切斯凯托。

教皇对此非常满意。洛伦佐对他的控制也更加稳固和严密了。整个欧洲都接受了未来教廷的政策将由佛罗伦萨直接决定这个事实。如科西莫时代一样，美第奇又一次成为意大利实质上的决策人。欧洲的统治者们向他寻求建议；穆斯林君主们给他送来厚礼。洛伦佐一次又一次地调停斡旋，阻止教皇出于自己顽固的反阿拉贡家族的偏见而发动对那不勒斯的攻击，通过保证中小国家的独立来维持亚平宁半岛上微妙的均势，保住了意大利的和平。现在看来，洛伦佐的伟大的外交家的名声绝对是言过其实的，因为他是个轻率鲁莽、目光短浅的人，会为了眼前利益而冒无谓的风险；意大利之所以没有陷入内战，更多是源于运气而非他的英明治理；而外来势力没有在这一时期入侵也完全是因为这样更符合它们自身的利益。不管怎样，洛伦佐在他有生之年作为国务政治家的至高地位鲜有质疑：他就是"意大利指南针上的指针"。他为从热那亚人手中接手彼得拉桑塔城（Pietrasanta）找到了合理的理由；还夺回了萨尔扎纳的堡垒，彻底弥补了他在帕奇叛乱中受到的耻辱，这些都极大提升了他在佛罗伦萨的声誉。虽然不情愿，但他还是出现在了彼得拉桑塔和萨尔扎纳的战场上，鼓励士兵们英勇奋战，并指引他们通过被攻破城墙的缺口。

163

　　根据希皮奥·阿米拉托（Scipio Ammirato）的描述，在他从萨尔扎纳凯旋之后：

　　　　佛罗伦萨共和国凭借洛伦佐的威名，摆脱了一切困扰，意大利的邦国间也鲜有冲突。在外无战事、内无忧乱的环境下，佛罗伦萨可以尽情地享受艺术与和平的美好，吸引更多的文人墨客来这里著书立说，人们可以把更多的精力放到繁荣城市、发展农业上。简而言之，佛罗伦萨全心投入对艺术和其他所有美好事物的追求，让人们把这个时代视作幸福的代名词。

第十三章 洛伦佐：资助者、
收藏家和诗人

"他通晓一切事情"

在他不断地被请去调停意大利邦国之间令人厌倦的冲突的
那些年里，洛伦佐说过他渴望能有机会回到托斯卡纳地区，躲
进某个听不到一句国家大事的与世隔绝的地方。他还渴望有更
多时间在乡村别墅里和那些杰出的学者、作家、艺术家朋友们
相聚。他们可以去菲耶索莱；或是卡雷吉，每年的 11 月 7 日，
这里都会举办纪念柏拉图诞辰的宴会；还可以去佛罗伦萨西北
12 英里之外的波焦阿卡伊阿诺，这里的旧别墅是由朱利亚
诺·达·圣加洛（Giuliano da Sangallo）重建的；① 他还可以去
位于穆杰洛峡谷通往皮斯托亚途中的卡法焦洛别墅，那里离城
市更远，也更像一座森严的堡垒。尽管偶尔也会有随行人员因
为小事争吵的烦扰，但是在这些乡村别墅里度过的时光通常是
轻松惬意、令人愉悦的。用餐时，客人可以随便选择自己喜欢

---

① 洛伦佐在 1479 年买下了波焦阿卡伊阿诺别墅。朱利亚诺·达·圣加洛在
次年将其改造成了一座纯文艺复兴式建筑，但是直到十六世纪才又加入
了三角楣饰和有人字屋顶的敞廊。外部的楼梯是十七世纪才修建的。敞
廊内部的壁画是菲利波·利比创作的。原本的庭院修建为一间豪华会客
厅（Salone），墙上装饰的都是弗朗切斯科·克里斯法诺·弗兰恰比焦
（Francescodi Cristofano Franciabigion）、亚历山德罗·阿洛里（Alessandro
Allori）、安德烈亚·德尔萨尔托和雅各布·卡鲁齐·蓬托尔莫的画作。
除了这个房间外，这栋建筑的内部装潢都有了很大的变动。现在这栋建
筑属于国家，并被改建成为博物馆。

的座位，而洛伦佐和那些亲密的朋友们也是这样随性地加入宾客之中，比如安杰洛·波利齐亚诺；或是另一个风趣、爱嘲讽的诗人路易吉·浦尔契，通常被洛伦佐唤作"吉吉"（Gigi）；还有乔瓦尼·皮科（Giovanni Pico）及米兰多拉和孔科尔迪亚伯爵（Count of Mirandola and Concordia），后者是一位聪明、诚实的贵族，他的作品非常有影响力——其中一部深受洛伦佐

165 的喜爱——但是一直受到教会的严厉抨击。来这里的宾客可能还会遇到风趣的书商韦斯帕夏诺·达·比斯蒂奇；马尔西利奥·菲奇诺，他的作品《柏拉图神学》（*Theologica platonica*）就是献给洛伦佐的；真蒂莱·贝基，洛伦佐曾经的家庭教师，现在是阿雷佐的主教；伟大的音乐家安东尼奥·斯夸尔恰卢皮（Antonio Squarcialupi），他是大教堂的管风琴演奏家，洛伦佐曾帮助他的唱诗班招募演唱者；还有艺术家菲利波·利比、多梅尼科·基兰达约和波提切利，他们都曾受雇于洛伦佐，为他装修斯帕达勒托的乡村别墅；以及安东尼奥·波拉尤奥洛，洛伦佐评价他是"佛罗伦萨城里最伟大的大师"；此外，在洛伦佐生命的最后几年中，年轻的米开朗琪罗·博纳罗蒂（Michelangelo Buonarroti）也是这里的座上客。

米开朗琪罗的父亲虽出身于贵族家庭，但只是个清贫的托斯卡纳地方法官。米开朗琪罗七八岁的时候就被送到了佛罗伦萨的弗朗切斯科·乌尔比诺（Francesco Urbino）学校，随后又到多梅尼科·基兰达约在佛罗伦萨经营的大画室里当学徒。米开朗琪罗的这个选择让父亲非常失望，因为后者认为这是一个低下的行当。但是米开朗琪罗少年老成的天赋从一开始就给老师留下了深刻的印象，甚至当他看到米开朗琪罗十三岁时创作同伴们在圣玛丽亚诺韦拉的托尔纳博尼家族教堂里工作的情

景时的画作忍不住惊呼："天啊，这个男孩儿懂的比我还多！"后来洛伦佐让基兰达约推荐一些有前途的学生到他新创办的学校学习，基兰达约毫不犹豫地把米开朗琪罗的名字写进了推荐名单中。

　　根据乔焦·瓦萨里的说法，洛伦佐创办这座学校的目的，不仅仅是训练男孩子们掌握一门具体的手艺，更是为了让他们有机会接受比在其他地方能接受到的更广泛的教育。洛伦佐把美第奇宫和圣马可之间的一个花园布置了一下，并且雇用老朋友——师从多纳泰罗的贝托尔多·迪·乔瓦尼（Bertoldo di Giovanni）——担任学校的校长。洛伦佐还把自己收藏的无数油画作品和半身古董塑像借给学校，摆在画室和花园周围。①据说米开朗琪罗就是在仿制畜牧之神法翁的半身像时第一次被洛伦佐注意到。瓦萨里是这样记录的：

　　　　尽管这是他第一次接触大理石雕刻，米开朗琪罗仿造 166
的法翁像却是那么传神，连洛伦佐都惊呆了。后来当他看
到米开朗琪罗脱离了样本，发挥想象力给法翁雕刻了嘴
巴、舌头和满口牙齿的时候，洛伦佐忍不住大笑起来，并
以他一贯的迷人风度对米开朗琪罗说："难道你不知道老
人是不可能有满口牙齿的吗？总会掉几颗的。"

　　洛伦佐一离开，米开朗琪罗就凿掉了法翁的一颗牙，

---

　①　根据瓦萨里的说法，洛伦佐的学校位于圣马可广场附近的一个花园，曾经属于菲耶索莱的巴迪亚教堂，后来成了克拉丽切·奥尔西尼嫁妆的一部分。当时的文献中对此没有记录，它的具体位置也不为人所知。

他还特意在牙床上凿了个坑，让那里看起来好像是真的掉了一颗牙一样；然后他就一直盼望着洛伦佐再来。后来洛伦佐看到了米开朗琪罗对雕塑做出的修改，他精湛的技艺和单纯朴实的性格令洛伦佐每每想起都忍俊不禁，洛伦佐还给自己的朋友们讲过这件趣事，他们也无不感到惊讶。洛伦佐于是决定帮助和培养年轻的米开朗琪罗。他先是派人把他的父亲洛多维科请来，询问他是否同意让米开朗琪罗留下来，并且补充说会像对待自己的儿子一样对待他。洛多维科当然欣然许可。然后洛伦佐就在美第奇宫为米开朗琪罗安排了房间，像照顾自己的家人一样关照他。米开朗琪罗可以和洛伦佐的孩子或是其他任何尊贵的客人同桌吃饭，洛伦佐对待他也总是十分尊敬……为了让米开朗琪罗可以帮父亲贴补家用，他每个月的薪水高达 5 个达科特；洛伦佐还送了米开朗琪罗一件紫罗兰色的斗篷，连他的父亲也被安排到海关工作。事实上，所有在圣马可花园学习的男孩子们都有数目不等的薪水可领，尊贵而伟大的洛伦佐在他的有生之年一直没有停止资助这些学生。

米开朗琪罗在美第奇宫住了四年，在这段时间里，"他每天都会向洛伦佐展示自己的创作成果"。[1]

---

[1] 在吉贝利纳街（Via Ghibellina）70 号的博纳罗蒂故居（Casabuonarroti）能看到许多米开朗琪罗早期的作品，故居是由博纳罗蒂的侄子在这块一直属于他家的地产上建造的。《楼梯上的圣母》（*Madonna of the Stairs*）大约是 1490 年完成的。《半人马之战》（*Battle of the Centaurs*）大约是 1492 年完成的。

　　洛伦佐的财富远远不及自己的父亲或祖父，所以他没有订制那么多的雕塑和绘画作品，而那些跟他有关系的作品，也大多已经损毁或丢失了，比如斯帕达勒托的壁画就已遭破坏。还有一些不久前还被认为是洛伦佐订制的艺术品——比如波提切利最著名的作品《春》（*Primavera*）①和《维纳斯的诞生》（*Birth of Venus*）②——现在则被确认是洛伦佐那个与他同名且年轻富有的堂弟洛伦佐·迪·皮耶尔弗兰切斯科·德·美第奇（Lorenzo di Pierfrancesco de'Medici）订制的。画作被挂在了卡斯泰洛别墅的墙上，这座别墅也是美第奇家族的年轻分支在 1477 年买下来的。③波提切利的《帕拉斯和肯陶洛斯》（*Pallas and the Centaur*）也挂在这里。虽然这幅画的内容是庆祝洛伦佐挫败了帕奇家族的阴谋，终结了佛罗伦萨的战争，但是它很可能是由洛伦佐·迪·皮耶尔弗兰切斯

167

---

①　波提切利的《春》（现展于乌菲齐美术馆）中充满了古典及文学的暗示，也一直存在着最复杂的解释。有的作家认为维纳斯和弗罗拉的原型都是莫内塔·韦斯普奇，她的亲戚阿梅里戈·韦斯普奇（Amerigo Vespucci）是个航海家，后来以自己的名字为美洲命名。而画作左面的墨丘利的形象则与波提切利的《朱利亚诺·德美第奇肖像》（*Portrait of Giuliano de'Medici*）（现存于米兰的克雷斯皮收藏馆）有相似之处，后者创作于二三年以前，也就是大约 1475 年。

②　也有人说波提切利的《维纳斯的诞生》中维纳斯的原型是西莫内塔·韦斯普奇。这幅画（现展于乌菲齐美术馆）创作于约 1485 年。

③　波提切利的《维纳斯的诞生》《春》和《帕拉斯和肯陶洛斯》都曾经悬挂在美第奇的卡斯泰洛别墅。这个别墅是 1477 年由洛伦佐·迪·皮耶尔弗兰切斯科·德·美第奇购置的。那里的花园是由尼科洛·佩里科利·特里博洛（Niccolo Pericoli Tribolo）和他的继任者贝尔纳多·布翁塔伦蒂在公爵科西莫一世时期建造的。池塘和洞穴里的各种石像和铜制雕像是由特里博洛、阿曼纳蒂、詹波隆那和佩利诺·达·芬奇（Pierino da Vinci）创作的。其他一些由詹波隆那创作的动物铜像被移到了巴杰罗宫。这座别墅后来经过萨瓦家族的改造和重新装修，现在被修复并作为克鲁斯卡学会的总部。

科订制的。①

　　不过，就算洛伦佐本人没有向波提切利订制很多作品，他也帮助他获得了很多其他佛罗伦萨出资人的订单，而且似乎也帮助他得到了在罗马西斯廷小教堂（Sistine Chapel）工作的机会。洛伦佐也为菲利波·利比、安东尼奥·波拉尤奥洛和朱利亚诺·达·马亚诺（Giuliano da Maiano）争取过许多工作机会：利比被他送到了罗马，波拉尤奥洛去了米兰，而马亚诺则被推荐给了卡拉布里亚公爵。他还帮助基兰达约获得了在圣玛丽亚诺韦拉和圣三一教堂工作的机会，② 后来又推荐他到西斯廷小教堂工作。至于被瓦萨里描述为"一刻不停地专注于绘画和雕刻"的韦罗基奥，洛伦佐也让这位艺术家获得了在托斯卡纳各个地方工作的机会。洛伦佐向他订制了《大卫》③ 的铜像和陶质的《复活》（Resurrection）④，摆放在卡雷吉乡村别墅里，不过雕塑家的兄弟声称洛伦佐没有付工钱。在洛伦佐的学校花园里有一尊被严重毁坏的红色石像，雕刻的是被剥皮之

---

① 据称波提切利的《帕拉斯和肯陶洛斯》（陈列于乌菲齐美术馆）大约创作于 1482 年，是为了庆祝洛伦佐与国王费兰特的谈判成功。画面背景的月桂树被认定为那不勒斯的月桂树；毫无疑问帕拉斯的裙子上绣着的是美第奇家族的标志——连环相扣的钻戒。

② 在洛伦佐的推荐下，基兰达约于 1485 年开始受雇装修圣玛丽亚诺韦拉的马焦雷礼拜堂。他创作的壁画最后是由其助手们完成的，彩绘玻璃窗也同样如此。他的圣坛装饰画在十九世纪初受到毁损，并且被运到了德国。洛伦佐还帮助基兰达约获得了创作圣三一教堂里萨塞蒂堂的壁画和圣坛装饰画的工作机会。弗朗切斯科·萨塞蒂是美第奇银行的总经理。他和他的四个儿子都被画进了圣坛后面的壁画中。站在菲利波旁边的是洛伦佐本人。还可以看到洛伦佐的儿子们和他们的家庭教师路易吉·浦尔契、阿尼奥洛·波利齐亚诺（Agnolo Poliziano）一起走在台阶上。

③ 韦罗基奥的《大卫》制作于约 1474 年，现陈列于巴杰罗国家博物馆。

④ 韦罗基奥的《复活》制作于约 1479 年，现陈列于巴杰罗国家博物馆。

后的玛尔叙阿斯的身体。洛伦佐让韦罗基奥修复并完成这座石像，以便与科西莫在罗马购买的玛尔叙阿斯白色大理石雕像配成一对。瓦萨里记录说：

> 韦罗基奥用红色大理石重新雕刻出了腿和胳膊，其技艺之精湛让洛伦佐大喜过望，并且把修复后的红色雕塑和白色雕塑分别摆放在了大门两边。这尊古老的石雕展现的是玛尔叙阿斯被剥皮后的身体，从中可以看出创作者的细致入微和精准的判断力。他还巧妙利用了红色大理石上的白色纹理，让它们看起来像是人类身体被剥皮后显示出来的细小筋脉。

当韦罗基奥离开佛罗伦萨的时候——他将前往威尼斯去创作最后一幅传世之作，矗立于圣乔瓦尼和圣保罗广场（Piazza di Santi Giovanni e Paolo）的雇佣军首领巴尔托罗梅奥·科莱奥尼纪念碑，洛伦佐祝他一路顺风。与米开朗琪罗一样，莱昂纳多·达·芬奇（Leonardo da Vinci）也在洛伦佐家里住过一段时间。当达·芬奇决定前往米兰时，洛伦佐同样亲切地祝他好运。达·芬奇是个私生子，来自一个名叫芬奇（Vinci）的托斯卡纳村庄。可以确定的是，从他12岁来到韦罗基奥在佛罗伦萨的工作室工作时起，洛伦佐就十分关注这个已经展现出过人天赋的少年；后来达·芬奇决定前往米兰谋求发展，以展现他那令人震惊的多才多艺，正好公爵洛多维科·斯福尔扎在寻找一位艺术家来雕刻他父亲骑马的塑像。一向善于利用这种政治交情的洛伦佐就给公爵送去了一把达·芬奇制作的马头形状的银质竖琴，并以此向他推荐了达·芬奇。

168

　　洛伦佐肯定希望别人知道他是个艺术鉴赏家，就像他逐渐积累起作为建筑评论家的显赫名声一样。事实上，在修建重要的建筑物之前先来征求他的意见已经成了一种惯例。比如圣神教堂正面的设计方案之争就被提交到他的面前；① 菲利波·斯特罗齐也曾就斯特罗齐宫的比例问题向他咨询。② 洛伦佐还被邀请为皮斯托亚的圣雅各布教堂在建的福尔太圭里墓（Forteguerri tomb）挑选最终的模型，而两个备选方案分别是由韦罗基奥和皮耶罗·德尔·波拉尤奥洛（Piero del Pollaiuolo）提交的。之所以会这样，是因为人们觉得"他通

---

① 中世纪的圣神教堂除了食堂之外，都在 1471 年的大火中被毁，从 1434 年到 1487 年，一直在根据布鲁内莱斯基的设计重建。这里的教士们在半个世纪里不得不靠每天少吃一顿饭来省钱支付工程费用。布鲁内莱斯基去世后，人们对是否继续执行他关于教堂正面的设计存在分歧，朱利亚诺·达·圣加洛主张坚持，其他工匠则希望修改。后来他们还去寻求了洛伦佐的意见，但是这个教堂正面最终也没能建起来。在洛伦佐的鼓励下，朱利亚诺·达·圣加洛制作了一个圣器收藏室的模型。

② 位于托尔纳博尼街和斯特罗齐街交会处的宏伟的斯特罗齐宫是在十五世纪末十六世纪初为菲利波·斯特罗齐建造的。原本的设计可能由朱利亚诺·达·圣加洛完成，但是大部分建造工作是由贝尔代托·达·马亚诺（Benedetto da Maiano）、西蒙内·德尔·波拉尤奥洛（Simone del Pollaiuolo）和朱利亚诺的兄弟监督完成的。

菲利波·斯特罗齐的儿子讲述了他父亲如何避免可能出现反对建造如此宏伟的宫殿的故事，那就是让大家觉得这是洛伦佐建议的结果。一开始他先是拒绝了他雇用的各个建筑师和工匠的方案，理由就是他们的设计都太富丽堂皇，而他想要简朴一些的宫殿。但得知洛伦佐希望这座城市能够在各个方面都被装点得卓越非凡后，他同意去征求一下洛伦佐的意见。于是洛伦佐被请来评议各个设计方案，最后他选中了最雄伟壮观的一个。然而斯特罗齐一边惺惺作态地称自己想要简朴的风格，一边又奉承洛伦佐的高雅品位。他说不知道自己这样的地位建造这么宏伟的宫殿合不合适，又说不得不承认洛伦佐对空间和风格的理解远胜于他。最后斯特罗齐如愿地建成了自己真正想要的宫殿。按当时的风俗，他还找占星师选了一个大吉大利的日子作为奠基日，也就是 1489 年 8 月 6 日。

晓一切事情"。后来圣神教堂要画一幅新的圣坛版画，接手这一任务的基兰达约被告知作品的"风格、标准和形式都要"让洛伦佐满意。

到 1491 年，大教堂的正面仍然没有建成。洛伦佐本人也提交了一份设计方案。鉴于韦罗基奥、波提切利、基兰达约和菲利波·利比以及其他一些大师都加入了竞争，评委们觉得有些难以抉择。为了逃避这个难题，评委们请洛伦佐来决定使用哪个设计。但是，洛伦佐在盛赞了所有方案之后，说自己没法做出决定，这个问题还是延后再议吧。①

虽然洛伦佐在画作和雕塑上花的钱比他的祖父少得多，而且也没有坚持完成一些由他祖父发起修建的工程——比如菲耶索莱的巴迪亚教堂，但是洛伦佐终其一生都未曾停止扩充他在其他方面的惊人收藏，包括铜像、勋章、钱币、古陶器、古董珠宝，还有罗马、拜占庭、波斯和威尼斯的花瓶。很多花瓶是用亚宝石雕刻制作的，而且大多数花瓶上都加刻了他名字的缩写"LAUR. MED"作为标记。事实上，他宁愿花费比买一幅巨幅油画多得多的钱来购买一块精雕细琢的珠宝，因为在他看

169

---

① 据说大教堂的正面一直没有完工。1515 年为了迎接教皇莱奥十世的到来，修建起了一个临时的正面（详见本书第十七章）。到大公费尔迪南多一世时期，人们想要重新设计一个合适的正面。于是布翁塔伦蒂、詹波隆那和洛多维科·卡尔迪（Lodovico Cardi）提交了模型。科西莫一世的私生子、极有天赋的堂·乔瓦尼·德·美第奇（Don Giovanni de'Medici）也提交了设计模型，他还参与过设计圣加埃塔诺教堂（San Gaetano）、圣洛伦佐教堂中的王室祭堂，以及观景城堡。然而，最终教堂正面的提议没有实质性进展，只是用一个帆布帘遮挡了起来。当帆布帘在十七世纪八十年代被吹坏之后，公爵科西莫三世到博洛尼亚找来了工匠，在棕色石头上画上了壁画。后来壁画也渐渐被磨损侵蚀了。直到十九世纪晚期才被换成了大理石和马赛克图案，并一直保留至今。

来这才是更合理的投资。他收藏的很多珠宝价值高达几千弗罗林币，而一件波提切利或波拉尤奥洛的画作最多也就值几百弗罗林币。

洛伦佐在资助作家和学者上也一直是毫不吝啬的，更不用说购买书籍和手稿来扩充美第奇的藏书室了。他要求代理们永不停歇地为他寻找珍贵的书源。在他的资助下，乔瓦尼·拉斯卡里斯（Giovanni Lascaris）两度前往东方寻找遗失的手稿，终于在第二次探寻之旅后带回了超过两百册的希腊书籍，其中近一半作品都是此前无人知晓的。

尽管活字印刷术在十五世纪中期的德国美因茨（Mainz）已经出现，但是这一技术起初在意大利并未得到迅速发展，很多学者认为它是"一些德国城市中的野蛮之人"采用的粗俗工艺，很多收藏家甚至拒绝收藏印刷出来的书籍。那不勒斯于1465年才建立了第一家印刷厂，罗马是1467年，威尼斯和米兰是1469年，维罗纳、巴黎和纽伦堡则是1470年。到了1476年，威廉·卡克斯顿（William Caxton）在紧挨着威斯敏斯特大教堂西门的地方建起了英国第一家印刷厂，并以中间一条红色垂直纹线的盾形徽作为标志。至于佛罗伦萨的第一家印刷厂则到1477年才由贝尔纳多·琴尼尼建立起来。在这之前，甚至是在有了印刷厂之后的很多年里，洛伦佐还是遵循这座城市根深蒂固的传统，雇用大批抄写员、插画家和代笔人来抄写他收藏的手稿，好让这些作品能够尽可能广泛地传播，并且为托斯卡纳地区内外，尤其是比萨的图书馆提供更多的副本。

洛伦佐清楚比萨和沃尔泰拉一样抵触归属于佛罗伦萨这件事，所以他一直花大力气改善佛罗伦萨与这两座城市的关系，并且树立了美第奇家族作为这些城市庇护者的形象。他开发了比萨的港口，在比萨城外买地，在城里的河边买房，还常带家人来此暂住。尤其是在寒冷的冬天，树林茂密的亚平宁山脉阻挡了从罗马涅一路刮来的凛冽东风，所以这里的气候相对温和。最重要的是，洛伦佐为了缓和比萨人、佛罗伦萨人以及美第奇家族的关系，设法复兴了名噪一时但如今已经败落的比萨大学。1472 年，洛伦佐把这座大学打造成了托斯卡纳地区最重要的大学，并提供了两倍于政府每年资助的六千弗罗林币的捐款。

洛伦佐给佛罗伦萨大学基金会的捐款同样慷慨。佛罗伦萨大学是欧洲唯一一所有能力开设正规的希腊语课程的大学。这里的教师和讲师包括约翰内斯·阿尔吉罗波洛斯（Johannes Argyropoulos）、泰奥多鲁斯·加扎（Theodorus Gaza）和迪米特里厄斯·查尔康迪拉斯（Demetrius Chalcondylas），其中迪米特里厄斯·查尔康迪拉斯还和迪米特里厄斯·克雷泰恩西斯（Demetrius Cretensis）一同于 1488 年在佛罗伦萨发行了最早的印刷版荷马作品集。全欧洲的学生都来到这里学习希腊语。后来成为英国国王亨利八世（King Henry Ⅷ）的专属医生以及伦敦皇家内科医学院（Royal College of Physicians）创立者之一的托马斯·利纳克尔（Thomas Linacre）于 1487 年来到佛罗伦萨并在这里待了 3 年，他还有幸和洛伦佐的儿子们一起上了查尔康迪拉斯的课程。利纳克尔的朋友、后来成为最早在牛津大学教授希腊语的教师之一的威廉·格罗辛（William Grocyn）是 1488 年来到佛罗伦萨的。到 1489 年，他们的另一个朋友威廉·拉蒂默（William Latimer）也来到了佛罗伦萨，正是他帮助格罗辛和利纳克尔将亚里士多德的作品翻译为拉丁文。

洛伦佐和这些学者一样对古希腊哲学家和拉丁文诗歌充满热情，但是他无法容忍那些轻视意大利语或者贬低托斯卡纳诗人的艺术成就的人文主义学者。每当洛伦佐想通过创作诗歌来摆脱生意上和生活中的烦扰时，他效仿的不是那些拉丁语诗人，而是但丁和薄伽丘。他不想用拉丁语，而是更愿意用孩提时就学会的简单又美丽的托斯卡纳方言（Tuscau）。洛伦佐对这种语言充满忠诚和热情，他和莱昂·巴蒂斯塔·阿尔贝蒂一样坚信，只要诗人潜心钻研语言的用法，只要人们摒弃尼科洛·尼科利的无稽之谈——但丁的诗歌只适合没有文化的羊毛工人和面包师傅阅读，托斯卡纳方言就一定可以变得更加含蓄和圆润。如果洛伦佐有更多的空闲时间来发展语言天赋，再加上对托斯卡纳方言的深沉感情，那么他用托斯卡纳方言创作矫揉造作的诗文就一定能有质的提高。尽管如此，他仍然称得上十三世纪晚期诗人的合格继承者，也是彼特拉克的先驱。

洛伦佐的诗歌称得上丰神俊逸、多姿多彩：有的忧伤、有的振奋、有的充满希望，但更多是发人深省的，既包含了宗教情绪，也包含了凡人的情感欲望。他能写出其母亲曾经创作的那些虔诚的赞美词句，也能写出让母亲担忧的亵渎神灵的改编诗文；他还会写打猎歌、情歌、欢快的舞曲（*canzoni a ballo*），以及天马行空的滑稽戏和情色的狂欢节歌曲（*canti carnascialeschi*），比如《卖冷杉松果的人》（*Song of the Fir Cone Sellers*）就是一首关于肉欲激情和物欲之爱的赞歌。不过，洛伦佐在作品中表达最多的还是他对托斯卡纳的美丽风景以及农民生活中的幸福与艰辛的深刻感情，这些作品中往往充满了非凡而生动的细致描绘。羊群咩咩叫着穿过高地上的草场，刚学会走路的小羊蹒跚地追随着妈妈的脚步，而牧羊人则把刚出生的羊羔和跛足的绵羊扛在肩上；到了夜里，羊群会被圈在用杆子和网子围起来的羊圈里，牧羊人吃过面包和羊奶做的晚饭，此时已经在黑夜中呼呼大睡；苍鹭向着落日的方向飞去，猎鹰向地面的猎物俯冲；海边有橄榄树林，树叶在吹过海岸的清风中拂动；燧石的火星落在秋日的枯叶上，点燃了草丛，火势向森林蔓延开去，火苗烧过草丛和洞穴，受惊的鸟儿和动物四散奔逃，到处是扇动翅膀和蹄子蹬地的声音；到了冬天，高大的杉树在白雪的映衬下显得黝黑，冰冻的树叶被脚步踩碎；躲避猎捕的野鹿绝望地逃命；任劳任怨的公牛奋力拖动沉重的石料；筋疲力尽的飞鸟宁可坠入海洋，也不敢在船只的桅杆上停留歇脚；翁布罗尔河（Ombrone）发了洪水，浑浊的 172 河水沿着山坡奔涌而下，连粗壮的冬青树干和农民搭建木屋的厚木板都被卷走，冲到了开阔的平原之上；还有农民的妻子背着号啕大哭的婴孩儿，赶着他们的牲畜躲避这可怕的洪水。

到 1492 年年初，仅 43 岁的洛伦佐显然已经时日无多。多年来他一直受到痛风的困扰，疼痛日益加重，已经渐渐失去了行动能力；此外他的总体健康状况也在迅速恶化。每年去泡温泉成了他的习惯。他可以去斯帕达勒托或波雷塔（Porretta），或是维戈内（Vigone）——圣凯瑟琳（St Catherine）就是在此处温泉里忍受灼人的温度，以此来为坠入炼狱做好准备；他还可能去沃尔泰拉南部的莫尔巴温泉（Bagno a Morba），他的母亲在那里修建了一处迷人的温泉疗养地。每次泡温泉回来，洛伦佐都断言说自己已经恢复健康了，可是过不了几个月他就又会操劳过度、疲惫不堪。他要被人抬着才能前往自己最喜欢的波焦阿卡伊阿诺的乡村别墅。他的身体状况也不允许他进行什么活动，只能在这里读读书，欣赏一下安德烈亚·德尔·萨尔托（Andrea del Sarto）创作的壁画，监督一下领地周边农民的耕作，或是去有各种外国动物的动物园里看看动物，这里还养着一只巴比伦苏丹送给他的美丽的长颈鹿，它的性情极其温顺，还会"吃孩子用手递给它的苹果"。

在生命的最后几个年头里，不时暴发的烦躁和怒气掩盖了他曾经的风度翩翩。痛风引发的越来越严重的疼痛让他变得唐突无礼甚至出言不逊。对一个无情地批评音乐家斯夸尔恰卢皮品格的人，洛伦佐尖锐地说："要是你知道达到艺术上的完美有多艰难，你就不会抓住这点儿短处不放了。"对另一个同情他视力下降并评论说佛罗伦萨的空气对眼睛不好的锡耶纳人，他则反驳说："看来锡耶纳的空气对脑子不好。"当他的一个懒散邋遢的堂兄弟得意扬扬地夸耀自己乡村别墅丰沛的水源时，他答道："那你就可以多洗洗手了。"

173　　到 1492 年 2 月，洛伦佐无法继续管理生意和事务；他已经不能走路，甚至拿不住一支笔。波利齐亚诺写道：持续不断的发烧折磨着他"整个人，不仅伤害了他的动脉和血管，也侵蚀着他的四肢、内脏、神经、骨头和骨髓"。3 月初，他的小儿子乔瓦尼向他告别，离开佛罗伦萨到罗马去了。洛伦佐不得不站在卧室的窗口来回应外界说他已经去世的谣言。两周之后，他被抬着送到了卡雷吉的乡村别墅，然后就再也没能回到佛罗伦萨。

波利齐亚诺和其他一些朋友陪他一起去了卡雷吉，他们会坐在床边陪他说话；如果他太累了，他们就轮流大声朗读他最喜欢的托斯卡纳诗人的作品精选。他对波利齐亚诺说，要把余生都用来创作诗歌和研究学问，佛罗伦萨的政务则交给儿子皮耶罗处理。但是波利齐亚诺回答说："人民不会同意你离开的。"

　　没过几天，两只佛罗伦萨的狮子在它们位于狮子街（Via di Leone）的笼子里打架，最后双双丧生。紧接着第二天，也就是4月5日夜里，闪电击中了大教堂的灯笼，教堂顶部一个大理石球掉下来砸到了广场上。洛伦佐问是教堂哪一侧的石球，听到别人的回答后，他说："是临近我家的一侧，看来我要死了。"除此之外，还有各种不祥之兆出现：母狼在夜里嚎叫；天上出现了奇怪的光亮；一个女人在圣玛丽亚诺韦拉做弥撒时突然发起疯来，边跑边大喊有一头愤怒的公牛，牛角上还冒着火，就要把教堂顶翻了；连马尔西利奥·菲奇诺都说他看到鬼一样的巨人们在他的花园里打斗并发出吓人的哀号。

　　洛伦佐的私人医生皮耶罗·莱奥尼（Piero Leoni）与洛多维科·斯福尔扎派来的一位来自伦巴第的医生拉扎罗·迪帕维亚（Lazaro di Pavia）一起来到卡雷吉。这个伦巴第医生给洛伦佐开了一副把珍珠和珍贵宝石研磨后混合的药方。他在洛伦佐卧室旁边的房间里制作这种药时，发出了巨大的噪音。洛伦佐呼喊道："安杰洛，你在哪儿？"波利齐亚诺很快来到他的身边。洛伦佐问他那个医生到底在干什么。听到波利齐亚诺的回答之后，洛伦佐有那么一刻似乎相信这副怪异的药剂也许真能治好他的病，他紧紧握住波利齐亚诺的双手，充满期待地望着他的脸，而波利齐亚诺只能侧过脸避开他的注视，然后回到自己的房间，忍不住痛哭失声。

174

　　当天晚些时候，皮科·德拉·米兰多拉（Pico della Mirandola）来探望洛伦佐。洛伦佐又说知道自己时日无多，虽然声音越来越微弱，但是米兰多拉还是听到洛伦佐所说的：

"我只希望能多活几天，那样就能帮你的藏书室多挑选一些好书。"

医生的怪药让洛伦佐愈加虚弱，他让人去请神父来听他最后的忏悔并赐予圣餐。他坚持要从床上起身，穿戴整齐。可是这对他而言还是太难了，很快他就被抬回床上并倒在了枕头上。

皮耶罗经常来探望父亲，波利齐亚诺记录说，每当此时，洛伦佐都会"强撑出一副坚强的样子，为了不加重儿子的哀伤，忍住眼泪不让儿子看到"。

4月8日，洛伦佐陷入了类似昏迷的状态，一个卡马尔多利教士把眼镜的镜片举到洛伦佐嘴边察看他是否还有呼吸并判定他的大限已经来临，于是开始宣读耶稣受难的故事。此时洛伦佐已经说不出话，只能动动嘴唇表示他听懂了，他的眼睛盯着举在他面前的银质十字架，并偶尔亲吻一下十字架，直到彻底停止了呼吸。

皮耶罗·莱奥尼一直认为洛伦佐的疾病不会致命。他不赞成同行们那些近似妖术的药剂，而是坚称只要保证病人时刻处于温暖、干爽的环境，夜里不要受凉，不要吃梨和葡萄籽就不会有事。洛伦佐的离世以及外界指责他使用巫术和下毒，都让莱奥尼心灰意冷。他离开卡雷吉后，就跳进圣杰尔瓦西奥（San Gervasio）别墅的井里自杀了。

洛伦佐的遗体被送到圣马可修道院，后来被带回圣洛伦佐教堂，和弟弟朱利亚诺一起葬在了老圣器收藏室里。

第三部分

1492 ～ 1537

第十四章　皮耶罗·迪·洛伦佐·德·美第奇和费拉拉的修道士

"看吧！是上帝在领导这支军队"

　　22岁的皮耶罗完全没有他父亲那样的人格魅力。他身强体壮、行动敏捷，有一头浓密的淡棕色头发，长及肩膀，额前还垂着一缕刘海。皮耶罗的外貌并非毫无吸引力，但是他的性格和举止绝算不上讨人喜欢。他和洛伦佐一样冷酷无情，却没有洛伦佐的机智老练；他和洛伦佐一样对敌人睚眦必报，却不像洛伦佐一样对朋友永远忠诚。从他小时候写的书信中就可以看出，他是个任性骄躁的孩子。5岁时在给祖母的信中这样写道："给我送点无花果来，因为我喜欢吃，而且我只要红色的那种；再给我送点带核的桃子和其他我喜欢的东西，你知道的，比如糖果和蛋糕之类的。"皮耶罗还让父亲给他买一只"世上最好的猎犬"；可是当猎犬送到他手上之后，他又迫不及待地想要一匹矮种马，还抱怨说："你答应给我的矮种马我还没有收到，别人都笑话我了。"

　　随着年龄的增长，皮耶罗的脾气越来越火爆，举止也越来越狂妄自大。也许是为了避免被拿来与常被嫉妒但广受爱戴的父亲相比较；也许是因为他认为美第奇家族的地位已经稳固到可以完全不顾及支持者的意见，任其为所欲为。总之，皮耶罗对生意和公共事务不闻不问，把时间都花在户外游玩和诗歌创作上，就连他写的诗也不过是对洛伦佐生动风格的拙劣模仿而已。国家大事被交给他的秘书皮耶罗·多维齐·达·比别纳（Piero Dovizi da Bibbiena）处理，已经濒临瓦解的银行生意则全交给了那位其实不能胜任的叔祖父乔瓦尼·托尔纳博尼。皮耶罗在佛罗伦萨不得民心的窘境因妻子阿方西娜（Alfonsina）而更加恶化。这个奥尔西尼家族的女儿傲慢无礼、心胸狭窄，她将宁愿留在罗马与真正的贵族（nobilita）为伴的想法表露得十分明显，这让大多出身为乡野村夫的佛罗伦萨人尤其感到厌烦。

皮耶罗和两个堂兄之间的摩擦也是他在佛罗伦萨名声受损的原因之一。洛伦佐和乔瓦尼都是皮耶尔弗兰切斯科·迪·美第奇的儿子，都比皮耶罗年长，也更富有。洛伦佐在作为他们的监护人期间侵吞了部分本属于他们的遗产，所以他们并不掩饰对家族主要一支的怨恨，甚至不掩饰在下一次权力争斗时抛弃皮耶罗的打算。事实上，这样的争斗即将重现。早在几年前，一位来自费拉拉的口才出众、充满激情的多明我会苦行僧就已经用警示性的布道让聚集在大教堂里的会众们心中充满了羞愧、悔恨和恐惧。

吉罗拉莫·萨沃纳罗拉（Girolamo Savonarola）1452 年出生于费拉拉，从小在祖父的教育下长大。他的祖父是一位医生，来自帕多瓦，在温泉治病的疗效功用方面是公认的专家，也是长期大量饮酒有助于长寿这一理论的支持者。祖父依靠理论和名望赢得了在费拉拉宫廷里担任公爵御用医师的肥差，他的儿子在他去世后继任了这一职位。不过，他的孙子对宫廷生活就不那么憧憬了，只去了一次公爵的城堡之后就发誓再也不要回到那个地方了。吉罗拉莫是一个内向的男孩儿，阴郁、苍白、沉默寡言，热衷于创作忧郁的诗歌，用鲁特琴弹奏忧伤

178

的、近似挽歌的乐曲以及研究圣经经文。据说在他爱上拉奥达米娅·斯特罗齐（Laodamia Strozzi）之后，行为举止变得更加消沉沮丧，因为这位佛罗伦萨流放者的女儿傲慢地拒绝了他的求爱；不过吉罗拉莫一直坚称自己从来没想要娶她。他后来的生活则遵行了最严格的禁欲主义。除了布道的时候，他几乎从不和任何女性说话；他吃得很少，更是坚决不会品尝祖父收藏的大量烈酒；他穿的衣服都很破旧且打着补丁；他睡觉的床也不过是一块铺了一层稻草的木板。

179

1475 年的某个宗教节日当天，吉罗拉莫一声不响地离开了父亲的家，到博洛尼亚的圣多梅尼科修道院做了一名见习教士，在那里一待就是七年。他给父亲写信解释自己的突然出走：

> 你需要感谢上帝的比你要向上帝抱怨的多。因为上帝赐给你一个儿子，并且选定他成为自己的战士。能有一个作为耶稣基督的骑士的儿子难道不是莫大的恩典吗？……我再也不能忍受漫不经心的意大利人的所有恶行了……我也是血肉之躯，所以我要用全部的力量来抵制与理智相违背的身体本能，这样才能避免被恶魔附身。

为了帮助别人战胜恶魔，萨沃纳罗拉被博洛尼亚的多明我会派往意大利各地传教，包括费拉拉、布雷西亚（Brescia）、热那亚以及托斯卡纳和伦巴第的各个城镇。1481 年，他被任命为圣马可修道院的诵经员来到佛罗伦萨，并受邀到圣洛伦佐教堂做四旬斋节布道。1489 年，他在佛罗伦萨的圣马可修道院安定了下来。

一开始，他根本算不上一个称职的布道者。在后来号称能用布道感动"整个意大利"的日子里，他承认了在最初的几年里，他连"一只母鸡都感动不了"。根据吉诺齐（Ginozzi）的记述："他的动作和发音都让人不舒服，留下来听他布道的人都是妇女和孩子，而且不超过25人。他非常沮丧，甚至想过要彻底放弃布道的工作。"这不仅仅是因为他讲道时语调僵硬、动作笨拙，更是因为他本身就是一个难以给人留下好感的人。吉罗拉莫身材瘦小，样貌丑陋，有一个巨大的鹰钩鼻和肥厚的嘴唇，唯一能体现出他非凡性格的就是浓眉下的一双绿眸，目光炯炯有神，甚至"有时会放出红光"。

180

当时大多数佛罗伦萨人更倾向去听奥古斯丁修会的教士马里亚诺（Fra Mariano）所做的更优雅、更有文化、更精炼的布道，连洛伦佐都依他的要求在圣加洛门外修建了一座修道院。然而萨沃纳罗拉这个笨拙的多明我会教士渐渐也赢得了一批坚定的支持者，因为略过所有的缺点，人们开始感受到他布道中精彩的内容、满满的激情和迫切的真诚。到1491年，来听他布道的会众人数大幅增长，以至于圣马可教堂都容纳不下了，所以当年的四旬斋节布道是在大教堂里进行的。

这些布道在佛罗伦萨引起了轰动。萨沃纳罗拉甚至开始认为自己是上帝选定的先知，他的话都是受神灵启示的，质疑他就是质疑上帝的智慧。按照他的说法："不是我本人在传教，而是上帝通过我在布道。"在长时间的斋戒和冥想之后，他还会被赐予关于未来的景象。他知道教会将受到斥责与摈弃，但是能够浴火重生，而且这一切很快就会成为现实。他还知道如果意大利人——尤其是佛罗伦萨人——不改进他们的处事方式，将会受到极其可怕的惩罚。只有回归基督教会最初的简朴才能拯救他们。人们必须抛弃亚里士多德和柏拉图，这两个人肯定已经坠入地狱永劫不复；人们还必须抛弃腐蚀他们灵魂的奢华和物欲；禁止赌博、纸牌游戏以及荒淫放荡的狂欢节和赛马节，更不用说华服、熏香和粉黛；人们还要把囤积的钱财捐赠给穷人；把那些邪恶的油画全都涂抹遮盖，因为画家甚至"把圣母玛丽亚也描画得如娼妓一般"；人们还要严惩卖淫之人，她们只是长着眼睛的行尸走肉，至于鸡奸者则应该被活活烧死；对于政治机构也要进行改革，科西莫宣称国家不应受制于祈祷和经文是大错特错的，因为除此之外，根本没有治理好国家的其他方法。萨沃纳罗拉在大教堂的神坛上向众人宣告："首先你要顺从上帝之法，因为没有哪部好的法律不是遵循这永恒之法的。"佛罗伦萨人为了一个暴君描画给他们的景象而放弃了自己古老的自由。他们必须重新构建一部宪法。"我认为威尼斯人的宪法是最好的宪法，你们可以效仿他们的宪法，但是要抛弃其中不好的部分，比如总督统治。"

181

对这种指责美第奇统治的言论，洛伦佐一直给予了耐心和宽容。他的朋友皮科·德拉·米兰多拉向他保证萨沃纳罗拉是一位虔诚的伟人；其他一些朋友，比如波利齐亚诺和波提切利也对萨沃纳罗拉有类似的评价，言语中不乏尊重和敬畏之意；米开朗琪罗年老之时还说，自己仍能感觉到神父的话语萦绕耳际；当萨沃纳罗拉被提名为圣马可修道院的院长时，洛伦佐没有提出任何反对；甚至是在萨沃纳罗拉拒不承认美第奇家族与圣马可修道院之间的渊源以及他们捐献的巨额资助时，洛伦佐也没有表示出一点儿不快。有一次，一些资深的美第奇家族支持者在拜访萨沃纳罗拉时建议他"不应这样布道"，他却回答说："回去告诉洛伦佐，他应当好好忏悔自己的罪责，否则上帝定会让他受到惩罚。"然而洛伦佐临死之前，还派人请来了萨沃纳罗拉和马里亚诺。根据波利齐亚诺的说法，当时两位教士都祝福了洛伦佐。

洛伦佐去世后，萨沃纳罗拉对灾难将至的可怕警告及对美第奇统治的批判都更加强烈而明确了。到了 1492 年，他在布道中描述了自己看到的景象，比如："上帝的宝剑"悬于佛罗伦萨黯淡的天空之上；可怕的大风暴、瘟疫、战乱、洪水和饥荒；一个黑色的十字架在罗马徐徐升起，上面刻着"上帝之怒"几个大字，十字架的横梁不断延伸，穿过整片大地，带来狂风骤雨；在耶路撒冷则立着另一个金色的十字架，沐浴在灿烂的阳光下，高耸入云。

来听布道的会众们仿佛被他描述的逼真景象吓呆了，萨沃纳罗拉向他们大声召唤道："噢！忏悔吧，佛罗伦萨！趁现在还有时间，穿上纯洁的白色衣服。不要再等了，否则连忏悔都来不及了。"萨沃纳罗拉向众人说明了这景象预示着什么：除非他们追随金色的十字架，否则灾祸将至。到时会有瘟疫和战乱；还会有外来敌人跨过阿尔卑斯山，像"拿着巨大剃刀、全副武装的理发师"，不但带来像琉璃苣菜肴一般苦涩的不幸，还要强行实施冷酷无情的改革，"仿佛要把智慧也研磨成面粉一般"。

"我是上帝派来这里的，"萨沃纳罗拉宣称，"主对我说我把你安排在意大利的中心，你要像个看守一样为我巡视，你会听到我的话，然后把我的话传达给所有人。"人们听着他的话，心里满怀恐惧。圣马可修道院的院长预言了洛伦佐的死，然后洛伦佐就去世了；他又预言了教皇英诺森八世和那不勒斯国王费兰特的死讯，他们不久也都去世了；他还预言，在很多会众的有生之年内，土耳其人会改信基督教，尽管他们现在还是伊斯兰教徒，但萨沃纳罗拉这么说了，他们的改宗就算生效了。所以，上帝之剑指向佛罗伦萨和外国君主的军队打过阿尔卑斯山也一样会变为现实。

据说教皇英诺森在听到洛伦佐的死讯时大呼："意大利的和平时代要终结了！"法国国王路易十一也已经去世，他的死让人联想到可能爆发的战争。他的继承人查理八世是个充满活力和野心的年轻人，梦想着完成可与罗兰（Roland）相媲美的丰功伟绩，通过出神入化的用兵，统领他父亲建立的曾经击溃法国国内一切敌人的常备军队，为自己赢得荣耀。不过查理绝对不是什么将才或英雄。佛罗伦萨人第一次听到"上帝之剑"预言的那一年，查理年方二十。他是个身材瘦小、目光短浅的人，而且丑得出奇，不但有一个比萨沃纳罗拉的鹰钩鼻更大更尖的鼻子，还有一副永远闭不严的肥厚嘴唇，部分被一小撮散乱的红色胡须挡住了。他的头和手时常会痉挛；偶尔他嘴里嘟哝的几个词也总是让人听不清；他走路时总是曲着膝，一瘸一拐的；他的脚特别大，以至于有传言说他脚上有六个脚趾；他的暴饮暴食和荒淫无度也是出了名的，其无知更是达到了让人震惊的程度。也许是出于天真或天生的坏脾气，他的焦躁、任性和不知天高地厚让他身边的人不得不时刻提防着。他父亲在位期间已经极大地扩张了法国的领土范围，但是始终没有作为安茹王朝继承人宣称对那不勒斯王国享有权利。不过现在看来，只要时机允许，查理很有可能会起兵跨过阿尔卑斯山。这个年轻人可不是什么好惹的角色。想当初年轻美貌的布列塔尼女公爵安妮（Duchess of Brittany Anne）已经和奥地利的马克

183

西米利安（Maximilian）订婚，而查理却横刀夺爱，娶了人家作王后。

查理等待的开战机会终于来临了，而提供这个机会的人正是人称"摩尔人"的米兰公爵的叔叔洛多维科·斯福尔扎。公爵吉安·加莱亚佐在 1490 年就已经到了正式继位的年龄，但是他的叔叔却不愿交出摄政王的权力。其实吉安·加莱亚佐本人对此倒毫不介意，因为他是个懒散的年轻人，未必有胆量跟自己的叔叔争权，而且比起政治，他更喜欢去养狗、骑马和享受美食。不过，他的妻子伊莎贝拉（Isabella）却是一个比他积极得多的人。她反复向自己的祖父、那不勒斯国王费兰特抱怨，要求他帮忙让丈夫的叔叔及其傲慢专横的妻子弄清楚自己的身份地位。起初国王费兰特不愿意插手，不过最终还是决定尽己所能帮助孙女。

为了防止那不勒斯或意大利其他任何地方对自己采取行动或挑战，洛多维科决定先发制人。他建议查理八世重申安茹家族对那不勒斯的所有权，如果那不勒斯胆敢拒绝，他就有理由出兵进军意大利，届时米兰公国将助他一臂之力，而且会在意大利为他筹集战争所需要的任何款项。事实上，洛多维科也确实成功地从一家热那亚的银行里以 14% 的利息借到了十万法郎的贷款。

查理对此求之不得，尤其是在 1494 年国王费兰特去世后，他的决心更加坚定了。他不但宣称对那不勒斯和耶路撒冷享有主权，还准备出兵入侵意大利，要将国王费兰特的继承人阿方索二世（Alfonso Ⅱ）赶下王位。当年 9 月，法国入侵意大利，超过三万人的大军在绣着法国纹饰和 "*Voluntas Dei*"（神的旨意）字样的白色丝绸大旗的引领下，跨过阿尔卑斯山，缓慢地进入了伦巴第。先遣部队在这里受到洛多维科的热烈欢迎。查理国王随后到帕维亚向自己的表亲、无实权的公爵吉安·加莱亚佐表示敬意。此时吉安·加莱亚佐已经因病卧床不起，可是他的医生却说查不出病因。公爵夫人跪在法国国王脚边泣不成声地请求他不要带兵攻占那不勒斯，但是查理此时根本不打算回头，洛多维科就更不用说了。查理刚刚离开帕维亚向南朝皮亚琴察（Piacenza）行进，米兰公爵的病情就急转直下，显然是毒药导致的病情恶化。没过几天，他就去世了，他的遗孀和四个孩子都被逮捕并囚禁，而洛多维科则宣布自己成为米兰公爵。

庞大的法国军队及后面由随军平民、厨师、马夫、赶骡人、教士、乐师、小贩、营妓和侍臣组成的零散队伍拖拖拉拉地继续前行，一路畅通无阻。所有教廷国都没有进行任何阻拦，威尼斯则宣布中立。查理离托斯卡纳边界越来越近。他派信使去要求皮耶罗·德·美第奇承认安茹家族利益诉求的正当性并许可法国军队通过托斯卡纳地区。皮耶罗让法国信使等了五天才宣布佛罗伦萨中立，而其间他还越权向那不勒斯国王承诺将支持其统治。然而法国根本不允许佛罗伦萨保持中立，他们需要托斯卡纳地区的堡垒作为后方的安全保障，这样才能安心地继续向南前进。于是，查理借口不满佛罗伦萨给信使的无礼待遇，进攻了菲维扎诺（Fivizzano）的托斯卡纳堡垒，不但将堡垒洗劫一空，还惨无人道地屠杀了全部守军。

这件事让皮耶罗展现出了令其他市民惊讶的能量，他做了一切力所能及的工作来阻止法国军队深入托斯卡纳地区。皮耶罗召集了所有雇佣军首领，把雇佣军派遣到托斯卡纳边境的堡垒，连皮耶罗的妹夫保罗·奥尔西尼（Paolo Orsini）也被派到

185　了萨尔扎纳。皮耶罗本人准备动身去彼得拉桑塔，但是他的积极应对并没有得到佛罗伦萨其他主要市民相称的回应。萨沃纳罗拉似乎从预言成真中获得了一种沮丧的满足，又继续做出更多的预言，整个城市都笼罩在国之将亡的氛围中。曼图亚的信使在写给自己主人的信中说："一个多明我会教士就让整个佛罗伦萨陷入了恐慌，所有人都放弃了希望，渴望通过虔诚获得救赎。一周里面有五天都在斋戒，人们前三天只吃面包、喝白水；后两天吃面包、喝葡萄酒。所有的女孩和大多数少妇都躲进了修道院避难，所以街上只能看到男人、少年和年长的妇女。"

"看吧！"萨沃纳罗拉大喊道，

> 上帝的宝剑已经降下，灾难已经来临，预言已经实现。看吧，是上帝在领导这支军队……看吧，我将要放水淹没大地……这不是我而是上帝的预言。它就要成真。它已经成真了！

他的声音响彻整个大教堂，皮科·德拉·米兰多拉全身打起了冷战，连头发根都竖了起来。洛伦佐·伦齐（Lorenzo Lenzi），这位即将被任命为驻法国大使的富有的外交家也感到了同样的惶恐。当皮耶罗·德·美第奇向他索要更多的资助来保卫佛罗伦萨时，伦齐辩驳说这个城市就要毁了，抵抗是没有意义的。皮耶罗的堂兄弟们也是这样认为的。洛伦佐和乔瓦尼·迪·皮耶尔弗兰切斯科·德·美第奇为了不受牵连，已经派信使到查理国王的大营中送信，表示不支持皮耶罗的行动。他们不但完全理解法国的入侵行为，而且会运用自己的影响力提高佛罗伦萨人的认同感，若有必要，还会出资支持。他们的信在途中就被拦截了，然后两兄弟都被软禁在了美第奇家族的别墅中。洛伦佐被关在卡法焦洛，乔瓦尼被关在卡斯泰洛，但是两人很快就逃了出来，并立刻加入了查理在维杰塔诺（Vigetano）的指挥部。他们向查理保证，只要处理掉皮耶罗，佛罗伦萨就会立即加入法国攻打那不勒斯的阵营。

　　到了 10 月底，美第奇一派的大多数人都已经弃皮耶罗而去。他不得不承认自己已经处于绝望的境地。无论是教皇、威尼斯还是那不勒斯，都不可能给他提供任何帮助，迪克·德·蒙庞西耶（Duc de Montpensier）带领的左翼侵略军在罗马涅地区已经瓦解了那不勒斯的部分军队；而法军右翼则绕过萨尔扎纳，距离比萨不过几英里之远。在这样的情况下，皮耶罗未与执政团商议就自行来到查理国王在圣斯特凡诺（San Stefano）的大营。他认为此时唯一能拯救佛罗伦萨的办法就是向法王卑微地投降，并努力赢得他的友谊，那样佛罗伦萨也许还有一线生机。显然，皮耶罗希望此行能够像父亲当年前往那不勒斯一般，取得巨大的外交成就。他还仿照父亲当年在前往比萨途中写的信，写了一封类似的送回了佛罗伦萨。

　　查理轻蔑地接见了皮耶罗，不但索要了一笔巨额贷款，还提出要继续占领萨尔扎纳、彼得拉桑塔、萨尔扎纳罗（Sarzanello）和利布拉弗拉塔（Librafratta）的堡垒以及比萨和里窝那两座城市，直到他所谓的"事业"成功为止。皮耶罗的反应让法国人感到不可置信。他们事后向菲利普·德·科米纳描述这一场景时都"忍不住大笑"：皮耶罗简直荒唐地在所有问题上让步，迫切地同意了法王的所有要求，然后在 11 月 8 日返回佛罗伦萨向执政团汇报他的所作所为。

186

　　第二天一早，皮耶罗带着佩剑，在一群全副武装的保镖的陪同下来到市政厅进行汇报。已经得知投降协定内容的执政官们在皮耶罗面前关闭了宫殿正门，公开声明他们对这种卑怯行径感到愤怒，其实私下里他们都在欢喜终于为自己的绝望处境找到了一个替罪羊。执政团给皮耶罗传信，说他可以从宫殿旁门进入，但是所有侍卫必须留在宫殿之外。皮耶罗拒绝进入，于是几位执政官走出宫殿对他进行规劝，然而皮耶罗依然不肯遣散侍卫，于是执政官们回到宫殿之内，再一次将皮耶罗拒之门外。没过多久，执政团敲响了牛钟，大批民众迅速集结到广场之上，他们对着皮耶罗叫骂和发出嘘声，甚至向他扔石头。皮耶罗依然站在那里，不过已经把剑握在了手中。他没有表现出惧怕，但是显然开始担忧要如何收场，直到随从说服他先回到美第奇宫再做打算。他的弟弟乔瓦尼本来一直来回骑着马大喊"小球！小球！小球！"来鼓动民众对其家族的支持，却没有什么效果。他在拉尔加街上遇到了从市政厅回来的皮耶罗，两人一起回到了美第奇宫。后来卢卡·兰杜奇还看到乔瓦尼跪在窗前祈祷。

　　夜幕降临以后，皮耶罗和妻子、两个年幼的孩子及堂兄弟朱利奥经圣加洛门逃出了佛罗伦萨，取道博洛尼亚前往威尼斯。他们把家族收藏中拿得动的值钱的小件宝贝都带走了。乔瓦尼乔装成多明我会教士的模样，偷偷地把美第奇藏书室中的不少财物转移到了圣马可修道院，然后也逃出了佛罗伦萨。他们逃走后，执政团立即颁布法令宣布美第奇家族被永远逐出佛罗伦萨，并且悬赏4000弗罗林币捉拿皮耶罗，2000弗罗林币捉拿乔瓦尼。他们的堂兄弟皮耶尔弗兰切斯科家的儿子们也匆忙把姓氏改为波波拉诺（Popolano），并把美第奇家族的纹饰从自家宫殿墙上撤了下来。

皮耶罗本打算用美第奇宫中的一些房间来接待法国国王；美第奇家族逃出佛罗伦萨的消息一传出，法国国王就以"美第奇银行里昂分行拖欠巨款为由，宣告了对这些房间的所有权并掠夺了许多财物"。按照菲利普·德·科米纳的汇报，"在被掠夺的财产之中，法国国王从几件精美的宝物中抓起了一只完整的独角兽的角（其验毒和催情的功效卓著），尽管旁边还有两只更大的角；其他人也都效仿他。美第奇家族最精美的家具已经被转移到城中的另一座房子里，但是依然被暴徒们抢夺一空。执政团也抢到了皮耶罗的一些贵重珠宝、在佛罗伦萨分行的两万达科特现金、一些珍贵的玛瑙花瓶、数不清的雕刻精美的浮雕、总重约 40 磅的 3000 枚金银勋章"以及大量画作和雕像。①

这边掠夺者们在大肆抢掠，那边法国军队已经直逼比萨，查理八世立刻宣称比萨已经脱离共和国暴君的统治。为了抗议 188 法王的这一举动，也为了尽可能地更改皮耶罗·德·美第奇同意的条约，佛罗伦萨派出了一个由 4 名外交官组成的代表团前往比萨，等待查理国王的接见。这四人之中就包括萨沃纳罗拉，与其说他是来抗议的，不如说他是来传达上帝神圣的意志

---

① 美第奇家族的收藏是意大利文艺复兴时期最丰富的收藏，尽管一度被散到各处，但是其中一些真品后来都被寻回了。比如，有四个精美的花瓶，其中两个是碧玉做成的，一个是玛瑙做成的，一个是水晶做成的，并且都配有金制或银制的底座，上面还镶有珍贵的宝石并在瓶底刻了洛伦佐的名字。1502 年，伊莎贝拉·德·埃斯特（Isabella d'Este）听说有人出售这四个花瓶，就派莱昂纳多·达·芬奇代表她去验货。最后由于某些原因，可能是价格太高，她并没有买下这四个花瓶。而是由公爵科西莫一世买了回来。很多雕塑最终也回到了奥里切拉里园。

的。据记录，他对法国国王说：

> 国王陛下，你终于来了。你作为上帝的执行者、公正
> 的执行者来到这里。我们为你的到来而欢欣鼓舞……我们
> 希望耶和华会借着你让骄傲的人变谦卑，让谦卑的人受赞
> 扬，除恶扬善，矫曲为直，去旧换新，拨乱反正。

萨沃纳罗拉还为佛罗伦萨被上帝选为惩罚对象而祈求上帝
的仁慈，他请求国王宽恕那些反抗他的到来的人们；因为他们
本无意冒犯，只是还不知道查理是"上帝派来的"。查理被这
些话打动了，同意宽容地对待佛罗伦萨，不过他依然决心要带
领一支人数众多、有足够威慑力的军队浩浩荡荡地进城。

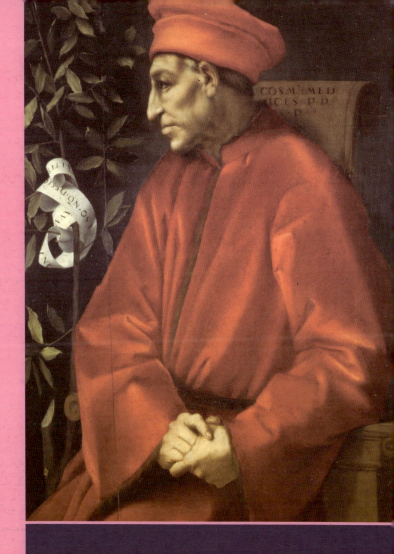

/ 科西莫·迪·乔瓦尼·德·美第奇，国父，
1389~1464，作者：蓬托尔莫（Pontormo）。 / /

/ 乔瓦尼·迪·比奇·德·美第奇，
1360~1429，作者：布龙齐诺（Bronzino）。
（左图）//
/ 皮耶罗·迪·科西莫·德·美第奇，"痛
风病人"，1416~1469。（右图）//

/ 乔瓦尼·迪·科西莫·德·美第奇,
1424~1463,作者:米诺·达·菲耶索莱
(Mino da Fiesole)。(左图)//
/ 朱利亚诺·迪·皮耶罗·德·美第奇,
1453~1478,作者:波提切利(Botticelli)。
(右图)//

/ 洛伦佐·迪·皮耶罗·德·美第奇，"伟
大的洛伦佐"，1449~1492，分别是韦罗
基奥（Verrocchio）制作的彩陶雕塑和匿名
作者创作的油画。//

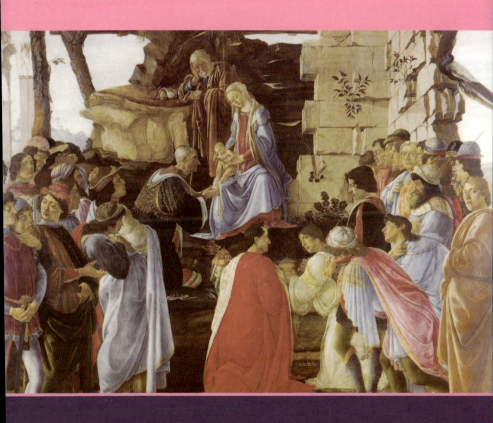

/ 波提切利的《三贤士朝圣》。如正文第
120 页提出的那样,画面左侧拿剑的人物
应代表伟大的洛伦佐。其他人物的身份详
见正文第 121 页。画面最右侧的人通常被
认定是波提切利本人。(此处说法与第八
章注释并不完全一致。——译者注) //

/《三贤士之旅》细节图，出自戈佐利
（Gozzoli）创作的美第奇宫内小教堂的壁
画。关于画中人物身份的猜想见正文第
121 页；画面最右侧骑在马上的人被认定
是皮耶罗·德·美第奇，即戈佐利的资助
者。至于哪个人物代表作者本人则毫无争
议，因为戈佐利直接在画中人物的帽子上
画上了自己的名字。//

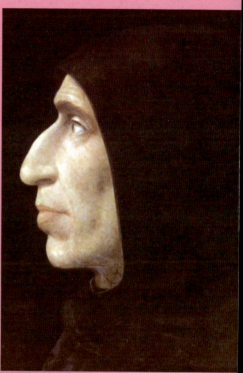

/ 皮耶罗·迪·洛伦佐·德·美第奇，
1471~1503，作者：布龙齐诺。（左图）//
/ 吉罗拉莫·萨沃纳罗拉，1452~1498，作
者：巴尔托罗梅奥（Fra Bartolommeo）。
（右图）//

/ 米开罗佐·米凯洛奇（Michelozzo Michelozzi）设计的美第奇宫内院。详见正文第 94 页。//

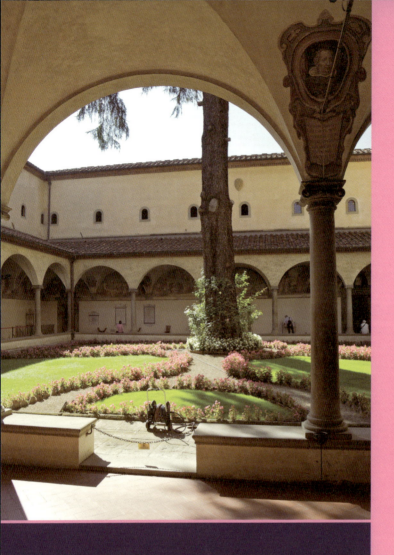

/ 圣马可修道院的回廊。科西莫·德·美第奇雇用米开罗佐重建了这座修道院。1491 年萨沃纳罗拉成为这里的院长。//

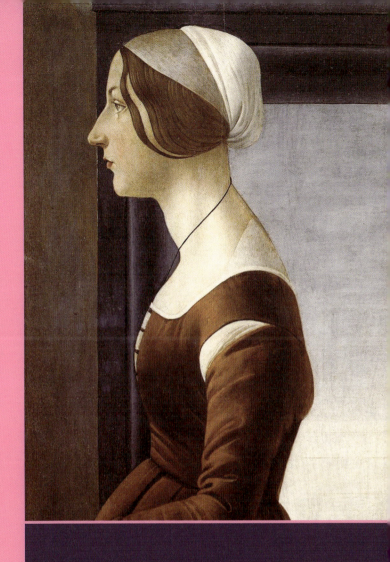

/ 波提切利的《年轻女士》，人们曾经比较确定画中人是克拉丽切·奥尔西尼或西莫内塔·韦斯普奇，不过菲奥雷塔·戈里尼更可能是画作原型，即朱利亚诺·德·美第奇的情妇，也是后来成为教皇克莱门特七世的朱利奥的母亲。//

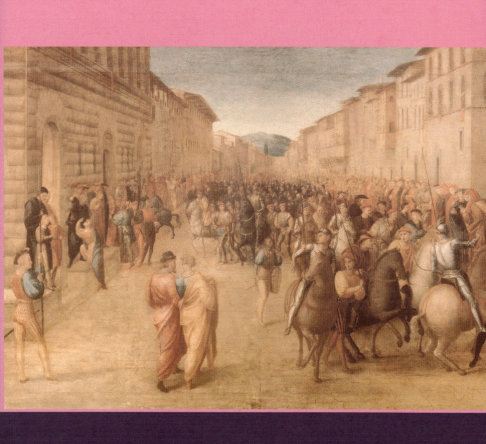
/ 1494 年 11 月 17 日，国王查理八世的军队进入佛罗伦萨。画面左侧可以看到美第奇宫的一角。作者：格拉纳齐（Granacci）。//

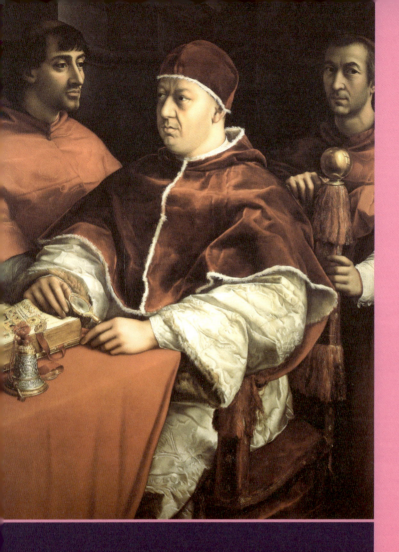

/乔瓦尼·迪·洛伦佐·德·美第奇，教皇莱奥十世，画像由拉斐尔创作，画上的人物还包括站在教皇右手边的他的堂弟朱利奥，即后来的克莱门特七世，以及站在教皇椅子后面的枢机主教路易吉·罗西。//

FLORENTIAE·CIVITAS

/ 代表佛罗伦萨民众的百合花，大公的冠冕
凌驾其上，和王室祭堂里马赛克装饰上的图
案一样。/ /

/ 乔焦·瓦萨里描绘的 1529 年至 1530 年佛罗伦萨被围困期间的景象。画面前方遍布着奥朗日王子的营帐。按照米开朗琪罗的建议，城市的防卫延伸到将画面右侧的圣米尼亚托山包括进去。教堂的钟楼外面包裹了垫子，为的是抵御炮火的攻击。城里的市民迫于饥饿投降之后，不得不接受美第奇家族的回归，他们是在罗马陷落时逃离佛罗伦萨的。//

/ 天主圣三桥在 1567 年至 1569 年由巴尔
托洛梅奥·阿曼纳蒂重建过。画面远处还
可以看到维奇奥桥和市政厅的塔楼，此时
市政厅已改称为旧宫。//

/ 旧宫和佣兵敞廊，旧宫后面的是乌菲齐。/ /

/ 美第奇家族的特雷比奥乡村别墅。1433 年反
美蒂奇期间,科西莫曾在此隐居。后来这里归
属于乔瓦尼·德拉·班代·内雷。(上图)//
/ 美第奇家族的卡法焦洛别墅。这座别墅是由
米开罗佐为科西莫建造的,这片地产世代都
属于美第奇家族。别墅的塔楼之一已经被毁。
(中图)//
/ 波焦阿卡伊阿诺别墅是由朱利亚诺·达·圣
加洛为伟大的洛伦佐改造的。敞廊和三角楣饰
则是在教皇莱奥十世时期增加的。作者均为朱
斯托·乌腾斯。(下图)//

/ 圣十字教堂广场举办的马上长矛比武
（joust），按照传统这里还举办了战车赛和
足球赛（calcio）。画面背景中的圣十字教堂
里有米开朗琪罗和另外几位科西莫·德·美
第奇的朋友的墓，包括莱昂纳多·布鲁尼。
现在的大理石教堂正面虽然是十七世纪的设
计风格，但其实是 1863 年修建的。//

/ 美第奇宫由卡尔迪家族扩建之后的样
子。能够看出面向教堂一侧的上层建筑和
房顶上的飞檐还是当初米开罗佐设计的样
子。画面左侧的是圣乔瓦尼诺德利斯科洛
皮教堂，在 1579 年至 1661 年由阿曼纳蒂、
朱利奥·帕里吉和阿方索·帕里吉兄弟重
建。//

/ 施洗者圣约翰日的献礼节庆典。大公会在这一天"接受他统治范围内所有的领地、堡垒和城堡中的人的致敬……这些人要列队一个个从大公面前经过，并降低旗帜以表敬意"。这一节日于每年的6月24日举行，一直延续到1808年。//

/ 大公科西莫一世，1519~1574，作者：布
龙齐诺。（左图）//
/ 杰利尼（Cellini）创作的大公科西莫一世
的雕像，在杰利尼回到佛罗伦萨时，大公
"十分热情"地接待了他。（右图）//

/ 科西莫一世的儿子，大公费尔迪南
多一世，1549~1609，作者：普尔佐内
（Pulzone）。（左图）//
/ 大公弗朗切斯科一世在旧宫里的实验
室，由瓦萨里为他设计建造。实验室里挂
满了佛罗伦萨的矫饰主义晚期作品。半圆
壁上的圆形人物肖像是弗朗切斯科的母亲
埃莱奥诺拉·德·托莱多，由布龙齐诺创
作。（右图）//

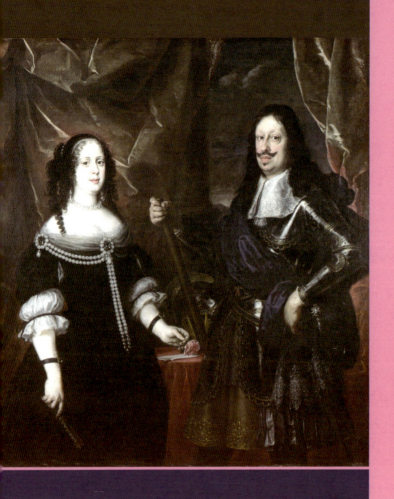

/ 大公费尔迪南多二世及大公夫人维多利亚·德拉·罗韦雷，也就是科西莫三世的母亲。//

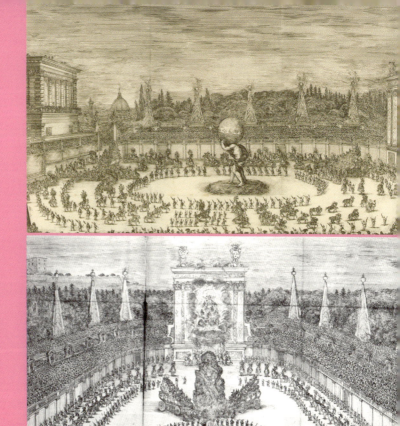

/ 为庆祝大公王子科西莫与玛格丽特－路易丝公主的婚礼而举行的盛典上，大约 2 万名观众观看了在波波利花园进行的《欢乐的世界马术芭蕾》（见正文第 347 页）。人们创造了一个巨大的阿塔拉斯肩扛地球的造型，并由精巧的机关推动它绕场移动。当典礼宣布赫拉克勒斯下凡来参加科西莫的婚礼后，阿塔拉斯人型变成了阿塔拉斯山的样子，原本扛在肩上的大球也被打开，从里面走出四位姑娘围坐在山顶上。图中显示的是巨人变形为山峰的样子，还有马拉的战车，车上有太阳神阿波罗和月亮女神辛西娅。//

/ 大公王子科西莫，即后来的科西莫

/ 大公吉安·加斯托内，1671~1737。（左图）//

/ 公主安娜·玛丽亚·德·美第奇，帕兰帝内选帝侯夫人，1667~1743，作者：杜文（Douven）。//

/ 从阿诺河上看到的佛罗伦萨的景色。图中可以轻易辨别出旧宫、布鲁内莱斯基的圆形穹顶和乔托的钟楼。//

第十五章　驱逐令

"有人已经在地狱为自己准备了位置"

　　国王查理八世在1494年11月17日这一天经圣弗雷利阿诺
门（Porta San Freliano）进入佛罗伦萨。他穿着镀金的铠甲和金
线缝制的斗篷，头戴王冠，像个得胜的英雄一样。按照当时军
队统领进入被攻占城市的方式，他手中还握着长矛，横在身侧。
4名骑士为他举着豪华的顶棚，他的左右各有一位将军，身后则
跟随着100多名衣着华丽的皇家保镖；再后面是200多名步行的
骑士；骑士后面则是拿着钢戟的瑞士护卫和穿着用繁复羽毛装
饰的铠甲的官员们。另有5000名加斯科涅步兵和5000名瑞士步
兵步行前进，他们后面是3000名穿着刻花铠甲和刺绣斗篷，举着
用金线刺绣的天鹅绒旗帜的骑兵。骑兵后面还有4000名布列塔尼
弓箭手和2000名石弩手。最后是各种武器和大炮，由骏马而不是
牛或骡子拉着前进，这可是佛罗伦萨人从来没见过的景象。

　　　　胸甲骑兵的形象有些凶恶吓人，他们胯下战马的耳朵
　　和尾巴都被剪得很短，看着像怪物一样。后面的弓箭手都
　　来自苏格兰或其他北欧国家，个子高得出奇，与其说是
　　人，不如说他们更像未开化的野兽。

　　太阳下山时查理国王抵达了主教堂广场，从他巨大的黑色

战马上跳了下来。夹道欢迎的人一直在欢呼致敬，因为他们被萨沃纳罗拉说服了，认为法国国王是来解放他们的；然而当人们惊讶地注意到他矮小的身材和笨拙的动作时，欢呼声渐渐小了。不过据观察者说，这只是一个短暂的插曲，很快就恢复了先前的欢呼声势。之前一些佛罗伦萨市民的房子被用粉笔做了标记，作为法国军需官们指定的接待士兵的住处。当国王的士兵们忙着在这些焦虑的市民家中安顿下来的时候，查理则去做了弥撒，然后骑马直奔美第奇宫，沿途"法国万岁"（*Viva Francia*）的喊声不绝于耳。

事实证明，不情愿的接待者们对这些北方士兵的疑虑是没有必要的。在一万二千名法国士兵驻扎佛罗伦萨的 11 天里，只发生过几次骚乱，不超过 10 个人丧生。总体来说，这段时间平静得出奇；直到法国军队准备离开但不肯承担这段时间的吃住开销时，才引发了广泛的不满情绪。

同样也是因为钱的问题，查理国王和执政团之间发生了一次激烈的争吵。本来查理要求执政团许可他继续使用其军队已占领的堡垒，同意他暂时占领比萨直到"事业"获得成功，同意向他支付十五万达科特的赔款以补偿这次远征的开销。但是查理在 11 月 25 日与佛罗伦萨的代表会面时，宣令官当场宣读的合约条款中赔款数额变为十二万达科特。查理愤怒起身打断了宣令官，并威胁说赔款必须维持原定的十五万达科特，否则他就要让军号手吹号集结军队，把整个城市洗劫一空。查理的叫嚣让皮耶罗·迪·吉诺·卡波尼（Piero di Gino Capponi）怒不可遏。曾经作为佛罗伦萨驻法国大使的皮耶罗在查理幼儿时就认识他了，如今却被这个不招人喜欢的年轻人如此威胁。皮耶罗一怒之下抢过宣令官手里的条约，撕了个粉碎。按照圭恰迪尼的形容，皮耶罗用"因愤怒而颤抖的声音"毫不畏惧地朝着查理大喊："如果你吹号，我们就敲钟！"这句话后来成为佛罗伦萨的一句谚语。

考虑到为了这点儿钱财而冒险攻城不太值得，查理国王决定让步，于是不疼不痒地开个玩笑说："卡波尼呀卡波尼，你可真是个铁公鸡。"说完就签了条约，离开佛罗伦萨前往罗马去了。 191

查理离开两天后，市政厅广场上召开了一次市民议会，多数票通过建立一个最高司法委员会。之后人们又任命了 20 名选举官取代各个美第奇委员会，并负责选举今后的执政团成员。不论宪法上有什么变动，萨沃纳罗拉的支持者们迫切想让大众知晓，佛罗伦萨的统治权现在属于圣马可修道院的院长，一个教会控制的神权政府即将建立，这个国家实质上将要依照经文来管理。

萨沃纳罗拉本人对此直言不讳，在 12 月 21 日的布道中他宣称：

> 上帝已经把我的船推进了大海，海风吹着我向前。上帝不允许我退缩。昨天晚上我与上帝交谈时说："主啊，请您怜悯我吧，让我回到我的避风港去。"但是主回答说："这不可能。你难道看不出风是朝着另一个方向吹吗？""我可以布道，但是为什么让我参与佛罗伦萨的政务呢？""如果你要让佛罗伦萨成为一座圣城，你就必须把她建立在坚实的基石之上，并且为她组建一个看重美德的政府。"

　　萨沃纳罗拉为遵循主的意愿而义无反顾。在布道中，他以不可抗拒的力量指出了前路的方向，而信众们也坚定地追随着他。萨沃纳罗拉手中握着十字架，敦促人们将所有鼓吹美第奇家族复兴的人赶尽杀绝。上帝命他改革这个城市和教会，上帝的意愿一定会实现。斋戒必须延续下去；无论是金质的装饰物和闪闪发亮的手抄本，还是银制的圣杯和烛台，还有珠宝装饰的十字架都必须从修道院中搬走。"受神佑护"的孩子们必须剪短头发，在街上唱着圣歌游行，为穷人收集救济品，并且搜查违禁的胭脂盒和镜子，还有淫秽的画作和邪恶的图书；因为此类"虚荣之心"就是魔鬼诱人向恶的请帖。这些孩子一定要让成人体会到耻辱，这样他们才能抛弃赌桌，走进忏悔室；孩子们还要向当局报告所有违法行为、所有不适当或招摇卖弄的穿着以及那些扔石头的坏孩子。

192

　　将来的节庆必须是赞颂上帝荣耀的宗教盛典，所有"虚荣"都要以上帝的名义投入献祭的篝火。事实上也是如此：在一次被人们深深铭记的庆典中，穿着白袍的孩子们在街上游行，手里举着橄榄树枝和红色的十字架，唱着圣歌翩翩起舞，在奇诺齐（Cinozzi）看来"仿佛是天使降临人间与人类的孩子一起庆祝"。多纳泰罗制作的一座少年耶稣手举荆棘王冠的雕塑被从一座教堂抬到另一座教堂。后来在市政厅对面还搭起了巨大的金字塔形脚手架，底部堆着各种过分华丽的服装、镜子、天鹅绒软帽、假发、面具、扇子、项链、手镯和各种小饰品。在这些东西上面是一摞摞可能诱发淫秽思想的亵渎神灵的图书和画作；还有棋盘和骰子盒，一副副的纸牌和魔术指南；名媛的半身像和画像；连洛伦佐·迪·克雷迪（Lorenzo di Credi）、波提切利和教士巴尔托罗梅奥（Fra Bartolommeo）这些被改造了的艺术家也把自己以前创作的充满肉欲的画作送来销毁。而在这堆东西的最顶端，是一个威尼斯商人花 20000 斯库多银币（*scudi*）订制的雕塑作品，现在它们全都要被扔进火中。堆积如山的物品周围有侍卫把守，执政团从他们宫殿的阳台上看着这些东西被点燃，在合唱团的诵经声、小号声和铃声中熊熊燃烧。

当然也有人反对这种表示虔诚的方式，他们谴责萨沃纳罗拉忠诚的支持者是"跟屁虫"（*masticapaternostri*）或"伪君子"（*piagnoni*）。每当萨沃纳罗拉布道时，反对者们会用敲鼓等方式制造"各种噪音"来压过萨沃纳罗拉说话的声音，他们还怂恿淘气的小孩子们向萨沃纳罗拉的追随者扔石头。不过，更多的人还是把萨沃纳罗拉视为伟大的改革家；他们认同他关于重建一个质朴纯洁的世界的梦想，相信人们都会信仰基督，他们也认可奇诺齐关于那时的佛罗伦萨将是个"荣耀之地"的说法；他们像卢卡·兰杜奇一样为自己的孩子能加入那些"受神佑护的孩子的队伍并受到所有改邪归正之人的尊敬"而无比骄傲；他们也像航海家的叔叔乔焦·韦斯普奇（Giorgio Vespucci）和斯特罗齐兄弟一样渴望有一天佛罗伦萨将成为"新的耶路撒冷"。

193

查理八世一路向南的过程中没有受到任何阻挠。罗马未做抵抗就沦陷了；而费兰特的儿子，国王阿方索二世，受到各种噩梦和预言的惊吓，被因自己的无情和残暴而受到残害的鬼魂追索，甚至听到脚下的石头都在呼喊着："法国！法国！"他于是选择退位并逃进了西西里岛上的一家修道院。法国军队跨过了那不勒斯的边境，屠杀了圣乔瓦尼山（Monte di San

Giovanni）的居民并且放火烧了整个镇子，以此警告反对者。整个王国都笼罩在巨大的恐惧中，如圭恰迪尼所说，法国人作战的方式是"意大利人几个世纪来都不曾见识过的"。那不勒斯人也选择将查理视为帮助他们脱离阿拉贡家族统治的救星，于是向佛罗伦萨人一样热烈欢迎他的到来。事实上，那不勒斯人的盛情款待和这座城市的美好令查理如此陶醉，以至于将继续进军耶路撒冷的打算完全抛到了脑后。法国国王在自己的新领地乐不思蜀，终日玩乐享受，和无数佳人厮混，甚至还把她们的画像收集起来装订成册。不过当法国国王在那不勒斯的艳阳下玩物丧志时，北方的敌人们则忙着筹划推翻他的大计。

查理的所有敌人中，最积极的莫过于新教皇罗代里戈·博尔贾（Roderigo Borgia），即亚历山大六世（Alexander Ⅵ）。他是个秃顶的大胖子，其貌不扬，喜欢奢华炫耀，对女人有巨大的吸引力。这当然不仅仅是因为他的富有和权势，更因为他有一种令人无法抗拒的魅力和充沛的精力，甚至在他的放荡和挥霍中都带着一种孩子气的热切，这为他赢得了无数情妇的钟爱。和众多前任一样，博尔贾也决心利用职务之便为自己的六个儿子谋取福利。在所有儿子当中，邪恶而迷人的切萨雷·博尔贾（Cesare Borgia）最具才干和野心。教皇意识到要想实现这些野心，就必须先让整个意大利团结起来抵抗外国侵略者。于是他打算建立一个致力于将法国人赶出意大利的联盟，并且自作主张地称其为神圣联盟。

洛多维科·斯福尔扎迫切地想要加入这个联盟。现在他已经为自己唆使法国入侵意大利而产生不良后果感到悔恨，因为奥尔良公爵嫉妒查理八世占领那不勒斯，进而也主张自己对米兰公国的权力。和米兰一样，威尼斯也加入了教皇的神圣联盟，

194

此外还有君主马克西米利安及阿拉贡和卡斯蒂利亚国王费迪南德（King of Aragon and Castile，Ferdinand）。尽管法国军队在那不勒斯的驻扎已经受到了威胁，他们却没有立即撤出这座城市。事实上，直到神圣联盟成立 7 周之后，查理才在留下一支庞大的驻军镇守那不勒斯的前提下，带领军队重新向北行进。

这真是一段漫长的行军过程。5 月过去了，6 月也过去了，直到进入 1495 年 7 月，法国军队竟然还没有翻过亚平宁山脉。因为满载着各种财物，每两个人就需要一头骡子拉的货车。与此同时，神圣联盟已经组建起了一支强大的军队，由面相凶猛、双眼突出的曼图亚侯爵（Marquis of Mantua）弗朗切斯科·贡扎加（Francesco Gonzaga）带领。两支军队越来越靠近，战事一触即发。这次他们可不会像以前文艺复兴风格的战争一样，有什么灵巧地避免对抗一说了。按照弗朗切斯科·圭恰迪尼的观察，法国人的入侵彻底终结了以前的雇佣军首领所钟爱的那种拖延、迂回的作战方式。雇佣军首领雅各布·皮奇尼诺（Jacopo Piccinino）就曾经承认，这样拖延作战时间的策略是为了获取更多的报酬；为了保护自己人马的安全，他们作战时把"大部分时间都花在退回河边或壕沟的安全地带"；即便是不得不交战之时，他们也是以俘获而不是杀死敌人为目标。当然，把法国入侵以前的意大利战争描绘成一滴血都不流的大行军也未免夸张了些。比如 1440 年的安吉亚里战役中就有大约 900 人被杀，而不是如马基雅维利所说的"只有一人丧命"。不过，几千人交火的大战斗中，无一人战死沙场，靠两军将领握手言和就结束战争的情况倒也并不稀奇。意大利军人在需要的时候自会英勇迎战；但是在更多情况下，将领会让他们忙于掠夺财物而不是短兵相接，让他们用长矛赶牛放羊而

不是用石弩射击敌人。那一时期的编年史中偶有提及穿着无袖
上衣和颜色艳丽的紧身裤，随着鼓乐声行军的步兵，偶尔喊喊
支付他们酬劳的王公贵族的名号，与其说是去打仗，不如说是
巡游演出。与他们形成鲜明对比的是查理八世的军队。他的士
兵训练有素、身经百战，上阵就是为了杀敌。"他们面对敌人
时像一堵无法攻破的墙。"最重要的是，如圭恰迪尼所说，

> 他们配备了意大利人见都没见过的先进武器，能让之
> 前所有用于攻击的武器都相形见绌……这种武器就是火
> 炮，它用炮弹而不是石头为弹药，而且口径和威力都是以
> 往的武器不可比拟的。除此之外，这些大炮还都是放在马
> 车上而不是像意大利的传统那样用牛车来拉……它可以以
> 惊人的速度被安置在城墙下并做好开火准备。而且，这种
> 可怕的武器不仅可以用来攻城，还可以用于战场之上。

1495 年 7 月，法意两军终于在塔罗河（Taro）河岸上正
面交锋了。神圣联盟的雇佣兵根本不是查理国王的炮手和骑兵
的对手。交战时间短暂，场面残酷，比意大利十三世纪末以来
的任何一场战争都更野蛮和血腥。意大利一方的伤亡非常惨
重。当人数明显占优的法国军队继续向北前进时，落在后面的
数以百计的法国随军人员竟然还拿着尖刀和斧头跑到战场上砍
杀已经受伤、痛苦尖叫的意大利士兵。不过后来意大利人还是
收复了战场，并且拦截了法国人的行李车，收缴了据说是属于
查理曼大帝的宝剑和铠甲，还有珠宝、银盘、皇室印玺、一个
神圣的十字架、一根神圣的荆棘、一件圣母的背心、一段圣丹
尼斯（St Denis）的肢体和一本女子裸体画册——是在"不同

的时间和地点描绘的……各个城市里面淫乱交媾的素描"。曼
图亚侯爵就此宣布战争获胜。到了8月底，查理和他那支虽然 196
疲惫但仍不乏强大战斗力的军队已经翻过了阿尔卑斯山，安全
地回到了法国。意大利人才震惊地发现，凭着他们的美德、才
干、财富、曾经的辉煌和经验以及所有的军事技能，竟然完全
阻挡不了北方军人的无情践踏。

　　佛罗伦萨人并没有加入这场惨痛的战役。萨沃纳罗拉对自
己作为"上帝旨意执行者"的身份坚信不疑，不愿与神圣联
盟有半点儿瓜葛。一个多明我会的无名小卒竟然能发挥这么大
的影响力，这令教皇感到惊讶；而他在布道中支持入侵者以及
自称是上帝选定的代言人的说法更让教皇愤怒。于是教皇要求
萨沃纳罗拉到罗马来向他做出解释，而萨沃纳罗拉却回复说佛
罗伦萨离不开他，他的健康情况不允许他远行，最重要的是前
往罗马是违背上帝意愿的。自此双方之间通信的言辞越来越激
烈，最后教皇直接禁止萨沃纳罗拉继续布道。起初萨沃纳罗拉
遵守了教皇的命令，改由他虔诚的门徒，多梅尼科·达·帕夏
（Fra Domenico da Pescia）代他登上神坛传教。但是到了1496
年2月，萨沃纳罗拉认为教皇的禁令已经失去效力，于是又开
始每天在大教堂布道直到4月3日。

　　教皇用尽所有办法强迫萨沃纳罗拉服从他的命令。他先是
下令将本来获许可独立的托斯卡纳地区的多明我会重新收归罗
马教廷统治，这样他就有权将萨沃纳罗拉派遣到一个远离佛罗
伦萨的修道院去，但是萨沃纳罗拉拒绝承认教皇在这一问题上
的管辖权。亚历山大甚至承诺只要他肯放弃布道，就封萨沃纳
罗拉为枢机主教，但是萨沃纳罗拉回复说，另一种红帽子才更
适合我，即"用鲜血染成的"。

　　最终，在 1497 年 6 月，教皇采取了最后一个办法，就是将萨沃纳罗拉逐出教会。萨沃纳罗拉花了 6 个月的时间思考自己的处境，每天斋戒祈祷，直到上帝指引他做出最终的决定——他要违背教皇的命令。在圣诞节这一天，萨沃纳罗拉公开在大教堂主持大弥撒。亚历山大要求执政团要么把"萨沃纳罗拉这个邪恶之子"遣送到罗马，要么将他关押在佛罗伦萨。如果执政团不照办，教皇将下令封锁整个城市。

197

　　对此萨沃纳罗拉回复教皇：

> 你根本没有听取我的陈述，我已经不能再把我的信仰寄托于教皇您，而是要把我自己完全地交付给我主，是他决定了弱小也可以挫败强大。我建议教皇您也快为自己的救赎做准备吧。

　　至于执政团，萨沃纳罗拉认为他们对教皇威胁的反应太温和，给他们的警告也更加严厉。"告诉那些追求伟大和赞颂的人，他们的座位已经准备好了，不过是在地狱里……告诉他们惩罚已经降临，有人已经在地狱为自己准备了位置。"

　　不过，这次教皇算好了发出威胁的时机。萨沃纳罗拉的支持者们在佛罗伦萨越来越失去根基，而最主要的原因甚至不是政府内部的人员变动。当年托斯卡纳地区的收成很差；到处都是饥民，甚至有人饿死街头，还暴发了瘟疫。萨沃纳罗拉口中的英雄查理国王也没有按他承诺的那样把比萨还给佛罗伦萨，而是将控制权交给了当地的居民，比萨人借机拿起了武器守护自己的独立。随后发生的战争也都是由报酬不高的雇佣兵打的，自然又是无限期地拖延了下去。因为这些灾难的发生，反对萨沃纳罗拉的声浪越来越高，对他统治的批评也越来越直白。一群斗志昂扬的年轻人还组建了一个被称作"一百五十人政团"（Compagnacci）的组织，成员大多是富人家的孩子。为了示威，他们往大教堂的神坛上抹油，在神坛四周悬挂腐坏的驴皮，还在萨沃纳罗拉布道时把一个笨重的柜子砸到大教堂中殿的石头地板上，把正在听布道的会众吓得四散奔逃。

那也是萨沃纳罗拉最后几次布道之一了。佛罗伦萨考虑到教皇的警告，决定禁止萨沃纳罗拉继续传教。萨沃纳罗拉同意先停止传教，条件是给他机会证明自己的清白。他打算把 3 月 18 日这一天的布道用来为自己正名，在布道中他坚持说自己有权反抗不合法的当权者，还提及自己的预言都已经实现，并谴责教会是一个邪恶的机构，因为他们助长了通奸和恶习。他还说自己不是因为想要传教而传教，而是因为受到了深入骨髓的熊熊火焰的驱使："我感到整个人都燃烧了起来，而上帝的精神就是这火焰。哦，心中的精神啊！你像风掀起海面的波涛一样，你的经过也会带来风暴。除了服从我别无他法。"

在这最后一次布道之后，方济会教士们——一直挑战声称与上帝存在特殊关系的多明我会——又一次提出让萨沃纳罗拉提供证据证明他受到了上帝的特殊偏爱。方济会教士弗朗切斯科·达·普利亚（Fra Francesco da Puglia）坚称萨沃纳罗拉收到神圣的启示是假的，因为他没有任何证据。为了揭穿萨沃纳罗拉的谎言，他愿意与萨沃纳罗拉一起从火焰中穿行，以证明这个多明我会教士根本没有受到上帝的保护。萨沃纳罗拉拒绝参加这种严酷的考验，辩驳说自己的存在是为了更高贵的工作。不过他同意让自己坚定的支持者多梅尼科·达·帕夏代替自己参加考验。多梅尼科热切地接受了挑战，然而弗朗切斯科则拒

198

绝与萨沃纳罗拉之外的任何人一起挑战，于是他也安排了另一个方济会教士朱利亚诺·隆迪内利（Fra Giuliano Rondinelli）代为参加。

执政团的大多数成员为采用这种过时的野蛮方式而感到惊骇，甚至说祖先要是听到他们竟然还在讨论这种严酷考验的可行性，也会感到羞耻；还有成员提出，看谁能从阿诺河河面走过而不沾湿衣角也是一个"同样能证明真伪的奇迹"。然而，人们此时已经被烈火考验的计划挑起了兴趣，如果取消很可能会让民众失望。最终的决定是，如果多明我会教士多梅尼科死了，那么萨沃纳罗拉要被驱逐出佛罗伦萨；如果方济会教士隆迪内利丧身火海而多梅尼科没有死，则弗朗切斯科·达普利亚要被逐出佛罗伦萨。考验将于 1498 年 4 月 7 日星期六早上 10 点到下午 2 点在市政厅广场上进行。届时所有外乡人必须离开佛罗伦萨，街上要设置路障，通往广场的道路也要由带武器的侍卫把守。

佣兵敞廊前面一条 30 码长、10 码宽的走道被布置出来。走道两边堆积着大量浸了油的木柴，中间留下大约 3 英尺宽的空间让两个教士通过。整个佣兵敞廊被划分成两个区域，供双方的支持者预订位置。

方济会教士们率先进入了场地，并在那里等待多明我会教士们的到来。领头的多明我会教士举了一个十字架，其他人排成两队跟随在十字架后面，一路颂唱着应景的圣歌来到场地。队伍最后面是多梅尼科，他旁边是萨沃纳罗拉。让方济会教士们愤怒的是，这个"被驱逐出教会之人的手中"还拿着圣饼。而当多梅尼科要举着十字架走进火场时，众人更是难掩惊愕之情。最终他被说服不举十字架，但坚持不放下神圣的圣饼。众

199

人为这个问题争论不休，直到一场暴雨倾盆而下，只好宣布当天的考验取消。

　　人们的忍耐已经到了极限。第二天正好是棕枝主日（Palm Sunday），一伙愤怒的暴徒们攻击了聚集在大教堂准备听萨沃纳罗拉的门徒之一布道的会众。一百五十人政团的成员们手持木棒追打会众，还向他们扔石头，口中还念着各种诅咒。会众们从大教堂里仓皇逃散，纷纷躲进圣马可修道院寻求庇护。虽然萨沃纳罗拉宣扬应当靠祈祷来寻求主的保护，可是这里的教士们却背着他储备了一些武器以防遭到围攻。一些教士把修道院教堂的塔尖拆下，扔向下面广场上的暴徒；另一些教士则把长矛掷向那些企图点燃修道院外墙的人。在攻击者们翻过修道院的围墙进入唱诗班席位之前，就已经有一些暴徒和修士丧生了。萨沃纳罗拉躲在藏书室中，但是很快就被执政团派来的侍卫们逮捕了。他被押着穿过大街，一路上都有民众对他嘲笑讥讽。最后他被关进了市政厅钟楼上的"小旅馆"里，也就是65年前科西莫·德·美第奇被关押的地方。

　　萨沃纳罗拉受到了严刑拷打，在吊刑刑具（strappado）的可怕折磨下，承认了所有安在他头上的罪名，可是一旦把他从刑具上放下来，他又会立即改口否认，然后拷问就会从头再来。最后，萨沃纳罗拉、多梅尼科以及另一个他最坚定的门徒西尔韦斯特罗（Fra Silvestro）一起被判定犯下了邪教异端和分裂教会罪并被处以死刑。市政厅广场上搭起了一个脚手架，上面还缠着各种易燃物。萨沃纳罗拉和两个同伴被链子吊在上面烧死了。初夏的天空下，火焰熊熊燃烧，有人大声喊道："哦，先知啊，现在正是需要奇迹的时候！先知啊，救救你自

200

己吧!"

"几个小时之内,几个受刑之人就被燃烧殆尽了,他们的胳膊和腿渐渐开始掉落到地上。"兰杜奇在日记中这样写道:

> 受刑者身体的一部分还被链子吊着,于是人们不断朝尸体扔石头,想让尸体掉进火里,因为他们担心会有人想要保存他们的遗骸。最后行刑人不得不砍断吊杆才让尸体都掉到地上,人们又往火堆里加了很多柴草并不停搅动,直到尸体彻底化为灰烬。然后有人在执权杖者的陪同下用马车把最后剩下的骨灰全部拉走并投进维奇奥桥附近的阿诺河中,这样就没有人能找到他们的遗骸了。

第十六章　美第奇的回归

"已经拿下普拉托，虽然难免出现一些伤亡"

万贯家财已经散尽，宫殿和别墅也都被没收，现在的美第奇家族就像一个无家可归的部落一样在欧洲四处游荡。皮耶罗还留在意大利，靠偶尔当掉一块宝石或浮雕度日。他为共和国的敌人效力，还加入了切萨雷·博尔贾的阵营，不断尝试通过武力重返佛罗伦萨执政。切萨雷·博尔贾在罗马涅建立了一个王国，他认为帮助美第奇重返佛罗伦萨能为自己创造一个有价值的盟友。皮耶罗真带着一队全副武装的人马抵达了罗马娜门，却发现佛罗伦萨人完全不支持他的回归和重新当政，于是只好带着队伍奔向锡耶纳。最后他决定为法国国王效力，以换取一些含糊的关于支持他重返佛罗伦萨的承诺。

此时查理八世已经去世，死因是他的头重重地撞到了昂布瓦斯（Amboise）城堡中的房梁；不过继任者路易十二（Louis XII）重申了他的家族对那不勒斯王位的权力，并且以他的祖父娶了瓦伦蒂娜·维斯孔蒂为理由，宣称对米兰公国也享有权利。不过这两项主张都受到了西班牙国王费迪南德的强烈质疑。虽然在 1500 年的时候，费迪南德和路易达成了共享那不勒斯的协议，但是双方在利益分割上总是争吵不休，很快就重新开战了。

1503 年 12 月，英勇善战的西班牙将领贡萨尔沃·德·科尔多瓦（Gonsalvo de Cordoba）率军大败法军。当时皮耶罗·德·美第奇也在法国军队中，在试图穿过加里利亚诺河（Garigliano）逃往加埃塔的时候，船不幸倾覆，他本人淹死在了河水中。后来他的尸体后被寻回，埋葬在了卡西诺山（Monte Cassino）上的修道院里。①皮耶罗有两个孩子，女儿叫克拉丽切，儿子叫洛伦佐，当时 11 岁。他们的叔叔乔瓦尼，一位公认的杰出人物，则在皮耶罗死后成了这个家族的领袖。

乔瓦尼于 1475 年 12 月 11 日出生在美第奇宫，此时是 28 岁。他年幼时，父母就对他寄予厚望。在他出生前一晚，母亲做了一个十分奇怪且异常生动的梦。她看见自己忍受着巨大的痛苦在大教堂里分娩，可是生出来的却不是一个人类婴儿，而是一头巨大的狮子。

洛伦佐受到这个梦境的鼓舞，认为让儿子成为教会的王子会让美第奇家族受益匪浅，于是决心为儿子铺设一条神职之路。在这个孩子刚刚显示出足以在教会立足的才能时，里昂分行就接到了密切关注神职空缺的命令，因为在法国获得神职要比在意大利容易一些。乔瓦尼很早就接受了神职。他 8 岁的时候就受了削发礼，在法国国王的引荐下加入了丰杜斯修道院（abbey of Fontdouce），后来法国国王还想任命他为普罗旺斯地区的艾克斯（Aix）大主教，却发现那里的大主教仍然在世。为了补偿乔瓦尼的失望，法国国王又任命他为沙特尔（Chartres）附近的圣热梅修道院（Saint-Gemme）院长及托斯卡纳地区所有大教堂的教士会成员，此外还有包括帕西尼亚诺

---

① 卡西诺山大教堂里的皮耶罗·迪·洛伦佐·德·美第奇之墓是由安东尼奥·达·圣加洛和弗朗切斯科·达·圣加洛（Antonio andFancesco da Sangallo）兄弟共同设计的。位置是在老教堂的唱诗班席位。

修道院（Passignano）院长和卡西诺山修道院院长在内的二十多个受人尊敬且报酬不菲的职务。在教皇西克斯图斯四世去世后，乔瓦尼·巴蒂斯塔·奇博（Giovanni Battista Cibo）被选举为英诺森八世，于是又有更高的职位出现了空缺。为了避免教皇在满足自己的愿望之前就去世，洛伦佐尽其所能地说服他尽早封乔瓦尼为枢机主教。在教皇的儿子弗兰切斯凯托·奇博娶了自己的女儿马达莱娜之后，洛伦佐更是指示佛罗伦萨驻罗马大使要不失一切时机地敦促教皇满足乔瓦尼的要求。洛伦佐还受到另外两位枢机主教切萨雷·博尔贾和阿斯卡尼奥·斯福尔扎（Ascanio Sforza）的帮助，他们两人在教廷里都有巨大的影响力；除此之外，他不断地给教皇写私人信件，提醒他那是"自己最大的愿望"。到1489年3月，英诺森终于让步了，但是附加了两个条件：升职之后乔瓦尼必须离开佛罗伦萨去比萨学习教会法，以及他升职之事要先保密，3年之后才可以公布。洛伦佐对第一项要求没有任何意见，但是对于第二项却一直非常担心，他怕一旦英诺森在3年保密期满之前去世，继任的教皇有可能会宣布这个不合常规的任命无效，所以他试图将儿子升职立即公布于众，但是一直没能成功。虽然老教皇的健康状况一月不如一月，但就是不肯撒手而去。洛伦佐后来也承认自己没有一天不担心会收到教皇离世的可怕消息。英诺森是在1492年7月25日去世的，不过在他去世之前洛伦佐的野心就已经得到了满足。1492年3月，也就是教皇去世前3个月和洛伦佐去世前3个星期的时候，乔瓦尼在菲耶索莱古老的巴迪亚教堂接受了正式的任命，教廷的简短公告也被正式宣读。

　　乔瓦尼穿着斗篷，戴着红色帽子和蓝宝石戒指走进教堂。这个16岁少年的外表其实并不讨人喜欢。虽然他个子不矮，

203

看起来和蔼聪慧，但是脸色灰白、皮肤松弛、极度肥胖，而且视力也明显衰退了。他的鼻子短而上翘，嘴也总是半张着。不过外貌并不代表本质，乔瓦尼所有的老师都认可他是个非常聪明的人，性情也称得上乐观慷慨。不过他们也都发现他非常懒散，好吃嗜酒，贪图享乐。他在罗马时放任自己沉迷于这些嗜好，毫无节制。他的一个教师说："他早上不肯起床，晚上又不肯按时就寝，我对此非常担忧，这样不规律的生活习惯恐怕会影响他的健康。"

204　　父亲非常清楚儿子的这些缺点，于是决定给儿子写一封长信，试图说服他选择一种更符合其高贵地位的生活方式：

> 我想提醒你的第一件事是，你要对上帝心怀感激，永远记住今日的荣耀不是缘于你自己的美德或才干，而是靠着上帝的恩惠。你应当通过选择神圣、模范、洁净的生活方式来表达你的感激……让我欣慰的是，在过去几年中，虽然没有人要求你，你也能经常自觉自愿地去忏悔和参加圣餐礼。我认为没有什么比坚持这样做更能让你继续保有上帝的恩赐了。我也十分清楚，在罗马那样一个充满罪恶的城市里生活，会让你觉得遵循我的建议很难，因为那里会有很多人想要让你堕落或怂恿你沾染恶习，你年纪轻轻就被提升为枢机主教这件事更是会激起别人的嫉妒……因此，你必须更加坚定地抵制这些诱惑……同时，你还一定要避免被冠以虚伪的名声，对话中既不要假装节俭朴素也不要过分严厉。等你年长一些的时候就会更明白这些道理了……你很清楚用你的表现为别人树立一个枢机主教中的榜样有多么重要。如果所有枢机主教都能尽忠职守，这个

世界肯定会比现在美好得多，因为如果枢机主教都变好了，就能选出一个好的教皇，那么世界也会宁静得多……

你不仅是如今罗马教廷中最年轻的枢机主教，也是有史以来最年轻的枢机主教。因此，当你与其他枢机主教集聚一堂时，你一定要表现得最恭顺、最谦逊……生活要尽量有规律……丝绸和珠宝并不适合你这种地位的人，收藏古董和精美的书籍是更好的选择。你住的地方也没必要太豪华，但是要井井有条、满室书香。邀请别人来你家的次数要比你接受别人邀请的次数多，但是也不要太过频繁。三餐应当简朴，还要勤于锻炼身体……对别人不要毫无保留地倾诉过多。最重要的一条，也是我要求你一定遵守的一条：早晨要早起！这不仅是为了身体健康，也是为了让你有时间安排和推进一天的工作……

关于你在枢机主教会议上的发言，我觉得毕竟你还年轻，现在对你有利的方法就是把提交给你的任何东西都先送给教皇过目，因为你还没有经验。你会发现有人为各种小事请你到教皇面前说情，起初要尽量避免这种事情，不要为了不值当的事情让教皇费心。因为越是不去打扰他，反而越会受到他的关注，这是教皇的本性……别了！

205

洛伦佐称罗马是一个充满罪恶的城市并不过分。据估计，在这个人口不足 50000 的城市里，妓女的人数竟接近 7000。她们大部分是在教廷机构许可经营的妓院里接客。本韦努托·杰利尼（Benvenuto Cellini）称妓女们多数染有梅毒这种"在教士之中极为常见的疾病"，他本人也不例外。在罗马，罪犯的人数差不多和妓女一样多。他们大多靠贿赂来避免刑罚。据称当时平均每天发生 14 起谋杀；被绞死的犯人的尸体要吊在圣安杰洛城堡的护城墙外，散发出腐败的恶臭，从城墙下面的桥上走过都变成了一件可怕的事。即便如此，很多杀人犯就算被抓住了也会很快放出来。枢机主教中最富有的罗代里戈·博尔贾在被问到为什么这么多作恶之人都逃脱了绞刑时回答说："上帝并不想要罪人的性命，而是希望他们付出代价后继续活着。"在英诺森八世去世后，这位罗代里戈·博尔贾正是通过向自己的竞争者和潜在支持者大方地赠送各种礼物来确保自己成为亚历山大六世的。人们确信有 5 头驴拉着载满黄金的货车进入了另一位枢机主教阿斯卡尼奥·斯福尔扎的后院——不论是从富有程度还是影响力上，他都是最有可能击败罗代里戈·博尔贾的人。

年轻的枢机主教乔瓦尼·德·美第奇早年在罗马生活得春风得意；但是当佛罗伦萨政府为他的人头定了价钱之后，他意识到暂时离开意大利才是明智的。于是，在获得许可他到阿尔卑斯山外游历之后，乔瓦尼就启程经威尼斯前往巴伐利亚了，陪同他的还有堂弟朱利奥，朱利奥当时在比萨大学读书。他们又从巴伐利亚去了布鲁塞尔，然后前往佛兰德斯海岸并打算乘船去英格兰。不过后来他们改变了主意，骑马向南去了鲁昂（Rouen），然后又到了马赛并由此乘船前往热那亚，住在了乔瓦尼的姐姐马达莱娜家中。最后他们从热那亚回到罗马，此时亚历山大六世本人与佛罗伦萨的关系已经恶化了，所以依然热情地接待了他们。

乔瓦尼等人在城中的一座宫殿里安顿了下来，虽然他的财富已经大不如前，但乔瓦尼还是决心享受生活。他的身边终日围绕着慷慨的朋友和络绎不绝的宾客。除了堂弟朱利奥，跟他们一起住在宫殿里的还有一位贝纳尔多·多维齐·达·比别纳（Bernardo Dovizi da Bibbiena）。他是皮耶罗·多维齐的哥哥，一个精明、幽默且诡计多端的人。贝纳尔多·多维齐·达·比别纳比乔瓦尼大五岁，曾经是他的家庭教师，很快又成了他的秘书。经常出现在这里的还有乔瓦尼的弟弟朱利亚诺，一个友善有礼的年轻人，表面上有些软弱无能，但未必没有丝毫野心。他的乐观性格使他深得乌尔比诺公爵和曼图亚侯爵家族的喜爱，他们也是朱利亚诺被流放期间的收留者。另一个常客是教皇最宠爱的外甥枢机主教加莱奥托·弗兰乔托（Galeotto Franciotto）。起初乔瓦尼出于自私的考虑才去培养与加莱奥托的友谊，但是后来他越来越喜欢这位朋友，在加莱奥托不幸早逝之后，乔瓦尼几乎一提起他就忍不住热泪盈眶。

有了弗兰乔托和多维齐做他的左膀右臂，还有朱利亚诺和朱利奥，以及他一直努力讨好的众多枢机主教和无数来自佛罗伦萨的访客，再加上仍然对美第奇这个名字崇拜不已的无数艺术家们，乔瓦尼慷慨奢华地款待他们，所以他总是欠着一屁股债。客人们都习惯了他那些珍贵银器的反复消失和重现，它们如果不是在乔瓦尼的餐厅里，就肯定是在哪家罗马当铺里。

乔瓦尼会与宾客把酒言欢直至深夜；也会在上午与艺术家谈论他感兴趣的艺术作品；还会把整个下午都用于在坎帕尼亚平原上放鹰打猎——这项活动并不符合枢机主教的身份，乔瓦尼于是找借口说对于身材肥胖的人而言，打猎是必不可少的锻炼。这样的生活虽然享受，但是乔瓦尼显然还不满足。他那双目光黯淡、视力微弱的眼睛似乎在时刻瞟向刚刚当选的新教皇，关注着他那清瘦、留着胡子、烦躁不安的身影。

尤利乌斯二世（Julius Ⅱ）在 1503 年 11 月当选教皇。此前，年迈的庇护三世（Pius Ⅲ）在接替亚历山大六世之后，只当了 26 天教皇就去世了。尤利乌斯是一个渔民的孙子。他身材高大、相貌英俊、粗犷健谈，但是脾气暴躁，还染上了梅毒。他总喜欢提及自己贫困的童年时期跟着船在利古里亚海（Ligurian）沿岸运送洋葱的经历；他还喜欢谈论自己在学问上的无知以及对军旅生活的向往。当被问及该为米开朗琪罗给他创作的雕像选取什么象征物时，他回答说"我不是学究，我可不要举着一本书，我手里要有一把宝剑。"

尤利乌斯非常喜欢剑。当选教皇不久，他就强令 24 名极不情愿的枢机主教随他一起前往佩鲁贾和博洛尼亚镇压叛乱，发誓要让它们重归教会的领导。佩鲁贾的统治者吉安 - 保罗·巴廖尼（Gian-Paolo Baglioni）听到教皇亲临的消息时就已经吓得浑身发抖，不但直接投降交出了整座城，还跪在教皇面前请求宽恕。教皇原谅了他，但是还不忘补充一句："再敢造反我就吊死你。"随后，没给枢机主教们一点儿休息时间，教皇又率队穿过罗马涅的沼泽地向博洛尼亚前进。乔瓦尼·本蒂沃利奥已经弃城而逃了。教皇的队伍于 1506 年 11 月 11 日抵达，所有人都因为精疲力竭而格外暴躁，手上和脸上也满是被蚊子叮咬的大包。

在为教会成功收复了佩鲁贾和博洛尼亚之后，尤利乌斯又下定决心要收复被威尼斯夺走的里米尼、法恩扎（Faenza）和拉韦纳。为了达到这个目的，教皇成立了康布雷联盟（League of Cambrai），不仅将法国国王路易和西班牙国王费迪南德拉拢进来，连打算分享部分威尼斯控制权的神圣罗马帝国皇帝马克西米利安也成了盟友。对于威尼斯的军队而言，这样的联盟太过强大，1509 年 5 月 14 日，他们在克里莫纳附近的阿尼亚德洛（Agnadello）被彻底击败。教皇虽然成功地扩大了教会的控制区域，但是也给外国势力在伦巴第扎下根基创造了机会。他决心要把它们赶走，反复宣称"我绝不允许这些野蛮人控制意大利"。他号召整个意大利团结起来把外国势力赶出阿尔卑斯山，第一个目标就是法国人。他骑着马把法国驻军赶出米兰多拉时说："让我们看看到底谁更有胆识，是法国国王还是我。"在他坚定自信的感召下，他的军队占领了米兰多拉，他 208 顺着木梯爬上了已经破败的城墙。不过这之后的几个月里，他的军队再没有获得什么实质性的大胜，因为包括佛罗伦萨在内的大多数意大利邦国都不太愿意响应他的号召。

　　法国一直是佛罗伦萨的传统盟友。虽然查理八世在位时两国的友谊受到了严重的破坏，但是法国人挑拨的佛罗伦萨与比萨之间的战争此时已经结束。当靠山威尼斯在阿尼亚德洛战败之后，比萨人就不得不向佛罗伦萨求和了。所以此时，佛罗伦萨人宣布中立。虽然教皇生气地称其为"一个不好的榜样"，但是其他意大利邦国却认为效仿佛罗伦萨的选择是明智的。尤利乌斯号召意大利人加入抗击法国的行动不成，只好转而联合已经牢牢掌控了那不勒斯的西班牙。这次教皇和西班牙人建立了一个新的神圣联盟，并率领军队一路向北到博洛尼亚，这里曾在法国的帮助下被费拉拉的阿方索·德·埃斯特（Alfonso d'Este）公爵占领，现在又被本蒂沃利奥家族夺了回去。尤利乌斯宣布一旦教会重新夺回博洛尼亚，将任命枢机主教乔瓦尼·德·美第奇为该地区的教皇使节。乔瓦尼对艰苦的行军毫无怨言让尤利乌斯印象深刻，后者不但将阿马尔菲的教会统治区封赏给他，还许诺了今后的晋升。在佛罗伦萨，执政团听到乔瓦尼的节节高升时感到非常担忧。

然而，神圣联盟的军事行动并不怎么成功。他们不但没有拿下博洛尼亚，还在 1512 年的复活节这一天，在去夺取拉韦纳的路上被阻拦在了龙科（Ronco）河岸。两军随即展开了残酷的战斗。法国和西班牙的火炮一刻不停地向对方保持着阵形的重骑兵们投掷炮弹。双方的伤亡都非常惨重，在此前的欧洲历史上几乎没有哪一次战争像这次一样，在战场上留下如此多的尸体。据说神圣联盟有一万名士兵丧生，而法国军队的死亡人数也与此相近。

209　　枢机主教乔瓦尼在战斗开始前骑着白色驯马随着西班牙军队一路行进，勉励他们奋勇杀敌，并向上帝祈祷胜利。他在尸横遍野的战场上为将死的士兵提供最后的安慰，却不幸被俘。他被押送到了博洛尼亚，平民们看到他穿着红袍子的肥硕身体和流苏宽边帽下布满汗水的脸时都嘲笑他，但是本蒂沃利奥却对他非常友善。他被送到摩德纳（Modena）时也受到了善待，比安卡·兰戈内（Bianca Rangone）还卖掉了自己的珠宝来为他换取食物和衣服。最终他被送到了米兰，枢机主教费代里戈·圣塞韦里诺（Federigo Sanseverino）为他提供了舒适的住宿。

　　乔瓦尼当时确信法国人在拉韦纳之外获得了不可否认的胜利，并迫使受到重创的神圣联盟军队撤退。佛罗伦萨人也是这么以为的，他们还点燃了巨大的篝火庆祝教皇战败，就如他们曾经庆祝威尼斯人在阿尼亚德洛的溃败一样。不过事实证明，这是一场两败俱伤的战斗，所谓的胜者也没有占到丝毫的便宜。在战斗进入尾声时，法国军队年轻有为的将领加斯东·德·富瓦（Gaston de Foix）被一颗流弹击中摔下马来，满身鲜血，脑浆迸裂，还被西班牙步兵补了几刀。不仅如此，此时法国本身也面临着英国和西班牙入侵的双重威胁，一支人数众多的瑞士军队抓住时机，趁乱夺去了本由法国人占领的一些地区。法军补给不足，只好从拉韦纳和博洛尼亚撤出，后来连米兰也放弃了，最终完全撤出了伦巴第。

　　枢机主教乔瓦尼这个重要的人质是无论如何也不能放走的，所以法国人强迫他随他们一起离开。不过他在到达阿尔卑斯山之前就已经决心逃跑了。撤退到波河（Po）岸边的一个小村庄时，乔瓦尼用装病的办法让一个陪同他的教士躲过法国侍卫的看守，拉拢了两个当地地主帮助他逃脱。第二天早上当枢机主教正要踏上法军停在河边的驳船时，一支由这两个地主田里的农民组成的武装小队突然从芦苇丛中蹿了出来，一番混乱之后，他们成功地将枢机主教掳走了。以乔瓦尼的身材，他显然无法扮成士兵，只好藏在地主亲戚的城堡后院的鸽房里，后来转移到戈迪亚斯科（Godiasco），再后来又到了曼图亚。此时他意识到，没有了法国人，依靠神圣联盟的军队强行改造佛罗伦萨政府的时机已经成熟。他来曼图亚，为的就是确保改革后的政府形式能如他所愿。

210

　　自从萨沃纳罗拉被行刑之后，佛罗伦萨已经不再被视为一个重要的邦国，也一直没能恢复伟大的洛伦佐当政的黄金时期所拥有的活力和愉悦。一连串的金融危机使得多个行业协会接近崩溃。因为狡诈的雇佣军首领们出工不出力，和比萨耗时耗力的狼狈之战更是榨干了执政团的所有资源。法国国王在托斯卡纳地区的代表罗贝尔·德·巴尔扎克·昂特赖格（Robert de Balzac Entragues）已经把萨尔扎纳卖给了热那亚，把彼得拉桑塔卖给了卢卡。整个城市都笼罩在一片愁云惨雾之中。这种惨淡的气氛也体现在波提切利晚期的绘画作品中。他此时已经过早得衰老了，腿脚也不好，"没有拐杖就无法站直或走动"。[①]

　　萨沃纳罗拉去世 4 年之后，人们试图通过任命一位终身首席执政官来强化城市政府的统治力。当选者是皮耶罗·索代里尼（Piero Soderini），诚信、勤劳但没有什么行政才干，但凡重大事件他都要咨询另一位小官员的意见，这个人就是尼科洛·马基雅维利（Niccolo Machiavelli），他的名气已经完全盖过了索代里尼。

　　马基雅维利身材瘦削、举止优雅、面色苍白，稀疏的黑发梳向脑后，露出骨骼凸出的高耸额头。在他仅有的一幅留存下来的画像中，他用一种含着愉悦、质疑和嘲讽的眼神回应着观者的注视。马基雅维利出身于托斯卡纳地区一个古老的家族，他的父亲是个律师。萨沃纳罗拉被处决后，30 岁的马基雅维利就担任了他此时担任的政府职务。他一直鄙视萨沃纳罗拉的理念和管理方式，他最主要的关切之一就是战争，马基雅维利

211　如他之前的莱昂纳多·布鲁尼一样，坚决主张抛弃雇佣军队为共和国打仗的传统，认为共和国必须组建自己的民兵。在过去的经历中，雇佣军首领经常被发现是不值得信任的：有时他们不肯与其他受雇的军队合作；有时他们不肯与和自己有友好条约的雇佣军开战；有时他们同时接受交战双方的雇佣；最主要的是，他们永远不会拿自己和手下的生命冒险，因此总是贻误

---

　　① 波提切利特别提到过《流浪的女人》（*Derelitta*，现存于罗马的帕拉维奇尼收藏）、《弗吉尼亚的故事》（*Story of Virginia*，现存于贝尔加莫的卡拉拉学院画廊）和《卢克雷齐娅的悲剧》（*The Tragedy of Lucrezia*，现存于波士顿的伊莎贝拉嘉纳艺术博物馆）中的佛罗伦萨悲剧。后两幅可能是为韦斯普奇家族创作的，他们当时住在赛尔维街。

战机、浪费雇主的钱财。索代里尼同意将组建民兵的计划提交给执政团审议并委任马基雅维利负责组织。马基雅维利对这一工作投入了极大的精力与热情，到 1506 年 2 月，他第一批招募的士兵在市政厅广场上举行了一次阅兵仪式。兰杜奇对这一情景的记录如下：

> 大部分应征的士兵都是来自偏远乡村的农民。每个人都穿戴着白色的背心、红白相间的长裤、白色的帽子和鞋，还穿着铁质的胸甲。大部分人手里拿着长矛，有一些举着火绳钩枪。他们虽然是士兵，但可以住在自己家里，只在需要的时候才会集结起来。以后城外乡村里的人都应当如此装备，这样我们就不需要雇用外国人来为我们打仗了。这也被视为为佛罗伦萨做出的最好安排。

兰杜奇对民兵的信心并未因为神圣联盟中西班牙军队的逼近而动摇。在雷蒙德·德·卡多纳（Raymond de Cardona）的率领下，西班牙军队已经从博洛尼亚出发向佛罗伦萨边境进发。西班牙人反复要求佛罗伦萨改组政府，他们的队伍已经抵达巴贝里诺（Barberino）并向坎比（Campi）发起了进攻，把当地的农民吓得纷纷从山上逃进城里避难。即便如此，在兰杜奇看来，也是在其他所有"有智慧的人"看来，佛罗伦萨"没什么可担忧的，相反倒是我们的敌人应该感到恐惧，因为一旦进入平原地区，他们的气数就要尽了。大批的民兵部队已经动员起来，我们的武装力量已经做好了迎接敌人的准备"。

马基雅维利一直忙着组织穆杰洛的防御，他对当前形势有一个更客观的判断，然而佛罗伦萨城中的索代里尼则和兰杜奇

212　一样自信满满。他已经拥有九千人的民兵武装，他知道西班牙军队的人数远不及这个数目。尽管佛罗伦萨城内的美第奇一派趁着西班牙军队的逼近又有复苏壮大之势，但是索代里尼相信他们想要在佛罗伦萨搞革命的愿望是无法实现的。

　　卡多纳本人并不确定，如果神圣联盟不提供协助的话，他的军队是否足够强大到可以攻陷佛罗伦萨。他本来就不愿意进军托斯卡纳。教皇的侄子，脾气火爆的乌尔比诺公爵也不认同这次远征。但是枢机主教乔瓦尼·德·美第奇非常坚持。当乌尔比诺公爵拒绝为卡多纳提供军火时，乔瓦尼自掏腰包购置了两门火炮。当卡多纳抱怨补给不足时，也是乔瓦尼出钱为他补足。当佛罗伦萨的代表团带着合理的停战条约来与卡多纳谈判时，也是乔瓦尼坚持拒绝了一切不以恢复美第奇家族地位为前提的和谈。枢机主教让一个农民把秘密的信函藏在圣玛丽亚诺韦拉墓地的围墙里，他就是通过这种方式与佛罗伦萨城中美第奇的同情者们取得了联系。枢机主教的堂弟朱利奥还在一座乡村别墅里秘密安排了与安东弗朗切斯科·德利·阿尔比奇（Antonfrancesco degli Albizzi）的会面，他是最有影响力的美第奇支持者之一。他向朱利奥保证，虽然索代里尼摆出了一副抗争到底的面孔，但是他的支持者们一听到西班牙火炮的轰鸣就会崩溃。

　　面临着枢机主教让他交出佛罗伦萨的要求，索代里尼下令逮捕城中所有已知的美第奇支持者；然后又在市政厅广场上向所有集会的市民做了一次精彩的演讲。在他的讲话中，索代里尼严正地警告市民，提醒他们允许美第奇家族重回佛罗伦萨的危险。还说虽然美第奇家族自称以普通市民的身份回归，但是在这样的情况下，他们根本不可能只满足于普通市民，他们一定会重新恢复独裁者的地位。索代里尼还说，伟大的洛伦佐从来没有炫耀过自己的权势，而是以个体平等的名义掩饰其本质，而他的儿子却不再掩饰；现在由枢机主教代表的年幼的洛伦佐，也就是伟大的洛伦佐的孙子，更是不会记得任何家族的优良传统。"因此，你们才有权决定我是应当辞去公职（你们要求的话，我会高兴地照办），还是继续执政带领你们顽强地保卫国家。"民众大声地表达了对索代里尼的支持，重整旗鼓又投入到保卫佛罗伦萨的战斗中。

213

　　马基雅维利的民兵镇守在城市的各个据点，而西班牙的士兵则逼近了佛罗伦萨西北仅 12 英里外的普拉托的大门，饥饿的士兵们还被告知城里有充足的食物。20 年前乔瓦尼来普拉托的时候，人们为了欢迎他修建了一个凯旋门，但是那个拱门坍塌了，还砸死了两个为了向他致敬而打扮成天使的小孩儿。人们至今没有忘却这一悲剧，此时枢机主教再次到来，难怪站在土褐色破损城墙下的老者预言有更多可怕的事将要发生。

　　很快，城墙就被卡多纳的火炮炸出了一个洞。据雅各布·纳尔迪（Jacopo Nardi）的记录，其实那个洞口还没有一扇窗户大。城墙后面还有修道院的高墙，高墙后面还站着长枪兵和弓箭手，他们完全可以把洞口堵严实。但实际上一看到西班牙步兵接近，这些人"全都四散奔逃，甚至连武器都丢在地上，好像敌人已经跳到了他们的背上"。圭恰迪尼的记录里也提到：

　　　　西班牙人看到当地的民兵和毫无经验的市民竟然如此胆怯懦弱，缺乏作战技巧，都感到无比惊讶。他们几乎没受到任何阻挡就轻易攻破了城墙，然后迅速穿过了城镇，所有人都放弃了抵抗，只知道哀号和逃窜，而他们的敌人则尽情地施暴、抢掠和杀戮。吓破胆的佛罗伦萨士兵都扔掉了武器向胜利者投降。

整整两天的时间里，西班牙人在城中无恶不作，强暴妇女，在圣坛上杀死教士，洗劫教堂，焚烧或强行闯入修道院，对里面的人施加酷刑来逼迫他们说出装有宝物的箱子藏在何处。即使这些人说了实话，他们依然逃脱不了被杀的命运。他们的尸体还会被扒光衣服扔进已经填满了被砍下的四肢的臭水沟或水井。"没有什么能躲过入侵者的贪婪、淫欲和冷酷无情。要不是枢机主教乔瓦尼·德·美第奇派人把守着主教堂，躲在里面的女人也难逃被玷污的命运。超过两千名男性丧生，而且都不是在战斗中牺牲（因为根本没有人奋起反抗），而是在哭喊逃命时被杀死的。"

214

然而，枢机主教对后来被马基雅维利形容为"惨绝人寰、令人震惊"的景象并不知情，也没能阻止其发生。1512 年 8月 29 日，他在给教皇写的信中轻描淡写地说：

> 今日下午 4 点我军已经拿下普拉托，虽然难免出现一些伤亡……如此迅速决绝地占领普拉托虽然让我心痛，但至少可以给其他人一个警示和震慑。

这个警示和震慑显然非常有效。普拉托沦陷的消息还没有传到佛罗伦萨，就已经有一群美第奇家族的支持者来到市政厅要求索代里尼辞职，索代里尼也已经做好了辞职准备，而且觉得在还能脱身的时候离开也不错。于是在派遣马基雅维利去为自己谈妥一条安全通路之后，他就在护送之下离开了佛罗伦萨并前往被流放之地达尔马提亚海岸。

后来佛罗伦萨人被迫同意了美第奇家族的回归，还要加入神圣联盟并选举一名新的首席执政官。民兵制度也被废止了。在清洗索代里尼旧部的过程中，马基雅维利的职位被一个美第奇取代了，其实他本来是欢迎美第奇回归的。他想继续为美第奇家族工作的机会很快被拒绝了。最后马基雅维利离开了佛罗伦萨回到位于佩库西纳（Percussina）的圣安德烈亚（Sant'Andrea）的乡村宅邸，并在第二年写出了《君主论》（*The Prince*）。

第十七章　教皇莱昂内！

"既然上帝让我成为教皇，那我们就好好享受吧！"

215 　　1512 年 9 月 1 日，也就是索代里尼离开佛罗伦萨的这一天，枢机主教乔瓦尼的弟弟朱利亚诺·德·美第奇进入了佛罗伦萨。他剃掉了流放期间蓄起的络腮胡，穿了一件不太起眼的长袍，也没有带任何侍从，一个人走在佛罗伦萨的街道上。工人们已经开始忙着撤下城市建筑上替代美第奇纹饰的深红色十字架，在拉尔加街围观者的欢呼声中，泥瓦匠们正忙着修复美第奇家族宫殿上的家族纹饰。不过朱利亚诺并没有回美第奇宫，而是去拜访了安东弗朗切斯科·德利·阿尔比奇。他似乎非常想通过自己简朴低调的行为举止向别人证明他只想做一名佛罗伦萨的普通市民，对管理政府毫无兴趣。

　　不过，这样的态度和他哥哥的计划恰恰相反。枢机主教历尽艰辛、费尽周章，可不只是为了给美第奇找个家。他本人进入佛罗伦萨的时候，有 1500 名士兵随行，而且摆足了与他职务相称的排场，大张旗鼓地回到了原本的家族宫殿，他表现出来的气势足以说明他是以统治这座城市为目的而回到这里的。

　　起初，他似乎满足于让共和国的政府机构在表面上维持原貌。不过盛大的入城仪式结束两天后，有人在市政厅广场上组织了一场示威，参与者们大喊着"小球！小球！小球！"，并
216 要求召开市民议会。示威者的要求被采纳，执政团召集了市民

议会，所有权力被移交给由 40 人组成的最高司法委员会，而且几乎所有当选的都是美第奇一派的成员。

毫无疑问，佛罗伦萨人现在有了一位新主人，但是枢机主教乔瓦尼似乎已经准备好向大家保证他不会严苛地统治，也不会征收沉重的苛捐杂税。他的个人标识——一个牛轭——的意思显而易见，但标识下面却刻着："因为我的轭很松"（*Jugum enim meum suave est*）。事实上，从一开始，枢机主教就在小心地说服佛罗伦萨人，美第奇家族的回归是要带领他们重新过上洛伦佐统治时期的美好生活，而不是萨沃纳罗拉执政时那种苦闷的日子。现在，娱乐活动和宗教节日都受到鼓励；那些洛伦佐喜爱却被萨沃纳罗拉禁止的节日颂歌又重新响彻街头巷尾。而留在城里的枢机主教的弟弟、和蔼可亲的朱利亚诺·德美第奇则似乎是一种保证，证明这个政府是善解民意、仁慈高尚的。

在美第奇家族重掌佛罗伦萨大权不足六个月后，枢机主教得到通知说他的恩人教皇尤利乌斯二世病危了。此时年仅 37 岁的乔瓦尼自己也在病中，但是为了出席教皇选举大会，他让仆人用轿子抬着他去罗马。

旅途让乔瓦尼精疲力竭，更不用提胃溃疡的剧痛和肛瘘带来的麻烦了。1513 年 6 月，他终于到达了罗马。哭泣的妇女们亲吻教皇从太平间的格子窗露出的脚。枢机主教乔瓦尼已经错过了教皇选举大会的开幕仪式和圣灵弥撒。由于圣彼得大教堂正在改建中，所以弥撒是在圣安德鲁小教堂（St Andrew）里举行的，从墙壁裂缝里进来的风总是把圣坛上的蜡烛吹灭。起初几天，乔瓦尼病得太重根本无法起床，闷闷不乐地接受痛

217　苦的治疗。而此时，其他的枢机主教们已经开始分化成各个小团体，不断地争论和密谋。争论持续了一周还没有结果，为了迫使他们尽快做出决定，会议改为每天只给枢机主教们提供一顿引不起食欲的饭食，再加上依照惯例门窗封闭的房间里挥散不去的骚臭气味，新教皇的人选果然马上就出炉了。

　　在讨论初期，并没什么人提起枢机主教乔瓦尼·德·美第奇的名字。不过随着讨论深入，所有人都承认他是一个非常理想的教皇人选（*papabile*）。乔瓦尼和善可亲、广受爱戴、圆滑机智、善于交际又平易近人。他虽然相对年轻，但已经做了20多年的枢机主教，所以绝不缺乏经验。他也很恪守宗教职责，每周还会斋戒两次。显然在家族利益受到威胁时，他会毫不留情地反击，不过哪个教皇不是这样呢？更重要的是，他的身体状况不好，就算事实证明选举他为教皇是个错误，他在位的时间恐怕也不会很长。来自主要统治者家族的年轻一些的枢机主教们，比如费拉拉的伊波利托·德·埃斯特（Ippolito d'Este）、曼图亚的吉西蒙多·贡扎加（Ghismondo Gonzaga）和锡耶纳的阿方索·彼得鲁齐（Alfonso Petrucci）都迫切想要选举一位和他们一样出身的教皇，他们可不希望再有一位像尤利乌斯二世那样的乡野村夫带着他们来一趟疲惫不堪的行军。枢机主教弗朗切斯科·索代里尼（Francesco Soderini），也就是皮耶罗·索代里尼的弟弟当然反对乔瓦尼当选。不过乔瓦尼的秘书贝纳尔多·多维齐向枢机主教索代里尼提起，枢机主教美第奇的侄子洛伦佐或许可以迎娶索代里尼家的某位小姐，由此渐渐说服他支持乔瓦尼。于是在3月11日这一天，枢机主教乔瓦尼·德·美第奇作为高级执事亲自负责计算投在骨灰瓮里的选票，这也让他有机会亲自宣布自己的当选。然后，他谦逊地宣布如果教会同意他的选择，他希望称自己为莱奥十世（Leo X）。

美第奇当选教皇的消息传到佛罗伦萨，让所有被称为"帕莱斯奇"（Palleschi）的美第奇支持者都欣喜若狂。狂欢持续了整整四天。到处都是铃铛声、烟花爆竹的爆炸声、城市外围远山上传来的隆隆炮声，熊熊燃烧的篝火里添加的柴火都是之前萨沃纳罗拉的支持者们的家具，不时还会有喝醉的人们大喊："小球！小球！教皇莱昂内（Leone）！小球！小球！""诺沃市场的年轻人把丝绸商人和银行家店里的房顶和门板都拆下来扔进了火里，所以到第二天早上，这些人的房顶都被烧光了。如果不是当局介入，恐怕这一整片地区的所有人家都没有门和屋顶了。"在市政厅的围栏内，市民们可以喝到免费的甜葡萄酒，都装在一排排的镀金木桶里。美第奇宫门外自然也支起了桌子，上面堆满了各种食物来款待举着神奇的圣母雕像的游行队伍，他们都穿着金色的衣服，从因普鲁内塔（Impruneta）来到这里。①

罗马的庆祝活动则有节制得多，但正式入主梵蒂冈的仪式（Sacro Possesso）仍然堪称华丽壮观，绝对能够满足一贯喜爱盛典的教皇本人的所有愿望。不过不得不承认，教皇本人的形象实在不怎么威风。他侧骑在阿拉伯白马上，头顶上是由八个出身高贵的罗马人为他举起的顶棚，即便如此，谁都能看出来教皇的脸因为炎热几乎变成了紫色。人们不会看不到他的身材多么肥胖，肚子多么凸出，短短的脖子上有多少肥肉，下巴堆

218

---

① 神奇的圣母雕像（miraculous statue of the Virgin）在圣玛丽亚德尔因普鲁内塔教堂。这座教堂始建于十三世纪，十五世纪重建，战争中损毁严重，现已被复原。圣母的大理石祭坛由多纳泰罗的一名追随者制作。

积多少层，视力微弱的双眼有多么外凸。而那些负责近身侍奉
他的人更是无法忽略马鞍上那肥硕屁股下面不时散发出的难闻
气味。不过，教皇显然非常享受这场盛典：因为视力不好，他
看不清凯旋柱上的刻字，当侍从念给他听时教皇一直满意地点
头；对沿路欢呼致敬的群众，他也一直保持着和善可亲的表
情，还让侍从把钱袋里的钱币抛撒给围观者；他向众人赐予教
皇的祝福时，脸上也挂着友好的微笑；教皇还不忘向人们挥手
致意，他最骄傲的就是这双肉乎乎但形状美观、皮肤白皙的
手，尽管此时这双手上戴着洒了香水、缝了珍珠的手套。教皇
的欣喜溢于言表，无人能不受其感染。被流放的贫苦日子已经
结束了，现在他要享受权势和财富带来的好处。据称他对弟弟
朱利亚诺说："既然上帝让我成为教皇，那我们就好好享受
吧！"

当然，教皇莱奥享受生活的决心并不影响他同样坚定的目
标——让美第奇家族重新成为意大利政治中的决定性力量并将
外国势力赶出意大利领土。为了达到第一个目标，教皇打算把
意大利中部的费拉拉和乌尔比诺两个公国，以及包括帕尔马
（Parma）、摩德纳和皮亚琴察在内的几个城市合并到一起，组
建一个强大的邦国。这个新邦国最终将由一个美第奇来统治，
这个人很可能就是教皇的侄子，也就是皮耶罗的儿子洛伦佐，
一个相貌英俊、充满活力和野心的年仅 20 岁的青年。此时的
洛伦佐已经作为莱奥的代表，在秘书的陪同下被派往了佛罗伦
萨。秘书的职责是每天向罗马汇报年轻主人的情况。与此同
时，教皇打算通过外交手段而非战争把曾经帮助其家族夺回佛
罗伦萨的西班牙人赶出米兰和那不勒斯王国。而那不勒斯王国
则有可能最终被交给朱利亚诺·德·美第奇统治，在哥哥当选

教皇之后，朱利亚诺已经被召回罗马并受封为教会的首席执政官，显然已经准备好在新的伟业上施展身手。

1515 年的头一天，法国国王路易十二去世，可能是被他那年轻而有活力的英国新娘，亨利七世（Henry Ⅶ）的女儿玛丽公主（Princess Mary）花样繁多的要求折腾死了。即位的新王是弗朗索瓦一世（Francis I）。教皇莱奥有信心控制住这个年轻人，尤其是当他的姨妈萨瓦的菲利贝尔特公主（PrincessPhiliberte of Savoy），也就是已经丧夫的奥尔良公爵夫人的妹妹，与教皇迷人的弟弟朱利亚诺结为夫妻之后。这也似乎成了教皇所提倡的政策要获得成功的预兆。

然而，事实证明法国新王并不像教皇希望的那样易受控制。高大英俊、永不满足的弗朗索瓦一世兼具智慧与魅力，立志要重新掌握查理八世在位期间曾经对意大利短暂拥有的权力。对弗朗西斯的一意孤行及对意大利的野心，教皇深感不安，他向自己的顾问们寻求建议，他的顾问们也向更多的人寻求建议，被咨询的人中就包括马基雅维利。依照他合理的论断，意大利应当与法国结成同盟，但是教皇不愿采纳，并最终决定和西班牙的费迪南德国王、神圣罗马帝国皇帝以及瑞士结盟。

220

这样的联盟完全没有让法国国王有所退缩，反而让他鄙视。弗朗西斯率领着近十万人的大军翻过阿尔卑斯山南下至皮德蒙特。教皇的联盟匆匆集结了一支人员混杂的队伍，既有卡多纳带领的西班牙军队，也有凶恶暴躁的锡永（Sion）枢机主教马修·斯金纳（Mathew Schinner）带领的瑞士雇佣军，还有洛伦佐·德·美第奇亲自挂帅、枢机主教朱利奥为教廷代表的佛罗伦萨军队。意大利人其实根本不想打仗，尤其是在看到洛伦佐与朱利奥已经开始和弗朗西斯谈判之后，可是法国军队随后横扫了佛罗伦萨军队，又在马里尼亚诺（Marignano）重创了瑞士军队，给他们造成了重大的人员伤亡。处理掉这些根本不是对手的敌人之后，弗朗西斯留下一支队伍驻守米兰，其余人马则继续向博洛尼亚进军。教皇将在那里与他举行和谈。

教皇前往博洛尼亚途中要先经过佛罗伦萨。他的侄子洛伦佐现在已经巩固了美第奇家族在那里的统治。几个月之前，洛伦佐去了一次罗马，把佛罗伦萨留给自己的两个舅舅雅各布·萨尔维亚蒂（Jacopo Salviati）和皮耶罗·里多尔菲（Piero Ridolfi）管理。他在罗马获得了使用佛罗伦萨统帅这一称号的许可。回到佛罗伦萨之后，执政团也顺从地授予他这一称号。自那以后，洛伦佐就越来越独裁，要求在美第奇宫而不是政府的办公地点召开会议，拒绝那些稳健温和、更有经验的市民的建议，身边围绕的尽是一些弄臣一般的年轻花花公子。

为了迎接教皇的到来，洛伦佐和皮耶罗·里多尔菲下令举办盛大的接待仪式，皮耶罗还被指定为仪式的首席执政官。两千名工人加入了准备工作，负责制作装饰物、方尖碑、奖杯、徽章、古典神明的雕像以及刻满了经文引言的凯旋门。据称总花费超过了七万弗罗林币。雅各布·圣索维诺（Jacopo Sansovino）、巴乔·班迪内利（Baccio Bandinelli）和安德烈亚·德尔萨托负责监督所有的工作，连教堂都被改作工匠们的临时工作场地。为了创造出开阔的远景，还拆除了几栋房子。圣三一教堂广场上建造了一座由 22 根柱子支撑的城堡，诺沃市场则竖起了一座 50 英尺高的彩绘方尖碑。大教堂也临时修建了一个正面：

（这个教堂正面让）所有人都赞叹。上面有那么多图画和装饰；所有人都对它很满意，实际效果也令人赞叹和喜爱，所以永久的教堂正面也将以此为模型。

事实上，佛罗伦萨的改造工程如此浩大，以至于当教皇早于预计时间达到时，人们不得不请求他不要直接进城，而是到马里尼奥（Marignolle）的吉安菲廖齐（Gianfigliazzi）别墅暂住几天，等待所有的准备工作完成。① 教皇从来不会让自己的仰慕者失望，也从来不会婉拒参加盛典的邀请，所以他欣然接受了这样的安排，转道前往马里尼奥，直到最后一个凯旋门建好，最后一道屏风做好了装饰，并画好了充满寓意的人物，还有雅各布·圣索维诺用木头和石膏做成、由安德烈亚·德尔萨托绘制的教堂正面也被立在了教堂朝西的一面。

一切准备就绪后，教皇在 1515 年 11 月 30 日圣安德鲁日这一天，头戴镶着珠宝的三重冕，身穿耀眼夺目的长袍从罗马娜门进入佛罗伦萨，后面还跟着一大长队的侍从、护卫和枢机主教们。当看到圣费利切教堂（San Felice）外的屏风前立着自己父亲的半身像，并通过望远镜看清雕像下面写着"这是我挚爱的儿子"时，教皇忍不住热泪盈眶。教皇肯定还想到

---

① 菲利波·斯特罗齐的第二任妻子是塞尔瓦吉娅·德·吉安菲廖齐（Selvaggia de'Gianfigliazzi）。吉安菲廖齐家族的家族教堂在圣三一教堂里。吉安菲廖齐宫位于科尔西尼河滨大道（2 号）。"小王位凯觎者"（the Young Pretender）的妻子奥尔巴尼（Albany）伯爵夫人就居住在这里，拜伦（Byron）和司汤达（Stendhal）也曾在这里居住过。霍勒斯·曼爵士（Sir Horace Mann）的房子也在附近。查尔斯·哈德菲尔德（Charles Hadfield）的著名旅馆就在阿诺河对岸的圭恰迪尼河滨大道，十八世纪成百上千名热衷于留学欧洲（Grand Tour）的英国人来佛罗伦萨时都住在这里。他们之中很多人在这里的时候都让托马斯·帕奇（Thomas Patch）画过像，这位画家从 1755 年到 1782 年去世为止都住在佛罗伦萨。

了他刚刚去世的妹妹孔泰西娜，所以她的丈夫，也就是负责这次接待的首席执政官才被许可"穿着镶有黑貂皮的黑色绸子斗篷"站在一片穿着红色袍子的人中间，"尽管他这样的身份在这样的日子里是禁止哀悼服丧的"。当教皇通过马焦街（Via Maggio），穿过天主圣三桥进入市政厅广场时，他的脸上再一次扬起了笑容，并且抬手向欢呼的群众点头赐福，还让侍从向围观人群抛撒钱币。教皇会不时停下欣赏路边的装饰。在大教堂里，为了让会众们更清楚地看到教皇，中庭里还建起了一个巨大的讲坛。教皇穿着白色织锦法衣，披着深红色的披肩，戴着无边帽站在讲坛上，左右看了看之后才开始祈祷。

222

相较于在佛罗伦萨度过的如此荣耀的一天，教皇在博洛尼亚受到的接待就悲惨寒酸多了。他的队伍通过时，街道上全无欢呼喜悦之声，倒是偶尔有人喊出支持最近被流放的本蒂沃利奥的口号。教皇到市政厅（Palazzo Pubblico）等候法国国王，很久之后对方才姗姗来迟，还对被派往城门迎接他的朱利奥·德·美第奇简略地说自己"根本不在乎什么排场"并且希望谈判马上开始不要延误。法国国王与教皇见面问候时还算得上亲切有礼，但之后很快就露出了不退让的本色。他坚持帕尔马和皮亚琴察两个城市必须投降法国，因为他作为米兰的征服者有权这样要求。他还坚持让教皇把最近从神圣罗马帝国皇帝手中得来的雷焦（Reggio）和摩德纳还给法国的盟友费拉拉公爵阿方索。面对国王不肯退让的态度，教皇仍不愿放弃将弗朗切斯科·玛丽亚·德拉·罗韦雷（Francesco Maria della Rovere）赶出乌尔比诺的打算，他还拒绝支持弗兰西斯宣称对那不勒斯拥有权力的说法，至少目前是这样的，理由是在西班牙国王费迪南德还活着的时候根本没必要谈论这个问题。

　　不过，教皇的本性还是不喜争吵的。最终他同意将雷焦和摩德纳还给费拉拉公爵，不过他其实完全没有要遵守这个协议的打算。教皇还暗示他很可能会改变帮助弗朗西斯对那不勒斯宣称主权的主意，而且后来他也确实改变了主意。教皇还大方地册封法国国王的私人教师为枢机主教；作为回报，弗朗西斯也加封朱利亚诺·德·美第奇为内穆尔公爵（Duke of Nemours），这令教皇非常满意。甚至当弗朗西斯蛮不讲理地要求教皇把最近在罗马发现的拉奥孔（Laocoon）大理石群像送给他时，教皇依然对他摆出笑脸，要知道这可是教廷收藏中最有价值的宝物之一。①

　　根据教皇的一个陪同人员的说法，教皇虽然表面上和颜悦色，其实心里对于这次与法国国王的谈判非常不满意。回到佛罗伦萨后，教皇发现阿诺河发洪水，佛罗伦萨的市民们正遭受着严重的食物短缺；而且他的弟弟朱利亚诺也因为肺痨在美第奇宫卧床不起。尽管他的病已经到了药石罔效的地步，教皇还是派人把朱利亚诺送到菲耶索莱休养。他看起来"整个人都枯萎耗尽了，仿佛马上就要燃尽的蜡烛"。教皇时常去探望自己的弟弟，这总能给朱利亚诺带来短暂的安慰。知道教皇仍有将弗朗切斯科·玛丽亚·德拉·罗韦雷驱逐出乌尔比诺的打算，朱利亚诺乞求教皇不要这么做，因为朱利亚诺很喜欢德拉·罗韦雷，而且他的妻子在美第奇流放时期也善待过他。但

223

---

　　① 佛罗伦萨雕塑家巴乔·班迪内利被要求以最快的速度雕刻出一套可以乱真的拉奥孔大理石群像。真正的拉奥孔群像是 1506 年 1 月，由特拉亚浴场（Trajan）附近的一个农民在自家葡萄园挖地时发现的。教皇尤利乌斯二世花了 4140 达科特买下了这套雕塑作品，并把它们运到了梵蒂冈。运送过程中，沿途都要撒上鲜花。

是教皇总是对弟弟的请求避而不谈，只是说："亲爱的朱利亚诺，不要为政治费心了，你现在需要的是专心把病养好。"

然而朱利亚诺的病情急转直下，最终在 3 月 17 日这天不幸去世了。他的妻子萨瓦的菲利贝尔特并没有为他生过孩子，不过与同名的叔叔一样，朱利亚诺也有一个私生子，名叫伊波利托（Ippolito）。

朱利亚诺去世前一个月，教皇离开了佛罗伦萨，并且从此再没有回去过。他是被西班牙国王费迪南德的死讯以及西班牙和那不勒斯大公查理（Archduke Charles）继位的消息召回罗马的。这是件极端重要的大事，不但终结了一系列原本由康布雷联盟发起的战争，也让洛伦佐和教皇有了对付乌尔比诺公爵的机会，他们本来就是因为费迪南德和朱利亚诺在世，才迟迟没有动手的。

第一步，他们翻出了一个几乎被遗忘的可怕丑闻：5 年前，脾气暴躁的公爵曾在拉韦纳的大街上袭击并杀死了死敌枢机主教弗朗切斯科·阿利多西（Francesco Alidosi）。教皇为此案成立了专门的调查团，他本人也是成员之一。虽然最终的结论认为惹人讨厌的阿利多西——据推测可能是尤利乌斯二世的娈童——挑衅公爵而丧命是自作自受，但调查团还是通知公爵无论他的杀人行为是否情有可原，他都不适宜再以教会的名义统治乌尔比诺了。同时调查团还重提了当初他拒绝教皇尤利乌斯二世协助恢复美第奇家族在佛罗伦萨的地位的要求，以及后来拒绝帮助保卫意大利抵抗法国国王弗朗索瓦一世侵略军的事。为此公爵被召唤到罗马就自己不光彩的行为做出解释。

公爵并没有应召前往罗马，于是教皇将他驱逐出了教会，并让洛伦佐从佛罗伦萨带兵直接从他手中夺走乌尔比诺。洛伦佐的行动几乎没有遇到什么麻烦，公爵被迫从曼图亚逃走。5月时洛伦佐进驻了乌尔比诺，但是不到一年之后，被剥夺了爵位的公爵就带着西班牙的军队卷土重来，要夺回自己的公国。在乌尔比诺的多山地区艰苦战斗的时间虽短，却耗费了佛罗伦萨和教皇巨额的军费。这场战争不但激发了持久的反对声浪，还使洛伦佐受了严重的枪伤，他的身体健康和精神意志都因此渐渐磨灭了。不过，在那段时间里，教皇曾一度感到非常满足。洛伦佐被宣告为乌尔比诺公爵和佩萨罗领主（Lord of Pesaro），莱奥梦想的由美第奇主宰的、团结强大的意大利中部邦国似乎已经成型，而洛伦佐正向着成为一国之主的方向前进。

在意大利还没有陷入战乱、美第奇家族在乌尔比诺扎根发芽的那段时间里，莱奥欣慰地在梵蒂冈安定下来，开始享受生活。他的花销相当惊人。据说在不到一年时间里，他不但花光了节俭吝啬的前任留下的所有积蓄，还用光了自己及继任者的所有收入。"让教皇积攒 1000 达科特，简直比让石头飞起来都难。"马基雅维利的朋友弗朗切斯科·韦托里（Francesco Vettori）如此评价道。很快教皇就欠下了罗马几乎所有银行的债，有的银行甚至要收他 40% 的利息。可是教皇却完全没有考虑过削减自己庞大的仆人数量或是取消那些几乎从不停歇的奢侈娱乐和宴会。

枢机主教们也都效仿了教皇。曼图亚侯爵的妻子派秘书通知丈夫说：

> 枢机主教里亚里奥昨天款待我们的宴席太丰盛了，恐怕用来款待全世界的王后都富富有余。我们在餐桌前坐了

整整 4 个小时，和最可敬的枢机主教们一起有说有笑。

威尼斯大使形容在另一个枢机主教科尔纳罗（Cornaro）家里举办的宴会时则写道：

225　　　　食物都太精致了。菜品源源不断地被送上来，我们总共吃了 65 道菜，每道菜里至少包括三盘食物。而且上菜的速度快得惊人，我们往往一道佳肴还没吃完，就又有新盘子摆在面前了。所有的食物都是用最精致的银器盛放的，主教大人有足够的餐具供所有人使用。这一餐结束时，我们都要被丰富的食物撑爆了。我们的耳朵也快被持续不断的音乐演奏震聋了，大厅内外都有人奏乐，似乎所有罗马能见到的乐器这里都有，横笛、拨弦钢琴、四弦琴，除此之外还有唱诗班的歌声。

枢机主教和罗马贵族之类的人物争相举办无可比拟的盛大娱乐活动。富可敌国的锡耶纳银行家阿戈斯蒂诺·基吉（Agostino Chigi）连浴室用具都是纯银的。一次他邀请教皇来吃饭，豪华的餐厅里挂着各种精致的挂毯。客人用的餐具都是专门订制的，上面还有每位客人的家族饰章。撤下最后一道菜之后，教皇赞扬了基吉丰盛的晚餐和精致的新餐厅。然而基吉却回答说："教皇陛下，这并不是我的餐厅。"他示意仆人们扯下那些精致的挂毯，露出了后面的一排排马槽，然后说："这不过是我的马厩而已。"另一次，基吉宴请整个罗马教廷。然后为每位枢机主教呈上了他们家乡的特色菜。人们还听说，基吉下令让仆人在每道菜之后把用过的银质餐具扔进台伯河，以此显示他的银器多到同一件不使用第二次。不过后来有人看到他的仆人在河上拉了个大网，把被丢弃的银器都又捡了回去。

　　教皇本人的宴会以珍稀的食材而闻名，比如孔雀舌之类他自己都舍不得吃的菜肴。教皇的宴会还因滑稽幽默而闻名，比如从糕点里飞出一只夜莺，或者从布丁里钻出一个赤裸的婴儿之类的。矮人、小丑和弄臣更是他餐桌旁必不可少的内容。宾客们被他们滑稽的动作和残酷的恶作剧逗得哈哈大笑——比如，有一次，他们在已经腐坏的肉上撒满味道极重的酱汁掩盖臭味，然后欺骗几个智商有欠缺的矮人说这是专为他们准备的佳肴，饥饿的矮人们真的狼吞虎咽地大吃起来。教皇本人尤其偏爱弄臣马里亚诺·费蒂（Fra Mariano Fetti）。这个多明我会的教士曾经是个理发师，后来竟然被封为教廷印玺保管者。这位机智、狡猾、无比低俗的教士最能博得教皇的开怀大笑，所靠的不仅是他粗俗的幽默，还有他出了名的能一次吃下40个鸡蛋或20只鸡的本事，以及他对特殊小菜和糕点的喜爱——有时主人会出主意在派里面放一整只带着喙和羽毛一起下锅的乌鸦。

　　在莱奥担任教皇期间，似乎没有比戏耍可怜的巴拉巴洛（Baraballo）更让他开心的恶作剧了。这个来自加埃塔的老教士好像认定了自己那点滑稽蹩脚的诗歌创作是什么天赋奇才。有人建议他应该要求在罗马的卡比托利欧山上（Capitol）公开受赏，彼特拉克也受到过这样的礼遇。教皇热情地认可了这个要求，向巴拉巴洛保证说他的诗歌完全配得上这样的特别嘉奖，并且提出让他骑着自己非常喜爱的葡萄牙国王曼努埃尔一世（Manuel I）赠送的大象汉诺（Hanno）去参加典礼。大象

226

不久前才刚刚运来，现在被养在美景宫（Belvedere）里。典礼当天，巴拉巴洛身穿大红色带金流苏的宽外袍，骑着同样盛装打扮过的大象，神态庄严地从梵蒂冈前往卡比托利欧山。教皇的首席传记作家保罗·焦维奥（Paolo Giovio）描述此情此景时写道："若不是亲眼看见，我永远不会相信竟有这样可笑的事情。一个年过花甲、受人尊敬的老者，头发花白、仪态庄严，却是骑在大象上，周围还吹着喇叭。"

不过响亮的吹奏声和围观人群的欢呼叫嚷让大象受了惊吓，它站在圣安杰洛城堡的吊桥前嘶叫，不肯过河。巴拉巴洛不得不从装饰豪华的鞍具上爬下来，这场闹剧也就草草结束了，至少对于坐在不远处阳台上愉快地通过望远镜看热闹的莱奥来说是结束了。

227

虽说这样大型的活动不可能经常举办，但是教皇在自己宫殿里举办的戏剧表演、假面舞会、芭蕾舞、哑剧和摩尔人的舞蹈表演（moresche）等则是尽如他意地从来不曾停息过，为他提供了无尽的乐趣。最早的两部无韵诗历史悲剧——乔万尼·鲁切拉伊（Giovanni Rucellai）的《鲁斯蒙达》（Rosmunda）和吉安–乔焦·特里西诺（Gian-Giorgio Trissino）的《索福尼斯巴》（Sophonisba）——都在教皇面前上演过。不过教皇显然更偏爱通俗喜剧以及阿里奥斯托（Ariosto）、马基雅维利和枢机主教贝纳尔多·多维齐·达比别纳创作的或多或少有些下流的滑稽剧。阿里奥斯托的《卡萨利亚》（Cassaria）和《交换者》（Suppositi），还有马基雅维利的《曼陀罗花》（Mandragola）都是 1519 年为教皇上演的，都令他非常满意，而所有作品中教皇最钟爱的莫过于多维齐的《百灵鸟》（Calandria）。这部剧是关于一个愚蠢的年轻人爱上了一个姑娘，而这个姑娘却喜欢和自己的双胞胎哥哥假扮对方来戏耍自己的情人，由此上演了各种甚合教皇口味的桥段。

教皇有时会花好几个小时观看这些表演，或者坐在赌桌上玩没什么难度的纸牌游戏（primiero），输了钱也不生气，赢了钱还会赏给大家。到了节庆之日，教皇更是会整天外出观赏斗牛，参加宴席舞会，看他的枢机主教在化装舞会上和女士们跳舞，或去观看罗马人热衷的各种运动，还有他们的赛舟会、游行、扔橘子大赛及充满暴力和危险的滚酒桶比赛——巨大的木桶从泰斯塔乔山（Monte Testaccio）的陡坡上极速滚落，山脚下聚集的农民们则冒着断手断腿的危险抢夺装在桶里面的猪。

当然莱奥的生活中也不是只有浮华。如果说他在举行娱乐活动、购买法国猎犬和克里特猎鹰，添置皮草和金饰，以及供养不断壮大的家族人员上花费了巨资的话，那么他在对罗马的改造和修缮上也同样毫不吝惜。他修建的里佩塔街（Via Ripetta）为拥堵的旧城提供了一条通向人民广场（Piazza del Popolo）的新路；他修缮了多尼卡（Domnica）的圣玛丽亚教堂，还为它加装了一个带门廊的宏伟正面；除了以上这些，他还以极大的热情投入到梵蒂冈宫（Vatican Palace）和圣彼得大教堂的重建中。他留用了尤利乌斯二世的建筑师——被称为布拉曼特（Bramante）的多纳托·德·安杰洛·拉扎里（Donato d'Angelo Lazzari），并由其从 1505 年起主持修建新教堂。教皇莱奥还有一个更具野心的设想，就是抽干蓬蒂内沼泽（Pontine Marshes），并且要求莱昂纳多·达·芬奇设计一个可行的方案。

为了将罗马打造成全欧洲最具文化气息的城市，教皇采用了各种措施来吸引有才华的艺术家、作家和学者来罗马生活，

228

还将自己的藏书室免费向他们开放，并不断收集珍贵的手稿来扩充本就十分丰富的藏品。教皇自己是爱书之人，爱读书也爱藏书，对于喜爱的作者的作品，他甚至能够大段背诵和引用。即便是在财力不济之时，他也会想尽办法——通常是出售有俸圣职和枢机主教之职——来资助那些求助他的作家、学者、诗人和剧作家们。教皇大力资助了罗马学院；协助重组大学，增加了教学设施和教授数量；教皇鼓励学习和使用拉丁文，并且设法资助拉丁文作家和诗人；把拉斯卡里斯带回罗马并建议由其编辑和印制自己收藏的希腊手稿。

但不得不承认，教皇本人的品位还称不上完美。他少有的一些流传至今的文学作品完全比不上其父亲的文学造诣。他尝试谱写的音乐作品更不成功。尽管他为西斯廷小教堂招揽了欧洲最好的唱诗班，但是他自己最喜欢听的，也会挥着丰满白皙的手哼唱的那些音乐都被认为是平凡陈旧的。同样，他对于那个时期的文学作品也没什么鉴赏力。除了会观看他们创作的喜剧之外，教皇并不看重马基雅维利或阿里奥斯托；他也不崇尚圭恰迪尼。事实上，那些从他的慷慨资助中受益最多的反而是一些低等得多的作家，比如贝尔纳多·阿科尔蒂（Bernardo Accolti），莱奥对其作品的认可程度几乎跟阿科尔蒂本人对自己的认可程度一样高了。

229　　　至于教皇对米开朗琪罗的忽视，与其说是他没有能力欣赏伟大的才华，倒不如说是他没有耐心容忍艺术家暴躁的脾气。米开朗琪罗是受尤利乌斯二世的鼓励来到罗马的，他是个阴郁、易怒、独立且固执己见的人，喜欢把自己关在房间里进行创作，尤其不愿无条件遵从资助者的要求或是给创作设定时间表。教皇虽然公开表示对米开朗琪罗有很深厚的感情，而且每每想到两人年少时一起生活的经历就"几乎感动地落泪"，但实际上他们相处得一直不好。教皇鼓励米开朗琪罗做一名建筑师，并督促他回到佛罗伦萨为布鲁内莱斯基的圣洛伦佐教堂修建新的正面。① 相比之下，教皇更喜欢和年轻顺从、谦虚有礼的拉斐尔·圣齐奥（Raffaello Sanzio）打交道。

　　拉斐尔是乌尔比诺人，布拉曼特把他推荐给尤利乌斯二世，后者于是指定拉斐尔装饰自己在使徒宫（Apostolic palace）的办公室。后来教皇莱奥要求拉斐尔留下来继续工作，在他们的共同指导下，完成了拉斐尔敞廊（Loggie di Raffaello）和拉斐尔厅（Stanze di Raffaello）的建造。②

---

① 米开朗琪罗在和朱利亚诺·达圣加洛、雅各布·圣索维诺及巴乔·德·阿尼奥洛（Baccio d'Agnolo）的竞争中获胜，但是他的获胜方案最终并没有被付诸实践。他在卡拉拉的采石场里花了两年时间试图解决各种技术难题，结果圣洛伦佐教堂的新正面建造计划却被搁置了。

② 拉菲尔厅中有很多歌颂教皇莱奥十世与美第奇家族的暗示。比如在赫利奥多罗斯厅（Stanza of Heliodorus）中，拉斐尔被授意用匈奴王阿提拉（Attila）和圣莱奥（St Leo）的会面来隐喻拉韦纳战役。画中的圣莱奥骑着一匹白马，其实他代表的就是教皇莱奥十世，因为教皇在很多场合的坐骑都是一匹白马。教皇莱奥十世的形象还出现在了火灾厅（Stanza dell'Incendio）中，这幅画是由拉菲尔的助手于1514～1517年为教皇的餐厅创作的。这里的画作展现了八、九世纪两任教皇莱奥三世和莱奥四世的生活情景。窗户对面墙上的壁画展示的是公元847年的那场大火，据说火势已经猛烈到要烧毁圣彼得大教堂了，但是教皇莱奥四世对着火焰画了个十字手势，大火就熄灭了。如同在赫利奥多罗斯厅的壁画中一样，莱奥四世也象征着莱奥十世。

第十八章　向罗马进军

"给教皇一个永生难忘的教训"

230　　教皇莱奥一有机会就会骑马离开罗马，前往坐落于通往波尔图（Porto）道路上的玛丽亚纳（Magliana）别墅。在这里他仍然以遵从医嘱为借口公然违反教廷法令，尽情地沉醉于带猎犬、猎鹰甚至雪貂打猎。别墅周围的广阔区域都被圈定为教皇的专有猎场。场地里还有一个巨大的用网围起来的罩子，里面都是鸽子、松鸡和苍鹭，是专为猎鹰捕猎用的；同样还有一个兔笼（conigliare），里面养的兔子是专为雪貂准备的。

　　有时教皇在玛丽亚纳别墅会暂住六周之久，在这里他不穿圣衣和白色法衣，更让教宗礼典长惊愕的是，教皇甚至"穿着长筒马靴，这是非常不合礼法的，因为人们无法亲吻教皇的脚了"。因为视力不济，教皇并不能参加最初阶段的打猎活动，他只是骑着最喜欢的白马到高坡或特别建造的平台上，用望远镜观看最后的猎杀环节。

　　猎场四周用绑着帆布的杆子围得严严实实。为了防止围栏中的猎物跑到临近的灌木丛或沼泽里，还安排了瑞士卫兵和骑着马的猎场看守在农民的帮助下列队将围栏围起来。当猎场内牵着猎犬和獒的马夫们做好准备，教廷的枢机主教、绅士和他们的朋友们也都就位之后，教皇会举起白手绢作为吹响号角的

231　　信号。然后猎场管理员就会进入围栏，大声喊叫着，吹着喇

叭，甚至通过放枪来把猎物们驱赶到帆布围栏前的缺口处。很快狂奔的动物们就会冲进开阔的猎场里，有牡鹿、野猪、野兔、家兔、狼、山羊和豪猪。等待已久的猎手们此时会迫不及待地开始猎杀他们选定的猎物，有的人用长矛或剑，有的人用斧子或戟，还有的会带着猎狗在那些侥幸逃脱的猎物后面紧追不舍。

通过望远镜观看这些杀戮场面时，教皇常常会被马里亚诺的滑稽动作惹得捧腹大笑，尽管他其实是故意让自己陷入各种无厘头的麻烦来取悦教皇的；教皇还不免会羡慕身材魁梧的枢机主教圣塞韦里诺，后者在这种场合里总是会在肩上披一张狮子皮，甚是威风。如果有猎物已经被网或绳子困住，教皇就会走近它，将眼镜举到左眼上，手持长矛，亲自杀死挣扎不休的动物，然后还要高高兴兴地接受随从的祝贺。

据诗人圭多·西尔维斯特（Guido Silvester）的记录，有一次打猎经历让教皇尤其欢畅。当天发生了各种意外。先是一个教廷成员把猎犬当成狼猎杀了，展示成果时他的愚蠢似乎让教皇觉得很有趣。接着又有两个人为了争夺一只被猎杀的野猪而打了起来，涉事一方还在争斗中伤了一只眼睛。再后来，枢机主教科尔纳罗的一名养狗场管理员，也是一个出了名的酒鬼，举着长矛刺杀一只已经受伤、正向森林逃跑的野猪，结果却失手刺死了自己最喜欢的猎犬。一怒之下养狗人扑向野猪想要扭住它的脖子将其扼死，结果却被野猪从背上甩下并用獠牙刺死了。同行的人员把养狗人的尸体抬到了枢机主教面前，枢机主教命人用最好的葡萄酒洗掉尸体上的血污，还即兴创作了一段诗文祭奠他的悲惨命运。最后教皇骑着马返回别墅，仆人们抬着各种被猎杀的动物尸体跟随其后，有人听到教皇评价这一天时赞道："这真是极好的一天。"

除了对这些血腥场面的描述之外，圭多·西尔维斯特还评论说，在一天成功的狩猎之后，教皇一定会心情大好，和颜悦色，以至于此时提交到他面前的任何提议都能轻松通过，任何文件都会被顺利签署，任何要求都会获得满足；相反，要是这一天的狩猎不成功，教皇则会咆哮和抱怨。所以那些想要向教皇讨些优待的朝臣或教士都会识趣地等待时机，比如在坎帕尼亚的狩猎成功之后，或是从奥斯蒂亚的人工咸水湖垂钓归来之时，又或者是等他去枢机主教法尔内塞（Farnese）在维泰博（Viterbo）的领地里游玩尽兴，在那里他可以用袋子抓捕雉鸡、鹧鸪和鹌鹑，以及在鸟棚（*uccellari*）里设机关诱捕蒿雀、画眉、百灵鸟和金翅雀。

教皇当然受到了很多人的爱戴，比如那些在他外出狩猎、钓鱼的途中得到慷慨赏赐的农民，或者是那些在宫廷中野心得到了满足的教士和宠臣们；但是在罗马，还是有一些枢机主教对教皇的种种行为颇有微词。与乌尔比诺耗资巨大的战争并不是唯一将教会财力消耗殆尽的美第奇事业；当教皇想让侄子洛伦佐迎娶法国公主的计划不再是秘密时，弗朗切斯科·索代里尼也不是唯一因为教皇的失信而怒火中烧的枢机主教。

枢机主教拉法埃拉·里亚里奥永远不会原谅教皇为了给卑鄙的洛伦佐谋得封地而把自己的亲戚赶出乌尔比诺的行径；枢机主教阿方索·彼得鲁齐也无法把自己心中的愤怒搁置一旁，因为正是在莱奥的帮助下，他的兄弟博尔盖塞·彼得鲁齐（Borghese Petrucci）才被夺去了锡耶纳的总督一职。当莱奥把自己亲密的朋友都封为枢机主教，却拒绝其他枢机主教家庭中更符合条件的人选时，更是大大地冒犯了这些枢机主教。莱奥在当选教皇后的短短几个月里，就加封了贝纳尔多·多维齐和另一个托斯卡纳老乡洛伦佐·普奇（Lorenzo Pucci）为枢机主教，第三个受加封的则是他的外甥洛伦佐·奇博（Lorenzo Cibo）。虽然他已经任命朱利奥·德·美第奇为佛罗伦萨的大主教，但是为了让朱利奥也能升格为枢机主教，教皇授意组建了一个委员会负责调查他堂弟的出身，并且明示希望调查结果是自己的叔叔朱利亚诺曾经与西莫内塔·戈里尼（Simonetta Gorini）① 秘密结婚，因此朱利奥是他们的合法婚生子。而委员会不负教皇的托付，"查出了"这样的结果。如果朱利奥本就受人爱戴，也许还没什么人对此提出异议，不过根据弗朗切斯科·圭恰迪尼的观察：

233

> 他是个阴郁、孤僻的人，不乐于助人，被普遍认为是个贪婪、行事极其谨慎小心的人。非常有自制力，如果不是因为胆小怕事，也许本能成就一番事业。

在罗马教廷之中，最憎恨朱利奥的人非阿方索·彼得鲁齐莫属。他是个英俊、高傲、风流成性的枢机主教，此时只有22岁。因为教皇干涉了其家族在锡耶纳的事务而一直心存不满。他在选举教皇时曾投票给莱奥，但现在他开始公开指责莱奥，其言论在罗马得到了很多人的认同，包括枢机主教里亚里奥和索代里尼，还有富有的朋友、年轻的枢机主教绍利（Sauli），以及以前做过英格兰枢机主教保护者的阿德里亚

---

① 此处与前文不符，应为菲奥雷塔·戈里尼。——译者注

诺·卡斯塔莱斯（Adriano Castellesi）。虽然卡斯塔莱斯与教皇之间并无家族恩怨，但据说他非常迷信一个算命先生的预言，那个算命先生曾对他说下一任教皇叫"阿德里安（Adrian），是一个有着卑微出身的清瘦男子"。所以卡斯塔莱斯一直将尽快实现这个预言视为自己最神圣的使命。

起初大家商定解决现任教皇最简单的办法，就是趁他出去打猎时雇人将其暗杀。不过，大家很快又设计出了一个更隐蔽的方案：找一个从韦尔切利（Vercelli）来的江湖郎中，在彼得鲁齐的秘书和一个锡耶纳朋友的帮助下，以治疗肛瘘为借口把有毒的绷带绑在教皇身上。自以为万无一失的彼得鲁齐于是前去与被驱逐的乌尔比诺公爵弗朗切斯科·玛丽亚·德拉·罗韦雷讨论后续行动了，却没想到在自己离开的时候，一个男侍从的不谨慎行为导致阴谋败露，江湖郎中、彼得鲁齐的秘书和那个锡耶纳朋友都被移交给教廷的刑讯师一并处置。

234　　很快，彼得鲁齐也被勒令即刻返回罗马与教皇商谈一些事情。教皇向他承诺会保证他的安全。也许是相信了教皇的承诺，抑或是以为教皇已经为以前对待自己家族的做法感到后悔，天真的彼得鲁齐马上回到了罗马，并且与枢机主教绍利一起到梵蒂冈认罪。两个人立刻遭到逮捕，并被关进了圣安杰洛城堡中"最可怕的地牢"。彼得鲁齐声嘶力竭地痛斥出尔反尔的教皇莱奥，绍利也在狂怒之下把自己的白色法衣撕成了碎布。和他们的手下一样，这两个人也受到了酷刑的折磨，最后不但招了供，还交代了同党。枢机主教里亚里奥被逮捕时已经吓得魂飞魄散，不得不被抬着送到了关押的地点。

在抓捕彼得鲁齐阴谋的其他支持者之前，教皇召集了一次枢机主教会议。在所有枢机主教面前，教皇展现了从未有过的震怒，以至于在场的人都怀疑教皇是不是在演戏吓唬他们。教皇肥硕的身体不断颤抖，声音大到连临近的走廊上都可以听到。他要求其他参与阴谋的罪人马上坦白。于是枢机主教索代里尼和卡斯塔莱斯都承认了自己知晓这一阴谋并跪在教皇脚下卑微地忏悔。

　　卡斯塔莱斯最终设法逃出了罗马并从此从人们的视线中消失，而索代里尼则缴纳了巨额的罚款，帮助教皇解决了一些不还不行的债务，之后他觉得还是效仿卡斯塔莱斯销声匿迹为好。里亚里奥被释放后去了那不勒斯，他交的罚款数额甚至比索代里尼的还要高。绍利凭借自己在法国和意大利一些有权势的朋友而得以离开地牢，却被下令软禁于罗通多山（Monte Rotondo）的房子里，第二年就神秘地去世了。彼得鲁齐在地牢里被教皇的穆斯林刽子手执行了死刑，有可能是被吊死的，也有可能是直接砍了头。至于那位韦尔切利的江湖郎中以及彼得鲁齐的秘书和朋友则被拖在马后在罗马游街，他们身上的肉还要被用钳子一块块撕下来，最后才吊死在圣安杰洛城堡前的桥栏杆上。

　　尽管从里亚里奥和索代里尼那里收来的巨额罚款暂时缓解了教皇的囊中羞涩，他还是觉得有必要通过加封更多的枢机主教来为金库带来更多收入，也正好填补罗马教廷中的空缺。与此同时，教皇还要求比较富有的已当选的人为他提供更多的捐赠。其实钱并不是莱奥加封 31 个枢机主教的唯一原因。他希望自己能够创造一个比前任留下的更加稳固可靠的罗马教廷，一个不会对任何符合美第奇家族利益的行动有异议的教廷。因此，在教皇的名单中尽管确有一些人是配得上这个职位的，但更多的人是因为教皇的私心才当选的。在这些人当中，既有法国和葡萄牙皇室的王子；又有摩德纳的比安卡·兰戈内的儿子埃尔克莱·兰戈内（Ercole Rangone），她也是莱奥以前重要的女恩人；还有一向无法无天的蓬佩奥·科隆纳，也许一顶枢机主教的帽子能让他有所收敛；此外还有他的两个佛罗伦萨外甥尼科洛·里多尔菲（Niccolo Ridolfi）和乔瓦尼·萨尔维亚蒂；而第三个佛罗伦萨亲戚则是路易吉·罗西（Luigi Rossi）。

现在罗马教廷中尽是一些美第奇家族的朋友和亲戚，以及那些受过美第奇恩惠的人，教皇觉得让侄子乌尔比诺公爵洛伦佐与法国国王弗朗索瓦一世的堂妹马德莱娜·德拉图尔·奥维涅（Madeleine de la Tour Auvergne）结婚的时机也成熟了。于是在1518年3月，洛伦佐带着一支人数众多的红衣侍从队伍北上翻越阿尔卑斯山去迎娶新娘，当然还少不了带着他叔叔慷慨准备的聘礼，包括36匹宝马以及用龟壳制作并镶嵌着珠母和宝石的婚床之类的珍品。

尽管被美第奇家族的富有所震惊，但是法国宫廷上下对于乌尔比诺公爵本人可称不上有多满意，他傲慢的性格以及对于一个25岁青年来说有些可怜的身材和外形让人难生好感。事实上，婚后不过几个月人们就看出公爵必将不久于人世，而他的妻子竟比他还要短命。1519年4月底，她生下女儿后没多久就去世了，而这个被取名为凯瑟琳（Caterina）① 的女婴将来则会成为法国王后。又过了几天，洛伦佐因为梅毒导致的肺结核加重而去世。洛伦佐人生中的最后几个月都是在卡雷吉和波焦阿卡伊阿诺的乡村别墅里度过的，陪在他左右的是一位皮斯托亚人秘书及另一个名声不太好的男性朋友，似乎没有人为他的离世感到哀伤。

236

洛伦佐从法国回来后，佛罗伦萨人已经对他满怀怨言了，

---

① 又译作卡泰丽娜。——编者注

他的贵族做派日益明显，衰弱的健康没能使他的政治野心有一丝减退，而且他对城市财政的处理不当，再加上那个傲慢、贪婪又专横，心里只有儿子的阿方西娜的影响。洛伦佐去世后 8 个月，他的母亲也在罗马去世了，不过她的死讯同样没有引起任何伤感的情绪。

枢机主教朱利奥·德·美第奇非常清楚佛罗伦萨人的不满，于是匆匆从罗马赶回来稳固美第奇家族对城市的控制，同时小心翼翼地不冒犯任何人。他赶在洛伦佐的死讯还没有彻底传开之前到达佛罗伦萨，确保了没有发生任何动荡，同时也将整个共和国的管理大权转到自己和一些重要家族手中，他巧妙地向这些家族征求意见，直到教皇为佛罗伦萨设定好新的计划为止。

佛罗伦萨的美第奇一派是幸运的，朱利奥处理事务的方式婉转而机智，在他谨慎认真的财政管理之下，佛罗伦萨经历了一段繁荣时期。教皇一直无法决定如何处理佛罗伦萨或乌尔比诺的问题，因为此时美第奇家族的正统继承人只剩下一个有一半法国血统的女婴，男孩子们则都是私生子：伊波利托是内穆尔公爵朱利亚诺与一个佩萨罗的性感女郎生下的，而亚历山德罗（Alessandro）虽然名义上是乌尔比诺公爵洛伦佐的儿子，但是有传言说他实际上是枢机主教朱利奥和一个那不勒斯的摩尔人女奴或一个罗马坎帕尼亚的农家女的儿子。

最终，教皇决定封凯瑟琳·德·美第奇为乌尔比诺女公爵（Duchess of Urbino）并将其公国附属为教廷国，还要求佛罗伦萨贡献了一大笔赞助以支付将德拉·罗韦雷赶出去的花销。作为补偿，教皇把圣莱奥（San Leo）堡垒和占领下来的蒙泰费尔特罗地区（Montefeltro）划给了佛罗伦萨。除此之外，还有 237

一个问题就是如何处理佛罗伦萨的共和国政府。而这一问题在1519 年之后变得更加复杂，因为当年年初，皇帝马克西米利安去世，随后查理五世（Charles V）经选举继位。

无论是法国国王还是教皇都曾极力阻挠这位充满野心的年轻人当选，因为他不仅是西班牙和那不勒斯国王，还是荷兰君主和奥地利大公。既然没能阻止其当选，莱奥在百般踌躇、万般推脱之后，决定抛弃与法国的联盟，转而与查理五世私下达成秘密协议。因为此时此刻，教皇不得不依靠查理五世来解决一个已经无法忽视的麻烦——令他苦恼的奥古斯丁修会教士马丁·路德（Martin Luther）。

多年来教皇一直竭力对路德思想和德国人改革教会的要求置之不理，希望这个问题可以依靠德国教士们的诡辩解决，最终能够不了了之。然而路德却始终没有退缩，以至于教皇不得不将他驱逐出教会。而现在教皇希望查理五世作为一个虔诚的天主教徒能够处决马丁·路德这个异教徒，从而帮他彻底解决这个问题。皇帝本人倒是不反对处死路德，但是那些带着同情听了路德的激情宣言的德国王子们则不赞成这种做法。查理当然可以否决他们的意见，而且他也是这么跟教皇承诺的，但是作为交换条件，教皇必须支持他夺取包括米兰在内法国占领的意大利地区的打算。教皇同意了这个条件，前提是将法国从这些被占领地区赶走之后，教廷有权拿回弗朗索瓦一世在1515 年博洛尼亚会议上拒绝归还的帕尔马和皮亚琴察两个城镇，而且查理要协助他们夺取费拉拉。最终双方达成了协议，皇帝的军队也整装待发。

枢机主教朱利奥的加急信件传来了皇帝打败弗朗索瓦一世

的捷报，还有米兰被攻破、法国军队朝那不勒斯逃窜的消息也　238
都传到了正在玛丽亚纳别墅的教皇耳中。尽管刚刚接受了治疗
肛瘘的手术，教皇还是出去打了一天的猎。这个时节白天潮湿
闷热，晚上却寒冷多风。莱奥坐在卧室里的壁炉前，背后的窗
子却没关，他时不时会走过去观看下面院子里点起来的庆祝篝
火，结果染上了重感冒，还发起了高烧。两天后他被人抬着回
到了罗马，并被告知他们已经夺回了皮亚琴察和帕尔马。

> （1521 年）12 月 1 日大约早上 7 点的时候，教皇因重
> 感冒去世了，之前没有任何人警告他这次感冒会有生命危
> 险，所有的医生都说这只是在玛丽亚纳着凉造成的轻微不
> 适而已。

　　枢机主教朱利奥一接到教皇突然离世的信息，就马上奔赴
罗马去参加当月 28 日的教皇选举大会，显然是抱着要成为堂兄
继任者的打算。不过枢机主教弗朗切斯科·索代里尼赶在朱利
奥之前回到了罗马，并且在枢机主教蓬佩奥·科隆纳（Pompeo
Colonna）的帮助下，结成了强大的反朱利奥联盟。于是朱利
奥退而选择支持阿德里安·德代尔（Adrian Dedel）参选，他
是查理五世曾经的老师，一位籍籍无名、道德高尚、节俭朴素
的佛兰德斯枢机主教。很多罗马教廷中的大人物甚至都没听说过
这个名字。为了挫败像亚历山德罗·法尔内塞（Alessandro
Farnese）和托马斯·沃尔西（Thomas Wolsey）这样有权势的枢机
主教的当选野心，朱利奥一手导演的谦虚学者当选教皇的结果也
在众人的意料之中；感到意外和愕然的恐怕只有新教皇本人，他
听到这个消息的时候，几乎是惊慌失措的。新教皇选择了阿德里

安四世（Adrian Ⅵ）的称号，极不情愿地前往罗马就职。他的当选也算是应了那个让枢机主教阿德里亚诺·卡斯塔莱斯激动无比的算命先生的预言。新教皇很不习惯在罗马的新生活，他每天只花1达科特，三餐都是由一个佛兰德斯老妇人负责准备的，教皇对这个脾气暴躁的仆人似乎格外宠爱。教皇对教会做出的改革都以失败告终。此外，他为限制教会奢侈之风而做出的努力，以及 239 那些因他的节俭而失去了往日奢华生活的人的憎恨和敌意，最终都超过了教皇的承受能力。他染上了一种肾病，再加上人们难免猜测可能被下了毒，没过一年时间，教皇就去世了。罗马人终于不用再忍受一位非意大利籍的教皇了。他们甚至在教皇医生家门口摆放了节日花环，并称他是人民的大救星。

美第奇家族的两个私生子伊波利托和亚历山德罗，以及凯瑟琳·德·美第奇现在都居住在佛罗伦萨。在确认这里完全处于美第奇一派的控制下之后，枢机主教朱利奥在罗马安顿了下来。他居住的豪华宫殿是从枢机主教里亚里奥手里没收而来的，作为其参与谋害教皇莱奥十世的代价。朱利奥在这里的生活不算过分奢侈，但是也少不了美第奇家族一贯阔绰的样子。他是艺术家和音乐家的资助者，是穷人的守护神，也是慷慨大方的主人。按说以他冰冷的态度和阴郁的外貌，还真不适合这样一个角色，不过朱利奥却做到了，因为在阿德里安四世死后冗长沉闷的教皇选举大会上，他需要发动所有可以召集的朋友。起初他看起来毫无希望当选。法国表示强烈反对，此外许多其他的反对者也是不达目的誓不罢休。这其中最想要阻挠朱利奥当选的莫过于有权有势的枢机主教蓬佩奥·科隆纳，因为他本人也同样对教皇的位置虎视眈眈。几个星期过去了，一个月过去了，两个月过去了，选举仍然没有结果。罗马甚至发生了示威行动和暴乱。在人们的记忆中，历史上从没有过持续这么长时间的选举大会。最终，依靠各种贿赂和收买换来的承诺，再加上为了避免僵局使宿敌枢机主教奥尔西尼渔翁得利，枢机主教科隆纳放弃了对朱利奥的反对。查理五世和亨利八世也赞同让一个美第奇当选，而弗朗索瓦一世之所以没有反对，是因为相信美第奇家族肯定不会永远效忠德国皇帝。最终，枢机主教在持续了 60 天的选举大会中脱颖而出，成为教皇克莱门特七世（Clement Ⅶ）。这一年他 25 岁①。选举大会上曾经与他为敌的人没有几个转投他的阵营，但是在罗马，还是有很多人看好他，并且"相信接下来会看到一个繁荣昌盛的教廷，一个开明的教皇；在前任教皇阿德里安野蛮统治下被废弃的文学和艺术也会得到复兴"。

240

　教皇克莱门特绝对是一个慷慨且有眼光的资助者。虽然他本不是慷慨之人，更绝对不是爱热闹、善交际之人：他更喜欢在闲暇时间里听听音乐，而且他比莱奥十世更热衷于讨论神学和哲学问题。不过他也明白慷慨的重要性以及可能带来的回报。克莱门特在救济和施舍上像莱奥一样大方，作为资助人也毫不吝惜。他延续了美第奇家族对拉斐尔的资助，并邀请他设计准备在马里奥山（Monte Mario）松柏覆盖的峭壁上修建的别墅。② 教皇还向最具才艺也最爱争论和吹嘘的佛罗伦萨艺术

---

① 原文似有误，朱利奥 1478 年出生，应为 45 岁。——译者注

② 拉菲尔为克莱门特七世设计的别墅位于马里奥山上台伯河转弯处的莫雷桥边（Ponte Molle）。但是别墅在建成之前就被教皇的敌人枢机主教科隆纳在 1527 年罗马陷落时炸毁了。后来奥地利的玛格丽特重建了这座别墅并将其命名为马达马别墅（Villa Madama）。

家本韦努托·杰利尼订制了作品。教皇还鼓励了波兰天文学家
尼古拉·哥白尼的研究，他还让朱利奥·罗马诺（Giulio
Romano）和吉安·弗朗切斯科·彭尼（Gian Francesco Penni）
到梵蒂冈工作，并在那里为莱昂纳多·达·芬奇提供了私人住
处。莱奥十世打算在佛罗伦萨的圣洛伦佐教堂中建造一个礼拜
堂作为父辈朱利亚诺和洛伦佐及他们的两个堂兄弟乌尔比诺公
爵洛伦佐和内穆尔公爵朱利亚诺的安葬之地，① 并已经把这项
工作指定给了米开朗琪罗。克莱门特不仅对此工作进行了确
认，还让米开朗琪罗在圣洛伦佐另外设计一个藏书室，为的是
有朝一日能将美第奇家族的藏书重新送回佛罗伦萨。②

正如弗朗索瓦一世收回对教皇克莱门特的反对时所预见的
那样，教皇很快就表现出了不再忠于神圣罗马帝国皇帝的迹
象。到 1524 年年底，在几经辗转变化之后，教廷重新与法国
结盟，法国军队也重新出动。然而克莱门特做出这个决定以

---

① 圣洛伦佐教堂的新圣器收藏室，也就是人们所知的美第奇堂，是 1534 年
由米开朗琪罗完成建造的。洛伦佐和朱利亚诺都被安葬在靠近入口处的
《圣母和圣婴》（Madonna and Child）旁边。内穆尔公爵朱利亚诺的石棺
在右，公爵被塑造为教堂的神职人员，倚在他脚下的是被称为《昼》的
男性雕像和被称为《夜》的熟睡的女性形象。乌尔比诺公爵洛伦佐的墓
葬在左，这位被马基雅维利以《君主论》致敬的公爵被描绘为一位军人，
目光低垂，若有所思。他的脚下是名为《晨》与《昏》的雕塑。米开朗
琪罗 1534 年离开佛罗伦萨时，美第奇堂的装饰还没有完成。为伟大的洛
伦佐和朱利亚诺以及教皇莱奥十世建墓的计划后来也一直未能实现。
十七世纪时，丹麦王子来到佛罗伦萨并参观了这座教堂，称其为“世界
上最华丽壮观的艺术品之一”。

② 米开朗琪罗为劳伦齐安图书馆（Biblioteca Laurenzian）设计的华丽入口和
楼梯在他离开佛罗伦萨时已经大体完工，未完成的部分由巴尔托洛梅
奥·阿曼纳蒂和乔焦·瓦萨里依据米开朗琪罗留下的指示收尾。图书馆
于 1571 年向公众开放。

后，却一天比一天犹豫不定，并且后悔做出了这个决定。他的这种烦恼是有理由的，1525 年 2 月，消息就传到了罗马，说皇帝和米兰公爵结成联盟，在帕维亚打败了法国军队，还俘虏了弗朗索瓦一世。教皇此时的处境与查理的囚徒无异。为了摆脱这样不利的困境，教皇像任何理智尚存的人都会选择的一样，与皇帝达成了协议，可是背地里，他又与已经被释放的弗朗西斯同样达成协议，支持他卷土重来再次越过阿尔卑斯山。

241

虽然教廷的特使们尽全力不让秘密协议泄露，但最终还是没能瞒住皇帝。查理五世非常清楚教皇的目的，于是决定先发制人，以防止他们建立起一个反对神圣罗马帝国的联盟。1526 年 9 月，在唐·乌戈·迪·蒙卡达（Don Ugo di Moncada）的唆使下，皇帝的特使枢机主教蓬佩奥·科隆纳带领着一支家臣和雇佣武装护卫组成的强大队伍来到罗马，占领了圣彼得大教堂附近的郊区，并洗劫了教皇宫殿，此前教皇已被迫逃往更安全的圣安杰洛城堡。最后，教皇被迫在圣安杰洛城堡签订了条约，条约规定他必须放弃针对神圣罗马帝国的结盟，还要赦免科隆纳的无理攻击。

克莱门特当然根本不打算遵守这个条约。签字之后没过几周，他便派遣教廷的军队开赴科隆纳的领地，下令要攻破要塞和城堡，威吓科隆纳的佃农并通告科隆纳家族他们已经被认定为不法之徒，所有的封号和职务都将被免除。盛怒之下的枢机主教科隆纳此时提到教皇克莱门特的名字都会气得浑身颤抖，于是他带着能召集的所有人力投靠了查理·德·拉努瓦（Charles de Lannoy），也就是查理五世在那不勒斯的总督，后者已经在加埃塔驻扎了一支强大的军队，准备"给教皇一个永生难忘的教训"。

此时，一个更加严峻的威胁来自德国。老当益壮的勇士格奥尔格·冯·弗伦茨贝格（Georg von Frundsberg）已经集结了一支大军，主要是由巴伐利亚（Bavaria）和法兰克尼亚（Franconia）的路德教派教士（*Landsknechte*）组成，他们心中满怀着宣教的热忱，发誓要向罗马的反基督教会复仇，而他们另一个更实际且同样强烈的要求则是剥夺教皇的巨额财产。这支令人惧怕的队伍完全没有被阿尔卑斯山区的风雨和暴雪阻挡，一路南下来到伦巴第。即便是当教皇的其他敌人，比如科隆纳和拉努瓦的人马在弗罗西诺内（Frosinone）受阻时，冯·弗伦茨贝格带领的强悍德国人依然能勇往直前。

242

英勇的战士乔瓦尼·德拉·班代·内雷（Giovanni delle Bande Nere），也是伟大的洛伦佐的孙女婿，曾经尝试阻挡德国人毫不留情的进击，但是他不但没能阻止他们穿过波河，还在战斗中被隼炮的炮弹击中了右腿。在医生为他截去已经被压碎的腿时，乔瓦尼还要忍痛帮医生举着火炬照明，然而这个医生使用锯子的技术实在不济，乔瓦尼·德拉·班代·内雷终因伤势过重于 11 月 30 日去世。被任命为教皇军队将领的弗朗切斯科·圭恰迪尼曾多次警告乔瓦尼不要冒险激进，并且也在给克莱门特的信中督促他给乔瓦尼同样的建议："他太重要了，显然敌人就是决心要夺他性命的。如果失去他，我们的损失就太大了。"现在圭恰迪尼为这些警告终究没有起作用而悔恨不已。他哀悼乔瓦尼时说："在我们最需要勇气的时候，上帝却将最英勇的战士召去了。"

乔瓦尼·德拉·班代·内雷死后不久，冯·弗伦茨贝格又接受了奥朗日王子菲利贝尔特（Philibert, Prince of Orange）的帮助，后者也是效力于神圣罗马帝国的，于是德国人的队伍中又增加了一大批来自米兰的西班牙士兵。合并后的军队人数超过三万，继续往南向博洛尼亚行进。

现在教皇终于认清脱离可怕困境的唯一途径就是尽力达成停战条约，而且敌军领袖似乎也正有此意，只是路德教派教士可不是长途跋涉来换一个空手而归的。他们叫嚣要将罗马掠夺一空，除非得到一笔让他们满意的补偿。此时体形肥胖又已经上了年纪的冯·弗伦茨贝格熬不住艰苦的军旅生活突发中风，虽然主将被抬回了费拉拉，军队向罗马逼迫的脚步并没有停。在波旁公爵夏尔（Charles, Duke of Bourbon）迟疑不决的领导下，德国人已经表明了如果满足不了他们的目的，他们是不会遵从这个新长官的命令的。

如果换一个比波旁公爵坦率得多的将领，肯定会发现自己 243 其实已经很难掌控这支加速向罗马逼近的军队了。军队里的士兵们忍饥挨饿、衣衫褴褛，脏污的身体接受倾盆大雨的冲洗，在山间奔流的溪涧中步履蹒跚，需要手拉手才能勉力维持平衡。到 5 月 4 日，他们终于到达了伊索拉法内塞（Isola Farnese），仅距罗马 7 英里之遥。波旁公爵从这里派人传信到罗马，通知他们只有支付一笔让手下士兵满意的补偿才能免于劫难。

教皇并不想和敌人达成协议。他把注意力转向了停滞已久的城市防卫措施。许多高阶神职人员和贵族们都清楚意识到了他们所面临的危险，早就逃走避难去了。其余的则忙着把自家财物隐藏好，或者是加强宫殿的防御，抑或是雇用更多的守卫来保护安全。然而教皇本人仿佛"陷入麻痹状态"一样，直到 4 月 26 日才开始向公众募集款项以支持罗马的防御；直到 5 月 3 日，在反复督促无效之后，他才以同意加封六名富人为枢机主教的方式筹集了二十万达科特。如圭恰迪尼说的那样：
"教皇在痛苦中煎熬，筹钱这件事比毁掉教会和整个世界"更
令他良心不安。5月4日，教皇最终召集了罗马大议会，并敦
促人民在伦佐·达·切里（Renzo da Ceri）的带领下保卫
城市。

然而，罗马人其实并不打算这样做。他们宁愿相信，逼近
的敌人如果占领罗马，自己"也许能够和在教士统治之下享
有一样的好处，甚至可能会过得更兴旺"。所以人们不但阻止
了伦佐·达·切里炸断台伯河上的大桥的想法，更有甚者，要
不是被伦佐阻拦下来，市民们就要派遣信使去和波旁公爵达成
单独的协议了。当卡比托利欧山上的大钟被敲响时，几乎没什
么人响应钟声走出家门。最终伦佐集结了不足八千名士兵，其
中还包括两千名瑞士卫兵和两千名乔瓦尼·德·美第奇黑衣军
团（Black Bands）的成员。广阔的罗马城墙就要靠他们来守
卫了。

第十九章　围困与谋杀

"温和的手段是没有任何作用的"

1527 年 5 月 6 日黎明时分发起的第一波进攻被教皇的枪手们击退了，不过没过多久，台伯河上升起了浓雾，在雾气的笼罩下，波旁公爵的士兵们沿着葡萄藤做的梯子爬上了城墙。波旁公爵本人被火绳枪的流弹击中，奥朗日王子把他抬到了附近的小教堂里。公爵最终不治身亡，此时进攻的军队已经跟着科隆纳领地一心要报仇的那批人以及其他一些劫掠者攻破了城池的守卫，并且扬言要攻入城市中心区。尽管守卫者们拼尽全力、英勇反击，但终究敌不过帝国军队巨大的人数优势。很快就有大批守军开始向圣安杰洛城堡的吊桥慌忙撤退，护城河吊桥上挤满了要抢着躲进城堡里的人，以至于很多人摔倒甚至被踩踏。

教皇此时也在逃向城堡。诺切拉（Nocera）主教发现教皇的时候，他还犹豫不决。于是他巧言说服教皇从连接教皇宫殿和圣安杰洛城堡的石头走廊逃走。路上大主教帮教皇提着圣袍的下摆以便让他能跑快点，同时还不忘用紫色的斗篷把教皇的头和肩部严实遮住，"以免下面的人群中有什么野蛮歹徒认出教皇的白色法衣，在他经过窗口时妄图行凶"。

确实有一些西班牙士兵向教皇开火了，不过教皇最后还是平安躲进了城堡。这里总共有三千多名难民，包括 13 名枢

245　机主教，其中一个还是躲在篮子里被从高处拉进城堡的。从吊桥拉起的那一刻起，除了那些躲进防卫坚固的宫殿中的大家族，其余留在罗马城中的民众若还想有一丝生机，恐怕就只能寄希望于入侵者的仁慈了。结果证明，没有任何人受到了仁慈的对待。在当天余下的大部分时间里，入侵者都在忙着抢占食物储备和寻找过夜之处。第二天早上，也就是 5 月 7 日这一天，入侵者血洗了整个城镇，杀害甚至肢解了所有的居民，其残忍程度令人震惊。暴徒们还砸坏了教堂和修道院的大门，把避难的人赶到街上，把里面的铃铛和钟表、圣杯和烛台摔个粉碎，珍贵的宝藏被毁坏殆尽，连神圣的遗物都被用来做火绳枪射击的靶子，古代的手稿甚至被用来铺马圈。无价的祭祀礼服被随意地披在烂醉的妓女肩上；纯洁的修女被当作赌博的筹码几经倒手。马丁·路德的名字被用长矛刻在拉斐尔厅的壁画上。商店和房屋被抢劫得最为彻底，甚至连百叶窗上的合页以及门上的把手都被拆下来拿走了。有钱人被抓来做人质换取赎金，而穷人一旦被抓，就只能遭受折磨和屠杀。教士们被扒光衣服参与恶意歪曲的弥撒，还要被迫念诵亵渎神明之词，若不遵从就只有死路一条。圣坛之上溅满了血迹和酒渍，更有暴徒在此行淫秽或赌博之事，连十字架都被扔到了街上。为了戒指切掉一根手指，为了手镯砍断一条胳膊，为了耳坠割下一对耳朵之类的事不止一两件。一个商人因为付不起赎金被绑在一棵树上，每天被拔掉一个指甲，直到最终丧命。据统计，仅仅这第一天，就有超过八千人被残忍杀害。

在圣安杰洛城堡之内，有一位名叫本韦努托·杰利尼的不知疲倦、英勇无畏、积极振奋的神枪手，从他言过其实、自吹自擂的记述中看，当时的情景是这样的：

> 我当时就在城堡里，正要去找一个负责管理枪械的炮兵领取武器，却发现他在凝望城墙之外他本来居住的地方，那里有他的房子以及还留在里面遭受欺凌的妻小。因为担心殃及家人，他不敢贸然向那里开炮，所以只能踩灭了导火线悲痛地哽咽出声。其他炮兵也都处于类似的两难境地。看到此情此景，我只好抓起一个导火线，在另几个不那么沉浸于悲痛之中的士兵的帮助下，摆好一些重型火炮和隼炮，向我认为有必要的地方开火。借此我打死了不少敌人……我不断地向敌人开火，一些枢机主教和贵族都在旁边给我祝福和叫好。在他们的激励下，我迫使自己完成了几乎不可能完成的任务。总之，我想说是因为有我的壮举才保住了城堡的安全……我就这么一直坚守着直到夜晚降临。

246

在接下来的几天里，杰利尼"以无法想象的能量和热情"协助了"被教皇指定来管理炮兵的罗马贵族安东尼奥·圣克罗切（Antonio Santa Croce）"。并不是所有人都认可杰利尼的行为。他先是和两个枢机主教"结下了深仇"，他命令这两个人从布置了火枪的高台上下来，因为他们"丑陋的红色四角帽从远处就能被发现"；接着他又因为用大炮投掷石头时打中了城堡的阳台，差点儿误杀了正好站在那里的另外两名枢机主教。不过据杰利尼自己说，教皇对他只有百般赞誉。他"没有一天不立下赫赫战功，在教皇心中的分量也与日俱增"。因此当他要求教皇赦免他所有的杀戮之罪时，教皇在城堡中的教堂里举行了仪式，他举起自己的右手，小心地在杰利尼头上比画了一个大十字，然后祝福他，并原谅他已经犯下的和今后为教廷效力时可能会犯下的所有杀人罪行。

杰利尼还继续写道：

离开教皇后，我又爬上塔楼继续向敌人开火，几乎弹无虚发……如果我把在如地狱般的残酷战场上的所有壮举一一列举出来，恐怕整个世界都会为之震惊……所以我就略去大部分细节不谈，直接说教皇克莱门特因为担心属于教会金库的三重冕和大量珍贵的珠宝落入贼手……下令让我去把这些珍贵的宝石从镶嵌着它们的金质底座上取下，然后用纸包好，一起缝进教皇及其信任的仆人卡瓦列里诺（Cavalierino）的衣服内衬里。完成之后，教皇又把剩下重约 200 磅的金子交给我，让我偷偷地将它们熔掉。

247

每天天亮之后，教皇都会向北眺望，期盼着能有援兵来解救罗马于危难之中，然而这样的愿望一直没能实现。到了 6 月初，经过了一个多月的围困之后，教皇不得不向皇帝的特使投降。与他一起避难于城堡中的难民们因为饥饿和疾病已经逼近死亡的边缘，而他期盼的援军也已经被逼退回维泰博了。教皇不得不将奇维塔韦基亚、奥斯蒂亚和摩德纳以及帕尔马和皮亚琴察的统治权移交给帝国军队，同时他还被要求交纳一笔巨额赔偿金，用于补偿科隆纳家族的损失，最后还要释放 7 名重要

的人质，其中就包括雅各布·萨尔维亚蒂和洛伦佐·里多尔菲
（Lorenzo Ridolfi）。

虽然教皇已经投降，但是在交纳全额赎金之前，他仍不被
允许离开圣安杰洛城堡，现在这里成了囚禁他的监狱。转眼春
夏已过，而教皇依然被扣留此地。帝国军队因为瘟疫和饥荒不
得不撤出罗马，但留下了一支两千人的队伍镇守城池，以防被
囚禁者伺机逃脱。到了 12 月初，德国和西班牙军队把城市附
近的乡镇劫掠殆尽之后又回到罗马，扬言如果得不到拖欠的赔
偿款，他们就要吊死守军长官，将教皇大卸八块。不过教皇得
到消息说，看守愿意放他一条生路，所以在 12 月 7 日早上，
教皇穿着他男管家的衣服，在少数几个人的陪同下逃出了城
堡，朝奥尔维耶托（Orvieto）去了。那里有一座防卫坚固的主
教宫殿，位置极其偏僻，只有帕利亚（Paglia）峡谷中的一条
骡马道可走。教皇决定就在这里开始他复兴权势和名誉的
大业。

这座位于奥尔维耶托的老城堡"已经破旧不堪，连房顶
都坍塌了，只有 30 来个乌合之众听其差遣"。亨利八世的特
使就是在这里向教皇寻求与阿拉贡家族的凯瑟琳（Catherine of
Aragon）离婚的许可的。克莱门特巴不得有这样一个可以获得
亨利友谊的机会，但凯瑟琳又是查理五世的姑姑，所以现在身
无分文的教皇能做的无非就是给英国国王一些模糊的承诺，说
只要自己能回到罗马就一定会批准他的请求。事实上，教皇此
时所想的是一些对他来说更重要的事情，没有什么比佛罗伦萨
问题更令他担忧，因为罗马被屠城和他自己被囚禁已经在佛罗
伦萨引起了极为不利的反应。

佛罗伦萨人非常厌恶居住在美第奇宫的教皇代表——那个无

248

礼又贪婪的外国枢机主教西尔维奥·帕塞里尼（Silvio
Passerini），陪同他的还有另外两名教廷代表，分别是枢机主
教因诺琴佐·奇博（Innocenzo Cibo）和尼科洛·里多尔菲。
佛罗伦萨人对于帕塞里尼的被监护人——两名年纪尚轻的美第
奇私生子——也没有什么好感，不讨人喜欢的亚历山德罗更是
不受爱戴。这两个男孩都在公共场合受过洛伦佐的孙女克拉丽
切·斯特罗齐（Clarice Strozzi）的斥责，她曾经愤怒地指责他
们根本配不上美第奇这个伟大的姓氏，还说克莱门特本人也不
配做教皇，就像帕塞里尼不配做教皇代表一样。

　　弗朗切斯科·圭恰迪尼曾写信给教皇汇报市政厅附近的一
起暴乱，在书信中他写道：

　　　　这样的事在我来这里不长的时间内就看到一千次了，
　　这都是因为（帕塞里尼）这个阉人整日无所事事，忽略
　　了重要的事情……他尽其所能地让自己和所有人看起来更
　　值得怀疑，让所有人都感到绝望，而且完全没有意识到自
　　己的无能。

　　圭恰迪尼还认为，帕塞里尼的两个被监护人和他一样应当
受到斥责。

　　毫无疑问，佛罗伦萨人都同意圭恰迪尼的观点。当罗马陷
落的消息传到佛罗伦萨之后，人们纷纷涌上街头，高喊着口
号、唱着感恩歌曲以示庆祝。帕塞里尼和两个被监护人刚一逃
走，人们就把圣母领报教堂里的教皇雕像扔到广场上砸了个粉
碎，并且大声宣布要订立新宪法，重建大议会和民兵组织，
选举反美第奇的尼科洛·卡波尼（Niccolo Capponi）为首席执

政官，组建政府并任职一年。美第奇宫虽然有重兵把守以防 249
止暴徒们冲进去抢劫，但是他们还是没能阻止吉贝尔蒂的一
个后人在宫殿正面墙壁上画了一幅教皇沿着梯子爬上绞刑架
的壁画。

　　教皇尽管目前势力衰微且财力不济，但还是决定不再放任
局势恶化下去。法国军队的帮助是指望不上了，虽然他们又一
次出兵意大利，并且一度前进到那不勒斯，但是瘟疫摧毁了他
们的战斗力，法国人不得不又一次向西班牙人投降。鉴于此，
教皇最终决定与神圣罗马帝国皇帝达成协议，并于 1529 年 6
月 29 日在巴塞罗那正式签署。该协议规定，教皇将承认皇帝
在意大利的地位，并在皇帝到达之后为他举行加冕仪式，而
查理则保证让美第奇家族重掌佛罗伦萨，如有必要不惜提供
武力协助。

　　一些年长的也更谨慎的佛罗伦萨市民觉得，鉴于教皇以前
对佛罗伦萨政府的安排也不是太过分，所以接下来应当考虑如
何与教皇达成协议，他们还提出了一些互相妥协的条款。然而
年轻一些的市民则拒绝接受这种懦弱的建议，他们的爱国热情
也代表和鼓动了更大部分的佛罗伦萨人。这些人组建了民兵队
伍，筹资雇用更多兵士，又把郊外一些可能为帝国军队提供庇
护的乡村别墅拆除了，另外还加固了自己城市的防御设施。这
些武装力量的指挥权最后被交给了佩鲁贾的雇佣军首领马拉特
斯塔·巴廖尼（Malatesta Baglioni），他的父亲就曾经参与过针
对美第奇的战斗，这次他为佛罗伦萨效力就是要顺势回到自己
的城市重掌大权。与此同时，最具独创性的米开朗琪罗被指定
监督防御工程，他那充满启发性的雕塑《大卫》此时就竖立

在市政厅。①

　　根据米开朗琪罗的建议，城市的防卫城墙应当延伸至将圣米尼亚托山也包括进来，而教堂的钟楼应当加装混凝土垫层以抵挡炮火的攻击。在这些工程将近完工之前，米开朗琪罗突然失去了勇气，逃出了佛罗伦萨。虽然没过几天他又回来了，但是并没有重新承担起丢下的责任。他的这种表现后来被归因为艺术家的古怪脾气而非临阵脱逃，所以很快就得到了原谅。

250

　　到此时为止，教皇已经获得了奥朗日王子的协助。当初这个冒险家带领帝国军队攻陷了罗马，现在又是他，带领着一支同样目无法纪、主要由西班牙人组成的队伍来攻打佛罗伦萨了。这支队伍于 1529 年初秋时节抵达了佛罗伦萨外围的山坡。

---

① 米开朗琪罗的《大卫》是 1501 年皮耶罗·索代里尼当选首席执政官后向他订制的，米开朗琪罗于 1504 年完成了雕像的创作。波提切利想将雕塑摆在佣兵敞廊，也有人认为放在大教堂的台阶上更合适，最终它被摆在了市政厅前方。1527 年的暴乱中，雕塑的一条胳膊被损坏了，但是它仍然立在这里直到 1873 年才被替换为仿品。在风吹日晒雨淋的侵蚀下，雕塑头发和胸前衣带上的镀金都已经磨损了，真品现在陈列在学院美术馆。

米开朗琪罗的《大卫》复制品左侧（挨着多纳泰罗的《朱蒂斯和贺梦尼》）是象征着佛罗伦萨的《狮子像》（Marzocco）。这里摆的也是复制品，真品是多纳泰罗在 1418 ~ 1420 年创作的，现陈列于巴杰罗国家博物馆。十四世纪时，城市里养的狮子从圣乔瓦尼广场迁走后被安排在了市政厅广场；到了十六世纪，公爵科西莫一世占据了市政厅，因为嫌弃狮子的气味，把它们都迁走了。现在的莱奥尼街（Via Dei Leoni）就是当初养狮子的地方。《大卫》右边的《赫拉克勒斯和卡库斯》（Hercules and Cacus）由巴乔·班迪内利在 1534 年完成。本来赫拉克勒斯的雕塑也是计划由米开朗琪罗创作的，但是教皇莱奥十世显然担心米开朗琪罗会借此机会用雕塑来赞美已覆灭的共和国的美德，所以下令把大理石料交给巴乔·班迪内利进行创作。克莱门特七世也认可这一决定，不过他的目的是让米开朗琪罗全心全意为美第奇家族工作。

据说当时他们对城内大喊："佛罗伦萨，把你们精美的锦缎都搬出来吧，我们要用长矛丈量你们的布料。"尽管这支军队有四万人之众，王子仍然不认为他的手下强大到能够听从命令打赢一场攻坚战，所以最后还是决定采取围城的策略，把佛罗伦萨耗到弹尽粮绝、主动投降。

多亏了有军事才能且英勇无畏的佛罗伦萨将领弗朗切斯科·费鲁齐（Francesco Ferrucci）①组织突击队保证了城内供给线路的畅通，佛罗伦萨才能在围困之下坚持十个月之久。不过到了1530年8月3日，费鲁齐在皮斯托亚附近山区里一个叫加维纳纳（Gavinana）的村子中陷入一队西班牙士兵的包围，最终被乱刀砍杀了。他的牺牲也导致佛罗伦萨的彻底崩溃。没过几个星期，投降似乎成了必然的选择。虽然马拉特斯塔·巴廖尼走在街上时还戴着写有"自由"（Libertas）字样的帽子，但是背地里他已经和敌人达成了秘密协定。市民们都在遭受着瘟疫和饥饿的折磨；有些沿街乞讨的可怜人甚至叫喊着只有美第奇回归才能不再挨饿。贝尔代托·瓦尔基（Benedetto Varchi）记录说：

> 所有人都要被恐惧和困惑逼疯了。没有人知道该说什么，做什么，或是去哪里。有些人想要逃跑，有些人开始躲藏，还有些人则到市政厅或教堂里寻求庇护。大多数人选择听天由命，过一个小时算一个小时，等待他们的可能只有死亡，而且是最可怕、最残酷的死法。

---

① 弗朗切斯科·费鲁齐的出生地是圣神教堂街32号。如同其他许多佛罗伦萨英雄一样，每年都会有人在这里摆放花环以示怀念。

弗朗切斯科·费鲁齐牺牲几周后，一个由佛罗伦萨市民组成的代表团同意接受皇帝和教皇代表提出的投降协议。他们被迫交出 50 名人质作为如约支付巨额赔偿款的保证；把仍由佛罗伦萨占领的堡垒都移交给帝国军队；释放所有被关押的美第奇支持者；只有满足这些条件，城市的自由解放才会获得保障。同时教皇还承诺宽恕所有"市民带来的伤害"，教皇会以"他一贯的关爱和仁慈之心"来对待他们。虽然没有哪一方会指望教皇遵守这一承诺，后来事实也证明，教皇的确再一次食言了。

251

查理五世的代表进入佛罗伦萨一个星期之后，市民们被召唤到市政厅广场上举行市民议会，内容是投票决定建立最高司法委员会。随后一个由美第奇控制的最高司法委员会组建了起来，教皇的一名坚定支持者被任命为首席执政官。而在帝国军队逼近佛罗伦萨之前就逃离这里的弗朗切斯科·圭恰迪尼也被请回来负责监督"改革"和报复措施的执行。

圭恰迪尼在 9 月 24 日到达时就发现：

> 这里的人民已经疲惫不堪，资源也已经消耗殆尽，佛罗伦萨城外几英里之内的乡镇都被摧毁了，很多佛罗伦萨辖属的乡村里，农民数量锐减，几乎没有多少老百姓能幸存下来。

连圭恰迪尼自己的乡村别墅也被毁了。他很快就下定决心，如果这个国家还想重新"振兴起来，温和的手段是没有任何作用的"。所以，他后来也不再采取什么温和的手段了。一个被称作"愤怒者"（Arrabbiati）的极端反教会团体的首领弗朗切斯科·卡波尼（Francesco Capponi）受到了酷刑的折磨，并最终被处决。他的一些支持者也落得相同的下场。新当选的首席执政官拉法埃拉·吉罗拉米（Raffaele Girolami）也被判处了死刑，不过最终减轻为终身监禁。还有大批市民领袖被判处了永久流放。

为了取代这些人在城市政府中的位置，教皇让此时已经19岁的亚历山德罗·德·美第奇（Alessandro de'Medici）回到佛罗伦萨。教皇不但从查理五世手中为这个有着浓黑卷曲头发的年轻人买下了彭内公国（Dukedom of Penne），还希望他将来可以迎娶皇帝的亲生女儿玛格丽特（Margaret）。

教皇余生再也没有回过佛罗伦萨，然而这个城市的未来就这样被他果断粗略地确定了下来。教皇又把另一个美第奇家族的私生子伊波利托封为枢机主教——虽然这个乐观、爱交际、奢侈纵欲的年轻人并不喜欢这样的安排——然后就开始把全部的精力投到了这个家族最后的资源上——年仅12岁的凯瑟琳·德·美第奇——一个苍白、瘦弱，长相平平但意志坚定的小女孩儿。教皇对她寄予厚望。有传闻说，教皇之所以封伊波利托为枢机主教，就是为了让他无法成为凯瑟琳缔结婚约的对象，因为凯瑟琳似乎对这个男孩儿表现出了过分的喜爱，而克莱门特绝对不会允许这个女孩儿选择一门无论是对美第奇家族还是对教皇本人都没有什么利益可图的婚事。实际上，他已经打算让她嫁给法国国王的儿子了。

如此有野心的计划当然需要极为精巧的策划。教皇既不能表现得太热切，又不能不征求帝国皇帝的许可。他把这样一个角色扮演得出神入化。威尼斯的大使就完全被教皇骗到了，根

252

本没想过教皇其实早已暗中认定这门亲事；而皇帝则以为法国宫廷一定不会同意这样的安排，所以当教皇到博洛尼亚寻求他的许可时，他完全没有把这当成什么大事就随口同意了。然而，令皇帝非常意外的是，法国人丝毫没有反对这门亲事。于是在 1533 年 10 月 28 日这一天，教皇在马赛亲自主持了 14 岁的乌尔比诺女公爵凯瑟琳·德·美第奇与法国国王弗朗索瓦一世的二儿子——奥尔良公爵亨利·德·瓦卢瓦（Duke of Orleans Henri de Valois）的婚礼。

这次婚礼也是克莱门特的最后一次成功了。他在前往马赛主持典礼之时就已经病了；而婚礼之后，满载着最终由罗马和佛罗伦萨的纳税人埋单的昂贵礼物回到梵蒂冈时，教皇已经是个将死之人。此时的他骨瘦如柴、形容枯槁，本来就有一点斜视的右眼几乎完全失去了视力，肝病又使他的皮肤总是苍白中透着蜡黄。让他烦忧的还有来自各方的麻烦事：英国在与他争论罗马教廷至高无上（the Holy See）的地位问题；皇帝因为对美第奇家族与法国结亲不满而对教皇敌意日盛，重新提出组建教会大议会（General Council of the Church）的要求；而最令教皇发愁的，莫过于伊波利托和亚历山德罗之间持续的不和，以及由此可能招致美第奇家族再一次失去佛罗伦萨的危险。

1534 年 9 月 22 日这天，当本韦努托·杰利尼去向教皇展示自己为他设计的模型时，发现教皇躺在床上，病情急剧恶化：

> 教皇命人取来眼镜和蜡烛，即便如此他依然无法看清楚我的作品。于是他改为用手指触摸模型的方式来鉴别。

抚摸了半天之后，教皇深深地叹了一口气，对自己的一个朝臣说觉得对不起我，如果上帝能恢复他的健康，他一定会给我一个满意的报酬。又过了三天，教皇就去世了。

杰利尼承认当他亲吻去世教皇的双脚时，眼中不禁充满了泪水，可是除他之外没有人为教皇哀悼。相反，罗马为此而欢庆。像弗朗切斯科·韦托里形容的那样，教皇是"费了很大力气才从一个伟大且受尊敬的枢机主教变为一个渺小而不被尊敬的教皇"。每天夜里都有人闯进圣彼得大教堂，教皇的尸体被用剑钉在棺材板上；暂时的墓碑上被涂抹了污物，连下面篆刻的碑文"至尊克莱门特教皇"（*Clemens Pontifex Maximus*）也被恶意涂改为"至恶的教皇"（*Inclemens Pontifex Minimus*）。①

教皇的死讯让佛罗伦萨有一种更加不祥的预感。人们认为教皇死后，这个被很多人怀疑是教皇私生子的亚历山德罗·德·美第奇会迫不及待地抛开所有约束，组建一个更符合他心意的专制政府，尽管到目前为止他一直表现得小心翼翼。进入佛罗伦萨9个月以来，他公开承袭了公爵的头衔，但是为了安抚由此引发的共和派的愤怒和质疑，他一直被要求征询和考虑佛罗伦萨市民议会的意见和建议，而他也确实照做了一段时间。所以人们渐渐感到安心了，甚至愿意勉强地认可，这个脾气暴躁、举止粗鲁的年轻人等成熟一些之后，身上没准也是有一些优点的。

此时教皇的死讯传来，人们又重新开始担心起来，而冬季

---

① 克莱门特七世最终被放在了一个出自罗马万神殿的精致的斑岩骨灰瓮里，埋葬在拉特兰的圣约翰教堂大殿的科尔西尼堂。

254　结束之前，人们的担心似乎就要变为现实了。亚历山德罗连假装征求市民议会建议的样子都不再做了，不但变本加厉地实行独裁统治，在私生活上也越来越放纵淫乱。而他让佛罗伦萨人出离愤怒的行径绝不止这一桩：市政厅钟楼上的大钟依他的命令在市政厅广场上当众砸毁，以此象征共和制度的终结；然后他又让人把大钟的金属熔掉重铸成象征他家族荣耀的奖章；刚刚扩建的位于阿拉朱斯蒂齐亚门（Porta alla Giustizia）的堡垒大门上也被刻上了美第奇家族的纹饰；① 任何武器都要被收缴扣押，即便悬挂在教堂里的作为敬献的武器也不例外；他还修建了一座巴索堡垒（Fortezza da Basso）② ——“威尼斯、锡耶纳、卢卡和热那亚已经证明，它对于一个自由城市而言完全没有必要”。有人偷偷谈论着暗杀暴君的计划，但是反对用暴力脱离目前困境的人则主要担心招致帝国军队的武力干涉，毕竟不久前的围城惨状还历历在目。有一段时间人民寄希望于嫉妒心强的伊波利托能够出面解决佛罗伦萨人的麻烦；而且伊波利托也确实同意要将亚历山德罗的行径报告至查理五世的宫廷之上；不过伊波利托还没有采取行动，就于 1535 年 8 月 10 日在伊特里（Itri）去世了，死因有可能是疟疾，但也有可能是被毒害死的。他的尸体被一些强壮健美的运动健将抬回了罗马——其中有摩尔人、鞑靼人、土耳其人、黑人摔跤手和印度潜水员，因为他曾经幻想着和这些人一起远游。

---

① 阿拉朱斯蒂齐亚门是现在的皮亚韦广场（Piazza Piave）。

② 令人敬畏的专制象征巴索堡垒，面积达到了 12 万平方米，是佛罗伦萨最大的历史遗迹。这一工程的奠基日是 1534 年 7 月 15 日，这是由当时高明的博洛尼亚占星师挑选的吉日。为了清除障碍，连本来位于这里的圣乔瓦尼埃万杰利斯塔修道院都被拆毁了。

被佛罗伦萨驱逐的流亡者领头人们在查理五世面前列举了亚历山德罗的种种劣迹。他们的代表，历史学者雅各布·纳尔迪，讲述了公爵种种令人惊骇的恶行，还说佛罗伦萨此时笼罩在巨大的恐惧中，震慑住她的是"一座阴森的堡垒，一座用她悲苦人民的血汗为其不幸市民建造的囚笼和刑场"。不过，皇帝虽然承诺"要伸张正义"，但是比起纳尔迪的指控，他更愿意相信亚历山德罗的首席幕僚弗朗切斯科·圭恰迪尼强词夺理、混淆视听的辩驳。圭恰迪尼甚至这样恬不知耻地总结自己的陈述："对方那些关于女性、强奸及类似行为的污蔑我们无意一一驳斥；但是公爵大人的美德、名望，城市中人们对他的看法，以及其审慎和良好的品行就是对此最好的回击。"

确认了自己未来女婿的优良品德，皇帝自然不愿意承认那些对他的控诉。亚历山德罗与 14 岁的玛格丽特的婚礼也如期举行了，回到佛罗伦萨之后，他对城市的控制比之前任何时候都更加牢固。他也志得意满地准备利用好运大展宏图。不过短短几个月之后，他就一命呜呼了。

255

洛伦扎乔·德·美第奇（Lorenzaccio de'Medici）是皮耶尔弗兰切斯科的儿子，也是乔瓦尼·德拉·班代·内雷的远房亲戚。这个清瘦、平凡、愁容满面的年轻人因为有一些怪癖而一直名声不佳。在过去几年中，他大部分时间都住在罗马，但是因为他一喝醉酒就喜欢乱砍古董雕塑的脑袋，所以被人赶了出来。于是他来到佛罗伦萨投靠亲戚，年长三岁的亚历山德罗，并成了后者的一名陪同。他们两人花天酒地，纵容自己男扮女装的嗜好；有时两人同骑一匹马在街上狂奔，对过往行人大喊大骂；有时他们还会同床共寝。亚历山德罗也不知道该拿洛伦扎乔怎么办，但是他显然非常喜爱这个亲戚。后者神秘的微笑和精妙模糊的言辞总会勾起亚历山德罗的兴趣，他甚至还给洛伦扎乔取了个昵称叫"哲学家"。不过，洛伦扎乔显然不是真心喜欢亚历山德罗的，他嫉恨他所拥有的权力和地位，总幻想着自己能成为一个英雄，甚至是枭雄也好，只要有名，美名或恶名都没关系。最终，他为自己选择了一个诛戮暴君的角色。

为此洛伦扎乔设计了一个颇为复杂的计划。他有一个貌美的亲戚卡泰丽娜·索代里尼·吉诺里（Caterina Soderini Ginori）。她是一位目空一切的傲慢女士，因优雅的举止和对年老无趣的丈夫忠贞不渝而备受赞赏。洛伦扎乔对亚历山德罗说：只有能把卡泰丽娜勾引上床，才能算得上真正的风流人物。如果亚历山德罗愿意试试自己的运气，他可以找个借口安排两人独处。时间就定在了星期六晚上，正好是主显节之夜，这样的公共节日里，没人会注意卡泰丽娜或亚历山德罗去了洛伦扎乔的房子里。亚历山德罗高兴地同意了，并在指定的时间256 如约前往洛伦扎乔的房子。他把侍卫都留在了室外，解下了佩剑，脱光了衣服躺在床上等待卡泰丽娜的到来。当房门发出轻响时，亚历山德罗已经快睡着了。然而进来的人并不是卡泰丽娜，而是洛伦扎乔和他雇佣的杀手斯科龙科洛（Scoroncolo）。洛伦扎乔接近床边，一边低声问"你睡着了吗"，一边用尽全身的力气猛刺亚历山德罗的腹部。当他伸手捂住亚历山德罗的嘴以免他叫喊的时候，亚历山德罗狠狠地咬住了他的手指，伤口深得露出了骨头，另一边的斯科龙科洛则直接把刀捅进了亚历山德罗的喉咙。带着满身的血迹，把被严重咬伤的手用手套包起来之后，洛伦扎乔跑了出去，一路狂奔经斯卡尔佩里亚（Scarperia）逃向了博洛尼亚。至于佛罗伦萨人在发现亚历山德罗被刺杀之后会做何反应，就由他们自己去决定吧。

　　洛伦扎乔逃跑时还拿走了自己房间的钥匙，为的就是保证在他逃出佛罗伦萨边境之前，没人会发现他家中的尸体。他也没有让政府中的敌对势力知道自己的计划，防止他们第一时间利用这一事件。因为依照贝尔代托·瓦尔基的观点，当时如果有一个人立即站出来领导一场革命的话，美第奇一派可能就会被彻底推翻。意识到这了一点，"圭恰迪尼，也是毫无争议的帕莱斯奇领袖，以及枢机主教奇博和亚历山德罗之前的朝臣们无不感到惊恐万分……市民们大多是对他们怀有敌意的，而他们现在手里又没有任何武装力量"，因为此时公爵的侍卫亚历山德罗·维泰利（Alessandro Vitelli）带领着几名手下都到卡斯泰洛城去了。

　　枢机主教奇博是第一个意识到亚历山德罗可能有危险的人。星期天早上，亚历山德罗的侍卫去向他询问还要在洛伦扎乔的房子外面站岗多长时间。奇博一边命令他们继续站岗，原地待命，一边警告他们不许对任何人提及在这里站岗的原因。奇博随即确认了亚历山德罗确实没有偷偷回到自己的住处，然后就对外宣布公爵昨晚操劳过度仍在卧床休息。直到当天晚上，洛伦扎乔的卧室房门才终于被砸开，而亚历山德罗遇害的消息则是第二天才传到反对者们的耳朵里。采取行动的时机已经错过了，维泰利已经回到了佛罗伦萨，帕莱斯奇们也已经控制住了局面。一群有意进行革命的人士向弗朗切斯科·韦托里寻求建议，因为他被认为是反对美第奇统治的市民中最德高望重的代表。尽管韦托里给出了一些愿意支持革命的模糊承诺，但是他心中清楚起义的时机已过。这边众人刚走，他就匆匆赶去拜访圭恰迪尼，打算把自己的运气赌在帕莱斯奇上。

257

星期一早上，帕莱斯奇们都聚集到了市政厅，这里现在已经被更名为旧宫（Palazzo Vecchio）。他们是来讨论继承者的人选的。枢机主教建议由亚历山德罗 4 岁的私生子朱利奥（Giulio）继承公爵的头衔，并由他本人担任摄政王。不过这个建议被其他人否决了。他们建议把科西莫·德·美第奇（Cosimo de'Mdeici）请回来。科西莫是伟大的乔瓦尼·德拉·班代·内雷和玛丽亚·萨尔维亚蒂（Maria Salviati）的儿子，而玛丽亚又是伟大的洛伦佐的外孙女。这个年轻人品德优良，没有什么执政经验，绝对不会成为像亚历山德罗那样邪恶的统治者。事实上，圭恰迪尼不仅想通过控制科西莫来实现自己控制政府的愿望，更是打着把女儿嫁给科西莫的如意算盘。所以圭恰迪尼早已派人去穆杰洛的特雷比奥别墅，马不停蹄地将这位 17 岁的少年请回佛罗伦萨。

第二天，这一提议被提交到委员会以求通过，但并不是所有人都认可这一做法。反对者之一的帕拉·鲁切拉伊（Palla Rucellai）就勇敢地宣称"共和国不需要公爵，不需要领主，也不需要王子"。他还把一颗白豆子扔进了桌上的骨灰瓮中，同时补充道："这就是我的投票，同意不可能，要命有一条！"

圭恰迪尼机敏地还击道："没有人能够容忍再让一群暴徒来管理佛罗伦萨的政务。"他并不是提议让科西莫世袭公爵，而只是选举他为共和国领袖，并且遵从宪法的规定和约束，同时也接受"顾问团"（magnificent Counsellors）的建议。争论持续了数个小时，要不是护卫队长维泰利果断干涉，可能还会持续更久。为了收买他对科西莫的支持，圭恰迪尼已经承诺日后封他为圣塞波尔克罗镇的领主。于是在讨论陷入僵局之时，维泰利故意安排手下去会议室窗口下面扭打吵闹，还有人大喊："科西莫，伟大的乔瓦尼之子，他就是佛罗伦萨的公爵！科西莫！科西莫！科西莫！"然后另一个充满权威的声音传来："快点决定吧，我们快要抵挡不住要冲进来的士兵了！"

　　事情最终有了结果。科西莫的当选得到了通过，圭恰迪尼期待借着他的名义行使权力。而那些了解科西莫的人则难免怀疑圭恰迪尼是否真的能把科西莫控制在自己手中。就像本韦努托·杰利尼评论的那样：

　　　　他们给一个年轻人一匹好马，然后告诉他只能在划定的圈子里面走走。那么谁能告诉我，当这个年轻人想要到圈子外面策马狂奔的时候，谁又能拉得住他呢？你怎么可能给你的主子立规矩呢？

第四部分

1537 ~ 1743

第二十章　公爵科西莫一世

"从人们的脸上看不出一丝喜悦"

科西莫出生在佛罗伦萨的萨尔维亚蒂宫（Palazzo Salviati）。　261
这座巨大而阴郁的宫殿是他母亲玛丽亚的家族宫殿。玛丽亚的
父亲是贾科莫·萨尔维亚蒂（Giacomo Salviati）①，他娶了教皇
莱奥十世的姐姐卢克雷齐娅。玛丽亚的儿子出生时，教皇莱奥
十世作为教父给孩子取名为科西莫，说是为了"重新唤起对
美第奇家族有史以来最智慧、最勇敢、最审慎的祖先的怀
念"。

玛丽亚非常喜欢自己的教皇舅舅，而且连长相上都遗传了
舅舅的一些特点。她的眼睛又大又黑，脸圆乎乎的，因为使用
了过多的化妆品，所以肤色白得有些不自然。她这么做无非是
为了能对丈夫多一分吸引力，可事实上，她丈夫更喜欢外面的
女人，这件事对她而言根本不是秘密了。起初她还黯然神伤，
后来就只剩下愤怒和怨恨。玛丽亚几乎见不到自己的丈夫，因
为他总是出去打仗，偶尔回到佛罗伦萨也不会在家多做停留。
有一个关于乔瓦尼·德拉·班代·内雷回家探望的故事是这么
讲的：一次，他骑着战马从科尔索（Corso）回到佛罗伦萨，
经过自己宫殿时，乔瓦尼看到保姆抱着儿子站在楼上的窗口

---

① 家族成员表上及后文中为雅各布·萨尔维亚蒂。——译者注

边，于是就对保姆喊道："把他扔下来！"保姆自然不敢遵从这样冒险的指令，于是乔瓦尼又喊道："把他扔下来！我命令你扔。"保姆只好伸着胳膊把孩子送出窗口，闭着眼睛狠下心松开手。乔瓦尼接住孩子亲了亲。孩子没有因为被从高处扔下或被久违的父亲亲近而哭闹，这样平静的表现让乔瓦尼很是满意，他甚至大声宣布道："好！你将来一定会成为一个王子！这是你的命运。"

262

科西莫见到父亲的机会不多，所以对他也没有很深的感情。科西莫的家庭教师描述说，当听到乔瓦尼在为了阻止德国人跨过曼图亚附近河流的战役中受了致命伤的消息时，科西莫"并没怎么哭泣，而只是说了句'其实我已经猜到了'"。当时科西莫年仅7岁，身体健康、样貌英俊，在同龄孩子里面算高个子，总是喜欢把栗色的头发剪得短短的。由于亚历山德罗和伊波利托以克莱门特七世门徒的身份来到佛罗伦萨后时局并不稳定，所以科西莫一家迁到了威尼斯生活。后来他们来到了博洛尼亚，从博洛尼亚又到了乔瓦尼在特雷比奥的别墅，然后离开这个别墅回到了博洛尼亚。在那里，他的祖父雅各布·萨尔维亚蒂（Jacopo Salviati）监督他断断续续受到影响的学业。过了一段时间，科西莫又从博洛尼亚去了热那亚，之后他回过一次佛罗伦萨，然后就离开去了那不勒斯。

科西莫的一位家庭教师就曾暗示，这样漂泊不定的生活对科西莫没有什么益处，反而让他变得心绪不稳，无法把精力集中到学业上，他总是想扔下书本跑到乡间玩乐或是去士兵的营帐中寻求刺激。事实上，科西莫一心想要成为一名军人。教皇克莱门特接到的汇报中说，科西莫14岁时就已经"在穿着打扮和行为举止上都像一名骑士一样"。汇报中还说科西莫身边总是围绕着一批曾经在他父亲麾下效力的军官。这些信息令教皇极为忧心，于是他派人传话给科西莫，要求他换掉"奇装异服"改穿普通的佛罗伦萨长袍。科西莫虽然生气，但也只能不情愿地服从教皇的命令。

不过，科西莫并不是一个没受过教育的愚笨青年。他举止优雅、态度冷淡，精明而不多言。虽然学问上难免有薄弱缺漏之处，但他乐于弥补改进，而且他的记忆力好得惊人，那些知识一旦补上了就不会忘掉。有些人已经发现了他性格中的一个隐秘特点，而这个特点后来给他带来了恶名；也有些人憎恶他的冷酷无情，这种本性使他对残忍和暴行无动于衷；还有些人则有理由坚信科西莫会成为一个严厉独裁的暴君。然而，按照贝尔代托·瓦尔基的说法，人们对科西莫的普遍看法是这样的：

263

科西莫享有一万二千达科特的私人收入，他本可以把时间都消磨在打猎、捕鸟、钓鱼这些他最热衷的玩乐上，让圭恰迪尼和其他少数几个人掌控佛罗伦萨政府，直到把这个国家的资源用光耗尽为止。然而背着主人算计他的利益可不是什么好事，一直被认为不乏常识但反应迟钝的科西莫此时展现出了令人惊叹的理解力。整个佛罗伦萨的人民奔走相告，原来科西莫不仅仅是获得了一个国家，他还拥有上帝赐予的智慧。

科西莫不相信任何人。他不相信枢机主教奇博，也不相信亚历山德罗·维泰利，更不相信圭恰迪尼。他觉得这些人都只是为了实现自己的目的而利用他，而他已经决定不受任何人摆布。科西莫愿意听取才华横溢的秘书弗朗切斯科·坎帕纳（Francesco Campana）的建议，还可以从母亲那里获得一切关于佛罗伦萨主要家族的信息；然而即便是对这两个人，他也不会表露自己的感受和想法，所有的决定都最终由他一人做出。

他的反对者们就远没有他这么果敢坚决了。社会底层民众之所以选择支持科西莫，是因为之前的共和国并没有给这一群体带来什么好处；还有一批人是因为愿意支持乔瓦尼·德拉·班代·内雷的后人而团结在一起的；除此之外重新组建起来的民兵组织和佛罗伦萨几个最重要的贵族家庭也都是支持科西莫的，这样科西莫的势力就渐渐压制住了他的敌人们。科西莫在西班牙军队的帮助下，化解了被流放者团体（Fuorusciti）的威胁。那些被从佛罗伦萨驱逐出去的人团结在一起，打算策划推翻科西莫的统治。1537 年 7 月，被流放者军队在普拉托附近的蒙泰穆尔洛（Montemurlo）被彻底击溃。据当时一个锡耶纳人的观察记述，这场战役胜利之后，"小球！小球！胜利！胜利！"的欢呼声响彻了整个佛罗伦萨。"欢乐的气氛充满大街小巷。科西莫宫殿一层的窗口处不断有人向外抛掷面包。还有两根木质的管子伸出窗外，里面不停地流出葡萄酒。"

这样的免费娱乐其实是精心策划的结果，所谓的欢庆并非真的如那个锡耶纳人看到的那样源自全体群众自发一致的感受。被流放者军队中有许多年轻人都是佛罗伦萨最卓越家族的后人，而带领他们的则是皮耶罗·斯特罗齐，也就是伟大的菲利波（the great Filippo）的儿子。皮耶罗虽然得以逃脱，但是他的一大批同伴都被俘虏，在经历了耻辱的全城游街示众之后，又被判处了严酷的刑罚。16 人被判处死刑，还有很多人

264

死在了牢狱中；侥幸逃亡他国避难的，也都被追查出来暗
杀了。

流放者叛乱中被俘虏的四个领导者被处以砍头的极刑，连
续四天，每天在市政厅广场上当众斩首一人。处理完了流放
者，科西莫又把注意力转向了如何将仍占据着托斯卡纳地区堡
垒的西班牙驻军赶走的问题。起初帝国皇帝不肯批准科西莫的
要求。他打算承认科西莫的佛罗伦萨公爵身份，但前提是佛罗
伦萨公国必须成为帝国的封地。皇帝既不同意将西班牙军队撤
出意大利，也不同意科西莫与亚历山德罗年轻的遗孀玛格丽特
的婚事，而是把女儿改嫁给了奥塔维奥·法尔内塞（Ottavio
Farnese），也就是克莱门特七世的继任者新教皇保罗三世
（Paul Ⅲ）的孙子，因为皇帝觉得此时拉拢教廷比联姻佛罗伦
萨更重要。不过科西莫还是设法为自己敲定了一门在政治上有
利可图的婚事。他娶了堂·佩德拉·德·托莱多（Don Pedro
de Toledo）的女儿埃莱奥诺拉。托莱多不但富可敌国，而且是
那不勒斯的西班牙总督。① 科西莫结婚后没过多久，皇帝与教
皇的关系就出现了紧张。皇帝开始意识到获得佛罗伦萨公爵的
支持对自己来说十分重要，于是同意了将西班牙军队撤出托斯
卡纳地区。

摆脱了外国势力之后，科西莫也差不多排除了政府中各个
大臣对他的干涉。虽然执政团和首席执政官办公室已经依法裁
撤了，但还是有各种委员会和顾问团存在。不过公爵作为所有

---

① 那不勒斯的总督护送女儿去佛罗伦萨，到达后他和他的随从被安排住在
圣玛丽亚诺韦拉修道院里。从那以后，格林回廊（Green Cloister）上建
于十四世纪的会规室就改称为西班牙堂，也成为佛罗伦萨的西班牙侨民
教堂。

组织的主席，可以很轻易地确保他们不会做出任何他不认可的决定。久而久之，科西莫甚至都不再费事与他们协商。圭恰迪尼和韦托里被"晾在一边"；而根据路易吉·阿尔贝托·费拉伊（Luigi Alberto Ferrai）的说法，枢机主教奇博也受到了同样的待遇，并且"是以一种极其高明的手段，既孤立了他，又不刺激到他"。

265　　然而，科西莫本质上毕竟不是一个圆滑机智的人。恰恰相反，有时他唐突直率的程度甚至到了粗暴苛责的地步，而且常常没有礼貌，无故出言不逊。至于他处置反对者时表现出来的严厉无情更是不会因为反对者的歉疚和悔恨而有丝毫动摇。无论是把真正的或假想的敌人投入最可怕的沃尔泰拉地牢，还是雇佣杀手暗杀难缠的持异议者或危险的敌对者，都不会让他有丝毫良心上的不安。科西莫曾像被放逐者一样经历了颠沛流离的十年，其间他还出版了一本名为《辩护书》（Apologia）的作品来庆祝暴君被诛，以显示自己的无私和美德。然而刺杀亚历山德罗的洛伦扎乔最终在威尼斯的圣托马桥（Ponte San Toma）附近被人找到，并且被用抹了毒药的匕首刺死了。同样，为了摆脱圣马可的多明我会教士，科西莫指责他们"公开反对国教"，然后毫不犹豫地将他们驱逐出了修道院。对于教士们的强烈抗议，科西莫冷酷地回答道："我的神父们，请问是谁修建了这座修道院？是你们自己吗？"

"不是。"

"那是谁允许你们居住在这里的？"

"是过去的佛罗伦萨人民和我们永远怀念的长老科西莫。"

"那就对了。如今是现在的佛罗伦萨人民和科西莫公爵要把你们赶出去。"

　　佛罗伦萨的主人科西莫在经历了一场漫长而残酷的战争之后，又成了锡耶纳的主人。这场战争从 1554 年开始，但是直到 1557 年，将这里作为西班牙封地由科西莫及其后人占有的权力要求才被批准。此时，锡耶纳已经受到了战争的重创，人口从一万四千锐减到六千，连附近的区域也遭受了毫不留情的掠夺和破坏。他们对佛罗伦萨人的仇恨自此深植于心中，历经几代都未曾消退。科西莫在佛罗伦萨的敌人们则用嘲笑和鄙视的口吻指责他耗费巨大的人力物力，只为了在一个千疮百孔、年收入不超过五万达科特的锡耶纳封侯。

　　科西莫本人当然不满足于只得到一个锡耶纳。他想要的是大公的头衔，而这是只有教廷才有权力加封的爵位。事实上， 266 科西莫实现这一野心的欲望已经强烈到近乎疯狂，他不间断地向有权加封他的机构提出要求，直到最终实现愿望。教皇庇护五世（Pius V）在 1569 年赐予了科西莫大公的头衔。

　　这一年的 12 月，当佛罗伦萨敲响钟声、点燃篝火、鸣响礼炮庆祝科西莫的新头衔时，有人却注意到"人们的脸上看不出多少真心的喜悦"。然而，仅仅两年之后，佛罗伦萨又一次敲响钟声，点燃庆祝篝火，教堂里的人们发自内心地唱起了赞美诗（Te Deums）。这种喜悦才是自发的、真挚的；所有人都认可他们尊贵的大公——现在已经被敬称为"殿下"（Altezza）和"阁下"（Serenissimo）——这一次理应受到赞美。在勒班陀之战（Lepanto）中，佛罗伦萨的船队为把土耳其舰队彻底赶出东地中海发挥了巨大的作用。科西莫正是由于坚持保卫自己的海岸线不受土耳其强盗和野蛮海盗的劫掠，同时也为了让自己和托斯卡纳地区在西班牙眼中更加坚不可摧，才一手打造出了这样一支胜利之师。

　　很多年前，科西莫就对威尼斯大使说过："只有当一个人在海上和在陆地上一样强大的时候，这个人才是真正的强大。"为了实现这种强大，科西莫下令大力建造船只。他和造船师一起商讨设计图，监督招募水手和购买外国奴隶的事宜，亲自下达航行指示，并给船只配备必要的武器装备。科西莫还创立了一个新的作战骑士组织——"圣斯特凡诺骑士团"（Kinghts of Santo Stefano）——后来被公认为与其说是一个圣战军团，倒不如说是一群涣散的海盗。他的两个私生子科西莫和洛伦佐都被封为骑士，同时还有亚历山德罗的私生子朱利奥。科西莫还在厄尔巴（Elba）岛上新建立了一个海军基地，这个岛屿是皮翁比诺公爵（Duke of Piombino）割让给他的，此外还加固了岛上的首府并命名为大都会（Cosmopolis）。①"我把全部的注意力都投入到海军事务，我已经造好了一些船，还有一些正在建造之中。我还会为所有的船配备必要的设备。"科西莫毫不夸张地向威尼斯大使保证道。

　　科西莫说话算话。最先造好的两艘船"萨埃塔"号（La Saetta）和"皮萨纳"号（La Pisana）在1550年下水开始了处女航；随后是"圣乔瓦尼"号（San Giovanni）。到1565年，又有更多的船投入到营救被困在马尔塔（Malta）的圣约翰骑士团的远征中；到1571年，也就是勒班陀之战中，教皇庇护五世真该好好感谢科西莫此时规模已经相当可观的强大舰队，以及他为支持伟大的基督教事业而捐赠的六万斯库多

267

---

　　① 大都会在一个多世纪以后变成了费拉约港（Portoferraio）。据说科西莫和他的建筑师就是在雷奇佐山丘（Colle Reciso）脚下的公爵府（Casa del Duca）监督工程进展的。杰利尼创作的科西莫半身像曾经被摆在斯泰拉堡垒（Forte Stella）的入口，现在陈列在巴杰罗国家博物馆。

银币。①

科西莫虽然容易晕船，但还是非常喜欢亲身登上战船航行。他会伴着"号角声、鸣枪声和人们的欢呼声"从莱里奇（Lerici）起航，要么向上游航行至塞斯特里（Sestri），要么沿着海岸线航行到里窝那，然后登陆去钓鱼、捕鸟或是打一天猎。

科西莫从来没有对这些运动失去兴趣。只要有时间，他就会离开佛罗伦萨到特雷比奥的别墅，或是波焦阿卡伊阿诺、卡斯泰洛或卡法焦洛，抑或是其他小一点的乡村别墅，比如切雷托（Cerreto）、莱切托（Lecceto）或蒙泰卢波（Montelupo）。每当此时，科西莫就会穿上红色马裤、西班牙高筒皮靴和鹿皮短上衣，戴着镶有宝石的黑天鹅绒帽子，与猎手、养鹰人、男仆和侍臣们一起骑马进入附近的森林和山谷。他们追捕野猪和雄獐，或跟在追兔子的猎犬后面策马狂奔，或放鹰和塞特犬去捕猎，还会用袋子抓野雉和鹧鸪。卡布里亚纳（Cabriana）记录说：

> 公爵能在最终汇入穆杰洛山谷的锡耶韦河（Sieve）里抓到鳟鱼之类各种各样的鱼。然后他还会把自己的成果分给侍臣们，而他自己则躺在草地上高兴地看他们在附近烤鱼、吃鱼。

---

① 市政厅的大型内普丘恩喷泉（Neptune Fountain）就象征着公爵科西莫在海军上的成就。喷泉的设计工作本来是委托给了班迪内利，但是还没有开工他就去世了。经过一轮新的竞争，最终这个工程被交给了阿曼纳蒂。1575 年喷泉建设完成，广场现在已更名为德尔格兰杜卡广场（Piazza del Granduca），并在 1543 年重新铺筑。

　　对于侍臣们来说，在公爵身边的日子可不是每天都这么轻松愉快的。公爵是个非常严厉的主人，哪怕是最微小的错误也要加以指责，任何时候都要求流程和服饰上的统一，比如所有的男仆必须在冬天戴红帽子，夏天戴紫帽子。而且公爵对于私人生活就像与大臣们打交道时一样过分地神秘兮兮。他的仆人从来都不知晓一次出行会持续多少时间，甚至连去哪儿都不知道。他们中有人说出了大家的心声："我们永远无法知道第二天会发生什么，大公阁下对于他要去哪儿这样的事越来越保密。"另一个侍臣则觉得公爵对恶作剧的热衷和他的神秘兮兮一样让人难以忍受，他抱怨说："今天早上，公爵去看为捕鸟而布置的网子，然后从里面抓了几只鸟，还让其中一只来啄我，而且是我的右手，当时真的很疼。别人说这是公爵的恩宠，不过对我而言是严重的疼痛。"

　　如果公爵不是这么任性妄为、无法预料的话，也许人们还能忍耐一下，可是他的喜怒无常是出了名的。有些场合，他似乎愿意与人亲近，甚至可以允许别人无拘无束；另一些时候，则连哪怕最细微的不敬都不能容忍。一个威尼斯使节记录说：

　　　　有时他会抛开所有的威严和尊贵同每一个人开非常亲密的玩笑，并且似乎也鼓励别人同样随意地对待他；但是一旦玩闹的兴致过了，他会翻脸不认人，好像根本不认识你一样。如果还有人胆大到做出哪怕一丁点儿随意的行为，公爵会马上摆出平时惯有的严厉模样。所以在佛罗伦萨，人们都说公爵就像有一套戏服，他高兴穿就穿，高兴脱就脱。

对于他的妻子，人们也有类似的抱怨。

公爵夫人埃莱奥诺拉·达·托莱多（Eleonora da Toledo）和她丈夫一样严厉。侍从每天在信件中写满了公爵夫人的各种要求——将未能按时到达的商品立刻送来或替换某些她不满意的货物，比如"立刻把公爵夫人喜欢的西班牙咸鱼送来，现在收到的这批不新鲜，而且已经损坏了"，或者"马上把大公阁下的斗篷和紧身上衣送来，不得有误"，又或者是"给大公阁下做两双长袜，但是不能像别的那样又短又紧"。

然而，尽管埃莱奥诺拉严厉苛责、喜怒无常、傲慢自大，269 但侍从们还是很爱戴她的。对科西莫而言，她是个好妻子，如果说科西莫还会爱什么人的话，那么他最爱他的妻子。婚后不久，科西莫就举家搬出美第奇宫，住进了改造为公爵官邸的旧宫。公爵夫人的房间在楼上，公爵的房间在楼下，而公爵母亲则住在中间一层。无论是公爵还是公爵夫人，与她的关系都不怎么好，一是因为她本来就不是一个好相处的人，二是因为随着年龄的增长，公爵母亲越来越懒散邋遢。至少有一次，她把自己的儿子气得暴跳如雷。当时公爵卧病在床，母亲小题大做地管这管那，这比医生的无能更让公爵火冒三丈。最终公爵对她大发脾气，她抹着眼泪离开了公爵的房间；第二天两人都不愿和对方说话。科西莫和妻子之间倒一直维持着良好的关系。他不但没抱怨过妻子的赌博嗜好，对她还很纵容，对于妻子过分的善变也从没表现出一丝厌烦。作为他的妻子，公爵夫人则容忍了公爵的神秘兮兮和坏脾气，当然还有长时间的面色阴沉和沉默不语。他们似乎只在孩子的教育问题上才出现过不同意见。

他们共有 5 个儿子——弗朗切斯科是指定的继承人；乔瓦

尼在 17 岁时就被封为枢机主教，两年后死于"恶性热病"；费尔迪南多（Ferdinando）也被封为枢机主教，后来成了托斯卡纳大公（Grand Duke of Tuscany）；加尔恰（Garzia）17 岁去世，与他哥哥乔瓦尼的离世仅相差两周；最小的是彼得罗（Pietro），出生于 1554 年。此外，他们还有 3 个女儿，分别是玛丽亚、伊莎贝拉和卢克雷齐娅。所有的女儿都是严格按照西班牙人的方式养育的，除了去做弥撒，她们几乎从不被许可迈出家门一步，除了神父、医生和家庭教师外几乎没见过别的男性。玛丽亚和卢克雷齐娅很早便夭亡了。玛丽亚只活到 17 岁；卢克雷齐娅则是 16 岁，去世时与费拉拉公爵阿方索·德·埃斯特结婚还不到一年。伊莎贝拉则嫁给了保罗·焦尔达诺·奥尔西尼（Paolo Giordano Orsini），婚后他们住在美第奇宫，她虽然没有因病早逝，却最终死于丈夫的谋杀。科西莫没有活到悲剧发生的这一天。当他听到玛丽亚死于疟疾的时候，他们正在里窝那的城堡里。科西莫独自一人走上堡垒，这样就没人看到他放任自己沉浸在悲痛之中的样子了。科西莫哀怜地说着：
"她的体质和我一样，要是让她多呼吸点新鲜空气就好了。"回到佛罗伦萨之后，科西莫还在哀悼女儿，他会对着挂在墙上的女儿的肖像，在房间里独坐几个小时。

科西莫似乎从来不是一个热爱生活的人，即便在不那么悲哀的情境下，他似乎也没怎么享受过生活的乐趣，只有打猎除外。科西莫很少笑，他吃得也很少，对食物没什么要求，到晚年更是每天只吃一顿简单的饭菜。他也不爱喝葡萄酒，在室内常常穿一件黑天鹅绒长袍，而且还说更愿意穿一件简单的佛罗伦萨长袍。他在旧宫的房间虽然装饰豪华，他却选择睡在一间墙上挂着深绿和深蓝烫金压花皮子的昏暗房间里。感觉上，就

270

算睡在像修道院房间那样简朴的地方——比如秘书那只有"三张桌子、两盏黄铜灯、两个板凳和四个墨水台"的房间——他也觉得很满足似的。

这些秘书的工作时间非常长，而科西莫自己也和他们一样，有时到黎明都还没有更衣休息，他要亲自审阅和回复那些他不许可别人知晓的信件，标注文件，编辑报告，撰写指示让秘书誊抄。他总是迫不及待地要出门，遇到雨天无法出门就会抱怨："我坐在这里就像猎鹰站在栖木上一样。"做完了书面工作，他会去做弥撒，通常是在大教堂，有时也去圣母领报教堂；之后他会打一会儿网球、散散步或骑骑马，不是因为喜欢，而是为了锻炼身体。如果步行，他总是走得很快，在短上衣里面穿一套软甲，腰带上挂着一把宝剑和一把匕首，还在剑鞘里插了"许多像针一样尖利的短剑（stileti），就像把针插在针盒里一样"。当然他的身边还要有瑞士保镖时刻陪伴。

科西莫绝对有必要考虑被暗杀的风险。已经不止一次有人企图要他的命而没有成功。虽然对这些暗杀者的惩罚极其严厉，却依然没能让其他想要暗杀他的人望而却步。计划从窗户里射杀科西莫的朱利亚诺·博纳科尔希（Giuliano Buonnaccorsi），不但被烧红的钳子折磨，还被拖着脚踝游街，最后被开膛破肚扔进了阿诺河。即便如此，科西莫的手下很快就又发现了一个暗杀计划，有人企图把宝剑和铁蒺藜插在阿诺河河底，因为科西莫夏天会在那个地方游泳。 271

早在 1546 年的时候，科西莫就开始计划在旧宫附近找一栋建筑，将散落在佛罗伦萨各处的司法和行政机构，以及几个

主要的行业协会都集中到一起，以便他更近距离、更亲力亲
为、更有效地控制一切。于是他任命乔焦·瓦萨里为设计师，
着手建造这栋巨大的新建筑，即 1559 年动工的乌菲齐宫
（Uffizi）。① 一年之后，公爵及其家人从旧宫搬到了阿诺河对
面的皮蒂宫，也就是卢卡·皮蒂在 100 年前建造的那座巨大
的宫殿。1549 年公爵夫人用九万弗罗林币从皮蒂家族手中买
下了这座宫殿，并指示巴尔托洛梅奥·阿曼纳蒂
（Bartolommeo Ammanati）负责扩建和修缮工作。② 到公爵一家
入住之时，无论是巨大的庭院，还是一层正面新建的"跪窗"

---

① 乌菲齐宫是由多个曾经在这里办公的政府机关出资建造的。它们的名字
或座右铭也都被刻在了大门的柱廊上。1574 年瓦萨里去世之后，建造乌
菲齐宫的工作由贝尔纳多·布翁塔伦蒂和阿方索·帕里吉继续进行。这
里曾在长达三个世纪的时间中作为欧洲最伟大的艺术品展览馆之一。美
第奇收藏中的很多精品都曾被收藏在乌菲齐宫的一间八角展室里。佐法尼
（Zoffany）在 1772～1778 年在夏洛特女王（Queen Charlotte）的资助下曾
经在这里创作了大批画作，其中包括大批知名的英国鉴赏家、外交家和
收藏家们的肖像。有一幅画中就画了霍勒斯·曼爵士站在美第奇的维纳
斯雕像下面，这个雕塑是仿制希腊原作的罗马时期复制品，它是在蒂沃
利的哈德里安（Hadrian）的别墅中发现的，大概是大公科西莫三世时期
被带回佛罗伦萨，如今还陈列在这个展室中。佐法尼的其他画作中出现
的画中画，比如提香（Titian）的《乌尔比诺的维纳斯》（*Venus of
Urbino*），是依照他的意愿从乌菲齐的其他房间或是从皮蒂宫搬来供他作
画之用的。
② 皮蒂宫始建于十五世纪五六十年代。卢卡·皮蒂建造这座宫殿时收到了
科西莫两万弗罗林币的资助，作为他对美第奇一派进行政治服务的回报。
这座宫殿可能是卢卡·凡切利（Luca Fancelli）设计的。阿曼纳蒂在 1562
年为公爵科西莫一世和托莱多的埃莱奥诺拉完成了花园改建。后来十七
世纪时又由朱利奥·帕里吉和阿方索·帕里吉进行了正面的加宽改建。
再后来十八世纪时又由朱塞佩·鲁杰里修建了两个新的侧翼。那时这里
被称为大公爵宫（Grand Ducal Palace）。复兴运动（Risorgimento）之后，
皮蒂宫归属于萨瓦家族，又由国王维克多·伊曼纽尔三世（King Victor
Emmanuel Ⅲ）捐献给了国家。现在这里共有五个博物馆。一层的阿尔真
蒂博物馆（Museo degli Argenti）中有许多美第奇家族收藏的珍宝。

都没有彻底完工。但是公爵夫人拒绝推迟搬离旧宫的时间。她已经迫不及待地要来享受皮蒂宫的宽敞和宏伟，在景色宜人、视野开阔的花园中散步。在旧宫的时候，她只能把自己的奇花异草都种在一个封闭的小阳台上，从那里看到的风景也极其有限。

皮蒂宫——此时它应被叫作大公爵宫——的后面是一大片向南延伸至圣乔焦（San Giorgio）高地，向西到达罗马娜门的开阔土地。这些土地是从不同的家族手中买来的，其中就包括波戈利家族（Bogoli）。他家的花园被称作波波利花园（Boboli），其实就是波戈利的误读。在 1550 年尼科洛·佩里科利·特里博洛（Niccolo Pericoli Tribolo）去世前的十年里，这座花园一直属于他，他还在这里设计建造了一个巨大的圆形阶梯剧场和一个被称作内普丘恩（Neptune Pond）的池塘。当时这项工程是由布翁塔伦蒂（Buontalenti）、朱利奥·帕里吉和阿方索·帕里吉（Giulio and Alfonso Parigi）主持的。巴乔·班迪内利则在公爵夫人的建议下修造了一个精巧且有乡土气息的人工洞穴。① 272

公爵夫人入住新宫殿的愿望因为她日益衰弱的身体状况而更加迫切。按照威尼斯大使的汇报，此时的公爵夫人"总是感到身体不适"，因为患有慢性咳喘，她"每天早上都会呕

① 波波利花园里面仍然保存有多位艺术家的作品，包括詹波隆那、凡切利、乔利（Cioli）、彼得罗·塔卡（Pietro Tacca）、卡奇尼和罗莫洛·德尔·塔达（Romolo del Tadda）。圆形阶梯剧场是依罗马模型建造的。为庆祝大公科西莫三世的婚礼，这里上演了《欢乐的世界马术芭蕾》（Il Mondo Festeggiant）。骑士花园（Giardino del Cavaliere）的位置就是 1529 年围城期间米开朗琪罗建造堡垒的地方。下面的阳台则是为枢机主教莱奥波尔多·德·美第奇（Leopoldo de'Medici）建造的。

吐"。公爵夫人担心自己将不久于人世，这种担心确实不无道理。搬出旧宫两年后，她最疼爱的儿子加尔恰去世了，她当时"悲痛而绝望，不再像从前一样遵从医生的建议"，仅两周后，公爵夫人就去世了。在她生命最后的时刻，科西莫一直陪着她，把她抱在怀中。就如玛丽亚去世时公爵拒绝别人的安慰一样，妻子死后他也把自己与所有人隔离开来，独自哀伤。他命令长子弗朗切斯科不要试图来安慰他，那样只会让痛苦变得更加无法承受。科西莫再也没能从这次打击中彻底恢复过来，到1564 年，他已经把大部分的公务都转交给继承人处理。

有传闻说，每当科西莫陷入无法自拔的伤痛中，为了分散注意力，他"观看了上千部时事讽刺剧，这既不符合他的身份，也不符合他的年纪（43 岁）……他还和很多女人发生了关系，尤其是那些在佛罗伦萨地位显赫的夫人们"。科西莫还把年轻貌美的埃莱奥诺拉·德利·阿尔比奇（Eleonora degli Albizzi）收为情妇，还跟她生了一个儿子。人们都猜想科西莫也许会娶她为妻。公爵有一个最喜欢的仆人叫斯福尔扎·阿尔门尼（Sforza Almeni），这个仆人警告弗朗切斯科他的父亲可能会考虑再婚，这使得父子二人大吵了一通。最后科西莫把自己的仆人痛斥了一顿，他说："滚出我的眼前。现在就滚。永远别再指望我会给你一点儿好处。"

阿尔门尼想着公爵的怒火很快就会过去，自己会获得原谅，所以根本没有离开佛罗伦萨，甚至还斗胆回到了皮蒂宫。科西莫一看见他就控制不住脾气，他一面大喊着"叛徒！叛徒！"（Traditore），一面把一支打猎用的长矛狠狠刺向阿尔门尼，矛尖甚至穿透了他的身体。而事后，让公爵感到遗憾的竟是杀死这么一个"卑劣的小人"弄脏了自己的手。

　　阿尔门尼说的没错，公爵确实是打算再婚的，只不过他要娶的并不是埃莱奥诺拉·德利·阿尔比奇，而是另外一名年轻的情妇卡米拉·马尔泰利（Camilla Martelli）。卡米拉也为科西莫生了一个孩子。她是一个高挑、贪婪、自私、脾气暴躁的女人，而且对丈夫索求无度。为了躲避她，科西莫要么把自己和学者们关在一起，听他们给他念书；要么就到美第奇宫去和女儿伊莎贝拉·奥尔西尼一起消磨晚间时光。有一晚他在美第奇宫时突发中风；第二次发作之后他的胳膊和腿就都不听使唤了，最后连说话的能力也失去了。从那以后，他大部分时间都是坐在椅子上打瞌睡。一天晚饭后，他决定要坐着马车去看一场足球比赛。那天很冷，还下着雨，在两个小时的观赛过程中，科西莫坐在场边，只是偶尔看一眼场上的选手们，其他大部分时间都处于近乎昏迷的状态。之后他又拖了两个多月，经常连续几天都处于意识不清的状态，直到 1574 年 4 月 21 日，科西莫去世，享年 55 岁。遗体穿着全套大公服饰，被安放在皮蒂宫大厅里。教堂敲响了悼念的钟声。第二天，"所有商店都没有营业……不管走到哪里，都会看到黑色的悬挂物，直到皮蒂宫广场"。

　　不过，并不是所有人都为科西莫的去世而感到惋惜。近些年来他反而比年轻时更受拥戴一些，据威尼斯大使的观察，科西莫已经可以"独自坐着马车，只带一个仆人在街上走过"。人们知道他是圣马蒂诺兄弟会（San Martino）的活跃成员，这个兄弟会是一个致力于匿名救助穷人的组织；人们也感谢他鼓励并资助佛罗伦萨传统的流行娱乐活动，比如露天表演、赛马和足球。他还创立了圣玛丽亚诺韦拉广场的战车赛，那里至今还有标记赛道的标杆。他最受赞颂的功绩是让佛罗伦萨摆脱了对西班牙的依附，以及组建了一支小而善战的船队并拓展了佛罗伦萨的领土范围。不过，尽管此时政府稳定，司法严苛却不失公正，财政状况也较为良好，科西莫受到的赞颂却并不比指责多。人们只看见他剥夺了佛罗伦萨曾有的自由，却看不到他带来的稳定。人们更愿意控诉他的间谍和监狱、他的重税和对私人贸易的肆意垄断，却不愿提及在他的倡导下托斯卡纳地区农业、排水和灌溉方面的进步，更不用说他为促进橄榄种植和银矿开采而开凿的运河，还有对比萨和里窝那的开发，以及实现托斯卡纳地区城市之间的政治团结。也许有人会提起：1557年那场毁灭性的洪水之后，是科西莫鼓励巴尔托洛梅奥·阿曼纳蒂建造了美丽的天主圣三桥①，并且重建了阿拉卡拉亚桥（Ponte alla Carraia）②；也是在科西莫的资助下，乔焦·瓦萨里彻底修缮了旧宫；还有佛兰芒人乔瓦尼·罗索（Giovanni Rosso）和尼科洛·菲亚明戈（Niccolo Fiamingo）也是在科西莫的资助下，在佛罗伦萨城里建起了挂毯工厂；还有科西莫出钱向阿尼奥洛·布龙齐诺（Agnolo Bronzino）订制的那些肖像、壁画和寓意油画；或是他向本韦努托·杰利尼订制的

---

① 最初的天主圣三桥建于十三世纪。阿曼纳蒂建造的桥上有诸多雕像是为了庆祝大公科西莫三世的婚礼于1608年制作的，包括乔瓦尼·卡奇尼的《春》和《秋》、彼得罗·弗兰克维拉（Pietro Francavilla）的《夏》和塔代奥·兰迪尼（Taddeo Landini）的《冬》。1944年这座桥被炸毁了，但是战后人们按照原型将其复原，为保证原汁原味，石匠们都是使用与十六世纪时一样的工具进行作业。圣三一教堂的正面是大公费尔迪南多一世雇佣布翁塔伦蒂修建的，于1594年完工。

② 阿拉卡拉亚桥始建于十三世纪初，后三次被洪水冲毁。1304年，因为来这里庆祝河神节的人数过多，桥身又被压垮。1559年，阿曼纳蒂对这座桥进行了第五次重建。1944年该桥又毁于战火，所以今天人们看到的桥其实是第二次世界大战后重新建造的。

《珀尔修斯》（*Perseus*），多亏了他的耐心等待，才能最终在1554 年完工并竖立于佣兵敞廊。① 肯定也有人会抱怨他重修皮蒂宫耗费了大量钱财；或是在皮蒂宫和旧宫之间修建私人走廊时因为赶工而使五名工人丧生；为装点波波利花园而花费的巨资；圣洛伦佐教堂里巴洛克式陵墓的宏大设计，为的只是把美第奇家族成员埋葬于这个阴森的豪华地府；② 还有彭托尔莫（Pontormo）装饰的卡斯泰洛别墅和蒂雷博洛（Tirbolo）的华

---

① 佣兵敞廊原本被称为执政官长廊（Loggia dei Signori），是十四世纪末由西蒙内·塔伦蒂（Simone Talenti）设计作为有顶棚的公共庆典场地而建造的。它现在的名字来源于公爵科西莫一世的瑞士雇佣兵（Landsknechte），他们的营房就在这附近。公爵科西莫时期，这里变成了开放的雕塑展览场地并一直延续至今。杰利尼的《珀尔修斯》是 1554 年被摆在这里的。詹波隆那的《强掳萨宾妇女》（*Rape of the Sabines*）是 1583 年被摆在这里的，当时本来摆在市政厅前面栏杆内的多纳泰罗的《朱蒂斯和贺梦尼》被摆回了广场。在这两座雕塑的后面是詹波隆那的另一件作品——希腊雕塑《墨涅拉俄斯扶着帕特罗克洛斯的尸体》（*Menelaus Supporting the Body of Patroclus*）的罗马仿品以及皮奥·费迪（Pio Fedi）的《强夺波吕克塞娜》（*Rape of Polixena*）。最后一排还有六个罗马雕塑，都是大公费尔迪南多一世从罗马的美第奇别墅带回来的。

② 王室祭堂的建造工作从 1605 年就开始了，最初是由费尔迪南多一世授意的，他希望能够实现科西莫一世建造巨大的王室祭堂的计划。祭堂的主体结构直到 1737 年才建成，而圆形屋顶的装饰更是直到 1836 年才完工。鉴于祭堂直到科西莫三世统治时期才建成，所以大公及其妻子和儿子们的遗体只能暂时安葬在新老圣器收藏室中。彼得拉·杜拉的几代工匠们断断续续地为三位科西莫、两位费尔迪南多和大公弗朗切斯科修缮围绕在四周墙壁上的精致墓碑。

祭堂地面上嵌入了 16 个用大理石、珊瑚、碧玉、玛瑙、珠母贝和青金石雕刻的盾徽，都是大公国属地城市的标志。所有的大公死后都被埋葬在陵墓下面的地下室中。公爵们都是戴着皇冠、握着权杖下葬的。公爵夫人们也都埋葬于此，唯独弗朗切斯科一世的遗孀比安卡·卡佩洛除外。当布翁塔伦蒂询问费尔迪南多一世应当将他的嫂子藏于何处时，一向厌恶她的大公回答说："随便任何地方，总之她不能和我们葬在一起。"比安卡·卡佩洛的埋葬地点至今无人知晓。

丽花园喷泉;① 以及修建在波焦阿卡伊阿诺的花园和修建围绕被称作皮内塔（Pineta）的巨大林地的围墙所花费的巨资。如果一个仰慕者要赞扬科西莫对比萨大学和菲奥伦蒂诺学院的提升，还有他邀请贝尔代托·瓦尔基这样有天赋的人回到佛罗伦萨生活；鼓励意大利的音乐家、科学家和植物学家，以及支持伊特鲁里亚（Etruscan）的考古研究；改进佛罗伦萨草药园及他建立的比萨植物学院；将美洲地区的药草和东藩的作物引入托斯卡纳；对古董、奖牌及伊特鲁里亚手工艺品的鉴赏力，那么一个诋毁者则无疑会拿伟大的洛伦佐治下的共和国黄金时代，与接下来必然来临的弗朗切斯科大公治下的黑暗时代相对比。

---

① 卡斯泰洛别墅花园的复杂而有创意的建造计划是由贝尔代托·瓦尔基为公爵科西莫一世设计的，并由特里博洛、阿曼纳蒂和布翁塔伦蒂实施。但是最终这一计划并未完全实现。特里博洛、阿曼纳蒂和布翁塔伦蒂的作品至今还在园中，但是詹波隆那的《拧头发的维纳斯》（*Fountain of Venus Wringing out her Hair*）被移到了彼得拉亚，他制作的岩洞中的动物铜像现在陈列在巴杰罗国家博物馆。

第二十一章　科西莫的继承人

"这样的娱乐前所未见"

弗朗切斯科既没有父亲的生意头脑，也没有父亲的勤勉精 275
神。他不负责任、任性妄为、沉默孤僻。威尼斯大使在汇报中
不满地评价他是个"不值得尊敬的人"，"有一头黑发，肤色偏
深，性情忧郁"。另一位大使则写道："他的着装没有一丝品味，
举止也毫不优雅。"他还是个"喜欢沉默思考的人"，说话"非
常谨慎"。"过分沉迷于女色"，"没有什么美德可被称赞"。

弗朗切斯科的妻子是奥地利女大公约安娜（Joanna of
Austria）。她和丈夫一样苍白、瘦削、缺乏魅力。她嫁到托斯
卡纳之后极度思乡。约安娜从未把佛罗伦萨当成自己的家，她
在这里水土不服，心情沮丧，丈夫对她不闻不问，连佛罗伦萨
的人民也讨厌她的奥地利式傲慢，只有公公尽己所能地关照着
她。科西莫为了欢迎约安娜的到来把旧宫的花园特别修缮了一
番：弧形壁画上画着奥地利乡村和城镇，这些壁画都是由瓦萨
里的学生创作的。伟大的洛伦佐放置在卡雷吉别墅花园里、有
小童和喷水的鱼装饰的华丽喷泉也被搬到旧宫来。① 即便如

---

① 旧宫花园中的喷泉上站立的小天使雕塑是韦罗基奥原作的仿品，原作收
藏在百合花厅（Sala dei Gigli）的一个房间中。壁画由马尔科·达·费恩
扎（Marco da Fienza）、乔瓦尼·隆巴尔迪（Giovanni Lombardi）和切萨
雷·巴廖尼（Cesare Baglioni）创作。

此，约安娜依然没能得到多少安慰。她在 1578 年就去世了，年仅 30 岁，她在去世前一年生下的同样病恹恹的儿子菲利波在她死后没多久也死了。弗朗切斯科显然对妻子的死无动于衷，他已经下定决心要迎娶情妇比安卡·卡佩洛（Bianca Capello）了。

276　　比安卡是一位充满魅力且受过良好教育的威尼斯贵族，然而令她的家族失望的是，她秘密嫁给了一个佛罗伦萨公司的职员。被迫离开威尼斯后，比安卡随丈夫来到佛罗伦萨。一日弗朗切斯科骑马经过比安卡的窗下，对美人一见钟情，秘密安排了一次私会之后，比安卡便成了弗朗切斯科的情妇。弗朗切斯科还在家中给比安卡的丈夫安排了一个收入丰厚的肥差，并且在皮蒂宫附近给他提供了豪华的住处，这样自己就可以方便地去与情妇见面了。① 弗朗切斯科还为比安卡修建了一座乡村别墅，这座普拉托利诺（Pratolino）别墅有一个景色极美的花园，1581 年蒙田（Montaigne）到此做客时对这个花园留下了深刻的印象。② 这里不但有詹波隆那（Giambologna）制作的铜像和阿曼纳蒂设计的喷泉，还有贝尔纳多·布翁塔伦蒂（Bernardo Buontalenti）的带有可移动景致的人造洞穴。除此之外，这里还有风琴、音乐瀑布和各种机械形象，有种满柏树和冬青的散步场所，有修剪成各种奇妙造型的黄杨树篱构成的

---

① 比安卡·卡佩洛的房子位于马焦街（24～26 号）。

② 普拉托利诺由布翁塔伦蒂设计并建造了 15 年之久，1822 年被拆毁，理由是维护费用太高无力支付。50 年后这片地产被王子保罗·德米多弗（Prince Paul Demidoff）买下，并改名德米多弗别墅，属于南斯拉夫王子保罗名下。他将别墅重建后卖出。詹波隆那的巨型雕塑《亚平宁》仍然立在这里。其他雕像则被移到了波波利花园，包括象征大公科西莫一世的雕像《珀尔修斯和龙》（Perseus and the Dragon）。

迷宫和喷水形成的拱形游廊，水流会越过行人的头顶，分别落在道路两边的小溪中。转过一个拐角，穿过巨大的鸟舍和迷宫，游览者就会看到一个人造洞穴，里面站着火神伏尔甘（Vulcan）及其家人，石壁上覆满了珊瑚和贝壳，还有"铜质和大理石的野兽雕塑在水力的作用下不断移动变换，展现出狩猎的场景"。在花园另一角的草坪上，虽然看不到水源，却有水柱喷出，一个牧羊女从墙上的壁龛走出来，到水井前用篮子打水，同时还有森林之神萨梯（satyr）在旁吹着风笛。

　　佛罗伦萨人对弗朗切斯科的情妇比安卡·卡佩洛充满憎恨，人们说她其实是个女巫，长着一双邪恶的眼睛，就是她毒死了可怜的约安娜。待解决掉她的丈夫之后，弗朗切斯科就娶了比安卡为妻，据说他们的婚礼耗资三万多弗罗林币，这让人民的愤怒之情更加难以抑制。

　　弗朗切斯科的行为已经让佛罗伦萨人义愤填膺，这个家族里其他成员的无耻行径更让他们厌恶。其中最过分的就是弗朗切斯科的弟弟彼得罗。弗朗切斯科继承爵位之时彼得罗20岁，不但不会控制自己的情绪，还是一个游手好闲、放荡不羁的寄生虫。他不仅丝毫不在乎自己的妻子埃莱奥诺拉，甚至在公共场合对她出言不逊。而埃莱奥诺拉则从众多的情人那里寻求安慰，贝尔纳迪诺·安蒂诺里（Bernardino Antinori）就是其中之一。贝尔纳迪诺·安蒂诺里因为在一场决斗中杀死了对手而被软禁在自己的宫殿中，但是埃莱奥诺拉为了看他一眼而在他窗前的大街上来回踱步，导致他直接被发配到了厄尔巴岛。①

277

---

　　①　在托尔纳博尼街和龙迪内利街连接处的安蒂诺里宫是为博尼（Boni）家族建造的。

后来他被带回佛罗伦萨受审，结果被判死刑，并被绞死在巴杰罗宫的囚室中。埃莱奥诺拉听到情人的悲惨结局后显露出的烦闷和哀伤让彼得罗火冒三丈，他命令埃莱奥诺拉前往卡法焦洛，并在那里把她也勒死了，而他的行为显然是得到了大公的默许。

这并不是弗朗切斯科家里发生的唯一一次谋杀。妹妹伊莎贝拉的婚姻和兄弟们的一样不幸福，而且她还和自己丈夫的堂兄弟特洛伊洛·奥尔西尼（Troilo Orsini）成了情人。她的丈夫保罗·焦尔达诺·奥尔西尼是个非常暴力且有仇必报的人。他疯狂地爱上了弗朗切斯科·阿科兰博尼（Francesco Accoramboni）年轻热情的妻子维多利亚，于是这两个人决定要解决掉各自的配偶好双宿双飞。于是，维多利亚雇用了一个职业杀手在内格罗尼（Negroni）别墅杀死了丈夫。奥尔西尼先是雇用杀手杀死了自己的堂兄弟特洛伊洛，然后又在恩波利（Empoli）附近的切雷托圭迪别墅（Ceretto Guidi）谋杀了妻子。① 更令人毛骨悚然的是，他的手段极其狠辣：奥尔西尼先是与妻子共进了晚餐，饭后他示意四名帮凶到他们头顶上的房间去，从天花板上的一个窟窿里顺下一根绳子。奥尔西尼装作要亲吻妻子的样子，实际上是抓住绳子勒住她的脖子，再由帮凶向上收回绳子，直至把她勒死为止。事后，奥尔西尼宣布妻子是死于突发中风引起的癫痫。尽管教皇格列高利十三世（Gregory XIII）以教廷名义下令禁止奥尔西尼的这门婚事，他还是没过多久就迎娶了维多利亚，然后带着她去了布拉恰诺

---

① 切雷托圭迪别墅本来是属于圭迪家族的。十六世纪六十年代布翁塔伦蒂为大公科西莫一世将其翻新并在别墅前面加盖了巨大的双斜坡。

（Bracciano）的城堡。如果不是因为格列高利十三世去世，这桩耸人听闻的事件也许会就此被人遗忘，但是教皇的继任者西克斯图斯五世（Sixtus V）不会轻易罢休，因为他不仅是一位严厉无情的教皇，下定决心要整顿他前任在位时出现的众多无法无天的丑闻，更是被谋杀的弗朗切斯科·阿科兰博尼的叔叔。所以奥尔西尼逃到威尼斯，最后死在了那里。他在遗嘱中把巨额财富都留给了维多利亚，不过后者随后也在帕多瓦被人用尖刀刺死了，杀她的正是她丈夫愤愤不平的兄弟，他本来希望自己会成为巨额遗产的继承人。

278

源源不断的丑闻让弗朗切斯科的名誉一落千丈。于是大公选择在普拉托利诺隐居，他在这里喂金鱼，养驯鹿，种植专为他从印度送来的稀有灌木，还和人谈论宇宙构造、化学和自然的秘密。他的余生不是在普拉托利诺别墅里，就是在瓦萨里在旧宫为他修建的实验室中，连和行政长官们开会的地点也被安排在那里，就因为他不愿意离开自己全身心投入的化学和科学实验。弗朗切斯科也有一些别的爱好，能够让他偶尔转移一下注意力：在乌菲齐宫的第四层，他开办了一个画廊，还为年轻的艺术家们创办了工作室，这些本来是由瓦萨里设计改建的，瓦萨里去世后，又由贝尔纳多·布翁塔伦蒂和阿方索·帕里吉负责，直到1574年才改建完成。1583年，弗朗切斯科又建立了克鲁斯卡学会（Accademia della Crusca）①，即秕糠学会（the Chaff），这个学院旨在去除托斯卡纳地区方言中不纯净的地方，事实上就是想要宣扬佛罗伦萨的至高地位——只有她才

---

① 克鲁斯卡学会总部现在位于法官宫（Palazzo dei Giudici），但是很快就会迁到卡斯泰洛城别墅。

能作为意大利文学的最终评判者。这个学院在这方面尤为活跃，比如剧作家吉罗拉莫·吉利（Girolamo Gigli）就因为其关于"锡耶纳的圣凯瑟琳（Saint Catherine）是比佛罗伦萨人最敬爱的乔瓦尼·薄伽丘（Giovanni Boccaccio）更杰出的作家"这种不可原谅的冒犯言论而被驱逐出了佛罗伦萨。不过，弗朗切斯科大部分的时间还是花在了研究化学、炼金术、熔炼、吹制玻璃、宝石镶嵌和钻石切割上了，而且他还真成了一位专家。他最擅长熔炼水晶和用贵重金属制作花瓶；还发明了一种切割水晶的新方法，以及一种革命性的瓷器制作方法，使得当时托斯卡纳地区的陶艺匠们能够制造出与中国瓷器一样精致的陶瓷制品。① 除此之外，他还发明了焰火和仿真珠宝的制作方法。然而，这些科学实验给他带来的却不是赞誉而是诽谤：人们说他整天把自己锁在嘈杂的实验室里研制毒药，供女巫比安卡使用。而这样的说法因他们两人在 1587 年 10 月突然同时死亡而更加令人深信不疑，事实上，他们都是死于疟疾。

279　　弗朗切斯科死后，他久居罗马的弟弟费尔迪南多一世（Ferdinando I）继承了爵位，并向人民保证他哥哥的死完全是由于自然原因。费尔迪南多在 1563 年作为一名年仅 15 岁的枢机主教去了罗马，在后来不到十年的时间里，他俨然已经成了教廷中极有影响力的一员。虽然他并不真心热爱宗教事业，但还是证明了自己是一位有能力的管理者并且创建了信义宣传传道

---

① 大公朗切斯科时期佛罗伦萨人制作的瓷器是当时欧洲最早出现的瓷器，也是现在存世量最稀少的，只有大约 70 件。其中一件体积娇小、形状不佳的瓷碗于 1973 年在纽约卖出了 180000 英镑的高价，创下了欧洲瓷器拍卖的最高成交价。其他的瓷器都陈列在卢浮宫、法国塞弗尔国家陶瓷博物馆（Musee de Sevres）、纽约大都会博物馆以及伦敦维多利亚和阿尔伯特博物馆。

团（missionary society of the Propaganda Fide）。费尔迪南多还特别钟爱古典雕塑，并且有很多收藏，其中大多数是古希腊雕塑的罗马仿品，包括美第奇的维纳斯雕塑。他在平钦（Pincio）买下了一处别墅专门用于展示这些雕塑。[①] 在哥哥去世之后，费尔迪南多把很多雕塑都带回了佛罗伦萨。由卡拉多里（Carradori）负责修复的六尊罗马女子雕像就被摆放在了佣兵敞廊里。

　　费尔迪南多继承爵位时 38 岁，他从来都不怎么喜欢自己的哥哥，而且他是一个比弗朗切斯科亲切友好得多的人。虽然费尔迪南多也喜欢铺张浪费、招摇卖弄，但是他很快就展示出了对佛罗伦萨人民福祉的真切关注，并且决心保持佛罗伦萨的独立地位，哪怕要付诸武力也在所不惜。这一点与弗朗切斯科无限度妥协以避免争议的做法形成鲜明对比。在费尔迪南多相对温和但更有效率的统治之下，佛罗伦萨政府的腐败问题有了好转，财政也更加稳定，贸易和农业都出现了欣欣向荣的局面。佛罗伦萨开设了更多的医院，比萨也建立了一座专门面向学者们的大学。他父亲创立的船队此时也壮大了起来。还有被孟德斯鸠称为"美第奇王朝代表作"的里窝那此时也得到了进一步的开发，人口有了大幅增长。这主要是因为大公的宗教

---

① 罗马的美第奇别墅是由安尼巴莱·利比（Annibale Lippi）在 1544 年为枢机主教里奇设计的。后来在 1577 年被枢机主教费尔迪南多·德·美第奇买下。他是美第奇家族的枢机主教之中第一位在这里居住的。别墅正面和花园的布局没有被改动过。现在陈列于巴杰罗国家博物馆的《墨丘利》（约 1565 年）曾经是这座别墅花园中喷泉的一部分。别墅前的喷泉正中原本是一座佛罗伦萨百合的雕塑，而后换成了现在的加农炮弹石雕。这是因为当初克里斯蒂娜女王（Queen Christina）被许可试验安杰洛城堡的加农炮，然而炮弹没有如预期那样射向空中，而是无意击中了美第奇别墅。这座别墅在 1803 年被拿破仑买下，现在这里是法兰西学院的所在地。

宽容政策吸引了欧洲各国的人们来此生活，其中不仅有遭受迫害的新教徒，还有很多犹太人，这也是今天里窝那人口中犹太人比例仍高于其他意大利城市的原因。费尔迪南多大公的诸多善举和慷慨宽容赢得了人们的爱戴。他设立的在圣洛伦佐教堂为贫苦人家的女儿提供嫁妆的活动就是个很好的例子。人们都乐意参加这个庆典，届时费尔迪南多会为穷人们分发财物，这样他们的女儿就可以找到更好的亲事了。除此之外，1589 年阿诺河水位暴涨，佛罗伦萨及周边的乡村都受灾严重，费尔迪南多亲自将装有食物的篮子分发给受灾者，并且冒险乘坐小船去视察灾情，抚慰受灾的群众并承诺一定会为他们提供帮助。

280

　　费尔迪南多更喜欢囤积财富而不是把钱拿去投资。他还下令让贝尔纳多·布翁塔伦蒂为他打造一个牢不可破的保险箱，而这个保险箱就被放置在气势威严的观景堡垒（Forte di Belvedere）中，这个堡垒也是由布翁塔伦蒂设计建造的，位于可以俯瞰整个城市的圣乔焦高地，于 1590 年开工，到 1595 年建成。① 不过，费尔迪南多在需要炫耀铺张的场合，也绝对是毫不吝惜钱财的。他从萨鲁塔特家族（Salutat）手中买下了一座中世纪城堡彼得拉亚（Petraia），并且指示布翁塔伦蒂将其

---

① 观景堡垒，也称作圣乔焦堡垒，现在存放了大量从佛罗伦萨其他建筑中移来的壁画，包括菲耶索莱的巴迪亚教堂阿兰奇修道院（Chiostro degli Aranci）壁画，圣玛丽亚诺韦拉教堂韦尔德修道院（Chiostro Verde）壁画，圣乔瓦尼广场比加洛敞廊（Loggia of the Bigallo）上的 [由安布罗焦·迪·巴尔代斯（Ambrogio di Baldese）和罗塞洛·迪·雅各布·弗兰基（Rosello di Jacopo Franchi）创作的] 壁画以及彼德拉皮亚纳街（Via Pietrapiana）7 号米诺·达·菲耶索莱（Mino da Fiesole）故居中的壁画。这里还陈列着波提切利创作的原属于斯卡拉街上圣马蒂诺教堂的《圣母领报》。

改造为一座宏伟的乡村别墅，还要配套建造同样豪华壮观的花园。① 费尔迪南多还在阿蒂米诺（Artimino）修建了一个豪华的狩猎小屋，并称之为费尔迪南达别墅（Villa Ferdinanda），这里同样也是由布翁塔伦蒂设计的。② 他还不断出钱改建皮蒂宫和波波利花园，扩建了乌菲齐宫的画廊并修建了一间八角形展室（Tribuna）。他从波斯和埃及购买了无数稀有的手稿来扩充美第奇藏书室。他还花了一千达科特购买了一个巨大的镀金地球仪，其构造之复杂前所未见，就是用来证明托勒密（Ptolemy）关于太阳、月亮和星星围绕地球旋转的理论，并否认哥白尼的说法。③ 他还把贝利尼宫（Bellini）④ 的装饰工作指定给詹波隆那，并让他在锻造厂里打造了科西莫大公的巨型

---

① 彼得拉亚别墅是 1595 年枢机主教弗朗切斯科·德·美第奇从菲利波·萨卢塔蒂（Filippo Salutati）的遗孀手上买来的。院子里装饰的壁画是由被称作"沃尔泰拉人"（il Volterrano）的巴尔达萨雷·弗兰切斯基尼（Baldassare Franceschini）创作的，内容是赞颂美第奇家族的历史。壁画是为大公费尔迪南多一世的儿子唐·洛伦佐·德·美第奇（Don Lorenzo de'Medici）画的。复兴运动之后，这座别墅归属了萨瓦家族，后来又由国王维克多·伊曼纽尔二世（King Victor Emmanuel Ⅱ）进行了改建和装修。

② 阿蒂米诺的费尔迪南达别墅位于波焦阿卡伊阿诺西南大约四英里外，修建于 1594～1595 年。1781 年被卖给了侯爵马尔凯塞·洛伦佐·巴尔托洛梅伊（Marchese Lorenzo Bartolommei）。二十世纪初进行了重建，但现在仍然闲置着。

③ 法官宫临近乌菲齐，可以俯瞰阿诺河的半边现在成了科学史博物馆。此前这座宫殿属于卡斯泰拉尼家族，他们的家族教堂在圣十字教堂里。法官宫的名字来源于大公费尔迪南多一世时期在这里建立的司法委员会（Consiglio di Giustizia）。博物馆中收藏了大量地球仪、星盘、钟表和地图，还有米开朗琪罗的指南针和伽利略的望远镜。

④ 贝利尼宫位于平蒂镇（Borgo Pinti）26 号。大门上方有大公费尔迪南多一世的半身像。

骑马雕塑，用来摆在市政厅广场上。① 费尔迪南多与凯瑟琳·
德·美第奇的孙女——洛林家族的克里斯廷（Christine of
Lorraine）结婚时，开销之巨仿佛是要显示美第奇家族还没有
失去往日的荣光，以及放弃兄长支持西班牙的政策也是一件值
得以壮观场面来庆祝的盛事。②

克里斯廷进入佛罗伦萨时，沿路穿过了一系列为致敬佛罗
伦萨、致敬美第奇家族和洛林家族的光辉历史而修建的凯旋
门。在婚礼之前的几个星期里，众多建筑家、画家和雕塑家就
开始忙于修建这些拱门，此外还有数以百计的艺术家、手工艺
者、厨师、木匠、机械师和缆索工，音乐家、歌手、士兵、演
员、园丁和焰火制作者也投入到繁忙的准备工作中，不但要设
计新颖而精致的游行队列，还要安排招待会、宴会、露天庆
典、音乐演奏和幕间表演（*intermezzi*）。不但要佛罗伦萨人前
所未见，还要整个欧洲的人也都前所未见。这场盛大的婚礼成
为舞台艺术、芭蕾和新兴的音乐剧（*drama per musica*）发展

281

---

① 市政厅里的公爵科西莫一世雕像是由詹波隆那于 1587～1599 年在贝利尼
宫创作的。圣母领报大殿广场上大公费尔迪南多一世骑在马上的雕像是
长寿的詹波隆那他生命的最后一年开始创作，并由彼得罗·塔卡于
1608 年最终完成的。费尔迪南多一世去世后，雕像被移至贝利尼宫。

② 费尔迪南多一世认为作为美第奇象征的红色小球容易让人感觉商业气息
太重，于是决定将家族标志换成了蜜蜂（古时的蜜蜂象征着为人民的福
祉鞠躬尽瘁、贡献一切的统治者），但是他仍不忘想尽办法向美第奇家族
财富的奠基者们致敬。1565 年，为了纪念送信者给科西莫一世送来蒙特
穆洛（Montemurlo）大捷的喜讯，人们在圣三一教堂广场上信使报信的
地方立起了一根巨大的正义之柱。就在柱子底部，费尔迪南多一世建造
了四座灰泥雕像，分别代表着奥古斯都、查理曼大帝、科西莫一世及国
父科西莫。石柱来自卡拉卡拉浴场（Baths of Caracalla），是教皇庇护四
世（Pius Ⅳ）赠送给公爵科西莫一世的。巨石被放置在滚轴上，从罗马
一直运到奇维塔韦基亚，再从比萨用船运到佛罗伦萨。1581 年建造的石
像被认为是罗莫洛·德尔塔达的作品。

的新里程碑。最精彩的部分要数在皮蒂宫上演的音乐表演了，舞台上出现了各种新奇的布景设备，会喷发的火山和能吐火焰的恶龙足以让观众惊艳，而真正的高潮则出现在舰队登场时，整个院子里被注入了五英尺深的水，逼真地再现了 18 艘由英勇的基督教士兵操控的舰船向土耳其堡垒发起猛攻的场景。

这样的娱乐表演给后来在凡尔赛宫为路易十四（Louis XIV）举办的诸多庆祝活动带来了启发。费尔迪南多非常善于安排这样的活动，他也从不错过任何利用这些活动来提升美第奇家族在佛罗伦萨及整个世界的威望并顺势宣传自己政策的机会。在他举办的诸多宫廷盛典中，最成功的莫过于为侄女玛丽亚与纳瓦尔家族的亨利（Henry of Navarre）举办的婚礼。后者能够成功击败天主教联盟并继位为法国国王多半是靠着美第奇家族的雄厚财力支持。除了常见的赛马会和锦标赛、游行和露天表演，以及烟花秀和水滨派对（water fêtes）等，在乌菲齐还上演了朱利奥·卡奇尼（Giulio Caccini）的《切法罗的劫难》（Il Rapimento di Cefalo），该剧的布景也是由布翁塔伦蒂亲自设计；这里还上演了雅各布·佩里（Jacopo Peri）的《尤丽迪茜》（L'Euridice）和《达芙妮》（Daphne），后者被称为历史上第一部歌剧，虽然现已遗失，但当时也都是由费尔迪南多资助创作的。1600 年 10 月 5 日这一天，玛丽亚·德·美第奇（Maria de'Medici）和法国国王亨利四世在大教堂由代理人履行了婚礼程序。旧宫里举办了盛大的宴会，每一道菜都精心制作和装饰成带有寓意的样式，以此来象征法国国王与美第奇家族联姻是多么明智的选择以及这个家族有着多么出众的美德。

1609 年费尔迪南多去世了，他 19 岁的儿子科西莫二世继承了爵位，也继承了这个家族奢华挥霍的风格。在他与神圣罗马帝国皇帝费尔迪南多二世（Ferdinando Ⅱ）的妹妹女大公玛丽亚·马达莱娜（Maria Maddalena）结婚时，阿诺河上举行了

一场精彩绝伦的表演，观者无不声称这样的表演是他们从来没有见识过的。从阿拉卡拉亚桥到天主圣三桥的整段河流都是演出的舞台，为了这一时刻，两岸都装饰着各种雕像。观众们坐在阿诺河河滨大道（Lungarni）的巨大看台上观看了《阿尔戈英雄纪》（Argonautica），讲述了伊阿宋（Jason）如何在围绕人造海岛舞台航行的过程中，击败巨大的海豚、龙虾和会喷火的九头蛇，最终找到了金羊毛（golden fleece）并将它献给了女大公玛丽亚·马达莱娜，同金羊毛一起献上的 6 个红苹果则是美第奇家族标志红球的象征。

　　科西莫二世对于建筑的品位也和父亲相似。他扩建了皮蒂宫，重建了阿尔切特里（Arcetri）附近的波焦因佩里亚莱别墅。① 伽利略·伽利雷（Galileo Galilei）随身带到佛罗伦萨的望远镜就架设在别墅里，后来伽利略本人也住在这里并得到了庇护。

　　伽利略 1564 年出生在比萨，他的父亲是一个贫穷的佛罗伦萨贵族后裔。伽利略本来想成为一名画家，但是父亲却不支持他，于是伽利略改为学医，后来又改学数学和物理，因为总是质疑既有的理论，再加上他的疯狂理论和急躁脾气，伽利略在比萨大学里的老师们总是被他气得火冒三丈。虽然后来大学

---

① 波焦因佩里亚莱别墅曾经属于巴龙切利家族，后来属于萨尔维亚蒂家族。它现在的名字来源于奥地利的大公夫人玛丽亚·马达莱娜，后者在 1619 年买下这座别墅。后来这里又成为拿破仑的妹妹埃莉莎·巴乔基（Elisa Baciocchi）的家。现在这里是一座女子学校。

为他提供了一个教师的职位，但是其他教师却巴不得他快点递交辞呈，因为受不了他的冷嘲热讽和孤僻性格。于是伽利略又去了帕多瓦大学并在那里工作了 18 年，直到曾经的学生科西莫二世邀请他到佛罗伦萨，这样他就可以远离诽谤者的干扰和教会的指控，安心进行研究和实验了。伽利略接受了这个邀请，在美第奇家族的保护下度过了余生。他在 1610 年出版的作品中提及了他新发现的木星旁边的卫星，当时他将其命名为"美第奇之星"（*Medicea Sidera*）。[①] 伽利略的保护者科西莫二世刚刚过三十岁就去世了，也没有做出什么值得赞颂的功绩，而伽利略则是在 1642 年去世的。他去世时，教会严禁为他立任何纪念碑，于是科西莫的儿子费尔迪南多二世（Ferdinando Ⅱ）将他埋在了圣十字教堂的见习教士堂。[②]

① 位于染匠大街（Corso dei Tintori）的国家图书馆（Biblioteca Nazionale）里现在存放了三百多卷伽利略的论文，这里同时还保存着波利齐亚诺、米开朗琪罗和马基雅维利的论文。很多手稿和书籍都来自大公的帕拉蒂纳藏书室（The Palatina）。这个藏书室是由费尔迪南多二世和他的弟弟吉安·卡洛、莱奥波尔多共同建立的。

② 伽利略的遗体在 1737 年被移出了圣十字教堂的见习教士堂，并被重新埋葬在了西门的北侧。

第二十二章　费尔迪南多二世和
法国公主

"她最惯常的幻想就是说自己屈尊下嫁了"

　　父亲去世时，费尔迪南多二世只有 10 岁。他是个随和亲切的男孩儿，从来不给家庭老师们找麻烦，也不给他们任何可以居功的理由。17 岁时他周游了欧洲大陆，将佛罗伦萨留给母亲和祖母管理。然而这两个女人之间以及她们和各个委员会之间终日争吵不断，而且她们两个显然既不遗憾费尔迪南多二世的离开，也不期盼他的回归。不过，佛罗伦萨人民对他的了解越深，反而越来越偏爱费尔迪南多了。1630年，费尔迪南多 20 岁的时候，佛罗伦萨暴发瘟疫，但凡有钱人家全都躲到城外去了，只有他和弟弟坚持留在佛罗伦萨尽全力帮助受难的平民。他的外表看起来可不像个大英雄，从宫廷画师尤斯图斯·苏斯泰尔曼斯（Justus Sustermans）为他画的肖像来看，他有一个圆鼻头，还有哈布斯堡式（Habsburg）肥厚突出的嘴唇，上面蓄着尾部像箭头一样上翘的八字胡，再加上松弛下垂的眼睑，与画像上摆出的贵族统帅姿势形成了滑稽的对比。费尔迪南多体形肥胖，性情尤为温和，比起貌美姑娘，他反而更喜欢年轻俊俏的男子。他还喜欢钓鱼、打猎、玩保龄球，不过前提是别人会让他赢，因为他一输就会发脾气，对比他平日里温和有礼的样子，显得格外吓人。

　　费尔迪南多的生活不算铺张，皮蒂宫门口挂着有柳条包装　284
的瓶子，意思是这里也像其他小一些的宫殿一样对外出售葡萄
酒。不过费尔迪南多也绝不是个小气的人，他和前辈一样会花
很多钱举办露天表演、化装舞会和奇幻秀；在弟弟莱奥波尔多
（Leopoldo）的鼓励下，他还慷慨资助了一些科学家和文人雅
士。自 1657 年起，久负盛名的试验科学院（Del Cimento）的
学者们开始在皮蒂宫举办会议。学院秉承"实验再实验"
（Provando e Riprovando）的箴言，以一个熔炉和三个坩埚为徽
标，虽然只存在了短短十年就因为学者之间的争吵、嫉妒和不
和而解散，但是它存续期间发表的出版物却做出了巨大的科学
贡献。费尔迪南多和莱奥波尔多都是伽利略的学生，他们对伽
利略的研究都很感兴趣，还会为他平息外界的争议，签署他的
往来信函；他们也密切关注气压计的发明者埃万杰利斯塔·托
里切利·达·莫迪利亚纳（Evangelista Torricelli da Modigliana）
的著作，还会亲身体验双眼望远镜和其他各种各样的科学仪
器，并订制温度计、星盘、象限仪、湿度计等，到皮蒂宫的人
都会看见大量新奇的机械装置。

　　虽然兄弟俩痴迷于这些仪器，但是他们的兴趣爱好并不局
限于此。尤其是莱奥波尔多，绝对称得上一个博学之人。他每
天会花四个小时"埋首于书海之中"。能找到的书他都会读，
无论是"评论的、英雄的、讽刺的还是猎奇的作品……或是
描述其他国家地理风俗和居民生活的手稿……地球上的任何一
个地方"。试验科学院的秘书在给莱奥波尔多订购书目的代理
的信中写道：

　　　　你可以给我送来关于我送给你的那种鱼的自然历史的

内容，或是解释某种奇特受孕的原因……或是关于在甘多
尔福（Gandolfo）城堡发现的与人类骨骼相似的骷髅骨的
内容；还有关于奖牌、新近发现的雕塑、浮雕和其他古董
或者建筑设计的，或是有意思的故事之类的——总之什么
书都可以。

莱奥波尔多"就像一个带着一块面包的小男孩儿一样"，
无论走到哪里，"都会在口袋里装一本书，一有时间就要读上
几页"。

费尔迪南多对于兴趣爱好则更有选择性，也更务实，除了
在试验科学院进行一些实验之外，他最感兴趣的是佛罗伦萨用
宝石（*pietra dura*）制作马赛克的工艺的发展。宝石工厂里雇
用了大量的工匠，每日忙碌于制作装饰物和浅浮雕，或是用大
理石、象牙、水晶、金子、彩色矿石和半宝石来装饰家具。①
为了能有地方容纳这些作品和不断增添的画作和雕塑藏品，费
尔迪南多不得不对皮蒂宫进行了大范围的改建，以便展示自己
向这一时期最杰出的艺术家们订制的壁画作品，包括奇罗·费
里（Cirro Ferri）、弗朗切斯科·富里尼（Francesco Furini）、
创作了壁炉厅（Sala della Stufa）中巴洛克式精美壁画的彼得
罗·达·科尔托纳（Pietro da Cortona）和在银器博物馆
（Museo degli Argenti）工作过的乔瓦尼·达·圣乔瓦尼
（Giovanni da San Giovanni），他工作的时候是坐在一个从天花
板上吊下来的浴盆里，悬在半空中，因为患有痛风，腿上还缠

---

① 宝石加工场（Orificio Delle Pietre Dure）于 1796 年从乌菲齐内迁出并搬到
了阿尔法尼街（78 号），至今还有工匠在这里工作或接受培训。

着绷带。① 在如此精心装饰过的画廊里，参观者可以看到大公最新购置的收藏品。②

　　作为一个统治者，费尔迪南多的政策就是尽可能避免一切麻烦和冲突。他曾经被迫卷入和教皇那令人厌烦的巴尔贝里尼（Barberini）亲戚的一次短暂战争，除此之外，所有对佛罗伦萨和平与安全的威胁都通过缓和与抚慰的方式获得了解决。为了不冒犯教皇，在公爵弗朗切斯科·玛丽亚二世（Francesco Maria Ⅱ）去世后，他甚至不愿意主张自己对乌尔比诺的权利，而是任由公国变成了教廷国。与此类似，他还同意卫生部的官员在教皇面前下跪认错，并为在瘟疫暴发时依法隔离教士和牧

---

① 在皮蒂宫第四号展室的东墙上可以看到乔瓦尼·达·圣乔瓦尼的作品。在"沃尔泰拉人"巴尔达萨雷·弗兰斯基尼的帮助下，他还在拱顶上创作出了《美第奇和德拉罗韦雷家族的联合的寓言》（*Allegory of the Union of the House of Medici and Della Rovere*）。北墙上的《洛伦佐在卡雷吉的柏拉图学院》（*Lorenzo and the Platonic Academy at Careggi*）和《洛伦佐之死的寓言》（*Allegory of Lorenzo's death*）是弗朗切斯科·富里尼的作品。南墙上的《伟大的洛伦佐迎接阿波罗》（*Lorenzo the Magnificent Receives Apollo*）是切科·布拉沃（Cecco Bravo）的作品。窗户之间的《洛伦佐被围绕在艺术家中间》（*Lorenzo surrounded by Artists*）是奥塔维奥·万尼尼（Ottavio Vannini）的作品。

② 最后一次购入的艺术品中不乏一些精美的雕塑，包括《赫马佛洛狄忒斯》、西塞罗的头像及《伊多利诺》（*Idolino*）。鲁本斯的《战争的后果》（*Consequences of War*）是费尔迪南多二世买来的。委罗内塞（Veronese）的《达尼埃莱·巴尔巴罗》（*Daniele Barbaro*）、《一个男人和与圣巴巴拉一起的神圣家庭的肖像》（*Portrait of a Man and Holy Family with Santa Barbara*）都是枢机主教莱奥波尔多的藏品。拉斐尔的教皇尤利乌斯二世画像，提香的《斜倚的维纳斯》（*Recumbent Venus*）、《马格达莱纳》（*Magdalena*）、《贝拉》（*LaBella*）和《灰眸贵族男子肖像》（*Portrait of a Grey-eyed Nobleman*）以及皮耶罗·德拉·弗兰切斯卡（Piero della Francesca）著名的乌尔比诺公爵费代里戈·达·蒙泰费尔特罗和他妻子巴蒂斯塔·斯福尔扎（Battista Sforza）的肖像都是1634年费尔迪南多与维多利亚·德拉·罗韦雷结婚时购入的。

师而道歉。对于难以驾驭的众多家庭成员的一些本应严厉谴责的行为，费尔迪南多也同样采取了宽大的态度。他和好脾气的莱奥波尔多向来没有矛盾，在试验科学院解散后，莱奥波尔多就去罗马成了一名枢机主教。费尔迪南多与另一个弟弟马蒂亚斯（Mattias）也相处和睦，马蒂亚斯曾经作为一名将军参加了三十年战争（Thirty Years' War）并且立有战功。他在战争时期收集的象牙装饰品极其可观，也算得上皮蒂宫展品中的一个小奇观了。① 之后，马蒂亚斯又创造了另一种形式的惊人收藏，他集合了一批畸形人，其中包括一个丑陋的侏儒，不但"长着稀疏的尖牙"，还有着惊人的饭量，可以在丰盛的正餐之前吃下 40 根小黄瓜、30 个无花果和 1 个大西瓜当作开胃菜（hors d'aeuvres）。不过费尔迪南多倒确实与另一个弟弟吉安·卡洛（Gian Carlo）关系不睦，后者和莱奥波尔多一样是名枢机主教，却是一个远不如他自律的人。

吉安·卡洛不是一个毫无品位的人，他在罗马认识了萨尔瓦托·罗萨（Salvator Rosa），于是邀请他来佛罗伦萨，不但向他支付了一笔固定的年金为宫廷作画，还许可他同时接受其他资助者的订制。吉安·卡洛出资为一群演员在佩哥拉街上（Via della Pergola）建造了一座剧院；② 他还为另一群演员租用了科科梅罗街（Via del Cocomero）上的一座宫殿，并邀请费尔迪南多·塔卡（Ferdinando Tacca）设计舞台布景。③ 不

①　大部分象牙装饰品是由马蒂亚斯·德·美第奇从科堡城堡（Castle of Coburg）带回佛罗伦萨的。它们都陈列在第十展室。
②　佩哥拉剧院（Teatro Della Pergola，位于佩哥拉 12 号）是费尔迪南多·塔卡在 1656 年建造的。现存的建筑是巴尔托洛梅奥·西尔维斯特里（Bartolommeo Silvestri）设计的，建于十九世纪早期。
③　科科梅罗街是现在的里卡索利街。

过，真正最让吉安·卡洛感兴趣的并不是油画和戏剧，而是美食和女色。他的这两种欲望似乎永远不会满足。他被逐出罗马的原因就是他在探访瑞典女王克里斯蒂娜（Christina）的时候，拒绝由年长且不那么好色的枢机主教陪同。吉安·卡洛回到佛罗伦萨的时候还很年轻，英俊而富有，穿戴讲究，留着卷曲的长发，一心沉迷于享乐。他搬进了一座美丽的乡间别墅，这座别墅就建在斯卡拉街（Via della Scala）尽头一个景色迷人且充满异域风情的花园中。① 他在这里整日与情妇厮混，据说经常与多个情妇同时做爱。他还将不止一个令他厌烦的对手溺死在了鲤鱼塘里。有一次，一个女人找吉安·卡洛为自己的丈夫求情，他立刻把这个妇人带上了床，然后下令释放她那臭名昭著的杀人犯丈夫，还威胁治安官说如果不遵照指令放人，他就要砍掉治安官的脑袋。于是治安官请求大公裁定，费尔迪南多听完沉默了一会儿，然后无奈地宣布："遵照枢机主教的命令吧，谁让他是我弟弟呢。"所有人都知道费尔迪南多心中惧怕吉安·卡洛，所以后来当他听到这个弟弟死于中风的消息时，表现出来的显然是宽慰而非哀痛。

大公还发现自己的妻子维多利亚·德拉·罗韦雷（Vittoria della Rovere）几乎和吉安·卡洛一样令人厌烦。她是一个一本正经还爱管闲事的女人。长相平平、身材肥胖，结婚后更是越来越胖，双下巴比自己丈夫的还厚，而且一直无法生下一名继承人：她的第一个孩子是个男孩儿，不过出生后不到一天就死了；第二个孩子只活了几分钟；1642 年 8 月 14 日，她终

287

───────────────

① 吉安·卡洛的花园在斯卡拉街。柏拉图学院的成员们曾经在这里举行辩论会，现在花园的位置已经被建筑物覆盖。

于生下了一个能够活下来的孩子，这个孩子就是后来的科西莫三世（Cosimo III）。不过小科西莫的出生没能改善父母之间的紧张关系，没过多久，维多利亚就撞见丈夫正在爱抚一名男侍从。之后几个星期她都不愿与丈夫说话。当她终于决定讲和之后，他却不愿与她重归于好，过了差不多二十年他们的关系才终于缓和，1660 年他们迎来了第二个儿子弗朗切斯科·玛丽亚（Francesco Maria），不过这段婚姻仍然算不上幸福。

这对夫妇的一个主要分歧就是儿子科西莫的教育方式。大公希望他能接受现代教育，希望孩子对于他自己非常感兴趣的那些科学发现也能有一些认知。相反，大公夫人则坚决反对。她坚持要以传统方式由教士来教育儿子。科西莫最终还是接受了传统的教育。他被灌输的思想是科学实验不但是不信神的邪恶行径，更是不符合王子身份的事情。很快他就形成了一种古板的缺乏宽容精神的人生观，这也成了左右他一生的性格缺陷。到 16 岁的时候，他已经显示出了一种"极度的虔诚"，如卢卡大使汇报的那样：

> 与他的父亲不同，科西莫的忧郁情绪已经达到了极深的程度。大公费尔迪南多对所有人都很亲切，似乎随时会和你开个玩笑，而王子却几乎从来没笑过。人们将此归因于他傲慢冷漠的性情。

除了教堂圣歌，科西莫不喜欢任何音乐，也不喜欢跳舞；他宁愿去做弥撒，也不愿去剧院看戏。他更愿意和教士们而不是女孩儿或侍臣们谈话。他也会出去打猎，但当猎物从头顶飞过

时他却不开枪，口中还喃喃念着"可怜的小东西"（*Poverino*），
不过事后他还是会津津有味地吃别人杀死的猎物。他的父亲认 288
为早点结婚也许会对儿子有好处，而他理想的新娘就是法国国
王路易十四的叔叔加斯东·德·奥尔良（Gaston d'Orleans）的
女儿玛格丽特－路易丝（Marguerite-Louise）。这样的安排也令
巴黎满意，那里的枢机主教马扎林（Mazarin）心中成为教皇
的梦想正需要美第奇家族的支持。不过，嫁给这样一个阴沉、
肥胖，长着肥厚嘴唇和下垂眼角的意大利人对于玛格丽特－路
易丝本人来说可不是什么值得高兴的事。她是个活泼、敏锐、
充满活力、爱玩闹且任性妄为的姑娘。除此之外，她还爱恋着
堂兄洛林家族的查尔斯王子（Prince Charles of Lorraine）。她恳
求堂兄国王路易十四不要把她送到佛罗伦萨去。她到卢浮宫跪
在国王面前，求他把自己从这可怕的命运中解救出来；然而国
王只是扶她起身，告诉她此时反悔已经太晚了。所以在 1661
年 4 月 17 日，玛格丽特－路易丝和科西莫在巴黎由代表举行
了结婚仪式，当时她年仅 15 岁，而因为患了麻疹而留在皮蒂
宫养病的科西莫则是 18 岁。

新娘启程前往佛罗伦萨时，"哭声大得所有人都能听到"。
途中每经过一个城镇过夜后的第二天，她都会想尽各种办法拖
延出发时间。最后她终于到达了马赛，当时下着瓢泼大雨，玛
格丽特装病不肯离开用鲜花装饰的大船上的舱房，于是她就乘
船一直航行到了里窝那。新郎在恩波利附近的安布罗贾纳
（Ambrogiana）别墅等着迎接她。① 不过在第一次见到新娘之

---

① 巨大而威严的安布罗贾纳别墅起初是作为打猎时的临时住所而建造的。
大公科西莫三世在这里的墙上挂满了稀有动物和花卉的画作。现在这里
是精神病院。

后，科西莫并没有表现出一点欣喜之情，更不愿意亲吻她；而新娘在听到医生宣布虽然她已经得过麻疹且王子的病已不再具有传染性，但他们还不宜共处一室的时候，也丝毫没有掩饰自己的欣慰。

在大教堂举行了隆重的婚礼庆典之后，新娘新郎终于圆房，只不过王子一点也不热情，而且很快就睡着了。人们安慰新娘说等他彻底康复之后就会强壮起来，不过玛格丽特看起来一点儿也不在乎他康复与否。汉诺威（Hanover）公主索菲娅（Sophia）很多年后回忆说其实王子再也没有完全恢复健康，"他一周最多与妻子同床一次，然后就会在医生的监督下离开，以防留在那里时间过长会对他的健康有害"。玛格丽特非常讨厌丈夫，他的彬彬有礼在她看来也是种侮辱。

婚后第二个晚上，玛格丽特就向丈夫索要皇冠珠宝。而他则回答说自己没有权力做这样的决定，于是玛格丽特大发脾气，说自己宁愿住在法国最肮脏的窝棚里也不愿住在托斯卡纳的宫殿里。第二天，她又自作主张地拿走了一些珠宝赏赐给了法国随从们，然后又不得不费了很大的劲要回来。在这之后，她几乎不怎么和丈夫说话，到他们结婚将近一个月的时候，贝齐耶主教（Beziers）汇报说："王子只与新娘同房过3次。"主教还说："每次他不来过夜，就会派自己的贴身男仆去告诉她不用等了。而陪同的法国女士们……都觉得很尴尬，因为她们的女主人每天都很哀伤……她觉得这里的生活令她感到陌生。"

人们希望到了夏天，佛罗伦萨各种精彩纷呈的娱乐活动会让玛格丽特重新高兴起来。旧宫的盛宴、皮蒂宫的舞会、圣三一教堂桥上的烟花秀、马焦街上的赛马、圣玛丽亚诺韦拉广场上的战车赛，还有从铺着地毯的街道穿过的盛装游行等接连不断。在施洗者圣约翰节这一天，市政厅广场上照例举办了献礼节（*Festa degli Omaggi*）庆祝活动。仅过了一周，将近两万名观众聚集在波波利花园的圆形剧场上观看了《欢乐的世界马术芭蕾》（*Il Mondo Festeggiante*），这是一个融合了假面剧、活人静态画面、盛装游行、马术芭蕾、音乐剧和魔术效应的综合表演。科西莫本人也参与其中，穿着镶有珠宝的铠甲饰演赫拉克勒斯。又过了短短 10 天，雅各布·梅拉尼（Jacopo Melani）创作的《赫拉克勒斯在底比斯》（*Hercules in Thebes*）也在佩哥拉街的剧院里上演了。这些之后，玛格丽特-路易丝又开始了到美第奇家族各个别墅的游玩之旅，从波焦因佩里亚莱到波焦阿卡伊阿诺，从阿蒂米诺到卡斯泰洛和普拉托利诺。尽管如此，公主依然很少再表现出她曾经的开朗活泼。多数时候她都在想家，闷闷不乐、百无聊赖，或是沉浸在幻想中；托斯卡纳的一切她都看不顺眼，因为托斯卡纳不是巴黎；她几乎从不出现在公共场合，即使不得已必须出席也要戴着面具。当有人问她喜不喜欢佛罗伦萨时，她会不高兴地回答要是这儿离巴黎近点儿，也许她还能更喜欢一些。玛格丽特是个奢侈铺张的人，吃穿用度各项费用让一贯节俭的大公咋舌。更糟糕的是，她为人轻率鲁莽。当洛林家族的查尔斯王子访问佛罗伦萨的时候，玛格丽特毫不掩饰自己对堂兄的爱意，还在他离去之后给他写了很多充满感情的书信，即便他的回信都被中途拦截了，她也还会继续写。1663 年 8 月，玛格丽特生下了一个男孩儿，取名费尔迪南多，之后她就因为乳房肿块而一直抱病在身，整个养病期间她除了自己的法国侍从们谁都不见。科西莫把她的任性妄为都归咎于这些侍从，于是一口气把其中 28 人替换成了意大利人，结果只是让玛格丽特-路易丝闹得更凶了。

290

　　威尼斯大使这样写道："她从不听取任何反对意见，也不尊重任何人。她最惯常的幻想就是说自己下嫁了一个远远配不上她的家族；而这恰恰刺痛了美第奇家族最敏感的神经。"为了躲避丈夫，玛格丽特无所不用其极。她在宫中的卧室换了一个又一个，离丈夫的房间越远越好；她还向公公请求准许她独自去乡村别墅里生活。大公费尔迪南多本来对她充满耐心、体谅和宽容，可是最后连他也忍无可忍地冷硬起来，对玛格丽特说如果她继续这么无法无天，就把她送进修道院去。而玛格丽特对此的回应更加傲慢失礼，她说她的公公一定会后悔把自己送到修道院去，因为她会把整个修道院的修女们都教唆得像猴子一样吵闹聒噪。玛格丽特总是能从恶意中伤科西莫中找到快感。她到处散播他无能的故事，还说他连做个马夫都不配，更别说是做丈夫了。大公对此的报复措施就是所有人去阿蒂米诺打猎的时候，玛格丽特被单独送到了马蒂亚斯的拉佩吉别墅（Lappeggi），并且命人监视她的一举一动，她去哪儿都要有人跟着，并且绝不允许她收阅任何未经他们许可的信件。她对此的报复则是假装美第奇家族要毒害她，所以每一样食物都只能由法国厨师准备，她吃之前还必须让一个管家先吃一口。她还对外宣称这门婚事是强加给她的，因此不具有法律效力；她的地位就像个小妾，丈夫与别人通奸；她现在不得不进入修道院——当然必须是法国修道院。当她的这些提议被呈递到法王路易十四面前时，他的回答是：如果玛格丽特要回法国，也绝对不是进入法国修道院，而是直接投入巴士底狱。除了这样的威胁之外，路易十四还派一个特使带着他的书信去托斯卡纳，信中他斥责了玛格丽特的"任性妄为"和"固执己见"。

　　玛格丽特依然拒绝改变自己的行为方式。离开拉佩吉别墅

291

之后，她又被送到了波焦阿卡伊阿诺。科西莫听说她病了之后前去探望，可是她却抓起床头小桌上的瓶子，威胁说他胆敢靠近就要敲碎他的头。病好之后，玛格丽特恢复了在别墅后面的小山上快速攀爬的运动方式，她在前面走得飞快，不时还会丢石头乱打路边的小鸟，侍从们则辛苦地远远跟在后面，累得气喘吁吁也追不上她。

到了 1665 年 10 月，玛格丽特突然厌倦了单调乏味、与世隔绝的乡村生活，于是前往皮蒂宫请求大公准许她回归宫廷生活。费尔迪南多马上向她保证自己对此再满意不过了。科西莫也亲吻了妻子，看到她显然已经准备好做出符合她身份的样子，所有人都很欣慰地欢迎她回来。有一段时间，一切都好了起来：她变得和蔼可亲，打扮得美艳动人，开始跳舞、欢笑，履行妻子的职责与科西莫做爱并且再一次怀孕。可是麻烦又开始出现，怀孕之后她依然坚持骑马狂奔，走路飞快；被劝说后她又开始指责美第奇家族剥夺她的人身自由，把她像个犯人一样囚禁着。怀孕期间她不但坚持剧烈运动，还得了一次重感冒，医生只好给她大量放血，尽管如此，她还是在 1667 年 8 月 11 日生下了一名健康的女婴，取名安娜·玛丽亚·路易莎（Anna Maria Luisa）。孩子出生后，她的乳房脓肿复发了，而且还感染了天花。医生又开始给她大量放血，还剪掉了她的头发。在疾病和苦闷的双重打击下，她对科西莫的抱怨比以往更加恶毒。大公觉得在这样的情况下让科西莫出国也许有好处，于是就把他送到了德国和荷兰，结果发现他回来时玛格丽特依然没有好转的迹象，就又把他送到了西班牙，然后又去了英格兰。

第二十三章　科西莫三世和
王子费尔迪南多

"十八年就够了。我活不了那么长"

292　　　　26 岁的科西莫和以前一样阴郁，却比结婚时自信多了。因为暴饮暴食，他现在已经极度肥胖；不过举止也不无魅力，尽管他的言谈间总是过多地使用宗教敬语，但谈论的内容却是广泛而有趣的。科西莫在英国受到了学术圈人士的殷勤款待，这主要是因为他的家族曾经庇护过伽利略。佩皮斯（Pepys）还见到他经常出入女王的小教堂，并且形容他是一个"举止得体、肤色黝黑、身型肥胖的人，穿着晨礼服……一个令人愉悦的美男子"。在法国宫廷上，科西莫也给人留下了类似的好印象。国王给玛格丽特 - 路易丝写信说："看在你的面子上我自然应当好好关照我的堂妹夫。不过和他接触后我发现，仅凭他个人的魅力和美德我就应当对他以礼相待。"根据不太可靠的记述，"科西莫谈论任何话题都令人敬佩。他的身材就年纪来说确实胖了些。但是他的头型很好，留着卷曲的黑发，嘴巴很大，唇红齿白，面色健康红润，才思敏捷，待人接物和蔼可亲"。

　　科西莫回到佛罗伦萨时，心里还念念不忘这些北方的国家。他回来没多久就感慨地说："我殷切地盼望有朝一日能再见如天堂般的英格兰，我希望再一次拥抱我所有的老朋友

293　　们。"他对法国也抱有同样的热情，而且回国之后他高兴地发

现任性的法国妻子已经和自己的公公婆婆相处得融洽多了，所以甚至愿意多给她一些津贴来作为奖励。然而，此时他父亲的健康状况越来越糟糕，医生对水肿和中风的医治给他带来的更多是痛苦而非安慰；到最后，医生们认为放血已经没有任何效果，于是把烧热的铁块放到他头上，还强行把药粉（*polvere capitale*）从鼻子里灌进去；另外还尝试了把四只鸽子活生生地开膛破肚后放在他的额头上之类的怪异方法。最终大公费尔迪南多二世于1670年5月27日去世，他和自己的父亲、祖父一样被埋葬在圣洛伦佐教堂中巨大的巴洛克式陵墓中。

科西莫三世在无尽的惶恐中继承了父亲的爵位。尽管他父亲为人节俭，还采用了严苛庞大的税收体系，但是托斯卡纳的财政形势仍然没有任何起色。这里的贸易迅速衰败，人口也因为疟疾、瘟疫和农业落后导致的食物短缺而锐减。起初，科西莫还努力地想要有效解决这些问题；但是很快，他就意识到这些问题已经远超出他的能力范围，于是他把政务抛给了母亲及其朋友们；他甚至指派自己不满12岁的弟弟替他接待外国大使。科西莫专横的母亲对这样的安排倒是很满意，不过他的妻子就另当别论了，她义愤填膺地抱怨说一个法国王室的女儿竟然要屈尊受一个姓德拉·罗韦雷的人压制。

1671年夏天，玛格丽特-路易丝生下了第二个儿子吉安·加斯托内（Gian Gastone），这个名字来自他的外祖父加斯东·德·奥尔良。之后，科西莫和妻子之间的关系又迅速恶化了。玛格丽特-路易丝认定自己患了乳腺癌，于是请求路易十四给她派来一位法国医生。路易同意了她的请求，但是医生检查过后发现她胸部的肿块"绝对不是恶性的"。尽管如此，医生可怜她迫切想要回到法国的愿望，还是建议大公让玛格丽

294　特 - 路易丝去勃艮第的圣雷内（Sainte-Reine）药泉疗养，有
　　助于改善她整体的健康状况。科西莫自然不会同意，而他的拒
　　绝也必然引发妻子的激烈抗议。此外，他们还会为他送给她的
　　各种珠宝的成色而争吵，为她的铺张浪费而争吵，为她的仆人
　　们争吵，其中为一位法国男厨师而引起的争吵尤为严重。玛格
　　丽特 - 路易丝与这位厨师的行为极不检点，她这么做也是为了
　　报复科西莫解雇了她的两个德国马夫和一个法国舞蹈家。有人
　　记录说：

　　　　　这个厨子特别害怕，或者是装作特别害怕被人挠痒。
　　　公爵夫人发现了他的这个弱点之后，就特别喜欢挠他的
　　　痒……他为了躲避，会又叫又闹地满屋子跑，然后公爵夫
　　　人就会笑得难以自抑。

　　挠痒玩腻了之后，公爵夫人还会用枕头拍打厨师的头，厨
　　师就会躲到她的床下，不过公爵夫人还是会继续打他直到精疲
　　力竭地坐到椅子上为止。这时她旁边的乐师们就会继续演奏之
　　前被他们的玩闹打断的音乐。有一天晚上，厨子喝醉了，所以
　　当公爵夫人用枕头打他的时候，他叫嚷得格外大声，连大公都
　　被惊动了。他下楼看到发生了什么之后，"立即把厨师赶到了
　　走廊里"——不过后来对他的处罚还是被暂缓了。最终公爵
　　夫人决定彻底解决自己与大公之间的问题。她给科西莫写信说
　　再也无法忍受这样的生活了：

　　　　　我最终的决定应该不会令你感到意外，你好好想想这
　　　12 年来是怎么对待我的就明白了……我是你不幸福生活

的源泉，正如你是我不幸福生活的源泉一样。我请求你同意我离开，这样我才能获得内心的平和。我会派我的忏悔牧师去与你讨论具体事宜。

大公回信如下：

我不知道你的不幸福能否和我的相提并论。谁都能看到这 12 年来我从未停止给予你尊敬、体贴和关爱，唯独你对此视而不见……我等着听忏悔牧师还有什么可为你辩解的……与此同时，我会下令除了必要的侍从和待遇之外，你（在波焦阿卡伊阿诺）仍然会享有公爵夫人应有的尊重。

295

听到这段婚姻已经无可挽回之后，路易十四又派马赛主教作为特使到托斯卡纳去。主教发现大公夫人在波焦阿卡伊阿诺别墅里的仆从人数竟多达 150 名。她的一举一动都受到了严格的控制，到哪儿都必须有人跟随，没有大公的许可也不得接受任何来访。尽管对丈夫抱怨连天，公爵夫人却没有意志消沉。事实上，她又变得"活泼明快，勇敢无畏……风趣开朗了"。主教也觉得像大公这样一个"忧郁阴沉"的人难免会感到和公爵夫人无法相处。不过他还是希望尽可能地调和二人的关系。精力过剩的公爵夫人为款待主教准备了舞会、盛宴、音乐和戏剧等，但是在这歌舞升平的表象背后，主教还是发现了公爵夫人不幸福的真正原因，哪怕是大公承诺愿意解决问题后，公爵夫人也依然不能满足。"12 年来她尝试着改变自己的想法，但是到现在也没能成功。"除此之外，她再也不能在"不冒犯上帝"的前提下跟他生活在一起了，因为她的婚姻是被强迫的，所以她并不是他真正意义上的妻子。最后连主教也不得不承认，他此行的目的是不可能实现了。1673 年 5 月他回国向法王复命了。

路易十四及科西莫都认为，即便他们同意正式分居，为了面子上好看，玛格丽特－路易丝也应当继续留在托斯卡纳，但是公爵夫人坚决要回到法国。1674 年 12 月 26 日她的请求最终获得了许可。她获准进入蒙马特尔（Montmartre）修道院隐居。玛格丽特确保了自己离开时不会两手空空。她不但会有一份慷慨的年金收入，还有一大笔补贴用来支付这趟旅程的花销，她还被许可带走床和挂毯，以及价值约一万克朗币（crown）的银子。事实上，她真正带走的比这个数量还要多得多。玛格丽特－路易丝还搬走了波焦阿卡伊阿诺别墅里面的一些贵重物品，她还没出发就已经赠送出大笔的赏金，以至于不得不向科西莫索要更多现金，以免自己"身无分文地被晾在半路"。

正如人们预想的那样，公爵夫人在蒙马特尔并不会真正地隐居。起初她表现得还算虔诚顺从，不过没多久她就在路易十四的许可下跑到凡尔赛去了。她还会定期写信到佛罗伦萨索要钱财，要来钱就拿去赌博或者花在买衣服、买胭脂和假发上。她仍和过去一样浮躁多话。有传言说她和许多人发生了婚外情，包括卢维尼伯爵（Comte de Louvigny），卢森堡元帅护卫队中的一个副官，甚至还有他同队的卫兵。后来她又喜欢上了自己的马夫，他会用牙齿帮她咬开坚果，还被许可在玩牌的时候赢她的钱，甚至还服侍她沐浴。玛格丽特欠的债越来越多，于是又向科西莫索要两万克朗币，而科西莫过了好长时间才回复她这封十万火急的信，这让她十分恼怒。此外，她还在蒙马特尔引发过骚乱，当时刚上任的修道院长大胆指责了她的不良行径，她竟然一手挥舞着短柄斧头，一手拿着手枪，怒不可遏地追打年轻的院长。事情发生后，她被批准离开蒙马特尔到小一点的圣芒代教区（Saint-Mande）去了，在那里她很快又找到了新恋人，这次是一个不守教规的教士。

不过，此时玛格丽特－路易丝已经47岁了，不再那么无法无天。她声称自己对于圣芒代发生的一切感到震惊，这里的修女们会在夜间爬墙跑出修道院，女院长会穿着男人的衣服，一连几个月不见人影。大主教为她的改革热忱所打动，任命玛格丽特－路易丝取代潜逃的异装癖院长，成了圣芒代的新院长。4年之后，她又从自己的妹妹那里继承了一笔巨额遗产，终于不需要再向科西莫伸手要钱了。玛格丽特－路易丝活到76岁才去世，她总是没完没了地谈论自己的过去，还说从来没有后悔离开托斯卡纳："啊！只要我再也看不见大公的脸就行了。"

大公这一方则选择用炫富的方式来庆祝摆脱了这个惹人烦的妻子。公爵的宴会上摆满了异国的新鲜食物；他送给客人们最精美的礼物，似乎是想要显示自己并不是像公爵夫人的支持者污蔑的那般小气，而且美第奇家族还是像人们想象中的那样富有——尽管这并不是事实。公爵宴会上的侍者都是穿着他们本国民族服装的外国仆人；他吃的阉鸡要先拿到他面前称重，不够20磅重的都要退回厨房；他吃的点心和果冻都要做成城堡和纹饰动物的样子；他喝的葡萄酒也要先放到雪里冰镇。大公的饭量越来越大，身材也越来越胖。他现在的脸色与其说是红润，不如说是红肿了。

297

　　在其他方面，大公倒是没有这么毫无节制。他对教义的理解越来越狭隘。犹太人和基督徒之间的性行为是被严令禁止的。基督教妓女如果向犹太人卖淫的话，会受到鞭刑然后关进监狱，而嫖娼的犹太人则会被处以高额的罚款。基督教徒如果在犹太家庭或店铺做仆人，也会被处以重罚，交不起罚金的就要遭受酷刑或囚禁。科西莫为了遵从宗教法庭的意愿，也不再像美第奇家族之前那样向科学家和哲学家们提供庇护。比萨大学的教师们都接到了大公本人的命令，要求他们不得"在公开或私人场合，以撰写文章或讲座的方式，让学生阅读或向他们教授任何宇宙原子学说创始人德谟克里特斯（Democritus）的哲学思想"。而且，为了防止学生们从其他大学接触到这样污染思维的学说，大公又下令禁止托斯卡纳学生到公国边境以外的大学学习。

　　下决心扫除一切道德败坏与异端邪说的科西莫还禁止了五朔节，因为这个节日起源于异教徒。坚持在街上吟唱五朔节歌曲的姑娘们要被处以鞭刑。科西莫还发公告禁止年轻男女晚间在门口或窗前嬉戏调笑，这样的行为被指责为"强奸、堕胎和杀婴行为的主要诱因"。与被正式规定自己不得婚娶的女子发生关系的男子要受到酷刑的惩罚；鸡奸者则要被砍头；还有一些针对财产实施的罪行也可能被处以砍头的刑罚。于是，行刑的场面变得越来越常见。事实上，短短一年时间里，佛罗伦萨就执行了超过两千次的公开处决。杀人者不但会被处以死刑，还要被分尸。有一次科西莫想用烧红的铁钳对一个杀人犯上刑，但是最终被治安官劝阻了，为的是"不要让这座城市感到厌恶"。

　　而让这座城市时刻厌恶的是科西莫的重税和其他财政勒索。几乎每个月都在加征新税，而旧税的税率也在不断升高。

神职人员大都是免于缴税的，正如他们如果犯法也经常能免于刑罚一样，除非是个别极端恶劣的罪行——比如有一个牧师欺骗会众中的年轻姑娘说，在他的帮助下，她们可以生下即将以人形降临人世的圣灵。虽然从神职人员这里收不上来多少钱，但是妓女们却是最有效的税收来源。妓女们必须花钱购买执照，否则就不能在晚间上街拉客，而且她们拉客时还必须举着点燃的火把，否则也要被罚款。妓女每年要缴纳 6 个克朗币的豁免费，否则就随时可能被社会风化办公室的官员随便找个借口逮捕，他们会以各种微小的违规行为为借口，比如没有按规定在头发或帽子上佩戴黄色丝带之类。被逮捕的妓女要在胸前挂一块写着"卖淫"二字的牌子，由行刑官手持鞭子一路抽打着走到老市场。

　　科西莫还通过向商人出售食盐和面粉这类基本物资的专营权来敛财。卖出了专营权之后，他又会反过头来向小贩们出售特殊许可，让他们可以不受商人垄断的限制。对于那些想要钻规定空子的人，惩罚是极为严厉的：试图突破面粉垄断的面包师傅可能会被发配到船队上服役；从腌鱼的卤水中提取盐分的行为则可以被判死罪。税收和专营许可费偶尔会被用在一些有意义的地方，比如为大公的藏书室买书，或是为枢机主教莱奥波尔多的收藏购买微缩模型。但更多时候，这些钱被用来购买手套和香薰这类昂贵的礼物，或者向科西莫某位英国朋友赠送成箱的基安蒂酒（Chianti），或购买一些来源不明的所谓圣物，或者被宫廷里其他什么新的奢侈行为挥霍掉了。

299

　　这个宫廷中最奢侈的人，莫过于大公的弟弟弗朗切斯科·玛丽亚。他也是这个家族最近受封的枢机主教，一个开朗乐观、无忧无虑的大胖子。他的叔叔马蒂亚斯去世后，弗朗切斯科·玛丽亚就搬进了拉佩吉别墅，不过以他的品位而言，这座别墅还不够宏伟。他要建筑师安东尼奥·费里（Antonio Ferri）为他设计各种装修方案。方案提交后，他毫不意外地选中了最奢华昂贵的一个并且询问这个方案的造价。费里说的钱数远远超出了枢机主教可支配的金额。"如果我只给你三万克朗币，你仍然按照这个设计方案装修，建成的别墅能住多久呢？"费里估计了一下说可以保证在18年以上。枢机主教于是指示他说："这样的话你就开工吧。18年就够了。我活不了那么长。"①

装修工作很快就完成了。花园的布局足以与普拉托利诺的那些花园媲美。弗朗切斯科·玛丽亚在此定居，尽情地享受自己估算的余生。他纵容自己的程度简直是没有底线。他喜欢熏香，所以拉佩吉别墅的一个房间就被改造成了香料房。他喜欢年轻男子的陪伴，于是别墅里总是住满了年轻男子，他让他们用他的钱赌博，还让他们穿着女人的衣服在餐桌边服侍。弗朗切斯科·玛丽亚还特别喜欢吃，他吃完一顿饭之后会喝催吐剂把食物吐出来，这样胃里就有地方再吃第二顿了。他还喜欢恶作剧，会不惜重金找人给他策划有意思的恶作剧并帮助他付诸实践。他还会在仆人身上花很多钱，比如把一包包的钱币从窗口扔到外面的草坪上，然后看仆人和附近的农民为了争抢钱币而打作一团。仆人会抓住各种机会揩他的油，不过他并不在乎，甚至还鼓励他们顺手牵羊的行为。每到复活节的时候，他就会把所有仆人叫到面前让他们忏悔，然后再赐予宽恕，宣布

---

① 拉佩吉别墅只维持了18年，枢机主教去世后，别墅的第二层就因为承重墙不稳固，有倒塌砸进花园的危险而被拆除了。本来就不稳固的结构又在1895年的地震中受到严重破坏，剩下的部分估计也随时可能倒塌。

他们拿走的都是他自愿赠送给他们的礼物。正因如此，他总是钱不够用，于是就持续不断地寻求更多有圣俸和津贴的职位，争取到了就把要做的工作丢给秘书。

有这样一个懒散、奢侈的弟弟，科西莫自然担心他会给自己的继承人费尔迪南多王子带来不好的影响。王子如今已经长成了一个英俊的年轻人，活泼有趣，聪明智慧，有艺术天分，而且独立自主，与他的法国母亲而不是忧郁的父亲有更多相似之处。费尔迪南多15岁就已经掌握了复杂的象牙雕刻技艺并创作出了不少任何收藏家都会趋之若鹜的作品。除此之外，他还是个有天赋的音乐家，大键琴弹得极好，唱歌的技巧和魅力也出类拔萃。后来他在普拉托利诺别墅的四层专门修建了一个剧场——和叔叔弗朗切斯科·玛丽亚不同，后者会让演员们在拉佩吉别墅的舞台上喋喋不休地吵闹，以防止自己在中途睡着——这里上演的几部精彩作品都有他的参与，其中就包括亚历山德罗·斯卡拉蒂（Alessandro Scarlatti）的五部歌剧，费尔南迪多和他一直保持着通信联系。费尔南迪多还和雅各布·佩里、贝尔纳多·帕斯奎尼（Bernardo Pasquini）以及亨德尔（Handel）有联系，这些人都被邀请到佛罗伦萨与费尔迪南多及其设计者们一起创作，这些作品在全欧洲的音乐圈都受到了广泛的好评。费尔迪南多还是一位露天表演的策划大师。1689年忏悔节（Shrove Tuesday）当天在圣十字广场举行的令人印象深刻的比武表演就是由他组织策划的。大批观众站在广场四周的木质看台上，欣赏了欧洲和亚洲两支水平相当的骑士队伍之间精彩纷呈的比武表演。除了这些之外，费尔迪南多也是一位艺术品的资助者和收藏家。他对画作极有鉴赏力又不拘于一格，对瓷器的鉴赏力和对画作的一样好。他购买了拉斐尔和安德烈亚·德尔萨尔托的画作，还买下了帕尔米贾尼诺（Parmigianino）没有完成的《长颈圣母》（*Madonna dal Collo Lungo*）。当塞巴斯蒂亚诺·里奇（Sebastiano Ricci）和朱塞佩·玛丽亚·克雷斯皮（Giuseppe Maria Crespi）籍籍无名时，费尔迪南多就已经雇佣他们在皮蒂宫进行创作了。费尔迪南多还收集了一些佛罗伦萨教堂里本来不被看中的圣坛装饰画，然后花钱再为教堂画新的。这些被他收购的作品就包括拉斐尔的《巴达齐诺的圣母》（*Madonna del Baldacchino*）和巴尔托罗梅奥的《圣马可》（*San Marco*）。在 1701 年的圣路加日（St Luke's Day）上，费尔迪南多在圣母领报教堂的回廊上举办了佛罗伦萨有史以来第一个正式的油画展，他不但为画展提供了几幅自己的藏品，还制作了展品目录。

301　　　　然而，即便有这样的才华和成就，对于父亲来说，费尔迪南多还是让他感到失望。别的都不说，光是他对貌美男歌手的迷恋就让父亲无法容忍。先是他的家庭教师有一天撞见他与一个名叫彼得里洛（Petrillo）的男歌手拥抱接吻；后来又有一个自负的威尼斯阉人歌手（*castrato*）切基诺（Cecchino）设法成了费尔迪南多的家臣并且对他形成了巨大的影响。大公于是决定费尔迪南多必须尽早结婚才行。他需要一个妻子来消除切基诺和枢机主教弗朗切斯科·玛丽亚的不良影响，而且美第奇家族也必须有继承人。更重要的是，大公希望婚姻责任能够唤醒费尔迪南多对政府事务的责任心，反正到目前为止他还没展露出任何这方面的才能。只可惜，大公为费尔迪南多选定的妻子并没能引起他的半点儿兴趣。

　　巴伐利亚公主维奥兰特·贝亚特丽切（Violante Beatrice）是一个相貌平平的年轻姑娘，胆小羞怯、没有主见。她第一眼看到丈夫就爱上他了，但是她的丈夫却丝毫不掩饰自己与她结婚只是因为父命难违。婚礼当天奇冷无比，两个在圣加洛港口站岗的士兵甚至被冻死了。16 岁的新娘在从大教堂前往皮蒂宫的路上忍不住将脸埋在暖手笼里，可怜兮兮地说自己一辈子都没有觉得这么冷过。不过她不是一个会不停抱怨的人，因为她知道丈夫本来就对自己没有兴趣，而抱怨只会将没兴趣转化为厌恶。费尔迪南多基本上无视妻子，而且事后证明她没有生育能力。突然有一天他离开佛罗伦萨去了威尼斯，并且从一位贵族夫人那里染上了梅毒。之后，令专横的切基诺惊恐，更让隐忍的妻子伤心的是，费尔迪南多带回了一个年轻的情妇，这无异于在他们的伤口上又撒了一把盐。

第二十四章　最后一个美第奇

"佛罗伦萨已经不是当初的佛罗伦萨了"

　　既然费尔迪南多不可能有继承人，大公科西莫只好将自己的注意力转移到二儿子吉安·加斯托内的身上。之前他没怎么在意过这个次子，而吉安·加斯托内也不是一个渴望被关注的年轻人。他内向、孤僻、闷闷不乐，大多时间都是一个人独处，把令他哥哥和叔叔们沉迷的嘈杂、奢侈的圈子隔绝在自己门外。他更喜欢研究植物学和古文物，或者是学习包括英语在内的外语。他样貌端正、温柔体贴，不过没有什么朋友，同性或异性都没有。当然他也没有任何野心，甚至没有成为谁的丈夫的野心，他常常带着深深的恐惧思考将来家族会为他选择一位怎样的新娘。而当他看到新娘的那一刻，恐惧变成了惊骇，因为安娜·玛丽亚·弗兰切斯卡（Anna Maria Francesca）真算得上一位奇丑无比的女人了。她是萨克斯 - 劳恩堡公爵（Duke of Saxe-Lauenberg）的女儿，也是普法尔茨伯爵（Count Palantine）纽伯格的菲利普（Philip of Neuberg）的遗孀。她除了样貌丑陋，还很愚蠢，很爱吵架，"身材肥胖，以自我为中心，没有一丁点儿吸引力可言"。她没有什么兴趣爱好，也不喜欢耗费体力的室外活动，而且似乎对在那个潮湿、丑陋的城堡里了却余生感到心满意足。1697 年他们在选帝侯城堡的教堂里举行婚礼之后，吉安·加斯托内和妻子一起回到了位于布拉格附近赖希施泰特村（village of Reichstadt）那令人沮丧的城堡。无论是妻子还是城堡都让吉安·加斯托内感到恶心。他的同性恋倾向比其兄长的还要强烈，所以他在这里就靠和一个狡猾、俊俏的马夫朱利亚诺·达米（Giuliano Dami）偷情来寻求安慰，虽然没太大作用，但至少能让他暂时逃出只有茅舍和莎草床的绝境，这里就像囚禁他的监狱一样。

　　第二年春天，吉安·加斯托内在无人陪同的情况下微服化名地去了趟巴黎，这让他的父亲大为震怒，斥责说这样的出行有失美第奇家族的身份。从巴黎回来后不久，他又去了布拉格，并且只带了他的马夫情人。为了忘掉在赖希施泰特村的生活给他带来的苦闷，吉安·加斯托内沉迷于赌博、性爱和酒精，穷困的学生和站街的男妓都是他做爱的对象，他还经常在简陋的小酒馆里喝得酩酊大醉，在这里"他自甘堕落，开始抽烟，就着面包嚼荜拨和小茴香籽，这样就能有德国人一样的酒量了"。过了一段时间，他强迫自己重新回到赖希施泰特村的妻子身边，可是这里的生活让他更加绝望。他会一连几个小时独自在房间里，凝望窗外衰败阴沉的景象，忍不住泪流满面。他甚至不愿意去回复信函或签署秘书为他起草好的文件。偶尔，当他不是这样了无生趣的时候，他要么去喝酒，要么和自己的意大利仆从赌钱——他输给别人好多钱，以至于不得不把妻子的珠宝拿去当掉，而当铺给他的价格往往都不及珠宝价值的一半。吉安·加斯托内恳求妻子和他一起去佛罗伦萨，这样他们就可以在一个不这么压抑的环境中继续痛苦地生活。可是妻子每天把时间花在"在马厩中与人聊天"上，坚决不肯离开这个不知道她为什么如此留恋的赖希施泰特村。她的忏悔师警告她，如果去了佛罗伦萨，她一定很快就会被谋杀，这是

303

所有美第奇家族的妻子或早或晚都难以逃避的命运。

在佛罗伦萨，科西莫在担忧和失望中一天天衰老。常年以来的暴饮暴食和缺乏运动已经彻底损害了他的健康，医生建议他采取"严格的毕达哥拉斯养生法"（Pythagorean regimen）来应对"胆汁过多"的病症，也就是只吃水果、蔬菜并且参与骑马和打猎等强度大的运动。他遵循了这些建议，不过身体状况的改善并没有提升他的精神。他因为始终无法给自己宠爱的女儿安娜·玛丽亚（Anna Maria）寻找到一个满意的丈夫而格外沮丧。安娜·玛丽亚身材高挑，一头黑发，说话声音很粗，笑起来很大声，甚至有些粗鲁笨拙。西班牙、葡萄牙，还有萨瓦公爵和法国王太子（the Dauphin）已经先后拒绝了他的提亲。最后普法尔茨选帝侯威廉（Elector Palatine William）同意娶她为妻。他们在因斯布鲁克（Innsbruck）举行了婚礼，之后不久选帝侯就把性病传染给了自己的妻子，这也成了她后来流产的主要原因，她早年的生活也因此变得不幸。

科西莫知道孩子们已经不可能为美第奇家族带来继承人了，绝望之下他只好将目标转向自己的弟弟弗朗切斯科·玛丽亚。枢机主教被这个请求吓得不轻。他压根儿不想娶妻生子，现在这个想法也没有任何改变。更何况结婚意味着要和他在拉佩吉别墅享受的那种放浪生活告别，还意味着放弃枢机主教的职位。他现在已经48岁了，不想再有什么改变，而且觉得自己的健康状况也不如从前。不过最终他还是拗不过哥哥。为他安排的妻子是瓜斯塔拉和萨比奥内塔公爵（Duke of Guastalla and Sabbioneta）的女儿埃莱奥诺拉公主（Princess Eleonora）。她和自己未来的丈夫一样抗拒这门亲事。人们提醒她这门婚事

304

对她的家族而言是莫大的荣耀，但是比起家族荣耀，她更在意
自己要和一个脸上有疤、又丑又胖、患有痛风的老男人同床共
枕，更何况谁都知道他其实更喜欢漂亮的男孩儿。事实上，婚
后的几周，埃莱奥诺拉怎么也不肯和丈夫圆房；不过最终还是
在丈夫的温和与耐心下妥协了。行房的经历让埃莱奥诺拉感到
厌恶，也让弗朗切斯科·玛丽亚觉得痛苦而精疲力竭。事实
上，这一切对他而言确实已经无法承受了，婚后不到两年，弗
朗切斯科·玛丽亚就去世了。

　　他的侄子费尔迪南多与维奥兰特·贝亚特丽切公主的婚姻
也是同样的不幸，而且他余下的时间也不比自己的叔叔长多
少。费尔迪南多在威尼斯感染的性病一直没有彻底康复。在弗
朗切斯科·玛丽亚结婚时，费尔迪南多就已经失去了记忆，他
每天大部分时间里都处于一种恍惚麻木的状态，时不时还会突
发癫痫。他最终在 1713 年 10 月底去世。之后不到三年，他的
妹夫普法尔茨选帝侯也去世了，而他的遗孀安娜·玛丽亚则打
算搬回佛罗伦萨。

　　此时，她的哥哥吉安·加斯托内已经回到了佛罗伦萨。他
在 1708 年的时候丢下妻子独自回到了佛罗伦萨，当时他 37
岁。从那以后他一直过着与世隔绝的生活，除了朱利亚诺·达
米之外几乎不和任何人来往。他经常醉得连马都骑不稳，差不
多每个晚上都是在酒精带来的晕眩中度过。吉安·加斯托内还
患有哮喘，他甚至不愿拆开寄来的信件，这样也就不用回信
了。一个到佛罗伦萨访问的法国人记录道："有人担心吉安·
加斯托内会比自己的父亲先去世，这种担心是完全有理由的。
因为大公体质强健而且非常在意健康，相反他的次子却似乎一
心想要加速生命的终结。"

305

科西莫早就不再关心吉安·加斯托内这个儿子了，他一心只想着在托斯卡纳继承权的规定下如何保护女儿安娜·玛丽亚的利益。起初委员会劝他颁布法令让佛罗伦萨的主权像共和国时期一样回归到人民手中，他不愿意接受。不过后来他决定，如果安娜·玛丽亚能够比哥哥长寿，她应当继承爵位成为女大公，之后才可以恢复共和国体制。这样的决定引发了后来持续多年的外交争执：神圣罗马帝国皇帝查理六世（Charle VI）、埃斯特家族（House of Este），还有西班牙的菲利普五世（Philip V）和伊丽莎白·法尔内塞（Elizabeth Farnese）全都提出有权继承公国。这个棘手的问题令科西莫忧心忡忡，于是他只好一心埋首于宗教信仰之中来寻求解脱。

几年前他曾经进行了一次罗马朝圣之旅，当时他实现了一个毕生的心愿，就是被任命为拉特兰（Lateran）的圣约翰教士，这样他就有权亲手摸一摸圣荣（Volto Santo），也就是基督在前往加略山（Calvary）的路上曾经用过的手帕。据说自从亲手捧起了这块神圣的布料之后，科西莫就变得比以往更加虔诚了。他还把价值二十万克朗币的油画《圣母领报》送给了教皇。作为回礼，他将一盒子神圣遗骸带回了佛罗伦萨，没过多久他又给这份收藏增添了一段圣弗朗西斯·哈维尔（St Francis Xavier）的小肠。只有最尊贵的客人来访时，科西莫才会带着至高的崇敬向他们展示这些圣物，还会谦逊地向圣物跪拜。一个英国游客确信：

> 科西莫在自己的房间里安装了一个机器，上面装了日历中圣人们的银质肖像。这个机器会在每个圣人的纪念日展示出这个圣人的肖像，科西莫则会在圣人肖像之前行祷

告仪式……他每天至少要去五六个教堂。

　　科西莫用无限的热忱来规劝别人改信天主教。克拉科夫（Cracow）的主教把三个顽皮捣蛋的哥萨克（Cossack）男孩儿领到他的面前，科西莫会连续几个小时耐心地给他们讲解基督教教义。科西莫还会为改信天主教的外国新教徒提供丰厚的年金。另外，科西莫把同样的执着投入到处理佛罗伦萨现存的他认为会引发人们淫秽想法的艺术作品上。本来展示于大教堂内的巴乔·班迪内利的亚当与夏娃大理石雕塑就被科西莫搬走了；又因为有教士对他说乌菲齐里展示的裸体雕塑都太淫秽，科西莫就打算把它们全都藏到公众看不到的地方去。科西莫自己过着苦行僧一般的日子，他每天吃的都是最简单的饭菜，而且几乎都是一个人孤零零地进餐。他除了白水什么都不喝，每天早睡早起，甚至不点火炉。他曾经的缺点大部分都随着年岁的增长改掉了，只是固执和偏见还和以前一模一样。尽管如此，他仍然得不到人们的爱戴。现在他已经八十多岁了，人们对他的态度更多是谨慎和尊重，再没有暴徒集结在他的窗口下嚷嚷着乞求食物或是用石灰在宫墙上涂写侮辱性的标语。可是当科西莫偶尔乘坐两匹马拉的马车离开宫殿，在举着长戟的瑞士保镖的护卫和仆从的前呼后拥下缓缓走在街上时，人们虽会行礼，但绝不会欢呼。直到 1723 年 10 月 31 日他去世，也没有什么人为此感到悲伤。

　　佛罗伦萨有其他更值得悲伤的理由。这个城市此时已经变得愁云遍布、贫穷破败。游客们反映说城里见到最多的是乞丐、流浪汉和修道士。他们成群结队、垂头丧气地在街上游走，两边的建筑也陈旧晦暗，窗户上糊的油纸也都是撕坏的。

上一代人哀叹这个城市竟沦落到如此的境地，索尔兹伯里（Salisbury）的主教吉尔伯特·伯内特（Gilbert Burnet）就写道："佛罗伦萨已经不是当初的佛罗伦萨了，这里的人口还不足五万……一个人要是在托斯卡纳转转就会发现人口下降得多么严重，这片曾经充满生机的土地已经变得一贫如洗。"之后的游客也都是类似的失望感受，他们中有人这么说：

> 这个国家的衰败是显而易见的，城里大片的空地无人利用，已有的房子也都破败失修、不适宜居住，所以人口并不多；而现有人口也并没有什么用，因为其中大部分都是神职人员……我曾经在一次游行队伍中看到了超过四千名修士和教士。

科西莫向佛罗伦萨人征的税已经够重了，甚至他在将死之时还批准再加征一项新的个人所得税。即便如此，佛罗伦萨的财政也到了破产的边缘。同样捉襟见肘的还有城市中的贵族们，回想他们前辈的富足和好客，而现在被邀请去打打牌或者开个茶话会（conversazione）就算最令人兴奋的活动了，主人能拿来待客的无非就是柠檬水、咖啡和茶，偶尔能有点冰淇淋。贵族们现在吃的也是从附近小饭馆里买来的普通饭菜，而且他们连饭钱都快凑不出来了，更别说供养那些怀揣着对美好年景的遐想而在门口游荡的仆人们了。

52 岁的吉安·加斯托内接替了他父亲的位置之后，人们就更不指望能有什么起色了，根本没人相信他能克服自己的懒散、酗酒和放荡淫乱。一开始他还挺像回事，展现出了对人民福利的真诚关切，并且鄙视大多数亲戚奢侈炫耀的行为。他把税赋降到了人们可以忍受的程度，并且降低了谷物的价格；他终止了公开处决犯人的习俗，并且给城市里的乞丐们设立了像样的济贫院；他把政府从科西莫三世时期被教会严格控制的状态下解放了出来；他还恢复了科学家和学者们近年来被剥夺的自由；他也取消了针对犹太人的法令。可是，不久之后，他懒散的本质重新占据了上风，大部分时间里，他甚至都不肯离开自己的床，任由圆滑狡诈的朱利亚诺·达米替他将不想见的客人拦在门外，其实就是打发那些工匠和古董商们，他们指望着把其他有鉴赏力的收藏家根本不会要的作品推销给懒散随意的大公。

　　朱利亚诺·达米还会为吉安·加斯托内招募一批乱七八糟的年轻男女来供他消遣，其中还是以粗鲁吵闹的年轻男孩儿居多，这些人被统称为"鲁斯潘蒂"（*Ruspanti*），因为他们都是以领取鲁斯皮币（*ruspi*）为酬劳的。这些鲁斯潘蒂多是来自佛罗伦萨贫穷人家的漂亮年轻人，他们娱乐大公的方式就是在他的房间里玩耍吵闹，甚至对骂一些污言秽语，大公心血来潮时，也许还会加入他们的恶作剧中。有些时候，大公会摆上一桌丰盛的晚宴，让鲁斯潘蒂们假装成他的大臣或是其他一些佛罗伦萨最重要的领袖市民们，然后大公会为这些假扮的名流们致祝酒词。宴会结束后，他则劝说这些年轻人互相做爱供他观赏。鲁斯潘蒂的数量每个月都在增长，到1731年年底，已经达到了近四百人之多。随着人数的增长，鲁斯潘蒂变得越来越暴力和难以管控，他们不但在波波利花园中发动暴乱，被拖欠薪酬时还会去抢劫附近的饭馆和市场里的货摊。

　　吉安·加斯托内的嫂子维奥兰特在她的丈夫费尔迪南多去世后选择继续留在佛罗伦萨生活。她试图为吉安·加斯托内寻

308

找一些不那么堕落的娱乐来取代鲁斯潘蒂，于是她经常安排一些宴会并邀请了最有意思、最有学问的人来为大公助兴。然而吉安·加斯托内每次都喝得酩酊大醉，吃饭的时候不是咒骂就是打嗝，有时还会说出一些莫名其妙的粗俗评论。最让人难堪的一次，他不但在饭桌上呕吐，还拽下了自己的假发擦嘴。

其实，很多时候大公都是在床上用餐的。午餐是在下午 5点，晚餐是在凌晨 2 点。午餐之前，他会同意接待几个重要的访问者，但是依然不会离开他的床，只是靠着枕头坐起来，四周还要摆满新摘的玫瑰，主要是为了掩盖房间里霉臭的气味。在这些时候，大公只是穿着沾满鼻烟的衬衫，戴着长领带和睡帽。他几乎不怎么离开房间，偶尔出现在众人眼前也只是为了打破他已经去世的传言。他倒是出席了 1729 年的施洗者圣约翰日庆祝活动，不过在活动开始之前就已经醉了，这样他就不会觉得冗长的仪式那么难熬了。他懒洋洋地坐在马车上，时不时从车窗探头出去呕吐。到了普拉托门，他摇摇晃晃地去看赛马，整个过程中还不停地辱骂自己的男仆和身边的女士们；最后他干脆睡着了，被用轿子抬回了皮蒂宫。从那之后他几乎再没有离开过皮蒂宫，除了一次坐着轿子去声名狼藉的圣斯佩兰迪诺（San Sperandino）公共浴室，以及另外一次戴着草帽、穿着睡衣坐在轿子里前往波焦因佩里亚莱别墅。1737 年 6 月，克拉翁王子（Prince de Craon）代表洛林公爵弗朗西斯（Duke of Lorraine Francis）——也是玛丽亚·特雷莎（Maria Theresa）的丈夫——拜访吉安·加斯托内，发现他已经是个将死之人了。欧洲的其他大国自行选定洛林公爵作为大公的继承人，甚至都没费心征求一下他本人的意见。王子向洛林公爵汇报说："大公的情况很可怜，他下不了床，胡子已经长了好长；床单很脏，他的视力非常微弱，他说话的声音很低而且模糊不清。总体来说，他剩下的时间超不过一个月。"王子说的一点儿也没错。吉安·加斯托内在 1737 年 7 月 9 日去世了，享年 65 岁。

新政权控制的六千人大军此时已经进入了佛罗伦萨的边境；政府中所有重要的位置也都被指派给了外国人。托斯卡纳成了奥地利帝国的一个属国，而美第奇家族的最后一个代表，普法尔茨选帝侯夫人安娜·玛丽亚则被许可一直生活在皮蒂宫中她的房间里。

这位高挑、尊贵，甚至有些粗鲁、高傲的老妇人一直强烈反对自己弟弟的行为，虽然她费尽苦心的劝阻总是以被辱骂驱逐结束，但她最终还是在弟弟临死前说服他接受教会的仪式。安娜·玛丽亚本人也是极为虔诚的，她很少离开宫殿，偶尔坐着"有侍卫随行的八匹马拉着的"马车驶出宫殿的庭院，人们可以毫不犹豫地确认她要么是去做弥撒，要么是去向她最爱的慈善事业捐款，要么是去视察圣洛伦佐教堂里家族陵墓工程的进展。之前这项工程一度停摆，现在也是由她本人承担费用才得以继续。她偶尔有几个访客，据诗人托马斯·格雷（Thomas Gray）观察，她房间里的家具都是银质的，看起来一点儿也不温馨舒适，她在这里接待客人时会不苟言笑地站在一个黑色华盖下面。安娜·玛丽亚一直很清楚自己是这世上最后一个美第奇的事实。

佛罗伦萨人也知道这个事实。人们为自己的国家再一次被外国势力占领而感到愤恨与羞愧，占领者的大炮被放置在这个城市的堡垒中，炮口却对准了人民。此时回想美第奇曾经的荣耀让他们感觉既骄傲又感伤。当公共建筑上象征美第奇家族的

310

红球被取下，由装饰着鸢尾花（fleurs-de-lis）、雄鹰和十字架的洛林家族盾徽取代时，佛罗伦萨人感到深深的遗憾。当他们听说国父科西莫的生日、教皇克莱门特七世当选纪念日、科西莫一世受封公爵纪念日等所有与美第奇家族有关的公共庆祝节日都要被废止时，人们更是义愤填膺。法国学者查理·德·布罗斯（Charles de Brosses）在这一时期探访了托斯卡纳地区之后得出这样的结论："佛罗伦萨人愿意付出自己全部家当的三分之二来换取美第奇家族的回归；然后付出剩下的三分之一赶走洛林家族……他们憎恨洛林家族。"1743 年 2 月，75 岁的安娜·玛丽亚去世了，整个佛罗伦萨都沉浸在失去她的悲伤中。英国特使的助手汇报说：

> 普通人都认定她是被飓风带走了；今天早上刮起了一场极为强烈的飓风，持续了大约两个小时，而现在却又晴空万里了——这就是证明。除此之外，约翰·加斯东（John Gaston）去世时也发生了一模一样的事情。人们坚信自己就是目击者，没有人能打破这种信念……周一早上，人们找了个借口请来了她的忏悔师，因为安娜·玛丽亚坚持不同意叫他来……忏悔师被要求告诉安娜·玛丽亚她很快就要死了，但是她还不太高兴地反问："谁告诉你的？"忏悔师则说："是你的医生。"
>
> "好吧，那我们就把该做的都做了吧，要抓紧。"就这样他们给她吃了圣餐……她的意识到最后都是清醒的，但是去世前最后大约一个半小时里，她一句话也没说过……从周四起她的遗体就被停放在宫殿的大厅里供人们瞻仰，今天晚上将被正式下葬……美第奇家族的最后一位

成员也要去和她的祖先们团聚了。

　　然而，圣洛伦佐教堂的陵墓并不是人们真正记住她的原因。在她的遗嘱中，安娜·玛丽亚把美第奇家族所有的财产都留给了新任大公和他的继承人，包括所有的宫殿和别墅，所有的画作和雕塑，所有的珠宝和家具，还有书籍和手稿——美第奇家族世代收藏的所有艺术品。她做出如此决定只有一个条件：任何一样东西都不能离开佛罗伦萨，美第奇家族的全部财富要永远留在这里供全世界人民欣赏。①

311

———————

①　最后是由一直不受爱戴的洛林家族和大公弗朗切斯科精力充沛的儿子彼得罗·莱奥波尔多（Pietro Leopoldo）的部长们来重振这个资源枯竭、饱受压迫的国家的。混乱的立法和过度开发的乡村是晚期的美第奇家族统治留下的社会和经济困难。但是他们留下的光辉灿烂的艺术和文化遗产——佛罗伦萨巴洛克艺术繁荣而精妙的工艺在科西莫三世的雕塑家乔瓦尼·巴蒂斯塔·福吉尼（Giovanni Battista Foggini）的作品中展现得淋漓尽致——却是近年来才逐渐获得承认。1974年在底特律和皮蒂宫举办的名为"美第奇家族的暮光"的展览——当然贝尔纳多·贝伦森（Bernard Berenson）对此是毫不感兴趣的——是第一次举办此类型的展览。

美第奇家族在佛罗伦萨的
主要画像、半身像和雕塑

主题	类型	艺术家	现存地点
乔瓦尼·迪·比奇	去世后创作的画像	布龙齐诺	美第奇里卡尔迪宫
乔瓦尼·迪·比奇	画像	扎诺比·斯特罗齐	美第奇里卡尔迪宫
"国父"科西莫	去世后创作的画像	彭托尔莫	乌菲齐宫
"国父"科西莫	画像（布鲁内莱斯基向其展示圣洛伦佐教堂模型）	瓦萨里	佛罗伦萨旧宫
洛伦佐·迪·乔瓦尼	去世后创作的画像	布龙齐诺	乌菲齐宫
皮耶罗·迪·科西莫	半身像	米诺·达菲耶索莱	巴杰罗宫
乔瓦尼·迪·科西莫	半身像	米诺·达菲耶索莱	巴杰罗宫
伟大的洛伦佐	去世后创作的画像	瓦萨里	乌菲齐宫
伟大的洛伦佐	壁画（与萨塞蒂家族成员一起）	基兰达约	圣三一教堂的萨塞蒂家族堂
伟大的洛伦佐	壁画（坐在枢机主教乔瓦尼前面）	瓦萨里	佛罗伦萨旧宫
伟大的洛伦佐	画像	佛罗伦萨画派，15世纪初	美第奇里卡尔迪宫
伟大的洛伦佐	死者面部模型	/	美第奇里卡尔迪宫
皮耶罗·弗朗切斯科·迪·洛伦佐	画像	瓦萨里	佛罗伦萨旧宫

续表

主题	类型	艺术家	现存地点
皮耶罗·迪·洛伦佐	画像	布龙齐诺	美第奇里卡尔迪宫
皮耶罗·迪·洛伦佐	半身像	韦罗基奥	巴杰罗宫
朱利亚诺·迪·洛伦佐	壁画（儿时与家庭教师波利齐亚诺在一起）	基兰达约	圣三一教堂的萨塞蒂家族堂
(？)孔泰西纳	半身像	多纳泰罗	巴杰罗宫
(？)菲奥雷塔·戈里尼	画像	波提切利	皮蒂宫
教皇莱奥十世	画像（与枢机主教朱利奥·德美第奇和路易吉·德罗西在一切起）	拉斐尔	乌菲齐宫
教皇莱奥十世	壁画（途经佛罗伦萨）	瓦萨里	佛罗伦萨旧宫
教皇莱奥十世	壁画（任命30个枢机主教）	瓦萨里	佛罗伦萨旧宫
教皇克莱门特七世	画像	布龙齐诺	美第奇里卡尔迪宫
公爵亚历山德罗	画像	瓦萨里	美第奇里卡尔迪宫
伊波利托	画像	提香	皮蒂宫
凯瑟琳	画像（21岁时）	/	波焦阿卡伊阿诺
凯瑟琳	画像（40岁时）	波布斯	乌菲齐宫
乔瓦尼·迪皮耶尔弗兰切斯科	画像	瓦萨里	佛罗伦萨旧宫
卡泰丽娜·斯福尔扎	画像	瓦萨里	佛罗伦萨旧宫
乔瓦尼·德拉·班代·内雷	雕像	班迪内利	圣洛伦佐教堂广场

主题	类型	艺术家	现存地点
乔瓦尼·德拉·班代·内雷	画像	提香	乌菲齐宫
玛丽亚·萨尔维亚蒂	画像	瓦萨里	佛罗伦萨旧宫
科西莫一世	画像（12岁时）	通常被认为由里多尔福创作基兰达约	美第奇里卡尔迪宫
科西莫一世	画像（青年时期）	彭托尔莫	美第奇里卡尔迪宫
科西莫一世	画像（当选）	弗兰切斯科和雅各布·利戈齐兄弟	佛罗伦萨旧宫
科西莫一世	画像	瓦萨里	乌菲齐宫
科西莫一世	画像（穿着铠甲）	布龙齐诺	乌菲齐宫
科西莫一世	骑马雕像	詹波隆那	佛罗伦萨旧宫
科西莫	半身像	切利尼	巴杰罗宫
科西莫一世	画像（戴着公国的王冠，穿着公国的王袍）	布龙齐诺	乌菲齐宫
埃莱奥诺拉·德·托莱多	画像	布龙齐诺	佛罗伦萨旧宫，弗朗切斯科一世的实验室中
埃莱奥诺拉·德·托莱多	画像（与乔瓦尼在一起）	布龙齐诺	乌菲齐宫
伊莎贝拉	画像	布龙齐诺	乌菲齐宫
加尔恰	画像	布龙齐诺	乌菲齐宫
枢机主教乔瓦尼	画像	苏斯泰尔曼斯	波焦阿卡伊阿诺
彼得罗	画像	布龙齐诺	乌菲齐宫
弗朗切斯科一世	画像	委罗内塞	皮蒂宫
奥地利的约安娜	画像（与菲利波在一起）	/	乌菲齐宫

续表

主题	类型	艺术家	现存地点
比安卡·卡佩洛	画像	布龙齐诺	皮蒂宫
埃莱奥诺拉（弗朗切斯科一世之女）	画像	普尔佐尼	皮蒂宫
费尔迪南多一世	画像	亚历山德罗·阿洛里	皮蒂宫
洛林家族的克里斯廷	画像	希皮奥内·普尔索内·迪加埃塔	美第奇里卡尔迪宫
洛林家族的克里斯廷	画像（55岁时）	苏斯泰尔曼斯	科尔西尼宫画廊
克劳迪娅（费尔迪南多一世之女）	画像	苏斯泰尔曼斯	乌菲齐宫
科西莫二世	画像（12岁时）	苏斯泰尔曼斯	波焦阿卡伊阿诺
科西莫二世	画像	苏斯泰尔曼斯	科尔西尼宫画廊
科西莫二世	画像	苏斯泰尔曼斯	乌菲齐宫
玛丽亚·马达莱娜	画像	苏斯泰尔曼斯	科尔西尼宫画廊
玛格丽塔（科西莫二世之女）	画像	苏斯泰尔曼斯	波焦阿卡伊阿诺
弗朗切斯科（科西莫二世之子）	画像	苏斯泰尔曼斯	波焦阿卡伊阿诺
安娜（科西莫二世之女）	画像	苏斯泰尔曼斯	皮蒂宫
费尔迪南多二世	画像（14岁时）	苏斯泰尔曼斯	皮蒂宫
费尔迪南多二世	画像	苏斯泰尔曼斯	波焦阿卡伊阿诺
马蒂亚斯	画像	苏斯泰尔曼斯	皮蒂宫
枢机主教莱奥波尔多	画像	/	乌菲齐宫
枢机主教莱奥波尔多	半身像	/	乌菲齐宫

主题	类型	艺术家	现存地点
维多利亚·德拉罗韦雷	画像（青年时期）	卡洛·多尔齐	皮蒂宫
维多利亚·德拉罗韦雷	画像（中年时期）	卡洛·多尔齐	皮蒂宫
科西莫三世	画像（作为拉特兰的教规）	/	美第奇里卡尔迪宫
玛格丽特－路易丝	画像	/	乌菲齐宫
安娜·玛丽亚·路易莎	画像（与普法尔茨选帝侯在一起）	G. F. 杜文	皮蒂宫
安娜·玛丽亚·路易莎	画像（与枪支和狗）	G. F. 杜文	皮蒂宫
维奥兰特·贝亚特丽切	画像	/	乌菲齐宫
吉安·加斯托内	画像	/	乌菲齐宫
吉安·加斯托内	半身像	/	乌菲齐宫

参考文献

	The Last Medici, Methuen, 1932; rev. edn, 1958; reprinted, 1973.
	Tuscan Villas, Thames & Hudson, 1973.
Ady, Cecilia M.,	*Lorenzo dei Medici and Renaissance Italy*, English Universities Press, 1955.
Allodoli, Ettore,	*I Medici*, Florence, 1928.
Andriani, Giovanbattista,	*Istoria de' suoi tempi*, 1583.
Antal, Friedrich	*Florentine Painting and its Social Background*, Routledge & Kegan Paul, 1948.
Anzilotti,	*La costituzione interna dello Stato Fiorentino sotto il Duca Cosimo I de' Medici*, 1910.
Armstrong, Antonio Edward	*Lorenzo de' Medici and Florence in the Fifteenth Century*, 1911.
Baccini, Giuseppe,	*see* Orlando
Barfucci, Enrico	*Lorenzo de' Medici e la società artistica del suo tempo*, Florence, 1945.
Baron, Hans	*The Crisis of the Early Italian Renaissance*, rev. edn, Princeton University Press, 1966
Baroni, Costantino	*Bramante*, Bergamo, 1944.
Bayley, C.C.,	*War and Society in Renaissance Florence*, Toronto, 1961.
Becker, Marvin B.,	'The Republican City State in Florence' in *Speculum* xxxv, January 1960, pp. 39–50.
Biagi, Guido,	*The Private Life of the Renaissance Florentines*, Florence, 1896.
Booth, Cecily,	*Cosimo I*, Cambridge University Press, 1921.
Borsook, Eve,	*The Companion Guide to Florence*, Collins, 1966.
	The Mural Painters of Tuscany, 1960.
Bossi	*see* Roscoe
Bow, Maurice.	'Songs of Dance and Carnival' in *Italian Renaissance Studies*, ed. Jacob.
Bracciolini, Poggio,	*Istoria dall'origine di Firenze al 1454*, Florence, 1598.
Brandi, Karl,	*The Emperor Charles V*, trans. C. V. Wedgwood, Jonathan Cape, 1965.

Brion, Marcel,   *The Medici: A Great Florentine Family*, trans. Gilles and Heather Cremonesi, Elek, 1969.

Brown, Alison M.,   'The Humanist Portrait of Cosimo de' Medici Pater Patriae' in *Journal of the Warburg and Courtauld Institutes*, XXIV, 1961.

Brucker, Gene A.,   'The Ciompi Revolution' in *Florentine Studies*, ed. N. Rubinstein.

Florentine Politics and Society, 1343–1378, Princeton, 1962.

'The Medici in the Fourteenth Century' in *Speculum*, XXXII, January 1957, pp. 1–26.

Renaissance Florence, Wiley, 1969.

Burckhardt, Jacob,   *The Civilization of the Renaissance in Italy*, trans. S.G.C. Middlemore, 1890, new edn, 2 vols., introduction by Benjamin Nelson and Charles Trinkaus, Harper Torchbooks, 1958.

Burke, Peter,   *Culture and Society in Renaissance Italy*, Batsford, 1972.

Burnet, Gilbert,   *Some letters containing an Account of what seemed most remarkable in travelling through Switzerland, Italy, etc.*, 1689.

Caggese, Romolo,   *Firenza dall decadenza di Roma al Risorgimento d'Italia*, Florence, 1912–13.

Camugliano, G. Niccolini di,   *The Chronicles of a Florentine Family 1200–1400*, 1933.

Cantagalli, Roberto,   *La Guerra di Siena*, Siena, 1962.

Capponi, G.A.,   *Storia della repubblica di Firenze*, 2 vols., Florence, 1875.

Carden, R.W.,   *The Life of Giorgio Vasari*, 1910.

Catalogue of the Medici Archives,   Christie, Manson & Woods, 1919.

Cavalcanti, Giovanni,   *Istorie Fiorentine*, 2 vols., Florence, 1838–9.

Cecchi, Emilio,   *Lorenzo il Magnifico*, Rome, 1949.

Cellini, Benvenuto,   *Autobiography*, trans. George Bull, Penguin Books, 1956.

Chabod, Federico,   *Machiavelli and the Renaissance*, trans. David Moore, Bowes & Bowes, 1958.

Chamberlin, E.R.,   *Everyday Life in Renaissance Times*, Batsford, 1965.

Chastel, André,   *Art et Humanisme à Florence au temps de Laurent le Magnifique*, Paris, 1961.

'Vasari et la légende Médicéene: L'école du jardin de Saint Marc' in *Studi Vasariani*, Florence, 1952.

Cochrane, Eric,   *Florence in the Forgotten Centuries 1527–1800*, Chicago University Press, 1973.

The Late Italian Renaissance, Harper & Row, 1970.

'The Florentine Background of Galileo's Work' in *Galileo: Man of Science*, ed. Ernan McMullin, Basic Books, 1967.

Commines, Philip de, *The Memoirs of Philip de Commines, Lord of Argenton*, ed. Andrew R. Scobie, 2 vols., 1906.

Conte, Giuseppe, *Firenze dai Medici ai Lorena*, Florence, 1907.

Cronin, Vincent, *The Florentine Renaissance*, Collins, 1967.
The Flowering of the Renaissance, Collins, 1969.

Cruttwell, M., *Verrocchio*, 1904.

Dami, Brunetto, *Giovanni Bicci dei Medici*, Florence, 1899.

Dati, Gregorio, *Istoria di Firenze dal 1380 al 1450*, Florence, 1735.

Deiss, Joseph Jay, *Captains of Fortune: Profiles of Six Italian Condottieri*, Gollancz, 1966.

Delaborde, H.F., *L'Expédition de Charles VIII en Italie*, Paris, 1888.

Dini-Traversari, A., *Ambrogio Traversari e i suoi tempi*, Florence, 1912.

Doren, Alfred, *Le arti florentine*, trans. Klein, 2 vols., Florence, 1940.

Dorini, Umberto, *I Medici e i loro tempi*, Florence, 1947.

Ehrenberg, Richard, *Capital and Finance in the Age of the Renaissance*, trans. H.M. Lucas, 1928.

Einem, Herbert von, *Michelangelo*, trans. Ronald Taylor, Methuen, 1973.

Ewart, K.D., *Cosimo de' Medici*, 1889.

Ferrara, Mario, (ed.), *Savonarola: Prediche e scritti*, Florence, 1952.

Ferrai, Luigi Alberto, *Cosimo I de' Medici, Duca di Firenze*, 1882.

Fischel, Oscar, *Raphael*, trans. Bernard Rackham, 2 vols., Kegan Paul, 1948.

Gadol, Joan, *Leon Batista Alberti: Universal Man of the Early Renaissance*, University of Chicago Press, 1969.

Gage, John, *Life in Italy at the time of the Medici*, Batsford, 1968.

Galluzzi, Riguccio, *Istoria del Granducato di Toscana sotto il governo della Casa Medici*, 7 vols., Florence, 1820–1.

Gaye, G., *Carteggio inedito d'artisti dei secoli XIV, XV, XVI*, Florence, 1839–40.

Gilbert, Felix, 'Florentine political assumptions in the period of Savonarola and Soderini' in *Journal of the Warburg and Courtauld Institutes*, XX, 1957, pp. 187ff.
'Guicciardini, Machiavelli and Valori on Lorenzo Magnifico' in *Renaissance News*, IX, 1958, pp. 107–14.
Machiavelli and Guicciardini: Politics and History in Sixteenth-century Florence, Princeton University Press, 1965.

Gill, Joseph, *The Council of Florence*, Cambridge University Press, 1959.

Goldthwaite, Richard A., *Private Wealth in Renaissance Florence*, Princeton University Press, 1968.

Gombrich, E.H.,   'The Early Medici as Patrons of Art' in *Italian Renaissance Studies*, ed. Jacob.

Grayson, Cecil,   'Lorenzo, Machiavelli and the Italian Language' in *Italian Renaissance Studies*, ed. Jacob.

Guarini, Elina Fasano,   *Lo stato mediceo di Cosimo I*, 1973.

Guicciardini, Francesco,   *Carteggi*, ed. P.G. Ricci, Rome, 1954–62.

Storia d'Italia, ed. Costantino Panigada, 5 vols., Bari, 1929; English edition, ed. Sidney Alexander, Collier-Macmillan, 1969.

Gutkind, Curt S.,   *Cosimo de' Medici: Pater Patriae, 1389–1464*, Clarendon Press, Oxford, 1938.

Hale, J.R.,   'The End of Florentine Liberty: The Fortezza da Basso' in *Florentine Studies*, ed. Rubinstein.

Florence and the Medici, Thames and Hudson, 1977.

Machiavelli and Renaissance Italy, English Universities Press, 1961.

Renaissance Europe 1480–1520, Fontana, 1971.

'War and Public Opinion in Renaissance Italy' in *Italian Renaissance Studies*, ed. Jacob,

Hay, Denys, (ed.),   *The Italian Renaissance in its Historical Setting*, Cambridge University Press, 1961.

The Renaissance Debate, Holt, Rinehart & Winston, 1965.

Higgins, John R.,   *A Historical Guide to Florence*, Robert Hale, 1973.

Holmes, George,   *The Florentine Enlightenment, 1400–50*, Weidenfeld & Nicolson, 1969.

'How the Medici became the Pope's Bankers' in *Florentine Studies*, ed. Rubinstein,

Hook, Judith,   *The Sack of Rome, 1527*, Macmillan, 1973.

Horne, Herbert,   *Alessandro Filipepi Commonly Called Sandro Botticelli, Painter of Florence*, 1908.

Horsburgh, E.L.S.,   *Girolamo Savonarola*, 1901.

Hyett, Francis A.,   *Florence: Her History and Art to the Fall of the Republic*, 1903.

Imbert, G.,   *La vita Fiorentina nel Seicento*, Florence, 1906.

Jacob, E.F., (ed.),   *Italian Renaissance Studies*, Faber, 1960.

Janson, H.W.,   *The Sculpture of Donatello*, 2 vols., Princeton University Press, 1957.

Joannides, P.,   'Michelangelo's Medici Chapel: Some new Suggestions', *Burlington Magazine*, CXIV, pp. 542–6.

Krautheimer, Richard,   *Lorenzo Ghiberti*, Princeton University Press, 2 vols., 1970.

Landucci, Luca,   *A Florentine Diary from 1450–1516*, trans. Alice de Rosen Jervis, 1927.

Laven, Peter,   *Renaissance Italy, 1464–1534*, Batsford, 1966.
    Lettere di Lorenzo il Magnifico al Sommo Pontefice Innocenzo VIII, Florence, 1830.
Lorenzino de' Medici,   *Opere*, ed. Simioni, 2 vols, Bari, 1913.
    Scritti e documenti, Milan, 1862.
Lucas-Dubreton, J.,   *Daily Life in Florence in the Time of the Medici*, trans. A. Lytton Sells, Allen & Unwin, 1960.
Lungo, Isodoro del,   *I Medici Granduchi*, 1896.
Lyall, Archibald,   *Companion Guide to Tuscany*, Collins, 1973.

McCarthy, Mary,   *The Stones of Florence*, Heinemann, 1959.
Machiavelli, Niccolò,   *Istorie Fiorentine, Opere*, ed. Antonio Panella, vol. 1, Milan, 1938.
Macinghi negli Strozzi, Alessandra,   *Lettere di una gentildonna fiorentina del secolo XV ai figliuoli esuli*, ed. Cesare Guasti, Florence, 1877.
Maguire, Yvonne,   *The Private Life of Lorenzo the Magnificent*, 1936.
    The Women of the Medici, 1927.
Mallett, Michael,   *Mercenaries and Their Masters: Warfare in Renaissance Italy*, Bodley Head, 1974.
    'Pisa and Florence in the fifteenth century' in *Florentine Studies*, ed. Rubinstein.
Marks, L. F.,   'The Financial Oligarchy in Florence under Lorenzo' in *Italian Renaissance Studies*, ed. Jacob.
Martines, Lauro,   *Lawyers and Statecraft in Renaissance Florence*, Princeton University Press, 1968.
    The Social World of the Florentine Humanists 1390–1460, Princeton University Press, 1963.
Masson, Georgina,   *Companion Guide to Rome*, Collins, 1965.
    Italian Villas and Palaces, Thames & Hudson, 1959.
Mattingly, Garrett,   *Renaissance Diplomacy*, Jonathan Cape, 1955.
Minor, Andrew C., and Mitchell, Bonner,   *A Renaissance Entertainment: Festivities for the Marriage of Cosimo I*, University of Missouri Press, 1968.
Morassi, Antonio,   *Il Tesoro dei Medici*, Milan, 1963.
Morisani, Ottavio,   *Michelozzo architetto*, Einaudi, 1951.
Müntz, E.,   *Les Collections des Médicis au XVe Siècle*, Paris, 1888.
Murray, Peter,   *The Architecture of the Italian Renaissance*, Thames & Hudson, 1969.
Murray, Peter, with Linda Murray,   *The Art of the Renaissance*, Thames & Hudson, 1969.

Nagler, Alois Maria,   *Theatre Festivals and the Medici, 1539–1637*, trans. G. Hickenhoyer, Yale, 1964.
Nardi, Jacopo,   *Istoria della città di Firenze*, 1888.
Nitti, Francesco,   *Leone X e la sua politica*, 1892.
Noble, Mark,   *Memoirs of the Illustrious House of Medici*, 1797.

Origo, Iris,   'The Domestic Enemy: The Eastern Slaves in Tuscany

	in the 14th and 15th centuries', *Speculum*, 1955, pp. 21-66.
	The Merchant of Prato, Jonathan Cape, 1957.
Orlando, Filippo, and Baccini, Giuseppi (eds.),	*Bibliotechina Grassoccia*, Florence, 1886-98.
Palmarocchi, Roberto,	*Lorenzo de' Medici*, Turin, 1941.
	La politica italiana di Lorenzo de' Medici, Florence, 1973.
Pampaloni, Guido,	*Palazzo Strozzi*, Rome, 1963.
Panella, Antonio,	*Storia di Firenza*, Florence, 1949.
Partner, Peter,	'Florence and the Papacy in the Early Fifteenth Century' in *Florentine Studies*, ed. Rubinstein.
Pastor, Ludwig von,	*History of the Popes from the Close of the Middle Ages*, ed. R.F. Keir, 1899-1910.
Pellegrini, F.C.,	*Sulla repubblica fiorentina al tempo di Cosimo il Vecchio* Pisa, 1880.
Perrens, F.-T.,	*Histoire de Florence depuis la domination des Médicis jusqu'à la chute de la république*, 9 vols., Paris, 1877-88.
Piccolomini, Aeneas Silvius,	*Memoirs of a Renaissance Pope: The Commentaries of Pius II*, trans. Florence A. Gragg, ed. Leonora C. Gabel, 1959.
Picotti, Giovanni Battista,	*La giovinezza di Leone X*, Milan, 1927.
Pieraccini, Gaetano,	*La Stirpe de' Medici di Cafaggiolo*, 3 vols., Florence, 1924; 2nd edn, 1947.
Plumb, J.H.,	*The Horizon Book of the Renaissance*, American Heritage Publishing Co., 1961.
Pope-Hennessy, John,	*Italian High Renaissance and Baroque Sculpture*, Phaidon, 1963.
	Paolo Uccello, Phaidon, 1950.
Prescott, Orville,	*Princes of the Renaissance*, Allen & Unwin, 1970.
Randolph, G.,	*Florentine Merchants in the Age of the Medici*, 1932.
Reumont, Alfred von,	*Lorenzo de' Medici*, Leipzig, 1874; London, 1876
Ricchioni, Vincenzo,	*La costituzione politica di Firenze ai tempi di Lorenzo il Magnifico*, Siena, 1913.
Richards, Gertrude R.B.,	*Florentine Merchants in the Age of the Medici*, Harvard University Press, 1932.
Ridolfi, Roberto,	*The Life of Francesco Guicciardini*, trans. Cecil Grayson, Routledge & Kegan Paul, 1967.
	The Life of Girolamo Savonarola, trans. Cecil Grayson, 1959.
	The Life of Niccolò Machiavelli, trans. Cecil Grayson, 1963.
Robiony, Emilio,	*Gli ultimi dei Medici*, Florence, 1905.
Rochon, André,	*La Jeunesse de Laurent de Médicis*, Paris, 1963.
Rodocanachi, E.,	*Le Pontificat de Léon X*, Paris, 1931.

Roeder, Ralph,   'Lorenzo de' Medici' in Plumb, *The Horizon Book.*

Roover, Raymond de,   'Labour Conditions in Florence around 1400: Theory, Policy and Reality' in *Florentine Studies*, ed. Rubinstein.

The Rise and Decline of the Medici Bank, 1397–1494, Harvard University Press, 1963.

Roscoe G., and Bossi, L.,   *Vita e Pontificato di Leone X*, Milan, 1816–17.

Roscoe, W.,   *Life of Leo X*, 1846.

Life of Lorenzo de' Medici, new edn, 1872.

Ross, Janet,   *Florentine Villas*, 1901.

Florentine Palaces and Their Stories, 1905.

Lives of the Early Medici as told in their correspondence, 1910.

Roth, Cecil,   *The Last Florentine Republic*, 1925.

Rubinstein, Nicolai,   'Florentine Constitutionalism and Medici Ascendancy in the Fifteenth Century' in *Florentine Studies*, ed. Rubinstein.

(ed.) *Florentine Studies: Politics and Society in Renaissance Florence*, Faber, 1968.

The Government of Florence under the Medici 1434–1494, Clarendon Press, new edn, 1968.

'Politics and Constitution in Florence at the end of the Fifteenth Century' in *Italian Renaissance Studies*, ed. Jacob.

Rud, E.,   *Vasari's Life and Lives*, London, 1964.

Salvini, R.,   *Botticelli*, Milan, 1958.

Scaife, Walter,   *Florentine Life During the Renaissance*, 1893.

Schevill, Ferdinand,   *History of Florence from the Foundation of the City through the Renaissance*, Harcourt Brace, 1936.

The Medici, Harcourt Brace, 1949.

Segni, Bernardo,   *Storie Fiorentine*, 1728.

Shepherd, William,   *The Life of Poggio Bracciolini*, 1837.

Sinibaldi, Giulia,   *Il Palazzo Vecchio di Firenze*, Rome, 1950.

Sismondi, J.C.L.,   *History of the Italian Republics during the Middle Ages*, ed. William Boulting, n.d.

Solerti, Angelo,   *Musica, Ballo e Drammatica alla corte Medicea dal 1600 al 1637*, Florence, 1905.

Spini, Giorgio,   *Cosimo I de' Medici e la indipendenza del Principato Mediceo*, Florence, 1945.

Strong, Roy,   *Splendour at Court: Renaissance Spectacle and Illusion*, Weidenfeld & Nicolson, 1973.

Symonds, John Addington,   *The Renaissance in Italy*, 1875–86.

Tenenti, Alberto,   *Firenze dal Comune a Lorenzo il Magnifico*, Milan, 1970.

Tolnay, Charles de,   *Michelangelo*, Princeton University Press, 1943–60.

Ullman, B. L., and Stadter, P. A.,   *The Public Library of Renaissance Florence*, 1972.

Valori, Niccolò,   *Laurentii Medicei vita*, Florence, 1756.

Varchi, Benedetto,   *Storia fiorentina*, 3 vols., 1838–41: new edn, Florence, 1963.

Vasari, Giorgio,   *Le vite dei più eccellenti pittori, scultori ed architetti*, 9 vols., Florence, 1906.
The Lives of the Artists, trans. George Bull, Penguin Books, 1965.

Vaughan, Herbert M.,   *The Medici Popes*, 1908.

Vaussard, Maurice,   *La Vie quotidienne en Italie au XVIIIe Siècle*, Hachette, 1959; trans. Michael Heron, Allen & Unwin, 1962.

Vespasiano da Bisticci,   *Vite di Uomini Illustri*, ed. D'Ancona and Aeschlimann, Milan, 1951.
The Vespasiano Memoirs, trans. George & Waters, 1926.

Villani, Giovanni,   *Chronica di Giovanni Villani*, ed. Dragomanni, 4 vols., Florence, 1844–5.

Villani, Matteo,   *Chronica di Matteo Villani*, ed. Dragomanni, 2 vols., Florence, 1846.

Villari, P.,   *La storia di Girolamo Savonarola*, Florence, 1877.

Wadia, Bettina,   *Botticelli*, Hamlyn, 1968.

Weil-Garris Posner, Kathleen,   'Comments on the Medici Chapel and Pontormo's Lunette at Poggio a Caiano' in *Burlington Magazine*, CXV, pp. 641–9.

Weinstein, Donald,   'The Myth of Florence' in *Florentine Studies*, ed. Rubinstein.
Savonarola and Florence, Princeton University Press, 1970.
'Savonarola, Florence and the millenarian tradition' in *Church History*, 1958, pp. 291–305.

Weiss, Roberto,   *The Renaissance Discovery of Classical Antiquity*, Blackwell, 1969.

Winspeare, F.,   *La congiura dei cardinali contro Leone X*, 1957.

Young, G. F.,   *The Medici*, 2 vols., 1909.

图书在版编目（CIP）数据

美第奇家族的兴衰／（英）克里斯托弗·希伯特
（Christopher Hibbert）著；冯璇译. -- 北京：社会
科学文献出版社，2017.1（2024.8 重印）
　书名原文：THE RISE AND FALL OF THE HOUSE OF
MEDICI
　ISBN 978 - 7 - 5097 - 9718 - 1

　Ⅰ.①美…　Ⅱ.①克…②冯…　Ⅲ.①美第奇（
Medici，Lorenzo de 1449 - 1492）- 家族 - 史料　Ⅳ.
①K835.460.9

中国版本图书馆 CIP 数据核字（2016）第 223089 号

美第奇家族的兴衰

著　　者／〔英〕克里斯托弗·希伯特
译　　者／冯　璇

出 版 人／冀祥德
项目统筹／段其刚　董风云
责任编辑／周方茹　刘　杰
责任印制／王京美

出　　版／社会科学文献出版社·甲骨文工作室（分社）（010）59366527
　　　　　　地址：北京市北三环中路甲 29 号院华龙大厦　邮编：100029
　　　　　　网址：www.ssap.com.cn
发　　行／社会科学文献出版社（010）59367028
印　　装／三河市东方印刷有限公司

规　　格／开本：889mm × 1194mm　1/32
　　　　　　印张：14.125　插页：1　字数：310 千字
版　　次／2017 年 1 月第 1 版　2024 年 8 月第 11 次印刷
书　　号／ISBN 978 - 7 - 5097 - 9718 - 1
著作权合同
登 记 号／图字 01 - 2015 - 6681 号
定　　价／69.00 元

读者服务电话：4008918866